내 생명줄, 내 영혼의 단짝이자
내 상처를 어루만지고
매일 같이 즐거움을 선사해주는
나의 친구들에게 이 책을 바칩니다.

어른이
되었어도

외로움에
익숙해지진 않아

어른이
되었어도

외로움에
익숙해지진 않아

마리사 프랑코 지음
이종민 옮김

휘둘리지도 상처받지도 않으며
깊고 단단한 관계를 만드는 법

21세기북스

《어른이 되었어도 외로움에 익숙해지진 않아》의 우정 이야기들은
모두 실화를 바탕으로 한다. 이 연구에 생명을 불어넣을 수 있도록
자신의 이야기를 들려주신 분들에게 큰 빚을 졌다. 이분들이 한 개인
으로 특정되지 않기 위해 이름과 신원을 상당 부분 바꿨다. 때로는
익명성을 높이기 위해 여러 사람의 이야기를 하나로 합치기도 했다.

《어른이 되었어도 외로움에 익숙해지진 않아》에서 함께 나눌 조언
들은 수백 건의 과학 연구와 수십 명의 전문가에게 자문한 결과물이
다. 나는 이 연구 결과를 믿지만 그 한계도 인정한다. 우정에 관한 대
부분의 연구는 오래되었고, 미국에서 수행됐으며, 대부분 백인 이성
애자 소규모 표본 집단을 대상으로 이뤄졌다. 이 연구에서 자신의 인
생 경험을 발견하지 못하는 사람이 있을 수도 있고 이들에게는 내 연
구를 비판할 권리가 있다. 나는 특정한 연구보다는 다양한 관점의 연
구를 폭넓게 확인하고 이를 바탕으로 한 조언을 책에 담았다. 그러나

더욱 설득력 있고 명확한 주장을 펼치기 위해서는 우정에 관한 더 많은 연구가 필요하다.

《어른이 되었어도 외로움에 익숙해지진 않아》를 독자 여러분에게 소개하게 되어 기쁘다. 집필 과정에서 내가 얻은 만큼의 가치를 독자도 얻었으면 한다. 이 책을 쓰면서 뚜렷한 목표가 하나 있었음을 고백한다. 조금 더 친절하고, 조금 더 우호적이며, 조금 더 사랑이 넘치는 세상을 만드는 데 보탬이 되고 싶다. 이런 여정에 동참해준 독자 여러분에게 감사의 말씀을 드린다.

친구를 사귄다는 건
또 하나의 인생을 갖는 것이다

2015년 나는 엄청난 슬픔에 빠졌다. 활짝 피어나던 장밋빛 로맨스가 재앙으로 끝나버린 것이다. 매일 아침 러닝머신 위를 뛸 때, 강의 시간 사이사이 눈물이 날 때, 그리고 머릿속에 기분 전환을 할 만한 다른 생각이 떠오르지 않을 때면 언제나 그 일을 생각했다. 슬픔에서 벗어나기 위해서는 몇 가지 깨달음이 필요했다. 먼저, 이 상실을 받아들이기가 왜 이토록 힘든지, 이 상실이 왜 이처럼 큰 고통을 내게 안겨주었는지 이해해야 했다. 마치 이런 사랑이 없었다면 내 인생에 사랑이라고는 전혀 없었던 것처럼, 내 행복을 좌지우지할 만큼 연애에 큰 가치를 두게 된 이유가 무엇인지 되짚어봐야 했다.

그때까지만 해도 연애가 딱히 만족스러웠던 적이 없었는데 왜 그렇게 연애를 중요시하게 되었을까? 나는 뿌리 깊은 문화적 신념들에 사로잡혀 있었다. '로맨틱한 사랑을 찾는 것이 내 삶의 목적이라고. 로맨틱한 사랑을 찾는 순간 삶이 진정으로 시작된다고. 로맨틱한 사랑을 찾지 못한다면 인간으로서 근본적인 결함이 있는 거라고. 그리고 로맨틱한 사랑이 없다면 사랑은 없는 거라고' 말이다.

슬픔에서 벗어나기 위해 친한 친구 몇 명을 모아 건강 관리 모임을 시작했다. 매주 한 번 만날 때마다 한 친구가 함께할 수 있는 자기 관리 활동을 정하고 간식을 준비해 우리 모두를 초대했다. 요가와 요리, 독서, 명상 등을 함께 했다. 그중 가장 마음의 위안이 된 것은 공동체 의식이었다. 나를 사랑하고 내가 사랑하는 사람과 함께하니 상처가 아물었다. 그때까지만 해도 연애를 위해 우정의 중요성을 평가 절하했지만, 건강 관리 모임에 참여한 후로는 친구가 엄청나게 중요하다는 사실을 더는 부정할 수 없었다.

2017년 나는 이삿짐을 꾸려 6년간 살던 워싱턴DC에서 조지아주 애틀랜타로 이사했다. 애틀랜타에는 아는 사람이 별로 없었지만, 워싱턴DC에 있는 절친한 친구들이 내가 외롭지 않도록 각별히 신경 써주었다. 내 여행 가방 안에는 포춘 쿠키처럼 돌돌 말린 종이쪽지가 가득 든 유리병이 들어 있었는데 종이마다 친구들이 적어 넣은 우리가 함께한 추억이 담겨 있었다. 나와 친구들이 활짝 웃고, 떼 지어 몰려다니며, 포옹하는 사진을 콜라주로 만든 작은 액자도 있었다. 그때가 내 인생의 황금기였다. 의심할 여지 없이 나를 사랑하는 사람들과 함께였기 때문이다.

워싱턴DC를 떠나기로 결심한 2017년 5월, 나는 송별회 겸 생일 파티를 열었다. 우리 모두 멋진 아트쇼 콘서트에 갔다가 케이크와 샴페인을 마시려고 내 아파트로 몰려왔다. 거실에 둥글게 둘러앉은 일곱 명 남짓한 친구들에게 건배를 제의했다. 샴페인이 들어가자 건배사를 할 용기가 났다. "지난해 이맘때 내가 무척 어려운 상황이었다는 걸 모두 알았으면 해. 그리고 이 방에 있는 한 사람 한 사람의 우정이 나를 그 상황에서 건져낸 힘이 됐다는 것도."라고 말이다.

건강 관리 모임과 함께 그날의 생일이 내가 새롭게 태어나는 계기가 됐다. 나는 친구에게 마음의 문을 열고, 친구를 인정하고, 친구를 적극적으로 소중히 여기기 시작했다. 그전까지만 해도 나는 연인 관계 말고는 의미가 없다고 생각했고, 데이트 약속이 깨지기라도 하면 절망했다. 슬픔을 부추긴 것은 내 고루한 가치관이었다. 삶에서 잘못된 것(연애)만 골몰하며 옳은 것(우정)은 죄다 소홀히 했다. 이런 좁은 시야 때문에 나는 실패한 연애를 구실 삼아 평생 의미 있는 관계는 없다고 자책했고, 내게 사랑할 자격이 있기나 한 건지 의심했다. 한 종류의 사랑에만 사로잡혀 늘 내 곁에 있었던 모든 사랑을 무시했다. 나는 정말 많은 사랑을 받고 있었다. 그 사랑이 단지 친구에게서 왔다고 해서 왜 덜 중요할까?

플라토닉한 사랑은 우리 문화가 사랑에 부여하는 위계 구조에서 가장 낮은 단계에 놓여 있다. 하지만 나는 플라토닉한 사랑을 그렇게 버려두면 우리 모두에게 엄청난 손해라는 사실을 알게 됐다. 이 책을 쓴 이유는 우리 문화가 이 위계 구조를 대등하게 바꾸었으면 하는 바람 때문이다. 하지만 우리가 항상 우정을 소중히 여기는 것

어른이 되었어도 외로움에 익숙해지진 않아

은 아니기 때문에 우정을 키우는 방법을 잘 모른다. 우리 삶에서 우정의 잠재력을 온전히 실현하려면 친구를 사귀고 지키는 방법을 배워야 한다.

친구를 사귀는 방법에 관해 물어보면 사람들은 대개 동호회에 가입하거나 취미를 만들라고 말한다. 하지만 왠지 그런 조언은 우리 귀에 잘 들어오지 않는다. 그런 말을 들으면 우리가 느끼는 사회 불안을 직시하고, 거절의 두려움을 견디고, 친밀함을 용인하고, 자존감에 더 큰 상처를 입을 위험을 감수하는 데 관여하는 뇌 부위가 침묵하기 때문이다. 친구를 사귀기 위해서는 우리의 참모습과 우리가 사랑하는 방식, 근본적으로 화해하는 더 깊은 노력이 필요하다. 그게 바로 《어른이 되었어도 외로움에 익숙해지진 않아》에서 말하는 여정이다. 우정은 그럴 만한 가치가 있다.

상담 심리학 박사 과정을 밟던 대학원생 시절, 대학 상담 센터에서 집단 치료를 받는 그룹을 공동으로 이끄는 임무를 맡았다. 우리는 천장이 높고 넓은 방에 모이곤 했는데, 함께 나눌 온갖 비밀들을 담아내고도 남을 만한 공간이었다. 함께 그룹을 이끈 동료 상담사와 나는 각자 서로 다른 표정들을 포착하고 상반되는 그룹 내 역학 관계에 적절히 대응하기 위해 방의 양쪽 끝에 서로 마주 보고 앉았다. 학생들은 조용히 방으로 들어와 자리에 앉았는데, 편안한 소파에 앉거나, 다른 사람과 가까이 앉거나, 의자에 앉아 독립된 공간을 차지하기도 했다. 학생들은 거의 항상 긴장했고, 동료 상담사와 나는 긴 침묵을 견디는 인내심을 길러야 했다.

학생들은 대부분 집단 치료에 참여하기를 꺼렸기 때문에 그룹을 운영할 수 있는 충분한 학생을 모으려면 시간이 걸렸다. 나는 그들을 탓하지 않았다. 낯선 사람들 앞에서 어린 시절 트라우마에 관해 이야기해야 한다고? 이보다 더 끔찍한 일이 있을까? 학생들은 보통 자신들의 문제에 개별적으로 관심을 기울이고(질문 세례가 쏟아지는 집단 치료와 달리), 섣불리 판단을 내리지 않도록 훈련받은 상담사를 따로 만나는 쪽을 선택했다. 이 학생들은 집단 치료가 도움이 된다는 생각을 선뜻 받아들이지 못했다. 정신과 전문의와 일대일 상담을 통해 받는 관심을 다른 사람 일곱 명과 나눠야 했기 때문이다.

처음에는 우리 같은 수습 상담사들도 집단 치료에 그리 열정을 느끼지 못했지만, 그룹을 이끌면서 경험이 쌓여가자 동료 상담사와 나는 집단 치료를 무척 좋아하게 됐다. 심지어 우리도 그룹에 참여하고 싶다는 생각까지 들었는데, 천장이 높은 그 방에서는 항상 신기한 일이 일어났기 때문이다. 학생들은 외부 세계에서 경험한 문제들을 그룹 안에서 드러내 보였다. 마키라는 학생은 어수선하고 자기 파괴적인 성향의 남자와 이별하는 중으로, 그 남자와 오래 사귄 것은 자신이 그 남자를 구원해줄 수 있다고 생각했기 때문이다. 우리는 마키가 바로 이 구세주 콤플렉스를 그룹 내에서 표출하는 모습을 목격했다. 다른 학생들이 자신의 문제를 털어놓으면 마키는 이들에게 어떻게 하면 삶을 바로잡을 수 있는지 온갖 조언을 늘어놓곤 했다.

어른이 되었어도 외로움에 익숙해지진 않아

그는 구원의 과정을 좋아했다. 그는 자기를 필요하다는 느낌을 원했기 때문에 이런 자기 파괴적 관계에 휘말린 듯했지만, 바로 그런 보살펴주는 듯한 행동이 나머지 그룹 참여자들을 화나게 했다.

멜빈이라는 또 다른 학생은 어머니가 마약 중독자였다. 멜빈이 이 트라우마에 적응한 방법은 모든 게 괜찮은 척, 정말 아무렇지 않은 척, 더할 나위 없이 좋은 척하는 것이었다. 매주 서로의 안부를 물을 때마다 멜빈은 아무런 문제가 없다고 우겨댔다. 그는 항상 괜찮은 사람, 고민이라고는 전혀 없는 사람, 항상 쏟아지는 펀치 세례를 요리조리 피해 가는 사람이 됨으로써 자신의 트라우마에 적응했다. 펀치를 해결하지 않으면 안 되는 재앙일 때조차 마찬가지였다. 뭔가 가슴 아픈 일을 그룹에 공유할 때마다 그는 "내 걱정은 말아요. 난 괜찮으니까. 여긴 아무 문제 없어요."라고 말하듯 웃으며 우리에게 괜찮다는 신호를 보냈다. 그는 자신이 자족적인 삶을 살고 있다고 생각했지만, 도움이 필요하다는 사실을 인정조차 하지 않는다면 다른 참여자들이 어떻게 그를 도울 수 있을까?

그리고 자존감이 극도로 낮은 로렌이라는 학생도 있었다. 로렌은 친구들에게 무시당하고 버림받았기 때문에 이곳에 오게 됐다. 친구들은 로렌만 빼놓고 여행을 다니기 시작했고, 함께 여행을 갈 때면 로렌을 제외하고 친구들이 한방을 쓰기로 하자 더는 참지 못하고 집단 치료에 참여한 것이다. 로렌은 친구들 무리를 맴도는 허깨비였다. 우리 치료 그룹 안에서도 로렌은 마찬가지로 이름 모를 배역을 맡았다. 사실 로렌이 너무 내성적이어서 그녀의 입을 열게 만드는 것 자체가 고역이었고, 때로는 그녀의 친구들처럼 우리도 그녀가 그룹의 일원이라는 사실을 거의 잊어버릴 뻔하기도 했다.

이 학생들은 외부 세계에서 경험한 문제들을 그룹 내에서 재현하면서, 우리가 타인과 맺는 관계의 결함이 어떻게 정신 건강의 문제를 만들어내는지 보여주었다.

- 마키는 관계에서 '구세주'의 역할을 맡고 싶어 하니 불안정하고 비협조적인 상대에게 끌렸고, 요란한 이별의 아픔을 경험했다. 그리고 그는 그룹 참여자들에게(틀림없이 살면서 만난 다른 사람들에게도) 가르치려 든다고 느끼게 해서 반감을 샀다.
- 멜빈은 늘 괜찮은 척, 아무렇지 않은 척했지만 사실 우울증을 앓고 있었는데, 사람들과 거리를 두고 자신의 취약한 면을 드러내지 못하는 데도 그 이유가 있었다. 그룹 참여자들은 이모티콘처럼 틀에 박힌 웃음을 지어 보이는 그에게 친근감을 느끼지 못했고, 그 역시 누구에게도 친근감을 느끼지 못했다.
- 그리고 로렌은 자존감 부족을 겪고 있었는데, 그룹 내에서 스스로를 너무나 보잘것없는 존재로 만들어 그녀가 함께 있다는 사실조차 잊어버릴 정도였고, 그게 그녀의 자존감을 더욱 떨어뜨렸다.

몇 주가 지나자 치료 그룹이라는 안전한 공간에서 참여자 각자

어른이 되었어도 외로움에 익숙해지진 않아

가 다른 사람들과 관계를 맺는 새로운 방법을 시도하는 모습이 보였다. 로렌이 낮은 자존감에도 불구하고 그룹 내 다른 누군가의 생각에 동의하지 않는다는 의사를 표명하고, 다른 참여자들에게 더 많은 이야기를 공유하라고 요구하며, 그룹 내 공간에 좀 더 주인 의식을 갖는 모습을 보고 무척 뿌듯했다. 멜빈이 최근 이별한 이야기를 꺼내며 괴로운 표정을 감추지 않았을 때 나는 마음속으로 환호성을 질렀다. 다른 참여자들은 그에게 볼 수 없었던 새로운 모습이라며, 그가 속마음을 털어놓으니까 훨씬 더 친근감이 든다고 말했다. 그리고 한 참여자가 돈 문제로 부모와 다툼을 하게 됐다고 털어놓자 마키가 장황하게 해결책을 제시하는 대신 얼마나 괴로운지 물었고, 나는 또 한 번 마음속으로 환호성을 내질렀다.

로렌과 멜빈, 마키 모두 큰 진전을 보인 것은 다른 사람들과 관계의 끈으로 연결됐다고 느낀 공간이 있었기 때문에 결국 성장할 수 있었다. 치료 그룹이 안전한 것은 부끄러운 일을 털어놓으면서도 사랑받을 수 있는 공간일 뿐 아니라, 상대의 발전을 돕기 위해 예의를 지키면서도 솔직하게 조언할 수 있는 공간이었기 때문이다. 그리고 다른 참여자들과 쌓은 탄탄한 관계 덕에 이 조언을 비난이 아닌 사랑에서 비롯된 행동으로 감사히 받아들일 수 있었기 때문이다.

관계가 우리의 정체성을 근본적으로 좌우한다

집단 치료 그룹은 관계가 어떻게 우리를 변화시키는지를 보여주는 작은 우주였다. "누군가에게 사랑받기 전에 나 자신부터 사랑하라."는 말을 들어봤을 것이다. 하지만 이 말은 정확히 무엇을 의미할까? 그리고 그런 자존감은 어떻게 생기는 것일까? 사람들은 손전등과 거울을 들고 동굴 안 어딘가에 숨어 희미하게 비치는 자신의 그림자를 바라보며 정신이 혼미해질 때까지 "난 중요해. 난 가치 있어. 나는 사랑받고 있어."라고 중얼거리는 것처럼 뭔가 마법 같은 과정을 통해 스스로를 사랑하게 되는 걸까?

그렇게 간단한 문제가 아니다.

집단 치료 그룹 사례를 통해 드러난 관계의 영향이 이 책의 토대가 됐다. 즉 관계가 우리의 정체성에 영향을 미치며, 우리의 정체성은 우리가 관계를 맺는 방식에 영향을 미친다는 것이다. 관계의 끈으로 연결됐다고 느꼈을 때 우리는 성장했다. 더욱 솔직하고, 더욱 더 공감하며 더 용감해졌다. 관계의 끈이 끊어졌다고 느꼈을 때 우리는 움츠러들었다. 자기 보호를 위해 마음의 문을 닫아걸고, 성급하게 판단하고, 거리를 두었다. 친구로서 우리가 보여주는 모습과 함께 우리의 성격은 과거에 의해 만들어진다. 우리가 스스로 사랑스럽다고 느끼는 것은 누군가가 우리를 사랑해주었기 때문이다. 우리가 쉽게 발끈하는 것은 누군가 우리에게 충분한 사랑을 주지 않았기 때문이다. 이것이 이 책 1부에서 살펴볼 주제로, 친구를 사귈 때 우리의 강점과 약점이 어디서 비롯되는지 파악하는 데 도움이 될 것이다. 로렌과 멜빈, 마키처럼 단절로 인한 상처는 관계를 맺는 능력에 문제를 일으킬 수 있으며 우리도 모르게 사람들을 밀어내고 있을 수도 있다. 따라서 값지고 성공적인 우정을 싹틔우기 위한 첫걸음은 이를 가로막을 수도 있는 요인들을 이해하는 것이기 때문에 관계 또는 관계의 결여가 우리의 정체성에 어떤 영향을 미치는지 살펴볼 것이다.

집단 치료 그룹을 통해 드러난 또 다른 사실은 부자가 더 부자가 된다는 말이 있듯이, 인정받고 사랑받는다는 느낌이 우리가 계속해서 더 나은 관계를 맺을 수 있게 해줄 특정한 자질들을 기르는 데 도움이 된다는 것이다. 집단 치료에서 내 의뢰인들은 이런 자질들을 길러냈다. 마키는 진실하고 안전한 관계를 경험했을 때, 공감 능력이 향상되었다. 멜빈은 자기 표현력이 좋아지고 좀 더 취약성을 드러냈다. 로렌은 사람들과 관계에서 주도적으로 행동하기 시작했다. 타인을 두려워하고 자기 보호를 위해 움츠러들게 만든 상처를 직시할 수 있게 되자, 남은 것은 우정을 이루는 자신과 타인에 대한 사랑이었다.

인간은 사회적 동물이다. 우리의 거울 뉴런은 타인의 삶을 자신의 삶처럼 경험할 수 있게 해주는 뇌의 큰 덩어리다. 아기는 다른 아기가 우는 소리를 들으면 따라 운다. 내 생각에 이는 우리에게 친구를 사귀는 타고난 재능이 있다는 뜻이다.

정체성은 관계 맺는 방식에 영향 받는다

2부에서는 더 나은 관계를 구축하기 위해 실천할 수 있는 모든 방법을 살펴볼 것이다. 우리가 맺은 우정은 무작위로 생겨난 것이 아니라 우리 내면의 도구, 즉 우정을 키우는 특성을 개발하는 우리의 능력이 반영된 결과이기 때문이다. 이는 과거에 관계가 단절된 경험으로 크게 상처받았거나, 거절에 대한 두려움이 크거나, 타인을 두려워하고 불신한 나머지 우리 내면 깊숙이 자리한 사랑과 완전히 단절되지만 않는다면 자연히 끌리게 되는 일련의 사고방식과 행동들이다. 주도성과 취약성, 진정성, 생산적 분노, 관대함, 애정 표현이 이에 해당한다. 이런 특성들은 우정이 그 수명을 다할 때까지 우정을 지켜준다. 주도성은 우정에 불을 지피고, 진정성과 생산적 분노, 취약성은 모두 우리가 온전한 자신을 드러낼 수 있게 해 우정을 지탱해준다. 관대함과 애정 표현은 우리가 친구를 얼마나 사랑하는지 보여줌으로써 우정을 더욱 깊어지게 한다. 이런 특성들을 실천하면 우리 내면의 진실을 드러낼 수 있을 뿐 아니라 친구의 진실을 받아들일 공간을 만들어 조화를 이룬다.

이런 특성들을 받아들일 때 우리는 칼럼니스트 데이비드 브룩스 David Brooks가 《뉴욕타임스》에 기고한 '도덕적 버킷 리스트'에서 말한 좋은 사람이 된다. "좋은 사람은 잘 들어준다. 그래서 상대가 존중받는다고 느끼게 해준다. 좋은 사람은 다른 사람들을 보살피는 모습을 자주 볼 수 있는데, 이때 이들의 웃음은 음악처럼 감미롭고 태도에는 감사함이 우러나온다. …… 우리는 바로 이런 사람이 돼야 한다." 브룩스는 이어 이런 좋은 사람은 이른바 추도사 덕목들을 가지고 있다고 설명한다. "추도사 덕목은 당신의 장례식에서 언급되는 덕목들이다. 생전에 당신이 친절했는지 용감했는지 정직했는지 신의를 지켰는지 같은 것들 말이다. 당신은 깊은 사랑을 할 자질을 갖추고 있었나?" 이는 우리가 타인과 조화를 이루고 타인을 드높이며 살수 있게 해주는 덕목들이다.

이것이 우리가 어른이 되어 친구를 사귀는 방법이다. 좀 더 용감해지고 좀 더 공감하고 좀 더 친절하고 좀 더 정직하고 좀 더 자신을 드러낼 수 있는 사람으로 성장하는 것이다. 마키와 멜빈, 로렌처럼 우리도 타인을 밀어내거나 건강하지 못한 관계를 고집해 우리 자신과 타인에게 고통을 불러일으키는 습성을 버리려고 애쓴다. 이 책의 주제는 더 나은 친구가 되는 것이지만, 동시에 더 나은 인간이 되는 것이기도 하다.

우정을 위해 행동하라

이 책 전반에 걸쳐 나는 여러분과 나, 그리고 누구라도 자칫 발을 헛디딜 수 있는 관계의 지형을 더듬어 나가는 사람들의 이야기를 엮

어냈다. 이들 중 상당수가 익명으로 남기를 원했기 때문에 이름과 세부적인 내용을 바꾸고 사생활 보호를 위해 때로는 서로 다른 사람들의 이야기를 한데 합치기도 했다. 전문가들의 발언을 상당수 인용하면서 명확한 전달을 위해 발언을 축약했다.

이 책을 쓰기 시작한 지 몇 달 후, 뉴욕에 있는 티베트 서점에 갔다가 불교 서적 하나를 집어 들고 아무 페이지나 펼쳐보았다. 저자는 학습에는 교육을 통한 학습과 '경험'을 통한 학습 두 종류가 있다고 말했다. 이 책 전반에 걸쳐 우정에 관해 많은 것을 배우겠지만, 아는 것만으로는 삶을 바꿀 수 없으므로 이 책은 우정을 증진하는 방법에 관한 현실적인 지침도 제공하려고 한다. 이 지침들은 우정을 새롭게 이해할 뿐 아니라 삶에서 뭔가 새로운 시도를 통해 우정을 경험하고 실천할 수 있도록 안내해줄 것이다.

이 책을 우정이라는 바다를 항해하는 데 길잡이가 될 나침반으로 삼아도 좋다. 모든 정보를 그저 수동적으로 받아들이지만 말고 실제 우정에서 다른 모습을 보일 수 있도록 활용해 보기 바란다. 거절당할지도 모른다는 두려움을 극복하고 먼저 인사를 건네지 않는다면, 먼저 다가가는 주도성이 우정을 싹틔우는 데 필수적이라는 사실을 깨닫는다 해도 소용없는 일이다. 자기 노출이 우정의 생명력이라는 사실을 안다 해도, 자신의 취약성을 기꺼이 받아들이는 데 이런 지식을 활용하지 않는다면 무슨 소용이 있을까? 그리고 사랑과 관심을 표현하면 사람들을 더 가까이 이어준다는 사실을 알면서도 끝

어른이 되었어도 외로움에 익숙해지진 않아

도 없는 일에만 파묻혀 산다면, 우리의 삶은 우리가 기꺼이 변화하려고 할 때만 바뀌게 될 것이다.

연구 결과를 뼛속 깊이 새겨야 할 필요성을 강조하기 위해 지식과 경험을 이리저리 뒤섞는 방식으로 이 책을 구성했다. 여기서 우리의 목표는 단순히 우정에 관한 지식을 습득하는 것이 아니라 그 지식을 활용해서 한 걸음 더 내딛는 것이다.

| 차례 |

1부
우정을 싹틔우기 위한 첫걸음

2부
관계를 단단하게 만드는 6가지 공식

1부

◇
〰
◇

우정을 싹틔우기 위한 첫걸음

1장

삶을 의미 있게 만드는 우정의 힘

"배우자와 사별한 사람 중에는 남은 평생을 집에 틀어박혀 TV만 보기도 해요. 목숨이 붙어 있어도 사는 게 아니죠." 일흔세 살의 해리엇은 남편이 세상을 떠난 뒤 참석한 애도 모임 회원들을 떠올리며 이렇게 말했다. 딱 한 가지만 아니었다면 해리엇도 같은 처지를 면치 못했을 것이다. 바로 우정이다.

해리엇이 늘 우정을 소중히 여긴 것은 아니다. 사실 쉰 살 나이에 페데리코와 결혼하기 전까지만 해도 우정은 우선순위가 아니었다. 그녀는 하루 12시간씩 일을 했고, 전 세계 모든 나라를 방문하겠다는 목표를 이룰 만큼 출장도 많이 다녔다. 경력을 쌓기 위해 북동부에서 중서부로, 서부에서 다시 북동부로 일자리를 찾아 미국 전역을

어른이 되었어도 외로움에 익숙해지진 않아

돌아다녔고, 그러는 사이에 우정은 용도 폐기됐다.

하지만 일에 대한 야망도 배우자를 찾으려는 그녀의 노력을 막아서지는 못했다. 해리엇은 평생 남자친구를 여럿 사귀었고, 관계가 끝나면 새로운 관계를 찾아 나서곤 했다. 해리엇은 직장 동료 데니스의 집에 갔을 때 멋진 직업에다 남편, 예쁜 쌍둥이 자녀까지 모든 것을 다 가진 그녀를 부러워했던 기억이 있다. 마흔 살의 해리엇은 꿈에 그리던 남편과 자녀를 갖지 못할지도 모른다는 현실을 받아들이기 힘들었다. 하지만 버거운 가정사에 시달리지 않아도 되는 만큼 자신의 시간을 일로 채워갔다.

해리엇은 젊은 시절 우정에 접근하는 방식 때문에 우정이 그다지 만족스럽지 못했다고 인정한다. 그녀는 지독히도 가난한 농가에서 자란 어린 시절이 부끄러웠다. 여름이면 해리엇은 이웃 농장에서 일하며 학비를 벌었다. 직업 경력이 쌓이면서 부유한 상류층과 점점 더 많은 인맥을 쌓게 됐지만 그들과는 결코 동질감을 느끼지 못했다. 그녀에게 우정은 부잣집 유품 정리 판매에 얼굴을 내밀고, 저녁 식사 자리에서 펑펑 돈을 써대며 이웃집 잔디 색깔처럼 사소한 문제로 수다를 떠는 등 절대로 익숙해지지 않은 상류 문화를 따라 하며 이중생활을 하는 공간이었다. 친구들과 같이 있을 때면 해리엇은 자신의 진짜 출신과 정체가 드러날까 봐 긴장을 늦추지 못했다.

그러던 중 해리엇이 우정에 대해 마음을 고쳐먹게 된 두 가지 일이 일어났다. 먼저 대단히 사교적인 성격의 페데리코와 결혼하면서 친구들을 집으로 초대해 정기적인 모임을 하게 된 것이다. 남편을 통해 해리엇은 사람들과 어울리는 것이 고역이 아닌 기쁨이 될 수 있다는 것을 깨달았다.

하지만 해리엇이 진정으로 친구의 소중함을 이해하게 된 것은 페데리코가 세상을 떠나고 난 후였다. 그녀는 슬픔을 달래기 위해 처음으로 상담을 받기 시작했고, 그곳에서 취약성을 드러내는 법을 배웠다. 그리고 취약성을 드러내는 기술을 우정에 적용했다. 그러자 관계에서 가식의 장막이 걷히면서 오랜 우정이 새롭게 다가왔다. 솔직하게 슬픔을 드러내자 금이 간 우정도 있었지만 더욱 깊어진 우정도 있었고, 취약성을 드러내며 도움을 청하는 행동이 깊은 친밀감으로 나아가는 길이 될 수 있음을 깨달았다.

노년기에 접어든 해리엇은 그 어느 때보다 더 친구를 소중히 여긴다. 그녀는 한 친구와의 우정이 가장 오래도록 이어져 온 자신의 사랑 이야기였음을 깨달았다. 해리엇은 프랑스 마르세유에서 유학 중이던 대학 시절 셜린을 처음 만났다. 셜린은 해리엇이 만난 사람 가운데 가장 다른 사람을 함부로 판단하지 않는 사람이자, 해리엇이 마음을 열 수 있는 몇 안 되는 사람이었다. 대학 졸업 후 연락이 끊겼지만 14년 만에 셜린이 해리엇의 행방을 수소문한 끝에 전화를 걸어왔다. 셜린은 런던에 살고 있었지만, 워싱턴DC에 있는 해리엇을 2년 새 다섯 번이나 방문하는 수고를 아끼지 않았다. 해리엇이 페데리코를 사랑하기는 했지만 페데리코는 감정을 드러내는 사람이 아니었기 때문에, 셜린은 해리엇이 평생을 통틀어 마음을 털어놓을 수 있는 유일한 친구였다. "삶이 의미 있다고 느끼기 위해 우리는 그 삶을 목격하고 그 중요성을 확인해 줄 누군가를 간절히 원해요. 셜린이 내게는 그런 목격자였죠."라고 해리엇은 말한다. 두 사람은 5시

어른이 되었어도 외로움에 익숙해지진 않아

간의 시차에도 불구하고 여전히 매주 통화를 하고, 셜린이 해리엇과 더 가까이 지내기 위해 워싱턴DC로 이주하는 문제를 상의하기도 했다.

이제 해리엇에게 친구는 배우자보다 더 중요한 존재가 됐다. 그녀는 함께 산책하는 남자친구가 있는데, 플라토닉한 관계로 남을지 로맨틱한 관계로 발전할지 아직은 알 수 없다. 하지만 어느 쪽이든 그녀는 개의치 않는다. "내가 관계의 가치를 가늠하는 기준은 함께 있을 때 즐거운지, 무언가를 함께 하는지, 서로 무언가를 공유하는지 인데 이 모든 질문에 대한 답은 '그렇다'입니다." 해리엇이 이 관계의 미래를 서둘러 결정할 마음이 없는 것은 '우정 역시 좋은 것이고 차선책이 아니기 때문'이다.

일흔세 살이 된 해리엇은 우정을 소중히 여기게 된 것이 '드디어 어른이 됐다'는 신호라고 말한다. 매일 저녁 해리엇은 친구를 만나 차를 마시거나 저녁 식사를 하거나 산책한다. 이렇게 친구는 해리엇이 느긋하게 삶에 집중할 수 있게 해준다. 나이 때문에 해리엇은 예전처럼 여행을 많이 다니지 않지만, 대신 다양한 친구들과 어울리는 모험을 통해 희열을 느낀다.

해리엇은 지난 삶을 그다지 후회하지 않는다. 페데리코와 결혼 역시 열아홉 살 연상의 그가 치매에 걸린 뒤 몇 년 동안 병상을 지켜야 했지만, 후회는 없다. 하지만 우정의 힘을 좀 더 일찍 깨달았더라면 하는 아쉬움이 남는다. 그래도 너무 늦기 전에 우정의 소중함을 알게 된 것에 감사하고 있다.

해리엇이 걸어온 길은 우리가 친구의 중요성을 경시할 때 무엇을 희생하고, 친구를 소중히 여길 때 무엇을 얻는지 보여준다. 해리엇이 젊었을 때나 지금이나 우정은 여전히 열등한 관계 취급을 받으며, 가족을 떠나 새로운 가족을 찾기까지 고단함을 덜어주는 완충 장치 정도로 여겨진다. 하지만 우정이 그렇게 하찮을 필요는 없다. 해리엇이 깨달은 대로 우정은 강력하고 깊으며 애정이 넘칠 수 있다. 그리고 해리엇에게 일어난 일처럼 우정은 우리를 구원하고 변화시킬 수 있다. 사실 이미 그렇게 됐을 가능성이 높다.

우정의 중요성

우정의 영향력은 과소평가되지만 사실 심오하다. 고대 그리스인들은 우정이 에우다이모니아eudaimonia 즉 번영의 열쇠라는 철학을 가지고 있었다. 이를테면 아리스토텔레스는 《니코마코스 윤리학》에서 우정이 없다면 '누구도 삶을 선택하려 하지 않을 것'이라고 주장했다. 중세의 사제들은 우정이 신에 대한 우리의 사랑을 가릴 수 있다는 두려움 때문에 우정을 불신했다. 그러나 17세기는 사제들도 우정을 신에 대한 우리의 사랑을 보여줄 수단이라고 간주하며 우정에 매료되었다.

오늘날 우리는 보통 플라토닉한 사랑을 뭔가가 결핍된 것으로, 로맨틱한 사랑에서 섹스와 열정이라는 나사못이 빠진 것으로 간주한다. 하지만 이런 해석은 단어의 본래 의미에 어긋난 것이다. 이탈리아 철학자 마르실리오 피치노Marsilio Ficino가 15세기에 '플라토닉 러브'

어른이 되었어도 외로움에 익숙해지진 않아

라는 용어를 만들었을 때, 이 단어에는 육체를 초월하는 강력한 사랑에 대한 플라톤의 통찰이 담겨 있었다. 플라토닉 러브는 무언가가 결여된 로맨틱한 사랑이 아니었다. 그보다는 "이 육체 저 육체를 탐하지 않고 육체를 비추는 신성한 빛을 갈망한다."는 피치노의 말처럼 보다 순수한 형태의 사랑이자 영혼을 위한 사랑으로, 연애보다 우월한 것으로 여겨졌다.

우정의 힘은 단순히 고대인들의 유물이 아니며, 과학으로 증명된 사실이다. 심리학 이론에 따르면 우리가 맺는 관계는 산소나 음식, 물처럼 우리가 제대로 기능하기 위해 필요한 요소다. 관계가 단절되면 우리는 번성할 수 없으며, 이는 우정이 정신 건강과 신체 건강에 강력한 영향을 미치는 이유를 설명해준다. 과학자들은 우울증에 영향을 미치는 요인이 106가지나 되며, 누군가 속마음을 털어놓을 수 있는 사람이 있는 것이 가장 강력한 우울증 예방책이라는 사실을 발견했다. 외로움이 사망률에 미치는 영향은 하루에 담배 열다섯 개비를 피우는 것에 버금간다. 한 연구에 따르면 행복한 사람과 불행한 사람의 가장 뚜렷한 차이는 얼마나 매력적인지 또는 신앙심이 깊은지, 아니면 얼마나 좋은 일이 많이 일어났는지가 아니었다. 그 차이는 바로 사회적 관계의 수준이었다.

우정은 우리 앞을 막아서는 삶의 위협을 완화해준다. 한 연구에 따르면 남자는 친구들과 함께 있을 때보다 혼자 있을 때 테러 용의자를 더 위협적이라고 평가하는 것으로 나타났다. 또 다른 연구에서는 사람들이 친구와 있을 때 언덕을 훨씬 덜 가파르다고 생각하는 것으로 드러났다.

나는 마지막 급여를 지급하지 않으려는 회사 사장과 다퉜던 기억이 있다. 그 갈등은 친구 하바니와 찻집에서 차를 한잔하며 내 기분을 털어놓기 전까지 계속 내게 불안감을 안겨주었다. 하지만 이야기를 털어놓으며 차를 마시자, 기분이 풀렸다. 몇 주 만에 느껴보는 평온함이었다.

우정의 치유력은 우리의 정신 건강을 넘어 신체 건강에까지 영향을 미친다. 마르타 자라스카는《건강하게 나이 든다는 것》에서 식습관이나 운동 등 장수에 기여하는 일반적 요인들을 평가하면서 가장 강력한 기여자는 '관계'라고 결론지었다. 실제로 한 메타 분석[서로 다른 연구의 결과물을 통계적으로 종합 분석하는 기법-옮긴이] 결과 사망 위험을 낮추는 효과에 운동은 23~30퍼센트, 식단 조절은 최고 24퍼센트지만 폭넓은 사회적 관계망은 45퍼센트에 달하는 것으로 밝혀졌다.

가족이나 배우자 같은 다른 친밀한 관계를 통해서도 이런 효과를 상당 부분 경험할 수 있지만 우정만의 독보적인 장점이 있다. 친구는 부모와 달리 우리가 자신들의 희망과 바람대로 살아주기를 기대하지 않는다. 배우자와 달리 친구와 함께라면 누군가의 전부가 돼 그를 완전하게 만드는 퍼즐 조각이 돼야 한다는 결코 채울 수 없는 기대에 얽매이지 않아도 된다. 그리고 자녀와 달리 우리는 친구의 생존을 혼자 책임지지 않아도 된다. 우리 조상들은 부족 생활을 하는 동안 서로에 대한 책임이 여러 사람에게 분산돼 있었다. 따라서 우정은 우리가 오랫동안 잊고 살았던 진리, 즉 우리가 온전하다고 느끼기 위해서는 공동체 전체가 필요하다는 사실을 재발견하는 것

어른이 되었어도 외로움에 익숙해지진 않아

이다.

우정은 관계의 압력 밸브를 열어 다른 어떤 관계에서도 맛볼 수 없는 기쁨을 우리에게 불어넣어 준다. 우리는 은퇴 계획을 세우거나, 서로의 성적 욕구를 충족시키거나, 샤워 후에 욕실 청소를 누가 할지 고민할 필요 없이 우정을 즐거움이 넘치는 영역으로 자유롭게 만들어갈 수 있다. 예를 들어 한 연구에 따르면 친구와 어울리는 것이 연인이나 자녀와 어울리는 것보다 훨씬 더 큰 행복으로 이어지는 것으로 나타났다. 이는 친구들과 함께 있을 때는 볼링을 치거나 핼러윈 호박을 사러 가거나 애견 공원에 가서 즐겁게 보내지만, 배우자나 자녀와 함께 있으면 설거지나 공과금 납부, 잊지 말고 치실을 쓰라고 일러주는 따위의 일상적인 일을 하기 때문이다.

물론 친구도 우정 회고록 작가인 앤 프리드먼Ann Friedman과 아미나투 소우Aminatou Sow가 '친밀한 일상'이라고 부르는 상황에 빠져들 수 있다. 우정은 장보기나 집안일, 공동 은퇴로 이뤄진 관계일 수도 있다. 섹스와 연애, 평생 반려의 요소를 떼어냄으로써 사람들은 친구가 멋진 동반자가 될 수 있음을 깨닫는다. 무성애자 커뮤니티 AVEN의 설립자 데이비드 제이David Jay는 《디 애틀랜틱》에 기고한 〈세 부모 가족의 부상〉이라는 글에서 '정말 강렬하게 에너지가 통한' 한 친구와 함께한 삶을 소개했다. 그 관계는 잘 풀리지 않았지만, 그는 결국 다른 커플과 함께 공동육아를 하는 쪽을 선택했다. 우정은 우리의 필요에 따라 유연하게 변할 수 있다. 한 달에 한 번 점심을 같이 먹는 친구가 될 수도 있고, 영혼의 단짝이 될 수도 있다.

우정이 선사하는 기쁨의 핵심 원천은 우정이 무제한이라는 점이다. 친구는 많이 사귈 수 있지만, 부양자는 두 명, 배우자는 한 명(일부일처제인 경우), 자녀는 평균 2.5명 등 다른 핵심적인 관계들은 유한하다. 불교 용어 무디타mudita는 타인의 기쁨을 대리 경험한다는 공감적 기쁨의 뜻을 담고 있다. 성경에서 바울은 예수를 따르는 무리에게 쓴 편지에서 무디타를 언급하며 "한 지체가 영광을 얻으면 모든 지체가 함께 즐거워한다."라고 말했다. 배우자와 자녀, 부모 모두 무디타로 우리를 축하해주지만, 축하해줄 친구가 많으면 기쁨은 무한대로 커진다.

우리는 친구를 선택함으로써 우리를 응원하고 우리를 이해해주고 우리의 기쁨을 함께 기뻐해 줄 사람들을 주변에 둘 수 있다. 우정의 넓은 품은 거창한 서약이나 격식을 갖춘 의식, 유전적 유사성을 요구하지 않는다. 우정을 통해 우리는 삶에서 가장 긍정적이고 안전하고 축복받은 관계를 스스로 선택할 수 있는데, 그렇게 해야 한다는 사회적 압력 때문이 아니라 우리가 좋아서 내리는 선택이다.

우정의 선택성은 로맨틱한 사랑이 없다는 점과 함께 우리는 순수한 궁합에 따라 자유롭게 관계를 선택할 수 있다는 것을 의미한다. 영국의 작가 C. S. 루이스는 "에로스(로맨틱한 열정)는 벌거벗은 몸이 만나지만, 우정은 벌거벗은 인격이 만난다."라고 말했다. 로맨틱한 사랑의 소모적 감정은 때때로 우리를 어긋난 관계로 몰고 가는데, 이는 서로 맞는 상대인지를 가늠하는 리트머스 시험지를 사용하기 때문이다. 하지만 심리학자 해리엇 러너Harriet Lerner는 "강렬한 감정은 아무리 마음을 뒤흔들어도 진실하고 지속적인 친밀감의 척도가 될 수 없다. …… 강렬함과 친밀감은 서로 다르다."라고 말했다. 친구를 선택할 때 우리는 공통된 가치나 신뢰, 서로의 인격에 대한 존경심, 함께 있을 때 편안함 같은 친밀감의 진정한 표식에 우선순위를 부여할 수 있다. 물론 항상 그런 것은 아니며, 이는 나중에 분노와 갈등을 다루는 장에서 살펴볼 것이다.

친구는 개인적으로 우리를 지지할 뿐 아니라 공동체 차원에서도 우리에게 도움이 된다. 한발 물러나 거시적 차원에서 우정의 가치를 평가하면 이런 관계들이 사회를 어떻게 개선하는지 알 수 있다. 사회가 정의를 증진하고 편견을 줄이려고 노력할 때 우정은 그 수단을 제공한다. 연구 결과 사람들은 외집단outgroup(자신이 속하지 않은 집단)에 친구가 한 명만 있어도 그 외집단 전체에 대한 반응이 달라지고, 심지어 그 외집단에 이득이 되는 정책에 대한 지지도도 높아지는 것으로 나타났는데, 이는 우정이 체계적 변화를 촉발하는 필요조건이 될 수 있음을(그러나 충분조건은 아닐 수 있음을) 시사한다. 또 다른 연구에서는 자신의 친구가 외집단에 속한 사람과 친구 사이일 때 그 외집단에 대한 적대감이 줄어드는 것으로 나타나, 집단을 넘나드는 우정이 전체 인간관계에 파급 효과를 미칠 수 있음을 보여준다. 추상적인 관계에서는 편견이 힘을 발휘하지만, 일단 친구가 되면 타인도 우리와 마찬가지로 사랑하고 상처받는 복잡한 존재가 돼 우리가 아무리 다르다고 생각해도 그들에게서 우리 자신을 보게 된다.

2013년 메타 분석에 따르면 사람들이 사귀는 친구의 수가 35년간 지속적으로 줄어들고 있으며, 이러한 추세가 사회에 미치는 영향은 심각하다. 연구 결과 친구는 타인에 대한 신뢰를 높이는 것으로 밝혀졌는데, 신뢰는 사회가 작동하기 위한 필수 요소다. 독일과 체코,

카메룬의 참가자들을 대상으로 한 연구에 따르면 세 문화권 모두 단절감을 느낀 사람들이 '인간 본성에 대한 부정적 견해, 일부 집단 사람들에 대한 편향된 시각, 사회 제도에 대한 불신, 목적 달성을 위한 윤리적 수단 사용 무시' 같은 사회적 냉소주의를 경험한 것으로 나타났다. 《나 홀로 볼링》의 저자 로버트 D. 퍼트넘은 우리가 누군가와 사회관계망을 공유할 때 잘 모르는 사람도 신뢰하는 '엷은 신뢰'가 형성되지만, "공동체의 사회 조직이 더 허술해지면 정직과 보편적 상호성, 엷은 신뢰의 규범을 뒷받침하는 힘이 약해진다."라고 주장했다. 은행이 운영되려면 은행가들이 우리의 퇴직 연금을 챙겨 카트만두로 휴가를 떠나버리지 않을 것이라는 신뢰가 있어야 한다. 식료품점이 운영되려면 우리가 사는 금귤에 비소가 들어있지 않을 것이라는 신뢰가 있어야 한다. 학교가 운영되려면 교사가 우리 자녀들에게 하루 종일 비소가 들어있지 않은 금귤을 살 때 쓸 할인 쿠폰을 오려내라고 강요하지 않을 것이라는 신뢰가 있어야 한다. 하지만 관계가 단절되면 이런 신뢰가 흔들린다.

세상에서 가장 가까운 친구

이쯤 되면 사회가 무너지는 것을 막기 위해 이혼 소송을 내고, 가족과 인연을 끊고, 불임 수술이라도 하고, 친구를 찾아 나서야 한다고 말하는 것처럼 들릴 수도 있다. 그게 아니다. 내가 말하고자 하는 것은 우리 문화가 우정을 대하는 방식과 달리 우정은 비중이 큰

　　　　　　　　어른이 되었어도 외로움에 익숙해지진 않아

다른 관계들만큼이나 의미가 있다는 것이다. 하지만 우정을 정말로 소중히 여기는 사람이라면, 순수한 우정을 이류 취급당한 경험이 있을 것이다.

사람들은 친한 친구 사이를 두고 순수한 우정만으로는 그런 끈끈한 관계를 설명할 수 없다고 넘겨짚고는 한다. 두 사람이 연애하는 사이가 아니라면, 그 둘은 친구가 아니라 '그저' 친구일 뿐이다. 두 사람이 연인 사이가 되고 싶으면 "우리 친구 '이상'이 되자."라고 말할 것이다. 우정을 관계의 중심에 놓는 사람은 불공평하게도 외롭거나 매력이 없거나 성취감을 느끼지 못한 채 고양이를 여러 마리 키우는 노처녀 아니면 철이 덜 든 노총각 취급을 받는다. 연구 결과 우정이 연애에 힘과 인내를 주는 것이지 그 반대가 아니라는 사실이 늘 증명되는데도 이런 식이다.

우리는 우정이 급이 낮은 관계라고 생각만 하는 것이 아니라, 그렇게 만들기 위해 행동한다. 가족이나 연인과 비교해 친구와 함께할 때 우리는 시간을 덜 투자하고, 취약성을 덜 드러내며, 애정 표현도 덜 한다. 우리는 연인 관계가 비행기를 타고 날아가 서로 만나거나, 갈등을 해소하려고 애쓰거나, 아프면 건강을 회복할 수 있게 서로를 간호해주기에 적절한 관계라고 생각한다. 그리고 가족 관계가 함께 지내기 위해 나라 반대편으로 이사하거나, 명절마다 술에 취해 행패를 부리는 삼촌이 있더라도 참고 헌신하기에 적절한 관계라고 생각한다.

'퀴어플라토닉queerplatonic(플라토닉한 관계에 대한 사회 통념을 넘어서는 우정)'과 '주키니zucchini(퀴어플라토닉한 파트너)' 같은 용어를 만들어낸 동성애자와 무성애자들은 보통은 친구가 배우자나 형제자매만큼 가깝지 않지만 '그렇게 될 수도 있음을' 보여준다. 그렇지 않은 유일한 이유는 우리가 모두 우정을 해피 아워[주로 금요일 밤에 술집 등에서 하는 할인 행사—옮긴이]에 만나 한잔하거나 가끔 점심 데이트를 하는 관계로 불필요하게 선을 긋기 때문이다. 우리는 늘 우정이 열등한 DNA를 타고나 다른 관계들보다 얕다고 생각하며 우정에서 깊은 친밀감이라는 조직을 잘라내 버린다. 그리고 그게 자연스러운 일이라고 생각한다.

에이브가 일리노이주 스프링필드로 이사했을 때 그의 재정 상태는 계단 밑으로 내던져진 거울처럼 처참했다. 마지막 남은 몇 달러로 그는 새 침대를 사고 싶었다. 그는 가게에 가서 계산대 위에 가방을 올려놓고는 매장 주인 조쉬에게 침대 가격이 얼마인지 물었다. 조쉬가 가격을 말하자 에이브는 그만한 돈이 없다고 털어놓았다. 낙담한 에이브에게 조쉬가 대안을 제시했다. 자신이 가게 위층에 살고 있는데, 쓰고 있는 침대가 두 사람이 잘 수 있을 만큼 크다는 것이었다. 에이브는 이사를 와서 조쉬와 침대를 같이 쓰고 싶었을까? 에이브는 뛸 듯이 기뻐하며 가방을 내려놓고 이사가 끝났다고 선언했다.

에이브와 조쉬는 여러 면에서 정반대였다. 에이브는 평균 체격의 조쉬가 꼬맹이처럼 보일 만큼 키가 컸다. 약간 구부정한 체형에 팔다리는 비쩍 마르고 초록빛 눈은 움푹 들어가 있었다. 조쉬는 멋쟁이 시인 같은 외모로, 빠져들 것 같은 파란 두 눈에 찰랑이는 곱슬머리가 돋보였다. 에이브는 교육받지 못했고 가난하게 자랐다. 조쉬는 부유하게 자라 일류 대학에 진학했다 중퇴했다. 하지만 두 사람

어른이 되었어도 외로움에 익숙해지진 않아

은 곧 생각보다 서로 닮은 점이 많다는 사실을 알게 됐다.

두 사람은 일을 할 때만 빼고는 눈만 뜨면 함께 붙어 다녔고, 에이브의 출장에 조쉬가 동행하기도 했다. 한 침대에서 눈을 떠 쓴 커피 한 잔에 가벼운 아침 식사를 함께하고, 저녁이면 가까운 친구 집에 가서 저녁을 먹었다. 그리고 조쉬의 가게로 돌아와 시간을 보낼 때면 다른 친구들과 함께 모여 에이브의 이야기를 듣고 농담을 나누곤 했다.

하지만 두 사람의 우정이 순탄하기만 했던 것은 아니다. 에이브는 종종 슬픔에 빠지곤 했는데, 그냥 슬픈 정도가 아니라 침대에서 일어나기조차 힘들고 날카로운 물건을 옆에 두면 큰일 날 것 같은 슬픔이었다. 약도 소용이 없어서 오히려 기분을 악화시킬 뿐이었다. 에이브는 그때까지 비극적인 일들을 많이 경험했는데, 그중에서 가장 괴로웠던 일은 아홉 살 때 사랑하는 어머니가 식중독으로 갑자기 세상을 떠난 것이었다. 에이브는 '지금 내 모습이나 미래에 바라는 모습은 전부 어머니 덕분'이라고 말하기도 했다. 에이브의 아버지는 기분 변화가 심했고 사촌들도 종잡을 수가 없었다. 심지어 그중 한 명은 정신 병동에 수감되기도 했다. 에이브는 자신도 같은 운명을 맞을까 봐 두려웠다.

에이브가 우울증을 앓게 된 또 다른 주요 원인은 잘못된 인간관계였다. 에이브와 조쉬는 우정을 나누는 동안 각자 연애를 했지만, 두 사람 다 자신을 무척 사랑하는 여자를 밀어내면서 금세 관계가 끝나버렸다. 한번은 에이브가 메리라는 여자와 약혼했다가 파혼했는데, 관계가 깊어질수록 어머니의 죽음에서 비롯된 듯한 친밀감에 대한 두려움이 커졌기 때문이었다. 에이브는 죄책감에 시달린 나머지 우울증과 환각, 자살 충동에 횡설수설 지껄이기까지 하는 등 정신 이상 증세를 보였다. 조쉬는 에이브가 곁에 다가올 수 있게 허락한 유일한 사람이었다. 조쉬는 에이브의 말동무가 되어주면서 에이브의 면도날을 숨겨 그의 안전을 지켰다.

에이브가 몸을 추스르는 동안 조쉬는 켄터키주로 이사해 가족과 다시 합쳤다. 그곳에서 조쉬는 패니라는 여성과 약혼했다. 결혼식 날이 다가오자 조쉬는 에이브를 괴롭혔던 바로 그 고통에 사로잡혔다. 두 친구는 서로 편지를 주고받으며 조쉬가 친밀감에 대한 공포를 이겨낼 수 있도록 에이브가 도움을 주었다.

하지만 편지에서 조쉬의 고통에 대한 이야기만 나눈 것은 아니었다. 두 사람은 서로에게 느낀 친밀감을 표현하기도 했다. 가령 에이브는 편지에 조쉬의 고통을 자신의 고통처럼 뼈아프게 느낀다고, 조쉬의 친구가 되고픈 자신의 갈망은 영원히 변함없을 것이라고 쓰고 '영원한 당신의 것'이라고 서명했다. 에이브는 조쉬에게 편지를 받자마자 답장해달라고 간절히 부탁했다.

한 침대에서 잠을 자고, 아플 때 서로 간호를 해주고, 사랑의 편지를 쓰는 등 에이브와 조쉬의 관계는 너무나 친밀해서 많은 이들이 성적인 관계를 의심했지만, 그래도 두 사람은 깊은 우정이 지금보다는 훨씬 더 잘 받아들여지던 시대에 살았다. 두 사람이 가게에서 만난 운명적인 날은 1837년 4월 15일이었다. 에이브는 우리가 무척 잘 아는 사람으로, 본명은 에이브러햄 링컨이다.

작가 찰스 스트로지어Charles Strozier는 《영원한 너의 친구 A. 링컨:

에이브러햄 링컨과 조슈아 스피드의 영원한 우정Your Friend Forever, A. Lincoln: The Enduring Friend- ship of Abraham Lincoln and Joshua Speed》에서 "미국 역사에서 한편으로는 남자들 간의 성관계가 혐오스러운 것으로 여겨져 알려지면 엄벌을 받고 사회적으로 매장될 수도 있었던 반면, 다른 한편으로는 같이 잠을 자는 것을 포함해 친밀함과 친근함, 상호 의존, 사랑의 표현이 강력히 권장되고 심지어 바람직하게 여겨졌던 시대로 들어가려면 비상한 상상력이 필요하다."라고 썼다.

한번은 링컨이 데이비드 데이비스 판사와 호텔 방을 같이 쓴 적이 있었다. 링컨의 친구이자 조언자였던 레너드 스웨트가 그 방에 들어갔을 때 두 사람은 막 베개 싸움을 끝내고 숨을 헐떡이고 있었는데, 링컨은 목에 단추 하나로 묶인 노란색 긴 튜닉을 달랑 하나 걸치고 있었다. 스웨트는 '혹시라도 단추가 풀리면 어떻게 될까'라는 생각에 몸서리를 쳤다고 말했다.

링컨이 살던 시대에는 동성애가 엄격하게 금지됐기 때문에 친구 간의 친밀함이 동성애에 대한 우려를 불러일으키지 않았다. 이 때문에 사람들은 성기를 유일한 경계로 삼아 원하는 만큼 친구와 가까워질 수 있었다. 국무 장관 출신으로 상원 의원이던 대니얼 웹스터 Daniel Webster는 친구 제임스 허비 빙엄에게 쓴 편지에서 빙엄을 '사랑스러운 친구', '너무나 사랑하는 그대'라고 불렀다. 그 중 한 편지에서 웹스터는 '당신은 유일한 내 마음의 친구이자, 내 기쁨과 슬픔, 애정을 나누는 동반자이며, 내 가장 은밀한 생각의 유일한 참여자'라고 썼다. 웹스터는 만약 결혼 문제가 잘 풀리지 않는다면 '우리는 늙은 총각의 정장인 상복을 걸쳐 입고 야생 귀리 씨를 모두 뿌린 뒤 둥근

모자에 지팡이를 들고 개똥지빠귀처럼 즐겁게 휘파람을 불며 삶의 끝까지 뚜벅뚜벅 나아갈 것'이라는 소망을 내비쳤다.

동성 간의 성적 친밀감에 훨씬 더 깊은 낙인이 찍혔던 이 시기로 돌아가자는 말은 아니다. 하지만 이 시기를 자세히 들여다보면 우정이 진정 어디까지 깊어질 수 있는지 알 수 있다.

우정의 중요성을 깎아내리면 우리는 조쉬와 에이브의 관계만큼이나 깊어질 수 있는 잠재력이 있는 관계를 억압하게 된다. 사실 나이와 상관없이 누구나 세상에서 가장 가까운 사람이 친구라고 느꼈던 시간이 있었을 것이다. 하지만 나이가 들면서 우리는 친구가 우리에게 어떤 영향을 미쳤는지를 무시하는 집단 기억 상실증에 빠지게 된다. 우리는 성장한다는 것이 허물을 벗듯 우정을 버리고 중요한 관계에 집중하는 것을 뜻한다고 생각하는데, 이는 나이가 들수록 친구가 우리의 건강과 행복에 훨씬 '더' 중요해진다는 해리엇의 결론을 뒷받침하는 연구 결과들을 무시하는 것이다. 사실 우리의 우정은 이미 우리를 변화시켜서 현재 우리의 모습을 만들어내고 나아가 미래 우리가 어떤 모습일지를 예언하고 있는지도 모른다.

흔들리는 나를 붙잡아주는 힘

셀리나와 그녀의 절친한 친구 제시는 각자 우버를 타고 함께 사는 아파트로 돌아오는 길에 〈쓰르라미 울 적에〉라는 일본 애니메이션을 보고 우정에 관해 깨달은 점을 문자로 주고받았다. 제시는 영

어른이 되었어도 외로움에 익숙해지진 않아

화의 주제를 인용해 "난 언제나 네 편이 되어줄게."라고 셀리나에게 문자를 보냈다. 그건 누구에게도 말하지 못한 비밀을 털어놓기 위해 셀리나가 꼭 듣고 싶었던 말이었다. "비밀 하나 말해줄까? 다른 사람에게는 말 못 하겠어." 셀리나는 제시에게 문자를 보냈다.

집에 도착해 제시를 만나자, 셀리나는 숨이 가빠오면서 제시와 눈길조차 마주치지 못했다. 제시에게 고백할 준비가 됐다고 문자를 보내지 않았다면 계획을 단념했을 가능성이 컸다. "말도 안 돼. 왜 그런 거짓말을 했는데?"처럼 셀리나는 자신이 털어놓을 말에 대해 제시가 어떤 반응을 보일지 상상했다.

그렇다면 셀리나의 비밀은 무엇이었을까? 셀리나는 십 년 동안 셀리악병[몸 안에 글루텐을 처리하는 효소가 없어서 생기는 질환–옮긴이]을 앓고 있다고 사람들에게 말했지만, 사실은 셀리악병에 걸리지 않았다. 대수롭지 않아 보일지 몰라도 셀리나에게 이 거짓말은 수치스러운 일이었다. 셀리나가 태어나기 전 그녀의 아버지는 이전 결혼에서 첫아들을 사산했다. 셀리나가 태어난 후 아버지는 아들처럼 셀리나도 죽을까 봐 두려웠다. 그래서 셀리나에게 무슨 문제가 있는지 찾고 또 찾았다. 문제가 있다면 치료법을 찾아내 셀리나의 죽음에 대한 통제력을 가지려 했다. 셀리나는 매주 병원에 끌려다녔고, 의사가 아무 이상이 없다고 하면 아버지는 다른 의사를 찾아갔다.

결국 아버지는 셀리나가 셀리악병에 걸렸을 가능성에 도달했다. 수많은 의사와 온갖 검사, 그리고 아버지의 성화에 못 이겨 받은 각종 시술에 지칠 대로 지친 셀리나는 두 손을 들었다. "그래요. 그게 맞겠네요, 아빠. 저 셀리악병이에요." 자신이 거짓말을 하고 있다는 것을 알면서도 셀리나는 그렇게 말했다. 그리고 그게 친구들과 가족 그리고 그녀를 아는 모든 사람을 대상으로 십 년간 이어온 거짓말의 시작이었다. 거짓말 덕분에 더는 아버지의 히스테리에 휘말리지 않아도 됐지만, 그 과정에서 셀리나는 자존감을 희생했다. "엉망진창이 된 것 같았고, 죄책감이 들었으며 내 인격이 의심스러웠어요. 사촌 케이티가 셀리악병을 앓고 있는데 글루텐을 먹으면 발작을 일으켰거든요. 케이티를 생각하면 병에 걸린 척하는 게 정말 미안했어요. 가짜로 암에 걸린 척하는 것 같은 기분이었죠."라고 셀리나는 말했다.

정신과 의사 해리 스택 설리번Harry Stack Sullivan은 셀리나가 거짓말을 하면서 느낀 수치심을 '비인간적'이라는 단어로 표현했다. 그는 수치심이 견딜 수 없을 만큼 괴로운 것은 수치심이 우리를 다른 사람들과 분리시키기 때문이라고 주장했다. 해고당했을 때 기분이 나쁜 것은 일을 그르쳤기 때문이 아니라, 일을 그르치는 바람에 그렇지 않은 모든 사람으로부터 멀어졌기 때문이다. 이혼할 때 슬픔이 배가 되는 것은(이혼이 정상적인 일인데도 불구하고) 결별이 행복한 결혼생활을 하면서 '정상적인 삶'을 사는 사람들과 멀어지게 만들기 때문이다. 설리번에 따르면 수치심은 우리의 경험에 내재된 고통보다는 경험이 우리를 사람들과 단절시키는 데 따른 고통에서 비롯된 것이라고 한다.

우리는 어떻게 다시 인간다움을 느낄 수 있을까? 설리번은 우정을 통해 가능하다고 주장한다. 우리가 수치스러운 일을 털어놓았을 때 친구가 우리를 받아주거나 심지어 공감해주면, 우리는 실망스러운 행동을 했다고 해서 우리가 비인간적인 것은 아니라는 사실을 깨닮게 된다. 친구는 우리를 더욱 인간답게 만들어준다. 친구는 우리가 스스로 결점을 인정하고 그 결점이 주홍 글씨가 돼 우리를 속박하기보다는 우리 일부가 될 수 있게 해준다.

셀리나의 경험은 설리번의 주장을 잘 보여준다. 셀리나는 제시에게 진실을 털어놓기 전까지 하루도 빠짐없이 자신이 한 거짓말과 마주해야 했다. 친구들은 셀리나를 위해 글루텐이 들어가지 않은 요리를 해주거나 글루텐을 사용하지 않는 식당을 선택했다. 가끔 셀리나는 베이글이나 머핀을 몰래 먹기도 했다. 이 모든 거짓말 때문에 셀리나는 말 그대로 비인간적인 기분을 느꼈다. "글루텐을 먹을 때면 말 그대로 다리 밑 괴물이 어둠 속에서 나타나 쓰레기 더미에서 뭔가를 집어먹는 모습이 떠올랐어요."라고 말이다.

하지만 셀리나가 비밀을 털어놓았을 때 제시는 우려했던 것처럼 셀리나의 인격을 의심하지 않았다. 제시는 공감해주고 심지어 셀리나를 축하해주었다. "저는 즉각적인 배려와 지지를 받았어요. 어떤 문제도 없었죠. 제시는 '이 음식들을 너와 함께 먹게 돼 기뻐. 우리 같이 제자리로 돌아가서 신나게 즐겨보자. 브런치 가게에 가서 미모사 칵테일에 글루텐을 배 터지게 먹는 거야'라고 말했어요." 일주일 뒤 제시와 셀리나는 브런치 가게에 가서 와플과 프렌치토스트를 먹었는데, 셀리나는 '글루텐에 글루텐을 듬뿍 얹어' 먹었다고 표현했다. 그날 밤 두 사람은 글루텐 투성이인 브라우니 조각을 뿌린 쿠키 도우 아이스크림을 사서 함께 먹었다. 셀리나가 눈물을 흘리자, 제시는 "울어, 셀리나. 다 쏟아 내버려. 나한테 말해줘서 정말 기뻐."라고 말했다.

제시가 받아준 덕분에 셀리나는 살면서 누구에게든 비밀을 털어놓을 수 있다는 확신을 얻었다. "사람들이 비난하지 않을 거야. 그냥 우리와 도넛을 같이 먹을 수 있게 돼 기쁘다고 생각하겠지."라고 제시는 셀리나를 안심시켜주었다. 그 후 셀리나는 오빠에게 말한 다음 다른 친구들에게도 말했는데, 그때마다 제시는 "이거 기대되는걸. 우리 다 같이 점심 먹으러 가자."라고 그녀를 변호해주었다. 셀리나가 비밀을 털어놓으면 제시가 끼어들어 셀리나에게 질문 세례가 쏟아지지 않게 대화를 이끌어갔다. 결국 셀리나는 말하기 가장 두려웠던 아버지에게도 말했다.

우리는 수치심을 느끼는 대상을 회피하려다 우리의 정체성을 이루는 일부분을 탐구할 기회를 놓친다. 셀리나는 수치심을 드러냄으로써 수치심에 눌려 있던 자신의 일부를 이해할 수 있었다. '음식이 내게 어떤 의미인지에 대한 생각이 완전히 바뀌었다'는 셀리나는 보리와 통보리, 온갖 종류의 글루텐 등 자신이 요리를 좋아한다는 사실을 깨달았다. 비밀을 털어놓기 전에는 계속 셀리악병에 걸린 체하느라 음식을 제한하고 숨기는 행동이 폭식을 유발하기도 했는데, 셀리나는 "똑같지는 않지만, 상황과 동기가 폭식증과 비슷한 심리 상태로 몰아가서 음식을 탐하는 괴물이 된 듯했다."라고 설명했다. 비밀을 털어놓은 뒤로는 폭식증이 줄어들었다.

수치심을 느낄 때 우리는 셀리나처럼 분열된 느낌을 받는다. 수치심은 우리 자신의 일부를 무시하거나 숨기거나 멀리하게 만든다. 하지만 결점을 숨기려고 집착할수록 수치심이 우리를 빨아들이고, 역설적으로 수치심에서 벗어나려고 애쓸수록 수치심이 우리를 집어삼

킨다. 동성애자인 한 이웃 남성은 커밍아웃하고 나서야 비로소 자신의 참모습을 느끼기 시작했다고 털어놓았는데, 성적 취향을 감추려다 에너지를 소진하고 인격 전체를 소모했기 때문이다. 우리가 억누르려고 하는 부분이 우리를 정의하는 문제(취약성 관련 장에서 좀 더 자세히 다루겠다)에 대해 내 심리 상담사는 "말할 수 없는 모든 것들이 우리에게 영향을 미친다."라고 말했다. 수치심을 숨긴다고 수치심이 치유되지 않는 것은 이 때문이다. 수치심을 털어놓고 친구가 우리를 사랑하고 받아들일 때 우리는 수치심을 지키려는 노력에서 해방된다. 수치심을 유발한 결점이 무엇이든 그 결점은 우리 자신의 전부가 아닌 일부가 될 뿐이다. 친구에게 받는 공감이 우리를 온전하게 만드는 것은 이 때문이다.

셀리나는 제시에게 수치스러운 비밀을 털어놓고 난 후 확실히 다시 온전해졌다고 느꼈다. "고개를 들어보니 괴물이 등장하는 다리도 쓰레기도 없었다."라고 셀리나는 말했다. "못생기고 흉측한 내 괴물 손을 내려다보니 다른 사람과 똑같은 평범한 손이었다는 사실을 깨달은 것 같았어요. 저는 평범한 사람이었어요. 그날 밤 이후로 거울을 바라보면 이런 생각이 들었어요. '나 왜 이렇게 예뻐 보이지?' 제시 같은 사람이 나 같은 사람을 사랑한다면, 나도 사랑받을 가치가 있는 사람이니까요. 나는 다시 인간이 됐고 사랑받을 자격을 얻었어요."

공감 능력의 발달 조건

물론 가족이나 배우자, 직장 상사, 인스타그램 팔로워, 줌바 댄스 강사, 퉁명한 우버 기사 등 누구라도 우리에게 이런 공감을 표시할 수 있다. 하지만 이런 공감이 절실히 필요할 때 우리 곁에는 친구가 있다. 연구 결과 수치심은 십 대 때 최고조에 달한 후, 평생 꾸준히 줄어들다가 유독 노년기에만 다시 비슷하게 높은 수준까지 증가하는 것으로 나타났다. 연구에 따르면 이 어리숙한 시기에 우리는 가족이나 어린 시절 주목받고 싶어서 만들어낸 가상의 남자친구에게 의지하는 대신 친구에게 의지한다. 친구가 우리의 정체성에 이토록 지속해서 영향을 미치는 것은 자신의 모습을 알아가는 이 중요한 격동의 시기에 친구가 곁에 있기 때문이다.

우정은 공감을 불러일으키기 때문에 친구는 우리에게 공감을 제공하기에 좋은 대상이다. 설리번에 따르면 사실 우정은 우리가 공감하는 '방식'이다. 설리번은 단짝 친구 이론에서 8~10세 무렵의 우정이 우리가 타인과 관계를 맺는 방식을 근본적으로 변화시킨다고 주장한다. 타인의 안녕을 자신의 안녕만큼 소중히 여기는 첫 번째 관계가 우정이다. 어린 시절 우리는 부모님 말씀을 따르고 선생님에게 순종한다. 하지만 친구들과는 서로를 위하고 공감한다.

설리번은 "아이는 다른 사람에게 무엇이 중요한지에 대한 진정한 감수성을 키우기 시작한다. 그리고 이는 '내가 원하는 것을 얻으려면 무엇을 해야 할까'가 아니라 '내 친구의 행복에 기여하거나 친구의 체면과 자존심을 지켜주려면 무엇을 해야 할까'라는 의미다. 그것

어른이 되었어도 외로움에 익숙해지진 않아

은 '우리'의 문제이다."라고 설명한다.

　수십 건의 연구가 공감을 증진하는 우정의 독특한 역할을 강조한다. 청소년에게 우정은 공감을 연습할 수 있는 특별한 공간으로, 청소년기에는 친구에 대한 친절도가 증가하는 반면 가족에 대한 친절도는 변화가 없거나 감소하는 것으로 연구 결과 밝혀졌다. 우정은 공감을 연습하는 공간일 뿐 아니라, 공감을 발전시키는 공간이기도 하다. 한 메타 분석 결과 양질의 우정은 뛰어난 공감 능력과 상관관계가 있는 것으로 나타났다. 언어 장애가 있는 아이들을 대상으로 한 또 다른 연구에서는 좋은 친구가 있는 아이일수록 공감 능력이 더 발달하고, 공감 능력이 뛰어난 아이일수록 더 좋은 우정을 쌓는 것으로 나타났다. 공감과 우정이 뇌에서 전개되는 모습을 살펴본 연구도 있다. 그 결과 친구가 따돌림을 당하는 모습을 보면 우리 자신이 따돌림을 당할 때와 동일한 뇌 부위가 활성화되는 것으로 밝혀졌다. 낯선 사람에게는 그렇지 않았다. 따라서 공감은 우정의 일부다. 그리고 우정은 친구에게만 공감하게 만드는 것이 아니다. 우정은 우리를 전반적으로 공감하게 만든다.

　공감은 우정의 주요한 성과로, 친구 관계에 활력을 불어넣는다. 하지만 우정의 긍정적 영향은 공감 능력을 키우는 차원을 넘어 우리의 인격을 전반적으로 향상하는 데까지 이른다. 실제로 한 연구에서는 성장기에 친구를 사귀는 것이 성인이 돼서 어떤 사람이 되는 데 영향을 미치는지 실험했다. 연구는 친구가 있는 초등학교 5학년 아이와 친구가 없는 5학년 아이가 성인이 된 후 여러 면에서 보여준 결과들을 비교했다. 친구가 있는 5학년 아이는 성인이 됐을 때 우울감이 덜하고 보다 도덕적이고 자존감이 더 높았다.

'어떻게 공감 능력이 생겼나요? 보다 도덕적으로 된 원인은? 자존 감이 높아진 비결은?'라고 질문을 받으면 친구 덕분이라고 대답할 사람은 거의 없을 것이다. 교육이나 자아 성찰, 심리 치료, 혹은 유전자 덕분이라고 대답할지도 모르겠다. 우정이 어떻게 우리를 변화시키는지 항상 자각하는 것은 아니지만, 그래도 우정은 우리를 변화시키고 있다. 그뿐만 아니라 우정은 우리를 더 나은 사람으로 만들어 주는 데 그치지 않고, 우리의 참모습을 알아가는 데 도움을 준다.

삶을 확장하는 강력한 방아쇠

2016년 여름, 베트남 하노이의 프랑스 지구에서 무더위가 기승을 부리던 어느 날 칼리는 아파트 창문을 열고 아래에서 들려오는 시끄러운 소리를 향해 "닥쳐!"라고 고함을 질렀다. 그래봐야 소용없다는 것을 칼리도 알고 있었다. 시끌벅적한 소음에 목소리가 가뭇없이 묻히겠지만 그래도 듣고만 있을 수는 없었다. 칼리는 다시 침대에 주저앉아 흐느끼기 시작했다. 미국인인 칼리는 일상 탈출과 일생일대의 모험을 꿈꾸며 베트남으로 왔다. 하지만 도착한 지 몇 달 만에 재충전은커녕 분노에 휩싸이는 자신을 느꼈다. 영어를 가르치는 일은 물론 즐거웠지만, 작은 아파트 밖에서의 생활은 버겁고 외로웠다.

칼리가 침울해하는 기색을 눈치챈 직장 동료 길다는 "나와 내 친

어른이 되었어도 외로움에 익숙해지진 않아

구들과 같이 어울려 놀아요."라고 그녀에게 말했다. 길다는 동네 술
집에서 선해 보이지만 뚱한 표정의 친구들에게 칼리를 소개했다. 그
날 밤 내내 친구들은 칼리가 자리에 들어와 앉을 때부터 밤새도록
칼리에게 거의 말을 걸지 않았다. 길다의 초대가 고맙기는 했지만,
칼리는 다른 종류의 외로움, 사람들과 함께 있지만 편안하게 자신
의 본모습을 드러내지 못할 때 느끼는 외로움을 느꼈다. 칼리는 탄
력 있는 곱슬머리에 보통은 탄산음료처럼 톡톡 튀는 성격으로, 쉽
게 웃음을 터뜨리고 사람들을 만나면 방 전체가 쩌렁쩌렁 울릴 만
큼 큰 목소리로 인사를 건넨다. 하지만 길다와 그녀의 차분한 친구
들 사이에서 칼리는 성격을 죽여야 한다는 압박감을 느꼈다.

칼리는 그 친구들을 다시 만나지 않았지만, 길다와는 계속 어울
렸다. 얼마 지나지 않아 두 사람은 다른 외국인들과 함께 쿵후 강습
에 참여했고, 길다는 칼리에게 다른 수강생들에 대해 설명하며 충고
를 한마디씩 덧붙였다. "저 여자는 이름이 리인데 시끄럽고 짜증 나
는 호주 여자애예요. 나라면 가까이하지 않겠어요." 이 말로 칼리는
길다와의 우정에서 미심쩍었던 부분이 사실임을 확인할 수 있었다.
역설적으로 칼리는 길다의 말 때문에 리를 알고 지내고 싶은 사람으
로 생각하게 됐다.

다행히 리는 수줍어하지 않고 칼리에게 다가왔다. 두 사람은 금세
친해져서 강습장 뒤편에서 낄낄거리며 장난을 치기도 했다. 리가 칼
리를 점심 식사에 초대하면서 둘의 우정은 굳어졌다. 리는 칼리에게
착하고 친절한 사람이라는 인상을 주었다. 그뿐만 아니라 처음부터
두 사람은 함께 있으면 마음이 편안했는데, 칼리가 길다에게는 느껴

보지 못한 감정이었다. 칼리는 리의 긍정적인 성격과 초승달 같은 미소, 웃을 때면 움푹 파이는 두 볼에 반했다. 리와 함께 있으면 칼리는 마음껏 웃으며 생기를 발산했다. 술집에서 길다와 함께 있던 얌전한 여자는 칼리가 아니었다.

리는 두둑한 배짱만큼이나 즐거움이 가득한 사람이었다. 그녀는 스쿠터를 몰고 베트남 곳곳을 누볐다. 가는 길을 모르면 스쿠터 위에 올라탄 뒤 지나가는 사람에게 소리쳐 길을 물었다. 리가 낯선 사람들에게 다가가 인사를 건네며 점심을 같이 먹자고 청하는 모습을 칼리도 본 적이 있다. 리는 용감했지만, 칼리는 그렇지 못했다.

어느 주말 칼리는 리가 막 이사한 집을 찾았다. 브라질 축구 선수인 리의 남자친구도 함께 있었는데, 친절하고 매력적이며 배려심 있는 사람이었다. 깔끔하게 정리된 리의 집은 해변을 끼고 있었다. 칼리는 자신의 삶을 생각하며 한숨을 쉬었다. 칼리는 도시에서 사는 삶이 지긋지긋했고, 아파트 밖에서 들려오는 스쿠터 엔진과 고함, 술에 취해 흥청거리는 사람들 소리가 지겨웠다. 그리고 왠지 모르게 그런 좌절감이 리와의 대화에서 표출되기 시작했다.

그 주말 리가 낯선 사람에게 큰 소리로 길을 묻자, 칼리는 "어떻게 길을 모를 수가 있어? 네가 사는 동네잖아!"라고 쏘아붙였다. 리가 길을 잘못 들면 칼리는 "엉뚱한 길로 가고 있어."라고 잔소리했다. 리가 음식을 주문하면서 베트남어를 더듬거리면 칼리는 "그렇게 말하면 안 되지!"라고 끼어들었다. 그리고 리가 이야기를 하면서 제스처를 크게 취하면 칼리가 조롱하듯이 흉내를 냈다. 결국 기분이 상한 리가 "칼리! 너 왜 나한테 이렇게 못되게 구는 거야?"라고 따져 물

어른이 되었어도 외로움에 익숙해지진 않아

었다.

왜 그렇게 못되게 굴었을까? 칼리는 사실을 직시해야 했다. "리가 인생에서 훨씬 더 앞서가는 게 부러웠어요. 리는 두려움이라고는 없고, 바람이 이끄는 대로 어디든 가고, 변화를 두려워하지 않아요. 리에게 정말 많은 영감을 얻었지만, 그 사실을 인식하지 못했기 때문에 그녀와 함께하는 시간이 숨 막힐 듯 답답해지기 시작했어요. 리는 매사에 똑 부러지는 사람이었거든요."라는 게 칼리의 고백이다. 호기심을 불러일으키고 부러움을 느낀 칼리는 쏘아붙이는 말로 표현했다. 리는 칼리에게 자신의 삶이 얼마나 공허한지 일깨워줬기 때문에 위협적이었다.

이런 깨달음을 얻은 후 칼리는 부러움을 자신의 삶을 바꿔나갈 방향타로 받아들이기 시작했다. "리가 걷는 길과 내가 가는 길이 다르다는 걸 명심할 필요가 있었어요. 우리가 친구인 이유는 서로를 자극하고 서로의 성장을 도울 수 있기 때문이니까요."라며 칼리는 리의 자극을 순순히 받아들였다. 칼리는 스쿠터를 타고 동네를 돌아다니고, 낯선 사람들과 어울려 쌀국수를 먹었다. 어느 날 리와 칼리가 체육관에 있을 때 리가 같이 춤을 추자고 제안했다. 그날 이후 칼리는 멈추지 않고 춤을 추었다. 방에 혼자 있을 때도 안무를 짜기 시작했고, 결국 줌바 댄스 강사가 됐다. 리가 열어 보여준 가능성을 모두 실현한 것이다.

보보 인형 실험이라는 유명한 심리학 연구가 있다. 이 실험은 어른이 보보라는 큰 풍선 인형을 때리거나 아니면 보보를 무시하고 다른 장난감을 가지고 노는 모습 중 하나를 아이들이 지켜보게 하는 것이다. 어른이 보보를 때리는 모습을 본 다음 아이들에게 보보를 보여주자, 아이들은 보보의 커다란 머리를 내리치며 멍청하게 웃고 있는 보보의 얼굴에도 주먹을 날렸다. 어른들이 보보를 무시하고 다른 장난감을 가지고 노는 모습을 본 아이들은 보보를 그냥 내버려 두었다. 이 연구는 교사가 교단에 서서 잔소리를 늘어놓는다고 해서 학습이 일어나지 않는다는 사실을 분명히 보여준 획기적인 연구였다. 우리는 직접 경험한 것을 받아들인다. 교실은 우리가 직접 체험하는 공간이다.

리는 칼리의 보보 인형 실험이었다. 길다가 칼리에게 베트남 생활을 즐기며 살라고 아무리 말해도, 칼리가 그렇게 하기로 결심한 것은 리가 사는 모습을 보고 난 후였다. 두 사람의 우정은 친구가 우리를 어떻게 변화시키는지 보여준다. 친구는 우리가 선택할 수 있는 다양한 삶의 방식들을 우리에게 펼쳐 보여준다. 친구는 세상에 존재하는 새로운 방법을 우리 앞에 드러내 또 다른 삶이 가능하다는 것을 보여준다.

심리학적 측면에서 볼 때 칼리와 리의 우정은 자기 확장 이론의 원리를 잘 보여준다. 자기 확장 이론은 성취감을 느끼려면 자아를 끊임없이 확장해야 하며, 관계는 자기 확장의 주요한 수단이라고 역설한다. 이는 우리가 누군가와 가까워지면 그 사람을 우리의 자의식 안에 포함하기 때문에 '타인을 자아에 포함하는 것'이라고 표현한다. 친구가 킬리만자로를 등반하면 마치 우리가 등반한 듯한 기분이 들어 우리도 등반할 준비가 더 잘 된 것처럼 느껴진다. 친구가 수채화 화가의 길을 걷기 위해 회계 관련 일을 그만두면 우리도 직업을 바

어른이 되었어도 외로움에 익숙해지진 않아

꿔 보석 세공사가 되면 어떨지 궁금해진다. 친구가 프로즌 요거트에 폭 빠지면 우리는 자신도 모르게 요거트 가게를 기웃거리게 된다. 타인을 자아에 포함하는 것은 사실 우리가 친구에게 공감하는 이유 중 하나로, 이때 우리는 우리 자신에게 공감하는 것 같은 기분을 느 낀다.

미국 뉴욕의 스토니브룩대학교 교수인 아서 아론Arthur Aron은 타 인을 자아에 포함한다는 개념을 만들어냈다. 아론은 우리가 타인을 자아에 포함한다는 사실을 시사하는 흥미로운 실험에 관해 이야기 해 주었다. 아론은 사람들에게 돈을 주면 절친한 친구와는 공평하 게 나눠 가질 가능성이 크지만, 낯선 사람과 나눌 때는 더욱 이기적 으로 된다는 사실을 발견했다. 또 다른 연구에서 그는 사람들에게 어떤 성격적 특성이 자신의 것인지 다른 누군가의 것인지 판단하게 한 다음, 어떤 특성을 누구의 것이라고 봤는지 기억해보라고 요청했 다. 사람들은 미디어에 등장하는 인기 스타의 특징으로 꼽은 특성 보다 자기 자신이나 친구나 연인 같은 친한 사람의 특징이라고 꼽은 특성을 기억해낼 때 더 실수를 많이 하는 경향을 보였다. 또 다른 연구에 따르면 유명 인사의 얼굴과 함께 자신의 얼굴을 보여줬을 때 보다 친구의 얼굴과 함께 자신의 얼굴을 보여줬을 때 자신의 사진을 알아보는 데 시간이 더 오래 걸리는 것으로 밝혀졌다. 자신과 가까 운 타인과의 차이를 구분하려고 할 때, 우리는 그 사람이 자신의 일 부처럼 느껴지기 때문에 혼란스러워진다.

자아에 타인을 포함하는 행위는 우리에게 기쁨과 친밀감 그리고 발전했다고 느끼게 하지만 문제점도 없지 않다. 아론은 일부 사람들이 타인에게 매몰돼 자신의 정체성을 잃는다고 말한다. 또한 불쾌한 웃음소리나 괴팍한 식성, 아침부터 위스키를 마셔대는 습관처럼 다른 사람의 고약한 특성을 우리가 그대로 받아들이는 빌미를 제공하기도 한다.

자아에 타인을 포함하는 행위는 우리가 친구들의 '또래압력peer pressure'에 특히 더 취약한 이유를 설명해준다. 자녀가 나쁜 친구와 어울리면 부모는 걱정이 앞서는데, 아론의 연구에 따르면 그럴만한 이유가 충분하다. 하지만 아론은 긍정적 측면이 부정적 측면보다 크다는 믿음을 가지고 있다. 아론은 '우리가 관계를 맺으려고 사람을 선택하는 것은 어쨌든 그 사람을 닮고 싶기 때문'이라며 '관계는 우리의 정체성을 풍요롭게 만드는 방편'이라고 말했다.

아론은 우정이 자기 확장의 강력한 '방아쇠trigger[어떤 반응이나 행동을 유발하는 요인-옮긴이]'라고 주장한다. 연구에 대한 열정이 대단한 아론은 공동 연구자들과 너무 친해지는 바람에 가끔은 어떤 전문 지식이 누구의 것인지 잊어버리기도 한다. 내 생각을 덧붙이자면 우정은 자기 확장에 기여하는 독특한 장점이 있다. 최고의 연애를 하는 동안에도 친구들을 자주 만나지 못할 때면 나는 마음속에서 내 존재가 삐걱대는 소리를 들었다. 아무리 좋은 사람이라도 한 사람은 나의 한 면만을 드러낼 수 있을 뿐이었다. 반면 다양한 친구들과 어울릴 때면 공작새가 꼬리를 활짝 펼치듯 내 자아가 확장됐다.

우리 대부분은 인생의 상처로부터 우리를 보호해주는 깁스처럼 정체성이 단단하게 굳어질 날을 고대한다. 어릴 때는 자아가 완전히 형성되고 인생의 방향이 정해지는 순간을 갈망한다. 어쩌면 그 순

어른이 되었어도 외로움에 익숙해지진 않아

간은 사랑을 찾거나, 아이를 낳거나, 책을 쓰거나, 은퇴하는 때일 수도 있다. 그러다 나이가 들면서 그런 순간이 절대 오지 않는다는 사실을 깨닫는다. 인생의 해답을 찾는 일은 끝나지 않지만, 모르는 것을 견뎌낼 수 있는 마음의 준비가 좀 더 잘 돼있다면 다행스러운 일이다. 이러한 불확실성은 확장하고 발전하고 성장할 기회일 뿐 아니라, 타인을 변화의 원동력으로 삼아 우정을 더욱 깊게 할 기회이기도 하다.

관계의 질이 삶의 질을 결정한다

우정은 우리의 행동과 특성, 정체성 등 우리의 모습에 영향을 끼친다. 우정의 중요성에 대한 추가적인 증거를 찾기 위해 우정이 생체 기능에 미치는 영향에 초점을 맞춰보자.

연구 실험에 참여했는데 실험자가 코에 뿌리는 스프레이를 흡입해 보라고 요청했다고 상상해보라. 스프레이가 분사될 때까지 기다린 뒤 연구자가 10달러를 줄 테니 낯선 사람과 나눠야 한다고 말했다. 얼마를 나눠줄지는 여러분에게 달렸다. 여러분은 너그러운 편인가?

아니면 다른 시나리오를 상상해보자. 이번에는 코에 스프레이를 뿌린 후 연구자가 돈을 주면서 그 돈의 일부 또는 전부를 신탁 관리인에게 줄 수 있다고 말했다. 여러분이 얼마를 주든 연구자가 그만큼을 추가로 주기 때문에, 신탁 관리인은 여러분에게 돈을 돌려주고 나서도 여전히 꽤 많은 금액을 챙길 수 있다. 하지만 이들은 그 돈을 그냥 가지고 여러분에게 전혀 주지 않을 수도 있다. 당신은 신탁 관리인을 신뢰하는가?

두 연구에 따르면 이 상황에서 여러분의 답변은 스프레이에 무엇이 들어있는지에 따라 달라진다. 어떤 사람들은 소금물 위약을, 다른 사람들은 우리를 더 관대하고 다정하고 모든 면에서 세심하게 만드는 마법의 호르몬을 뿌렸다. 이 호르몬은 바로 옥시토신이다. 옥시토신을 뿌린 사람들은 더욱 사람을 믿는 경향을 보였다. 다른 연구에 따르면 옥시토신은 타인에 대한 공감과 관심을 불러일으킨다.

하지만 옥시토신이 단순히 우리에게 관계를 선사하는 것만은 아니다. 관계가 우리에게 옥시토신을 선사하기도 한다. 관계로 연결됐다고 느끼면 우리 몸안에서 옥시토신이 증가한다. 한 연구에 따르면 수컷 침팬지는 친구들과 어울릴 때 옥시토신이 약간 증가하는 것으로 밝혀졌다. 또 다른 연구에서는 친구 관계가 좋은 암컷 원숭이일수록 살면서 나중에 옥시토신을 더 많이 분비하는 것으로 나타났다. 또한, 옥시토신 수준이 높은 엄마를 둔 아이들이 옥시토신 수준이 더 높고 친구 관계도 더 좋은 것으로 나타났다.

이 장에서 나는 우정이 우리를 변화시키고 옥시토신이 그 방법을 보여준다는 사실을 이해시키기 위해 노력했다. 그 증거는 지금도 계속 늘어나고 있지만, 연구에 따르면 과거에 좋은 우정을 쌓으면 옥시토신 분비가 촉진돼 보다 공감 능력이 뛰어나고 도덕적이고 세심한 사람이 되고, 이를 통해 더 좋은 친구로 자리매김할 수 있다. 증거가 말해주듯 우리가 과거에 쌓은 우정은 평생 관계를 잘 맺을 수 있도록 우리를 준비시킨다. 단짝 이론을 만든 설리번에 따르면 "동성의 구성원들과 삶을 꾸려가기 위해서는 사춘기 이전에 친구 관계를 맺어야 한다."라고 말한다. 우정은 우정을 낳는다. 하지만 아직 우정의 선순환을 경험하지 못했다 해도 걱정할 필요가 없다. 《어른이 되었어도 외로움에 익숙해지진 않아》에서 배우게 될 정보가 여러분을 제 궤도로 이끌 것이기 때문이다.

하지만 옥시토신은 학자금 대출을 받은 대학생처럼 여러 가지 역할을 한다. 옥시토신은 관계의 열쇠일 뿐 아니라 과학자들이 '젊음의 묘약'이라고 찬사를 보낼 만큼 건강의 열쇠이기도 하다. 옥시토신의 건강 증진 효과에 관한 연구 중 상당수가 동물 실험을 통해 이뤄지기는 했지만, 결과는 고무적이다. 연구 결과 옥시토신은 스트레스 반응을 진정시키고 염증을 감소시키는 것으로 밝혀졌다. 쥐 실험에서는 옥시토신이 스트레스 호르몬인 코르티솔 농도와 혈압을 낮추는 것으로 밝혀졌다. 친구가 있으면 왜 더 좋은 관계를 맺을 수 있는지, 그리고 왜 우정이 우리의 정신 건강과 신체 건강에 도움이 되는지를 알아내기 위한 탐구에서 우리는 옥시토신이라는 동일한 근원을 발견했다. 심리 치료사인 에스터 페렐의 말을 빌리자면 "우리가 맺는 관계의 질이 우리 삶의 질을 결정한다."라고 할 수 있다. 옥시토신은 그 공통분모다.*

---

* 옥시토신도 지나치게 많으면 좋지 않다. 사람들과 애착을 형성하는 과정에서 옥시토신은 약간의 문제를 일으킨다. 적어도 여성의 경우는 옥시토신이 사람들을 잃을지도 모른다는 불안감을 증가시킨다는 증거가 있다(남자의 경우 옥시토신은 반대로 불안감 감소와 관련이 있다).

영혼의 성장을 위하여

"우정은 철학과 예술, 우주 자체처럼 불필요한 것이다."라는 C.S 루이스의 말은 역설적으로 정반대의 의미를 내포하고 있다. 셀레나처럼 우리도 살면서 한 번쯤 우리라는 우주 전체의 한가운데에 우정이 자리할 때가 있었다. 그리고 그때 그 우정이 건강한 것이었다면 우정은 우리의 인격을 고양해 우리를 더욱더 도덕적이고 공감 능력이 뛰어나며 온전하게 만들어주었을 것이다. 칼리의 이야기는 우정이 자기 확장을 통해 우리의 참모습을 알아가는 데 도움을 준다는 사실을 보여준다. 우리는 다른 사람에게서 자신을 경험하고 우리 안에 있는 그 힘을 인식하기 전까지는 우리 자신을 완전히 알지 못한다.

우정은 사랑과 공감, 그리고 옥시토신을 잇는 작은 매개가 돼 우리 몸을 진정시키고, 우리의 건강을 지켜주고, 관계를 맺을 준비를 갖추게 해준다. 《우정의 과학》의 저자 리디아 덴워스에 따르면 "사람들은 늘 경쟁과 적자생존을 말하지만, 사실은 가장 우호적인 자가 살아남는다. 우정은 우리가 오래도록 행복한 삶을 살 수 있는 열쇠다."라고 말한다.

우정은 가장 진실하고 친절하며 풍요로운 자아를 발견하는 수단이다. 우정은 타인과 연결된다는 것이 어떤 의미인지 가르쳐주는, 관계에 관한 현장 수업이다. 우정은 여러 가지 면에서 우리를 더 나은 사람으로 만들어, 또 다른 우정을 맞을 준비를 갖추게 해준다. 친구는 우리를 더 건강하고 더 풍요로우며 더 오래 지속되는 관계를

어른이 되었어도 외로움에 익숙해지진 않아

형성할 준비를 보다 잘 갖춘 사람으로 만들어준다. 프랑스 철학자 몽테뉴는《우정에 대하여》라는 에세이에서 우정을 '영적인 것'이라고 부르며 '실천을 통해 영혼이 더욱 세련되게 성장할 수 있게 해주는 관계'로 규정했다. 부디 친구를 소중히 여겨 자신의 영혼이 성장하는 것을 지켜볼 수 있기를 바란다.

2장

우정을 가로막는 장애물

중학교 학생 식당으로 돌아갔다고 상상해보라. 급식실 한쪽에서 배식원이 오늘 메뉴인 정체불명의 고기를 배식 중이고, 다른 쪽에서는 직사각형 테이블마다 아이들이 모여 있다. 너나 할 것 없이 목청껏 떠들어대는 바람에 마치 온갖 색깔이 한데 섞여 검은색이 된 것처럼 목소리가 뒤엉켜 백색 소음이 돼버렸다. 급식 줄에 서라고 내가 앉은 테이블을 부르는 소리가 들린다. 마음은 허접한 급식을 건너뛰고 자판기에서 나초와 치즈 팝콘을 먹고 싶지만, 7교시쯤이면 속이 부글거릴 것이 뻔해 그냥 배식 줄에 선다.

줄이 움직일 때마다 책가방을 던져놓은 테이블을 돌아본다. 가장 친한 친구인 에릭이 매일 앉는 자리다. 옆자리에 에릭의 가방이나 재킷이 보이지 않아 그가 어디에 있는지 궁금해진다. 아까 수학 시간에 봤으니까, 학교에 있다는 것은 안다. 보통은 함께 줄을 서서 서로 오전에 일어난 일들을 이야기하는데 줄을 선 다른 아이들이 "심슨 가족 최신 편 봤어?"라고 물으며 친구들과 수다를 떠는 모습을 보니 슬며시 외로워지기 시작한다.

줄이 줄어들어 맨 앞줄에 선다. 뭘 먹을까 고민한다. 화이트 치즈가 한 장 올라간 큼지막한 피자 한 조각을 먹을까, 아니면 볼로냐 소시지와 햄, 치즈, 땅콩버터와 젤리, 구운 쇠고기, 호박색 아메리칸 치즈가 들어간 샌드위치를 먹을까. 피자를 선택하고 당근을 곁들여 담는다. 어떤 날은 주스가 나와 오늘도 그러기를 바랐지만 우유뿐이다. 빨간 우유 팩을 들고 자리로 향한다.

자리로 돌아와 친구 아만다가 테이블에 앉아 있는 모습을 보니 마음이 놓인다. 아만다는 어떨 때는 나와 에릭과 함께 앉고, 어떨 때는 연극반 친구들과 함께 앉는다. 오늘 아만다의 선택 덕에 혼자 앉지 않아도 되지만 그래도 에릭이 나타나기를 바란다.

"에릭 봤어?"라고 아만다에게 묻는다.

"응. 방금 지구 과학 수업 같이 들었거든. 수업 끝나고 선생님하고 이야기하느라 안 나왔어. 얼마나 걸릴지는 잘 모르겠네."

가방을 치우고 시계를 들여다보고는 자리에 앉는다. 점심시간이 시작된 지 15분이 지났다. 고개를 돌려 배식 줄에 에릭이 있는지 살펴본다. 거기에도 에릭은 없다. 다시 아만다 쪽으로 고개를 돌려 얼마 전 본 수학 시험 점수 이야기를 시작한다.

내가 좋은 점수를 받은 것을 축하해주면서 아만다가 내 뒤쪽을 흘끗 바라본다. 갑자기 아만다의 두 눈이 휘둥그레진다. 고개를 돌리는 순간 액체가 어깨 위로 흘러내리는 느낌과 함께 냄새가 코를 파고든다. 우유다. 우유가 가슴을 타고 무릎까지 흘러내리더니 우유 팩이 바닥에 나뒹군다. 근처에 있던 몇몇 아이들은 라이온 킹에 나오는 하이에나들처럼 낄낄대기 시작한다. 도대체 무슨 일인가 싶어 뒤를 돌아보니 에릭이 서 있다. 멍한 표정이다. 에릭의 식판은 피자 한 조각과 당근 봉지로 거의 꽉 차 있지만 음료가 있어야 할 자리가 비어있다. 우유가 사라진 것이다.

무슨 일이 일어났는지 파악하는 것은 내 몫이다. 에릭은 우유를 너무 먹고 싶어 배식대에서 테이블까지 걸어오면서 우유를 홀짝거렸을까? 그러다가 가까이 다가오는 순간 어쩌면 나를 얼른 보고 싶은 마음에 서두르다 발을 헛디뎠을까? 그래서 열린 우유 팩이 식판에서 내 위로 떨어졌을까? 아니면 에릭은 완벽하게 균형을 잡았을까? 나쁜 마음을 먹고 우유 팩을 들어 우유를 정통으로 나한테 쏟아부었을까? 나를 창피 주려고 했던 것일까 아니면 악의 없이 그저 덤벙댔던 것일까?

사람들은 왜 친구 사이에 일어난 똑같은 일을 이처럼 다르게 해석하는 것일까? 이 장에서는 이 문제에 답해줄 획기적 체계인 애착 이론에 대해 살펴보고, 그 과정에서 우리가 친구로서 어떤 존재이고 어떻게 이런 관계가 됐는지 등 우정에 관한 다른 문제들도 함께 풀어볼 것이다. 우리의 인식과 행동은 우정에 어떤 영향을 미칠까? 어떤 유형의 사람들이 친구를 사귀고 지킬 가능성이 가장 높을까? 우정을 탐구하는 과정에서 이러한 질문에 답하는 것은 필요하며, 그

답이 이 책의 끝까지 우리를 이끌어줄 것이다.

우리가 타인을 바라보고 사건을 해석하고 행동하는 방식이 친구를 사귀고 지킬 수 있는지에 예측 가능한 영향을 미친다는 사실을 보여주는 수백 건의 연구가 있음을 확인하게 될 것이다. 이 연구들은 친구를 사귀고 지킬 수 있는지가 운에 좌우되는 것이 아니며 우리 자신에게 달렸다고 주장한다. 우리가 하는 사소한, 대개는 인식조차 못 하는 선택들이 우정의 운명을 좌우한다. 도대체 그 선택은 무엇일까?

잘못된 애착 형성이 우정을 방해한다

옴리 길라스Omri Gillath는 이스라엘에서 보낸 어린 시절, 친구를 사귀는 데 어려움을 겪으면서 왜 다른 친구들은 그렇지 않은지 궁금했다. 심리학 박사후과정을 밟기 위해 알고 지내던 친구들을 전부 남겨두고 미국에 왔을 때도 또 한 번 궁금증이 일었다. 미국에서 처음부터 새로 우정을 쌓기가 쉽지 않았는데, 미국에서는 사람들이 우정을 일회용 물건 취급한다는 사실을 깨달았다. 길라스는 사람들이 이사하면 쉽게 친구를 잊어버리는 모습을 목격했다. 이제 막 이민자로 미국에 와 이곳저곳 옮겨 다니게 된 자신에게 별다른 희망이 없을까 봐 걱정됐다.

그럼에도 불구하고 길라스의 편이 되어준 것은 호기심이었다. 오십 대에 접어든 지금은 프로이트처럼 머리가 벗겨지고 수염도 길렀지만, 대학 시절부터 친구들이 그에게 프로이트라는 별명을 붙여준 것은 사람들이 어떤 행동을 왜 하는지 그 이유에 대해 엄청난 관심을 보였기 때문이다. 대학원생 시절 길라스는 지도 교수를 계속 바꿔가며 삶의 의미와 자살에 관해 연구하다 마침내 애착 유형 연구를 통해 사람들에 대한 호기심을 해소할 수 있었다.

애착 이론을 통해 길라스는 친구를 사귀고 지키는 데 능숙한 사람들을 찾아낼 수 있었다. 연구에 따르면 이런 '슈퍼 친구super friends'들은 새로운 우정을 시작하는 데 더 능숙할 뿐 아니라 우정을 더 끈끈하게 오래 이어간다. 이들은 길라스가 '삽 친구shovel friends'라고 부르는, '새벽 두 시에 친구 집에 가서 시체를 묻는 데 도움이 필요하다고 말하면 군말 없이 삽은 어디 있냐고 물어볼' 친구를 만드는 데 능숙하다.

이 슈퍼 친구들은 관계에서만 성공을 거두는 것이 아니라 삶의 모든 면에서 성공을 거두는데, 이는 타인과 관계를 맺는 능력이 우정뿐 아니라 우리가 하는 모든 일에 영향을 미친다는 사실을 보여준다. 연구 결과 이 슈퍼 친구들은 정신 건강이 더 좋고 자신이 중요하다고 느낄 가능성이 더 높은 것으로 밝혀졌다. 또 새로운 생각에 보다 열려 있고 편견을 덜 갖는다. 일의 만족도가 더 높고 동료들의 평가도 더 긍정적이다. 후회를 덜 하고 인생의 시련에 더 유연하게 대처한다. 수학 시험이나 대중 연설처럼 일반적으로 스트레스가 많은 상황에서도 냉정을 잃지 않는다. 심장 마비나 두통, 배탈, 염증 같은 신체적 질병에 걸릴 가능성도 더 낮다. 박사 학위를 취득하고 미국 캔자스대학교에 재직 중인 길라스와 대화를 나눴을 때는 코로나19

팬데믹이 한창이었다. 그는 슈퍼 친구들이 이 혼란에도 더 잘 적응하고 있을 것으로 추정했다.

슈퍼 친구들은 이 장 첫머리에서 묘사한 우유 사건에도 확연히 다르게 대응했다. 여러 연구에서 어린이들에게 비슷한 상황에서 친구의 행동을 어떻게 해석할지 물었다. 어떤 아이들은 에릭이 나쁜 마음을 먹고 일부러 친구를 골탕 먹인 것으로 판단해 우유를 쏟은 행동에 더 분노했다. 에릭에게 곧바로 우유를 끼얹어 복수를 하고 싶어 하는 아이들도 있었다. 하지만 슈퍼 친구들은 이 소동을 단순한 사고로 봤다. 에릭이 실수했을 것이라고 너그럽게 믿어주고 다 괜찮다고 에릭을 안심시켰다.

슈퍼 친구만의 특징은 무엇일까? 바로 안정감이다. 길라스의 인생과 경력을 영원히 바꿔놓은 애착 이론에 따르면 안정애착은 다음과 같은 세 가지 주요 애착 유형 중 하나다.

1. **안정애착**secure attachment: 안정애착을 가진 사람은 자신이 사랑받을 자격이 있고, 다른 사람이 자신을 사랑할 것이라고 믿어도 좋다고 가정한다. 이런 믿음이 무의식적인 틀이 돼 모든 관계에 스며들어, 다른 사람을 일단 믿어주고, 마음을 열어 필요한 것이 무엇인지 묻고, 다른 사람을 돕고, 다른 사람이 자신을 좋아한다고 가정하면서 친밀감을 형성한다.

2. **불안애착**anxious attachment: 불안애착을 가진 사람은 다른 사람이 자신을 버릴 것이라고 가정한다. 버림받지 않기 위해 집착

적으로 행동하거나, 다른 사람의 편의를 봐주기 위해 과도하게
자신을 희생하거나, 너무 빨리 친밀감에 빠져든다.

3. 회피애착avoidant attachment: 회피애착을 가진 사람도 마찬가지로
다른 사람이 자신을 버릴까 봐 두려워한다. 그러나 이런 결과를
피하려고 집착하는 대신 다른 사람과 거리를 둔다. 이들에게
친밀감은 상처받을 수 있다는 신호이므로, 다른 사람을 밀어내
고, 취약성을 드러내기를 꺼려서 성급하게 관계를 끝내버린다.

우리는 보호자와 맺은 초기 관계를 바탕으로 애착 유형을 발전시
킨다. 길라스의 연구 결과, 유전자도 일정 부분 역할을 하는 것으로
밝혀지기는 했다. 보호자가 따뜻하게 인정해주면 안정감이 생긴다.
반면에 보호자가 무뚝뚝하고 쌀쌀맞게 거부하고 참견을 일삼는 성
격이어서, 슬플 때 울지 말라고 소리 지르고, 놀고 싶을 때 못 본 체
무시하고, 실수로 과자를 쏟을 때 회초리를 들면, 불안애착을 갖게
돼 세상을 위험한 곳이라 여기고 다른 사람이 우리를 버리거나 학대
할 것으로 생각한다. 예상되는 학대로부터 스스로를 보호하기 위해
불안 또는 회피 행동을 보인다. 이 밖에도 이 두 유형을 극단적으로
오가는 혼란애착disorganized attachment을 가진 사람도 있다.
　하지만 애착이 전적으로 부모의 잘못은 아니다. 한 연구에 따르
면 사람들의 72퍼센트는 유아기부터 성년기까지 동일한 애착 유형
을 유지하는 것으로 밝혀졌다. 반면 또 다른 연구에서는 이 비율이
26퍼센트에 불과한 것으로 나타났다. 이 두 연구 모두 소규모로 진

　어른이 되었어도 외로움에 익숙해지진 않아

행됐기 때문에 더 많은 연구가 필요하다. 이 중 한 연구를 수행한 스토니브룩대학교 교수 에버렛 워터스Everett Waters의 설명에 따르면 보호자와 가진 초기 애착 경험이 우리가 사람들과 맺는 관계 전반에 대한 기대치를 설정하기는 하지만, 이러한 기대치는 다른 관계들을 통해 진화할 가능성이 높으며 부모와의 관계는 단지 출발점 역할을 할 뿐이라고 말한다. "또래 집단에서 어느 정도 경험이 쌓이면 최초의 기대치는 또래들과의 실제 경험을 기반으로 한 기대치로 대체된다."는 게 워터스의 설명이다. 다시 말해 새로운 관계를 맺을 때마다 애착 유형이 바뀔 수 있다는 것이다.

관계가 진전됨에 따라 애착이 진화하기는 하지만, 여전히 애착 이론은 우리가 관계를 바라보는 방식이 객관적이지 않으며 우리의 과거와 부모, 살면서 만난 사람들이 우리에게 보인 반응 등에 영향을 받는다는 사실을 분명히 보여준다. 하지만 우리는 대부분 이를 인식하지 못한다. 우리는 자신의 애착 유형에 따라 굴절된 우리의 인식을 현실로 받아들인다.

우정에 관한 조언을 갈망하는 사람들이 "상대가 먼저 입을 열지 않는다면 그건 내 말을 듣고 싶지 않다는 뜻일 거야."라고 생각하는 바람에 잘 풀릴 것 같던 관계가 시들해졌다는 사연을 보내오곤 한다. 이런 억측은 어디에서 비롯된 것일까? 다른 사람의 인식과 동기를 확실히 알 수 없기 때문에, 다른 사람이 우리를 바라보는 시선에서 비롯된 것은 아니다. 오히려 우리가 세상을 이해하기 위해 무의식적으로 우리의 과거를 뒤적거리고 있을 뿐이다.

- 누군가가 우리에게 관심을 보이는 유일한 이유가 따분하고 외롭기 때문이라고 명백한 근거 없이 추정할 때 애착이 작용하는 것이다.
- 별문제 없이 행복한 우정을 이어가는 상황에서도 '올 것은 오고야 만다'며 가슴 졸일 때 애착이 작용하는 것이다.
- 뒤로 물러나야겠다는 강력하지만 설명하기 힘든 충동을 느낄 때 애착이 작용하는 것이다.
- 다른 사람이 우리를 실망하게 할 것이라고, 취약점을 드러내면 함부로 우리를 판단할 것이라고, 도움이 필요할 때 외면할 것으로 생각할 때 애착이 작용하는 것이다.
- 애당초 친구들이 우리를 정말 좋아한 것은 아니라고 생각할 때 애착이 작용하는 것이다.
- 사람들에게 우리의 강한 면이나 '유쾌한' 면, 냉소적인 면만 보여준다면 애착이 작용하는 것이다.
- 우리를 학대하는 사람과 계속 관계를 유지할 때 애착이 작용하는 것이다.

애착은 관계의 모호함 위에 우리가 드리우는 그림자로, 우리의 관계는 모호함으로 가득 차 있다. 애착은 실제 무슨 일이 일어나고 있는지 추론하기 위해 우리가 사용하는 '직감'이다. 그리고 이 직감은 일어난 일에 대한 냉정한 평가가 아니라 시간의 압축을 통해 과거가 현재 위에 포개지면서 생겨난다.

우리가 가진 애착에 대한 이해가 유익한 까닭은 우리의 편향된 해석에 스스로 정신적 채찍질을 할 수 있어서가 아니라, 우리 자신을

어른이 되었어도 외로움에 익숙해지진 않아

더 잘 이해하고 우정에서 더욱 성숙한 모습을 보일 수 있기 때문이다. "내가 뭘 잘못하고 있는지 모르겠는데, 왜 난 친구를 사귀지도 지키지도 못하는 걸까?"라는 의문이 든 적이 있다면, 우리가 가진 애착이 타인과 관계를 맺는 방식에 어떤 영향을 미치는지 파악함으로써 새로운 희망을 키우고 앞으로 나아갈 길을 닦을 수 있다.

애착 유형 점검하기

다음은 애착 유형에 따라 우정에서 보이는 행동 패턴을 설명하는 표다.* 처음부터 끝까지 살펴보고 자신이 어떤 행동을 보이는지 전부 X 표시를 해보라. 그런 다음 각 열마다 X의 수를 더해 보라. 가장 점수가 높은 열이 우정에서 자신이 보이는 주요 애착에 해당한다.

한 가지 애착 유형에서 가장 높은 점수를 받았다면 그 애착을 가장 자주 드러내는 것일 수 있지만, 다른 애착 유형을 드러내도록 방아쇠를 당기는 사람이나 사건이 있을 수도 있다. 우리에게는 주된 애착 유형이 있지만, 애착은 범주로 정확히 나뉘기보다는 스펙트럼처럼 연속적으로 나타난다. 스트레스를 받으면 불안정한 애착 패턴을 더 많이 보이는 것이 일반적이다. 내 경우를 예로 들면 안정애착 점수가 가장 높았지만, 최근에는 회피애착 점수가 평상시보다 높게

---

* 두려움애착fearful attachment도 탐구할 필요가 있지만, 불행히도 관련 연구가 많이 이뤄지지 않아 이 책에서는 불안애착, 회피애착, 안정애착에 초점을 맞췄다.

우정에서 나타나는 애착 기반 행동

안정애착	불안애착	회피애착
새로운 우정을 시작하는 데 거리낌이 없다.	거절에 대한 두려움 때문에 새로운 우정을 시작하기를 주저한다.	새로운 우정에 관심이 없다.
깊은 우정을 쌓는다.	깊은 우정을 쌓는다.	얕은 우정에 그친다.
친구가 보이지 않으면 언젠가 다시 연락이 올 것이라고 가정한다.	친구가 보이지 않으면 더 이상 나를 좋아하지 않을까 봐 걱정하고 원망한다.	친구가 보이지 않으면 기억에서 지워버린다.
관대하지만 적절한 선을 지킨다.	지나치게 관대한 나머지 자아 고갈 상태에 이른다.	관대하지 않다.
문제를 제기할 때 신중하게 한다.	문제를 외면하다가 갑자기 터뜨린다.	문제를 외면하고, 다른 사람이 문제를 제기하면 과소평가하거나 회피한다.
취약성을 드러내는 데 거리낌이 없다.	취약성을 과도하게 드러낸다.	취약성을 드러낼 때마다 '나약하다'라고 느껴서 회피한다.
친구들이 내 모든 면을 알고 있다.	친구들이 내 모든 면을 알고 있다.	친구들이 내 긍정적인 면과 강점만 알고 있다.
도움을 요청하는 데 거리낌이 없다.	도움을 요청하면 친구에게 짐이 될까 봐 두려워한다.	도움을 요청하면 나약해 보일까 봐 두려워한다.
도움을 주는 데 거리낌이 없다.	도움을 주는 데 거리낌이 없지만, 조언을 강요하거나 감정을 주체하지 못하는 등 친구의 문제에 과도하게 관여할 수도 있다.	다른 사람의 도움이 필요할 때 부담을 느낀다.
자신의 필요와 상대의 필요를 모두 중요시한다.	화가 나면 상대의 필요보다 자신의 필요를 우선시하지만, 그렇지 않으면 상대의 필요를 자신의 필요보다 우선시한다.	자신의 필요를 상대의 필요보다 우선시한다.

나왔다. 학교에 매일 출근하는 한편 이 책을 쓰느라 너무 바빠 다른 사람을 정서적으로 지원할 여유가 별로 없었기 때문이다. 잔뜩 일을 하고 나면 문을 닫아걸고 소파에 널브러져 쓰레기 같은 TV 드라마를 보고 싶을 때가 있다.

이제 애착에 대해 좀 더 잘 이해했으니, 애착이 우정을 헤쳐 나가는 방식에 어떤 영향을 미치는지 좀 더 자세히 살펴보자.

안정애착을 가진 사람의 우정

심리학자 프레드 골드너Fred H. Goldner는 편집증paranoia과 정반대되는 긍정적인 심리 상태를 설명하기 위해 '낙관증pronoia'이라는 용어를 만들어냈다. 낙관증을 가진 사람은 반대되는 증거가 있음에도 불구하고 우주가 자신의 성공을 계획하고 있으며, 다른 사람들이 자신을 좋아하고 신뢰하고 자신이 잘되기를 바란다는 착각을 안고 산다. 착각에 빠지지 않는 낙관증을 가진 사람을 뭐라고 불러야 할까? 안정애착을 가진 사람이다. 이들은 다른 증거가 없는 한 기본적으로 다른 사람들을 신뢰할 만하고, 다른 사람들이 자신을 좋아하고 자신이 잘되기를 바란다고 생각한다. 이들은 대책 없는 낙천주의자가 아니기 때문에, 추가적인 정보를 바탕으로 이런 낙관론을 조절한다. 하지만 처음 가졌던 낙관론 즉 결국에는 다 괜찮아질 것이라는 믿음이 안정애착을 가진 사람의 '삶이 훨씬 더 편해지는' 이유라고 길라스는 설명한다. 길라스는 "관계에서 안정감을 가지면 삶의 모든 면에서 안정감을 가질 준비를 갖추게 된다."라고 말한다.

보통 안정애착을 가진 사람이 결국 가장 실망하게 될 것으로 생각하기 쉽다. 다른 사람을 신뢰할 수 있다고 생각했다가 상처받지 않을까? 자신에게 해를 끼치려는 사람들을 간과하지 않을까? 하지만 실제로는 최선을 기대하는 안정감 있는 사람이 최선의 결과를 얻는다. 재무 게임을 포함하는 한 연구에서 학생들에게 '신탁 관리인'에게 돈을 투자하게 한 후, 투자 수익을 내지 못하면 벌금을 부과하겠다고 신탁 관리인을 협박하거나 아니면 벌금을 무시하라는 지침을 주었다. 신탁 관리인은 벌금을 무시했을 때 가장 많은 수익을, 벌금 부과를 위협받았을 때 가장 적은 수익을 냈다. '사람을 신뢰하면 더욱 신뢰할 수 있게 된다'라고 이 연구의 저자 중 한 명인 에른스트 페르Ernst Fehr 취리히대학교 교수는 말했다. 이 연구는 사람들은 우리가 자신을 대하는 태도대로 우리를 대한다는 점을 강조하는 호혜성 이론이라는 심리학 이론을 뒷받침해준다. 우리가 친절하고 솔직하게 신뢰를 보내면 사람들도 같은 태도로 화답할 가능성이 더 높다. 따라서 안정애착을 가진 사람은 다른 사람을 신뢰할 만하다고 생각만 하는 데 그치지 않고, 먼저 선의를 보여 다른 사람을 신뢰할 만한 상대로 만든다.

그리고 신뢰할 수 없는 사람들이 틈을 비집고 들어와 해를 끼칠 때, 안정애착을 가진 사람은 불안정한 사람보다 더 많이 영향을 받기는커녕 오히려 더 적게 영향을 받는다. 연구 결과 안정감은 회복탄력성과 스트레스 조절의 강력한 예측 인자로 밝혀졌다. 한 연구에서는 사람들이 안정감을 갖추면 사회적으로 소외됐을 때도 심장 박동 수의 변동성(심장 박동 사이의 시간 변화)이 크게 변하지 않는 것으로 드러났다. 하지만 안정감을 갖추지 못한 사람은 심장 박동 수의 변동성이 크게 변화했다. 심장 박동 수의 변동성은 심장이 스트레스에 반응할 때 크게 변화하므로, 연구 저자들은 "애착은 사회적 소외라는 고통스러운 경험에 대한 적응적 반응을 강화하는 중요한 방법을 제공할 수 있다."라고 결론 내렸다. 안정감이 부족한 사람은 다른 사람의 학대를 예상하고 불필요하게 의심이라는 무거운 짐을 지고 다니는 데 반해, 안정감 있는 사람은 다른 사람이 실망스러운 행동을 할 때만 이를 견뎌낸다. 다른 사람에 대한 믿음은 실망했을 때도 도움을 받을 수 있다고 이들을 안심시킨다.

이런 회복 탄력성과 선의가 더해지면서 안정애착을 가진 사람은 우정에서 위험을 감수할 수 있는 자유를 얻는다. '실패할 수 없다면 어떻게 하시겠습니까?' 슈퍼마켓에 걸린 이 문구는 과자 한 봉지 사러 들어간 나를 실존적 위기로 몰아넣었다. 안정애착을 가진 사람은 이 질문에 대한 답을 행동으로 보여준다. 앞서 언급했듯이 안정애착을 가진 사람은 갈등에 생산적으로 대처하고 자신의 내밀한 부분을 드러내면서 새로운 우정을 시작할 가능성이 더 높다. 이 책 뒷부분에서 살펴보겠지만 이런 위험한 행동은 우정이 결실을 보기 위해 필요하다(하지만 불안애착을 살펴볼 때 알게 되겠지만, 이런 행동에도 한계는 있다). 안정애착을 가진 의사 닉은 세인트루이스로 이사했을 때 서로 아는 친구를 통해 로렌스를 만났고, 두 사람은 곧바로 친해졌다. 두세 달 뒤면 로렌스가 뉴욕으로 이사할 예정이었지만 닉은 "떠나더라도 계속 어울리자고 제가 제안했어요. 친구가 되겠다고 다짐한 것인데, 저는 자주 그래요. 최악의 상황이라고 해봐야 관계에서 아무런 소득도 없는 것뿐이니까요."라고 말했다. 닉은 로렌스의 친구들을 만나 그 친구들도 마음에 들자, 로렌스에게 "네 친구들이 마음에 들지만, 연결 고리인 네가 떠나잖아. 우리 단체 대화방이라도 만들까?"라고 말했다.

닉은 로렌스의 친구들과 친해졌지만, 이 친구들이 뒤에서 자신의 험담을 한다는 이야기를 나중에 로렌스에게 전해 들었다. 부인이 이혼 소송을 제기해서 닉의 가슴을 찢어놓았는데, 함께 알고 지내는 친구들은 오히려 닉이 이혼 이야기를 계속 떠벌리고 다닌다고 말한다는 것이다. 하지만 닉은 화를 내는 대신 이해심을 발휘했다. "그 친구들 마음이 이해됐어요. 가끔은 어떤 친구가 무슨 일을 겪으면 이런 생각이 들죠. '저 친구는 계속 그 얘기만 하네. 정말 짜증 나' 다른 친구에게 화풀이를 해보기도 하지만, 그렇다고 그 친구에 대한 애정과 앞으로 계속 보낼 지지가 사라지는 것은 아니에요. 저도 인정해요. 우정이라는 역학 관계에는 그런 부분도 포함돼 있으니까요."라고 말이다.

친밀한 관계에서 필연적으로 발생하는 사소한 다툼에 흔들리지 않는 확고한 자의식은 다른 사람들을 배려할 수 있는 평정심을 선사하기 때문에 안정애착을 가진 사람이 우정을 더 잘 유지하고 갈등을 덜 겪는 것으로 연구 결과 밝혀졌다. 또한 갈등이 발생했을 때 안정애착을 가진 사람은 뒤로 물러나거나 지나치게 순응하는 해로운 전략을 사용할 가능성이 더 낮다. 안정감이 부족한 사람은 오로지 다른 사람이 자신의 필요를 충족하는지만 생각하는 반면, 안정감 있는 사람은 넓은 시야로 감정을 두루 살피며 자신의 필요와 타인의 필요를 함께 고려한다. 닉이 보여주었듯 안정감 있는 사람은 비판받더라도 자신을 보호하고 타인을 무시하면서 자신도 모르게 관계를 훼손하는 자기방어 모드로 들어가지 않는다. 이들은 자신의 욕구를 자유롭게 표현하지만, 누군가를 비난하거나 책망하지 않고, 다른 사람을 이해하고 자신도 이해받기를 원한다(이에 관해서는 분노 관련 장에서 더 자세히 설명하겠다).

위협을 느끼지 않을 때 수많은 긍정적 특성이 발현된다. 안정애착

어른이 되었어도 외로움에 익숙해지진 않아

을 가진 사람은 더 다정하고 너그러우며 진정성이 있다. 또 친밀감을 편안하게 받아들이고, 도움을 주고받거나 취약성을 드러내는 등 친밀감을 증진하는 행동에 관여하는 데도 거리낌이 없다. 심리 치료 전문가이자 작가인 테리 리얼Terry Real이 《당신에게 다가가는 법How to Get Through to You》에서 '다른 사람들과 관계를 유지하려면 자신과 좋은 관계를 맺어야 한다. 건강한 자존감이란 자신을 지나친 당당함으로도, 끝없는 수치심으로도 내몰지 않는 내적 가치감'이라고 한 말은 옳았다.

안정애착을 가진 사람은 다른 사람의 필요에 마음을 열고, 이를 자존심에 대한 공격이 아닌 다른 사람을 더 잘 대할 기회로 삼으면서 더 나은 친구로 끊임없이 성장한다. 이처럼 방어적 태도를 취하지 않기 때문에 안정애착을 가진 사람은 다른 사람을 더 잘 보살피고, 시간이 흐르면 상대의 안정감을 높여주는 것으로 연구 결과 밝혀졌다. 워싱턴DC에 사는 교열 편집자인 잭은 친구가 겪고 있는 어려움에 대해 그와 인스턴트 메신저로 대화를 나누었던 일을 기억한다. 잭이 친구에게 계속 조언하자 친구는 "내가 네게 듣고 싶은 말은 '유감이야' 아니면 '정말 안됐다'야."라고 말했다. '그 후로 우리의 의사소통이 훨씬 더 좋아졌다'라고 잭은 기억한다. "친구가 가슴 속 이야기를 털어놓고 내가 공감을 표하면 우리는 계속해서 다른 이야기들을 나눌 수 있었지만, 내가 '모범답안이라고 생각하는' 조언을 늘어놓으면 우리는 문제를 놓고 친구가 관심도 없고 원하지도 않았던 줄다리기를 벌여야 했어요."라고 말하며, 이제 잭은 친구의 감정을 인정하는 데 더 능숙해졌다.

안정애착을 가진 친구는 우리를 안심하게 해준다. 우울증을 앓았던 경험이나 친척과 절연한 이야기를 누군가에게 털어놓기 두렵지만, 안정감 있는 친구는 우리가 사랑받는다고 느끼게 해준다. 연구자들은 안정감 있는 사람일수록 자신이 다른 사람을 더 잘 수용하고, 더 잘 경청한다고 생각한다는 사실을 확인했다. 1장에서는 수치심을 느낄 때 친구가 어떻게 우리를 다시 인간답게 느끼게 해줄 수 있는지에 대해 이야기했다. 안정감 있는 친구는 누구보다 이런 역할을 잘 수행한다. 이들은 우리에게 치유의 우정을 제공한다.

'고슴도치 딜레마'는 애착을 이해하는 데 도움이 되는 적절한 비유다. 독일의 철학자 쇼펜하우어가 만든 이 딜레마는 추위에 떨고 있는 고슴도치 무리를 보여준다. 이들은 온기를 나누려고 옹기종기 모여들지만, 몸에 난 가시가 서로를 찌르는 바람에 뒷걸음질 치는 회피형 고슴도치다. 하지만 다시 추위가 닥치자, 고슴도치들은 너무 가까이 모여드는 바람에 불안형 고슴도치가 됐다. 쇼펜하우어가 친밀감의 위험을 비유적으로 묘사한 이 일화는 친밀감이 없으면 홀로 추위에 떨어야 하지만 친밀감 때문에 상처를 입을 수도 있음을 보여준다. 하지만 모든 고슴도치에게 친밀감이 그렇게 위험한 것은 아니다. 안정감 있는 고슴도치는 안전과 온기 사이에서 적절한 균형을 유지하는 법을 배웠기 때문이다.

회피애착을 가진 사람의 우정

프로테스탄트 노동 윤리로 정의되는 개인주의적 미국 사회에서 우리는 자신의 힘으로 일어서도록 요구받고, 인생의 장애물을 홀로 견뎌내는 능력을 높이 평가받으며, 인생의 비극에도 흔들리지 않는 강인함을 칭찬받는다. "울어. 감정을 느끼는 건 건강한 거야."라는 말 대신 "울지 마."라는 말을 듣는다. 쿨하다는 개념의 특징은 부자연스러운 무심함으로, 누가 뭐래도 신경 쓰지 않는 사람이 최고라는 것이다. 일부 과학자들은 '쿨하다'는 단어가 피부 전도도에서 비롯된 말이라고 본다. 쉽게 동요하지 않는 사람이 스트레스를 받아도 땀을 덜 흘리기 때문에 말 그대로 피부가 더 쿨하고 '두껍다'는 것이다. 피부가 두껍고 냉정한 사람들이 우리의 영웅이기 때문에, 사람들이 이런 행동을 보일 때 우리는 뭔가 잘못됐다는 것을 인정하기 어렵다. 바로 이들이 회피애착을 가진 사람들이다.

쉰아홉 살의 전직 장교 재러드는 어머니가 열다섯 살일 때 태어났다. 그의 첫 기억은 어머니가 짐을 꾸려 자신을 떠난 것이다. 재러드는 어머니의 남자친구들이 자신보다 어머니와 더 가까워질까 봐 질투했던 기억이 난다. 그를 키운 조부모는 그에게 극도의 자립심을 심어주었다. 다른 사람에게 의존하지 말고, 다른 사람이 네게 의존하게도 하지 마라. 할머니는 다른 사람 집에 가서 차를 받아 마시는 것조차 죄악이라고 말했다.

회피애착을 가진 사람이 대부분 그렇듯 재러드는 사람들과 너무 가까워지거나 사람들에게 의존하면 실망하게 될 것이라고 가족에게 배웠다. 그래서 그는 그러지 않았다. 절친한 친구 한 명을 빼고는 대부분의 사람과 거리를 두었다. 재러드는 가족으로부터 '친구는 성가신 존재이지 내 삶에 보탬이 되는 존재가 아니다'라는 느낌을 늘 받았다. 한번은 할아버지가 이웃이 해머를 빌려달라고 했다며 푸념을 늘어놓았는데, 해머는 할아버지가 십 년 동안 손도 대지 않은 공구였다.

재러드처럼 회피애착을 가진 사람은 관계를 기쁨과 성취감보다 압박과 책임감으로 인식하고 타인을 배척한다. 사람들이 관계를 맺으려고 하면 회피애착을 가진 사람은 숨은 저의가 있다고 생각해 문을 닫아걸고 의심의 눈초리로 바라본다. 친구들은 자신을 드러내기를 꺼리는 이런 사람을 종종 '미스터리'나 '수수께끼'라고 부른다.

회피애착을 가진 사람은 다른 사람들이 가까이 오지 못하도록 고개를 파묻고 일에만 몰두해 미국의 이상에 한 걸음 더 다가선다. 다른 애착 유형에 비해 회피애착을 가진 사람들은 관계보다 일이 행복에 더 큰 영향을 미친다고 주장할 가능성이 더 높은 것으로 연구 결과 밝혀졌다. 한 정신 분석의에게 치료받고 있는 회피형 환자는 "그녀는 화가 나면 일을 못 해요. 저는 화가 나면 일을 해야 하는데요."라고 자신의 상대에 대해 말했다.

하지만 회피애착을 가진 사람이 거리를 유지하는 방법은 일뿐이 아니다. 이들은 우정에도 엄격하게 경계를 설정한다. 이들은 직장 친구를 집으로 초대해 파티를 여는 등 서로 다른 집단에 속한 친구들을 섞거나 다른 상황으로 친구를 이동시키는 데 관심이 없는 편이다. 이에 대해 길라스는 논문에서 "각자에게 딱 하나의 역할 또는 비

회피형 인간보다 적은 수의 역할만 수행하게 함으로써 회피애착을 가진 사람은 각각의 친구에 대한 의존도를 낮춘다. 이를 통해 신뢰와 의존에 대한 잠재적 우려를 줄인다."라고 지적했다.

회피애착을 가진 사람이 다른 사람을 밀어내는 한 가지 방법은 대상 영속성object permanence이라는 심리학 개념과 관련이 있다. 대상 영속성이 없으면 사물이 바로 우리 눈앞에 있지 않아 보고 느낄 수 없을 때 사물은 더 이상 존재하지 않는 것이다. 아기가 딸랑이에 정신이 팔렸을 때 딸랑이를 식탁 매트 아래에 숨기면, 아기는 딸랑이가 어디 갔는지 혼란스러워하며 주위를 두리번거린다. 유아는 생후 7개월이 되면 이 단계를 벗어나지만, 회피애착을 가진 사람은 심리적인 면에서 결코 이 단계를 벗어나지 못한다. 친구들이 이사하거나 직장을 옮겨 눈에서 멀어지면 마음에서도 멀어진다. 루이스는 "친구들이 더 이상 곁에 없어도 그립지 않았어요. 전화나 편지를 하지 않으면 친구들이 화를 냈지만 그렇게 해야 할 이유를 느끼지 못했죠."라고 말했다.

또한 회피애착을 가진 사람은 오랫동안 알고 지낸 친구와 관계를 뚝 끊어버려 스스로를 소외시킨다. 감정을 편하게 받아들이지 못하기 때문에 회피애착을 가진 사람은 갈등을 성공적으로 극복하기 어렵다. 연구 결과 회피애착을 가진 사람은 절교할 가능성이 높은 것으로 나타났다. 그리고 이별이 강렬한 감정을 드러낼 수 있기 때문에 회피애착을 가진 사람은 '잠수 이별ghosting'처럼 우회 경로를 이용해 서둘러 탈출하는 쪽을 선호한다. 재러드는 대학 시절 룸메이트였던 르로이가 다른 사람의 이야기를 자기 이야기인 것처럼 바꿔 말하며 자신을 주인공으로 끼워 넣는다는 사실을 알아챘을 때 르로이를 신뢰할 수 없다는 사실을 깨달았다. "그냥 그의 전화를 받지 않았다."라고 재러드는 당시를 회상한다.

회피애착을 가진 사람이 강하게 보일 수도 있다. 놀라운 자급자족 능력 때문에 누구도 필요하지 않은 것처럼 '보이기' 때문이다. 하지만 인간은 사회적 동물이라는 사실을 기억하는가? 우리는 사람들을 필요로 하도록 타고났기 때문에, 그렇지 않다고 주장한다면 뭔가 잘못된 것이다. 연구 결과에 따르면 회피애착을 가진 사람은 갈등을 겪을 때 겉으로는 냉정하고 차분해 보이지만, 몸속에서는 겁에 질려 신경계가 흥분하고 혈압이 치솟는 것으로 밝혀졌다. 억누른다고 고통이 사라진 것이 아니며, 고통은 이들의 내면을 피폐하게 만든다(이에 관해서는 취약성 관련 장에서 더 자세히 살펴보겠다).

우리가 모두 그렇듯 회피애착을 가진 사람도 사람이 필요하지만, 사람들에게 의존하는 것을 두려워할 뿐이라고 말하는 것이 더 정확할 것이다. 이들의 거리 두기 행동은 사람들을 가까이 다가오게 하면 거절당하고 실망할 것이라는 두려움에 따른 과잉 보상이다. 덴버에 사는 사업가 찰리는 회피애착을 가졌던 과거, 우정에서 중요한 것은 권력이며 신경을 가장 덜 쓰는 사람이 이긴다(회피애착을 가진 사람들이 외는 주문이다)고 생각했다고 털어놓았다. 친구들이 집에 놀러 오라고 할 때마다 거절한 것은 퇴짜를 놓으면 자신이 힘이 있고 통제권을 쥐고 있다고 느꼈기 때문이다. 성인이 된 후 찰리는 자신이 불안감을 숨기고 있음을 깨달았다. 그는 "거절당하는 게 정말이지 두려웠어요. 혹시 일이 잘못되더라도 내게는 그다지 의미 없는

어른이 되었어도 외로움에 익숙해지진 않아

일이었다고 말할 수 있게 관심 없는 척하거나 우정을 맺을 기회를 경시하는 방식으로 그 두려움을 표현했습니다."라고 말했다.

이런 두려움과 타인에 대한 불신 때문에 회피애착을 가진 사람은 도움을 요청하거나 받는 데 어려움을 겪는다. 그래서 도움이 필요할 때 다른 사람에게 기대는 대신 문을 닫아걸고 물러선다. 1장에서 온전한 인간임을 느끼고 수치심에 대응하기 위해 고통을 표현해야 할 필요성에 대해 배웠는데, 이는 회피애착을 가진 사람의 경우 다른 사람에게 의지하지 않기 때문에 수치심에 취약하다는 뜻이다. 보통 타인은 우리가 감정을 표출하고 처리하는 데 도움을 주지만, 회피애착을 가진 사람은 감정이 몸 안에 갇히게 된다. 연구 결과 실제로 회피애착은 면역 기능 저하, 심한 두통, 만성 통증과 관련이 있는 것으로 밝혀졌다. 이 모든 상처에도 불구하고 회피애착을 가진 사람의 수치심은 자기 강화 사이클을 통해 지속적인 은둔을 정당화해주는데, 자신이 사라진다고 해도 누구도 정말로 신경 쓰지 않을 것이라고 확신하기 때문이다.

회피애착을 가진 사람이 감정에 대처하기 위해 즐겨 쓰는 전략은 감정을 억누르는 것이다. 불편한 감정이 생기면 이들은 발을 빼거나 회피한다. 종종 다른 사람들은 이들의 무관심을 냉담하다고 느끼지만, 회피애착을 가진 사람은 뒤로 숨어버릴 때 사실 감정이 복받치는 상태가 된다. 연애 및 관계 상담사로 일하는 루이스는 자신도 안정감이 생기기 전까지는 '감정이 아니라 감각'을 느꼈다고 털어놓았다. 그는 감정을 견뎌내는 것을 회피애착을 가진 사람이 기르지 못한 '근육'이라고 설명했다. 회피애착에 빠질 때면 그는 '다른 사람의 감정이 너무 요란해서 다른 것은 전혀 들을 수가 없다'고 느껴 어쩔 수 없이 물러서게 된다.

루이스는 자신이 악당으로 인식될까 봐 걱정스럽지만, 사실 많은 회피 행동이 다른 사람에게 상처를 준다. 강인한 모습으로 감정을 회피해야 한다는 강박적인 욕구는 자신뿐 아니라 다른 사람에게도 요구되는 규칙이다. 회피애착을 가진 프로젝트 매니저 리앤은 누군가가 기분이 상해 페이스북에 도움을 요청하는 행동을 '나약'하고 '한심'하게 생각한다고 말했다. 하지만 스위스의 심리학자 칼 융은 "타인과 관련해 우리를 짜증 나게 하는 모든 것들이 우리 자신에 대한 이해를 도울 수 있다."라고 말했다. 다른 사람이 괴로워하며 안심시키는 말을 듣고 싶어 할 때, 회피애착을 가진 사람은 그렇게 하지 못하고 친구들에게 너무 예민하다거나 문제를 스스로 극복해야 한다고 말하고, 이렇게 함으로써 자신의 회피를 다른 사람에게 옮긴다. 이런 양상은 회피애착을 가진 아동에게 덜 정교한 형태이긴 해도 분명하게 나타나는데, 이 아이들은 다른 아이들을 괴롭힐 가능성이 더 높다. 애착 연구자인 앨런 스루프Alan Sroufe 미네소타대학교 교수는 "아이 어깨를 잡아 쓰레기통에 처박고 싶어 하는 교사를 볼 때마다 그 아이가 회피애착을 보인 내력이 있다는 것을 알 수 있다."라고 말했다.

이 책 후반부에서 살펴보겠지만 취약성과 도움을 요청하는 행동, 갈등 해결, 타인 수용 등 회피애착을 가진 사람이 기피하는 행동 전체가 우정을 지키는 생명선이다. 회피애착을 가진 사람이 따뜻하고 협력적이고 친밀한 우정을 덜 갖는 이유는 바로 이 때문이다. 회피

어른이 되었어도 외로움에 익숙해지진 않아

애착을 가진 사람은 허약한 우정을 가질 수밖에 없는 행동에 관여한다. 회피애착을 가진 사람은 우정에 대한 몰입도와 충성도가 떨어지고 궁극적으로 만족도도 떨어지는 것으로 연구 결과 드러났다. 또다른 연구에 따르면 회피애착을 가진 사람은 새로운 우정을 시작하거나 기존의 우정을 유지할 가능성이 작은 것으로 밝혀졌다.

회피애착을 가진 사람은 애초에 에릭을 진정으로 신뢰하지 않았기 때문에, 우유를 쏟았다고 에릭과 관계를 끊을 사람이다. 이들은 남은 한 해 동안 혼자 점심을 먹거나 체면치레를 위해 별로 좋아하지도 않는 친구를 붙잡아둘 수도 있다. 거리를 유지하면 다른 사람으로부터 더 안전하다고 느낄 수 있지만, 이는 삶의 기쁨과 목적 자체를 포기하는 것이다. 회피애착을 가진 사람은 혼자 있어도 괜찮다고 주장할 수 있지만, 이들이 관계를 회피할수록 즐거움과 친밀감을 덜 느끼는 것으로 연구 결과 나타났다. 회피애착을 가진 사람은 다른 사람과 거리를 둠으로써 관계의 책임을 회피하지만, 관계가 선사하는 위안 즉 우리가 온전하고 인정받고 지지받는다고 느끼게 해주는 관계의 힘까지 회피한다. 회피애착을 가진 사람은 관계가 우리의 삶에 대한 열정을 가득 채우고, 활기를 불어넣고, 삶에 의미를 부여하는 방식을 포기한다.

불안애착을 가진 사람의 우정

캐롤리나는 이혼 후 일요일마다 4시간씩 하는 밸리 댄스 강습에 등록했다. 수업이 끝나면 수강생들은 누군가의 집에 가서 어울리곤 했는데, 이때 캐롤리나는 성격이 강하기로 유명한 댄스 강사 조이와 가까워졌다. 하지만 캐롤리나가 조이에게 끌린 것은 해마다 돌아오는 프렌즈기빙[친한 친구들과 보내는 추수감사절을 뜻하는 friend(친구)와 thanksgiving(추수 감사절)의 합성어—옮긴이]인데도 "캐롤리나와 함께 시간을 보내려고 364일을 기다렸다."라고 말할 만큼 조이의 다정다감한 면을 보았기 때문이다. 조이가 이혼의 충격에서 벗어나는 과정이었는데도 짧은 시간 안에 절친한 친구가 돼준 것도 캐롤리나는 고마웠다. 조이가 도와달라고 캐롤리나에게 연락하는 일이 잦았고, 그럴때마다 캐롤리나는 자신이 특별하다고 느꼈다. "나는 기본적으로 쓸모없는 사람이라고 생각했어요. 아침에 눈을 뜨면 누군가 연락해주기 전까지 외로움에서 헤어 나오지 못했거든요."라고 그녀는 말했다.

하지만 조이도 거칠게 행동할 때가 있었다. 어느 날 조이는 댄스교습소에서 사진 촬영을 하다가 사람들의 소지품을 발로 차고 코트를 옆으로 밀치기 시작했다. "왜 그래?" 캐롤리나가 묻자 조이는 "아무것도 아냐."라고 대꾸했다. 삼십 분 뒤 조이가 화를 터트렸다. "이혼의 아픔을 겪는 나한테 아무도 관심조차 주지 않아. 너도 괜찮냐고 한 번 물은 게 전부지. 나 갈래!" 둘이 함께 저녁 식사를 하러 나간 자리에서도 조이는 전남편 이야기를 털어놓다가 화를 냈다. "그 사람 정말 못 쓰겠네." 캐롤리나가 이렇게 맞장구를 치자, 놀랍게도 대화 내내 전남편을 쓰레기라고 불러놓고도 캐롤리나가 그에 대해 부정적인 말을 한 데 상처를 받은 조이가 "그런 말이 어딨어?"라고 소리치며 자리를 박차고 나가버렸다.

어른이 되었어도 외로움에 익숙해지진 않아

이런 변덕에 캐롤라나는 어떻게 대응했을까? 그녀는 조이에게 더 강하게 매달렸다. "잘난 체해서 미안하다고, 제발 날 떠나지 말라고 매달렸어요. 나이 마흔에 석사 학위도 있고 집도 여러 채 있는데, 여전히 나 자신이 어린 소녀처럼 느껴졌어요."

불안애착을 가진 사람은 가까운 사람들과 동화되려고 애쓰며 자아가 녹아내릴 정도로 친밀한 관계를 구축한다. 이런 친밀감은 버림받을까 봐 두려운 마음을 달래주지만, 동시에 캐롤라나와 조이처럼 건강하지 않은 우정의 역학 관계에 취약하게 만든다. 불안애착을 가진 사람은 받는 것보다 주는 것이 많은 비뚤어진 관계에 빠지기 쉬운 특성을 보이는데, 상호 의존적 관계라고도 알려진 이런 특성을 최근에는 '트라우마 유대trauma bonding'라는 용어로 부르기도 한다. 이들은 거절에 대한 두려움을 덜기 위해 빠르게 친밀감을 쌓고 싶어서 아직 신뢰가 형성되지 않은 관계에 뛰어든다. 파티에서 만나 안부를 물으면 이들은 자신의 취약성이 상대를 사로잡기를 바라며 어린 시절 트라우마와 수술, 자살 충동에 대한 이야기를 늘어놓는다. 반면 안정애착을 가진 사람은 시간을 두고 천천히 관계가 발전하기를 기다리며, 무엇보다 다른 사람을 신뢰하면서도 상대가 보이는 반응에 따라 당초 가졌던 낙관적인 생각을 그때그때 조정한다. 실제로 안정애착을 가진 사람은 상대의 반응 여부에 따라 자신이 밝힐 정보를 조절하는 반면, 불안애착을 가진 사람은 상대방이 어떻게 반응하든 상관없이 정보를 털어놓는 것으로 연구 결과 드러났다.

불안애착을 가진 사람이 일방적으로 한쪽으로 기운 우정에 빠져들 가능성이 있는 또 다른 이유는 자신의 필요를 드러내면 다른 사람들이 멀어질 것이라고 확신한 나머지, 자신의 필요에 대해서는 침묵하고 다른 사람의 필요를 우선시하며 스스로를 관계의 희생양으로 만들기 때문이다. 하지만 이들의 양보는 사랑의 표현이라기보다 사랑을 얻기 위한 수단에 더 가깝기 때문에, 조이가 꾸짖자, 사과한 캐롤리나처럼 자신을 홀대하는 사람에게 개인적인 경계를 훼손하는 방식으로 양보한다(이에 관해서는 관대함에 대한 관련 장에서 더 자세히 살펴보겠다).

불안애착을 가진 사람의 억눌린 필요는 사라지지 않는다. 이들은 '속은 부글부글 끓지만, 겉으로 드러내지는 않는다' 같은 말에 공감하며 혼자 속앓이를 하면서 충족되지 못한 필요에 대한 원망을 키워간다. 또 다른 연구는 이들이 자신의 감정을 수동 공격적으로 표출한다는 사실을 보여준다. 캐롤리나는 어릴 적 친구 클라라가 고향으로 돌아간 후 그곳 소식들을 알려주지 않았을 때 상처를 받았다. 그 후 클라라가 자신이 고향을 찾아 연락해 여행 일정을 물었던 순간을 캐롤리나는 이렇게 떠올렸다. "나를 친구로 생각하지 않은 데 화가 나서 대답을 거의 하지 않았어요. 성숙하지 못한 대응이었지만 클라라를 받아들이지 않고 거부하기로 마음먹었죠."라고 말이다.

결국 억눌린 감정의 압박이 참을 수 없을 만큼 커지면 불안애착을 가진 사람은 폭발한다. 불안애착이 있는 유튜브 인플루언서 렉시 다르셀Lexi Darcel은 이런 사건을 '분노 발작temper tantrums'이라고 설명하며, 불안애착 발작이 다른 사람들에게는 마치 아이를 키우라고 떠안기는 것처럼 황당하게 느껴질 수 있다고 말했다.

불안애착을 가진 IT 업계 종사자 보리는 이런 발작이 '정신이 나간 듯한' 유체 이탈 경험이었다고 설명했다. 그는 한 친구에게 폭발했던 일을 떠올렸다. 한번은 보리가 직장 동료 셰리에게 친절하게 이메일을 보내 고맙게 느끼는 점을 전부 나열한 후 새 직장으로 옮겨서도 행운을 빈다고 말했다. 셰리의 답장은 "함께 일해서 기뻤어요. 행운을 빌어요."라고 짤막했다. 보리는 이메일 내용이 머릿속을 떠나지 않고 맴돌며 점점 더 화가 났다. 진심을 담아 메일을 보냈는데, 할 말이 고작 이것뿐이었을까? 내가 뭐 잘못이라도 한 걸까? 나를 좋아하지 않았던 걸까? 보리는 이런 생각에서 헤어나지 못했다. 이 때문에 업무에 집중하지 못하고, 새벽 3시에 잠에서 깨기도 하고, 식사도 제대로 하지 못했다. 연구 결과, 불안애착을 가진 사람은 문제가 생기면 그 문제에 푹 빠져 집착하고 자책하는 경향이 있는 것으로 밝혀졌다. 다르셀은 "불안한 생각과 씨름하는 것은 쉴 틈도, 끝도 없는 무척 진 빠지는 일이다. 정신적으로 육체적으로 정말 힘들다."라고 설명했다.

많은 사람에게 보리와 다르셀의 반응은 지나쳐 보인다. 하지만 불안애착을 가진 사람에게 거절은 몸과 마음에 대한 공격처럼 느껴진다. 누군가가 점심 도시락을 훔쳐 갔는데 집 냉장고에 음식이 가득 들어있는 경우와 도시락이 내가 가진 음식의 전부인 경우 우리의 반응이 어떻게 달라질지 생각해보라. 아니면 누군가가 옷을 훔쳐 갔는데 옷장에 있는 다른 옷으로 쉽게 갈아입을 수 있는 경우와 벌거벗고 나가야 하는 경우를 비교해보라. 안정애착을 가진 사람은 과거에 늘 충분한 사랑을 경험한 덕에 다른 사람과 연결돼 있다는 느낌을 내면화해서, 거절당했을 때조차 이 느낌을 버리지 않는다. 하지만 불안애착을 가진 사람에게는 그럴 여유가 없다. 다른 사람이 자신을 거부하거나 떠나면 온 사방에서 외로움이 밀려들어 견딜 수 없게 느껴진다. 이들은 캐롤리나의 표현처럼 '홀랑 타버려 한 줌의 재가 된 종잇장' 같은 느낌을 받을 수도 있다.

신경 심리학은 불안애착을 가진 사람이 거절에 더 민감한 이유를 설명해준다. 한 연구에 따르면 실험실에서 거절당하는 상황을 만들어냈을 때 불안감이 클수록 고통과 관련된 뇌 영역이 더 많이 활성화되는 것으로 나타났다. 마찬가지로 또 다른 연구에서는 불안애착을 가진 사람이 위협적인 얼굴을 보면 부정적 감정과 스트레스와 관련된 뇌 부위인 편도체가 더욱 강하게 활성화되는 것으로 밝혀졌다. 불안애착을 가진 사람이 왜 사소한 문제에 흥분하는지 의아해하는 사람은 이들도 자신과 동일한 신경 회로를 가지고 있을 것으로 생각한다. 하지만 불안애착을 가진 사람의 뇌 반응은 이들이 동일한 사건을 완전히 다르게, 그리고 더 고통스럽게 경험한다는 사실을 보여준다.

보리의 행동은 이른바 '취약성 자기애vulnerable narcissism'를 보여준다. 취약성 자기애자는 상처받으면 자신의 필요를 우선시하고 타인의 필요를 외면하는, 고통에 대한 자기중심주의를 드러낸다. 이들은 "나에 대해 확신을 갖기 위해서는 다른 사람의 칭찬이 필요하다.", "타인이 내 필요를 눈치채면 불안하고 부끄러워진다." 같은 말에 공감한다. 이들은 자존감이 낮고 수동적이며 적대적이다. 취약성 자기애자는 해를 끼치려는 의도가 없다. 이들이 자신의 필요를 충족하는 데 몰두하고 타인의 필요를 무시하는 것은, 무시당하는 쪽은 자신이라고 종종 잘못 생각하기 때문으로 연구 결과 밝혀졌다. 취약성 자기애자나 불안애착을 가진 사람도 어느 정도는(사실 회피애착을 가진 사람도 마찬가지다) 타인이 자신을 무시하는 방식에 집착한 나머지 이런 우려가 자신이 타인을 대하는 방식에 대한 평가를 덮어버린다. 애착 전문가인 마리오 미쿨린서Mario Mikulincer 바일란대학교 교수는 "회피애착이 자화자찬과 약점 부정을 모두 포함하는 명백한 자기애 또는 과대망상과 관련이 있지만, 불안애착은 자기중심주의, 타인의 평가에 대한 과민 반응, 지나친 특권 의식을 특징으로 하는 은밀한 자기애와 관련이 있다."라고 분석했다.

상처받고 자신의 현실에 매몰돼 다른 사람을 배려하지 않는 이런 역학 관계가 보리와 셰리 사이에 펼쳐졌다. 보리의 문자를 받았을 때 셰리는 깜짝 놀랐다. 앞서 셰리가 답장을 짧게 보낸 것은 싱가포르에 있는 새 직장으로 옮기기 위해 해외 이주 준비를 마무리하는 중이었기 때문이다. 또 노트북 컴퓨터와 열쇠를 반납하고 업무를 다른 직원들에게 인계하는 등 이전 직장 일도 정리하고 있었다. 그러던 중 마지막 출근을 한 날 셰리는 가슴에 멍울이 느껴졌고, 암일지도 모른다는 불안감에 휩싸였다. 답장이 짧았던 것은 보리와는 아무런 상관도 없었다는 것이 셰리의 설명이다.

보리와 셰리의 이야기는 또한 불안애착을 가진 사람이 오해로 인해 별문제 없는 상황에서도 거절당했다고 단정하는 일이 얼마나 잦은지 보여준다. 예를 들어 불안애착을 가진 사람은 뒤죽박죽 섞인 글자들 속에서 '버림받다'나 '조롱당하다'처럼 거절을 나타내는 단어를 더 빨리 찾아내는 것으로 나타났는데, 글자를 보여주기 전에 미소 같은 동의의 신호를 보내도 결과는 마찬가지였다. 불안애착을 가진 사람은 거절을 극도로 경계하기 때문에 자신을 수용한다는 신호를 무시하면서까지 거절의 신호를 인식한다.

그렇다면 이 모든 것이 불안애착을 가진 사람의 우정에 의미하는 바는 무엇일까? 이들은 친밀감에 익숙하기 때문에 안정애착을 가진 사람만큼이나 쉽게 긴밀한 유대를 형성할 수 있지만, 이들의 관계는 감정적으로 더 강렬하고 불안정한 것으로 연구 결과 드러났다. 캐롤리나와 조이처럼 상대방의 위험 신호를 인식하지 못하거나, 보리처럼 분노를 표출하며 거절당했다고 단정해버리면, 불안애착을 가진 사람들의 우정은 더욱 취약해진다. 연구 결과, 관계의 문제를 감정적으로 받아들이기 때문에 일탈 행위를 더 심각하게 인식하고 다른 사람을 용서하지 못하는 것으로 밝혀졌다. 이들은 다른 사람의 동기를 고려해서 그 사람의 행동이 어떻게 자신을 겨냥하지 않은 요인들 때문에 일어났는지 파악하는 데 어려움을 겪는다. 이들은 에릭이 자신을 미워해서 우유를 쏟았다고 단정하고, 다른 사람의 부정적 의도가 자신들의 유대와 평화를 해친다고 생각한다.

우리는 모두 길을 잃기도 하고 찾기도 하는 존재다

불안정한 애착은 관계에서 우유를 뒤집어쓸 때 우리 자신을 보호하는 수단이지만, 이는 잘못된 장치다. 우리는 자신을 보호하기 위해 다른 사람들과 거리를 두지만, 이런 행동 역시 우리에게 해가 된다. 거절당할 가능성이 있을 때 우리는 자신을 보호하기 위해 한발 앞서 먼저 거절하지만, 이 역시 우리에게 해가 된다. 스스로를 보호하는 데 집착하는 행동 역시 우리에게 해가 된다. 어느 순간 모든 자기 보호는 자해 행위가 된다. 로버트 카렌Robert Karen은 《애착 관계 형성Becoming Attached》에서 "불안정한 애착을 가진 아이의 행동은 공격적이든 감정적이든, 자만심에 차 있든 쉽게 기가 꺾이든 상관없이 또래와 어른 모두의 인내심을 시험하는 경우가 많다. 이는 아이의 왜곡된 세계관을 반복적으로 재확인해주는 반응을 끌어낸다. 사람들은 절대 나를 사랑하지 않을 거야, 나를 성가신 존재 취급하잖아, 날 믿지도 않으면서 따위의 반응들이다."라고 지적했다.

이 장을 쓰기 위한 인터뷰를 시작하거나 연구 결과를 살펴보기 전에 나는 마음속으로 '나는 아무 문제 없어'라고 생각했다. 연애하면서 불안감이 들 때도 있었지만, 우정이 내가 안정감을 느낄 수 있는 피난처가 되어주었다. 죽을 것 같이 괴로운 사랑이나 밀고 당기는 연애의 과정이 없어도 친구들과 함께 있을 때면 나의 가장 좋은 면이 드러났다. 적어도 내 생각에는 그랬다.

불안정한 애착을 가진 사람들의 이야기를 듣다 보면 나는 이들에게 놀라울 만큼 공감했다. 우정에서 애착은 교묘하게 나타난다는 사실을 깨달았다. 고등학교 시절 사귀었던 친구들이 만나자는 제의를 거절하고는 내 행동에 대해 혼란스러워했던 기억이 난다. 친구들이 쇼핑몰에 함께 가자고 하면 나는 바로 거절하고는 했다. "걔는 우리와 어울리고 싶지 않은가 봐."라고 친구들이 수군댔다. 사실은 어울리고 싶었다. 그런 생각을 인정한다는 것이 취약하게 느껴졌을 뿐이다. 회피애착이 작용한 것이다.

　불안애착을 가진 사람들의 이야기를 듣다가 불현듯 깨달은 사실이 있다. 넓은 인맥보다는 친한 사람들과만 어울리려는 내 성향, 우정에서 보이는 내 배타적 성격 때문에 일상적인 관계에서 느끼는 불안감과 거절에 대한 두려움이 묻혀 있었던 것이다. 새로운 사람들을 만나면 나는 편하게 지낼 수 있는 몇 사람을 찾아낸 다음 나머지 사람들은 잊어버리는 경향이 있다. 내가 관계를 이어가는 친구들은 건전하고 믿음직스럽고 정서 지능이 높고 '인간 중심적인' 사람들로, 자기 이야기만 늘어놓지 않고 다른 사람 일도 궁금해한다. 이런 친구들이야말로 나를 안심시켜준다. 이런 특성은 누구나 높이 평가하는 친구의 자질이지만, 불안정한 애착을 가진 사람일수록 이런 특성에 더욱 높은 점수를 줄 수 있다.

　안전에 대한 나의 강박은 특히 단체 생활을 할 때 고개를 든다. 대학 시절 기숙사 조교를 맡았을 때 나는 다른 조교들에게 소외감을 느꼈다. 그들의 쾌활하고 외향적이고 앞장서 일을 꾸미는 에너지에 공감하지 못했기 때문에 친목 모임에 빠지곤 했다. 중간 평가를 위한 면담에서 담당 교수는 내게 동료 조교들과 좀 더 협력하면 좋겠다고 말했다. 나는 '우리는 결이 다르니까'라고 생각하며 내 행동을 합리화했지만, 사실은 온통 처음 보는 사람들에게 위협을 느끼고 그들이 나를 싫어할까 봐 걱정돼서 관계를 맺을 기회 자체를 만들지 않았다. 나는 소외감을 느낀다고 동료 조교 이페에게 털어놓았다. 우편물 보관실에 앉아 소포를 분류하며 이페와 이야기를 나누고 있는데 다른 조교들이 들어와 나를 무시하고 이페에게 점심 먹으

　　　　　　　　　　어른이 되었어도 외로움에 익숙해지진 않아

러 가자고 말했던 기억이 난다. 이페는 나를 보며 같이 가고 싶은지 물었다. 내가 아니라고 말하자 이페는 당황한 듯 고개를 갸웃거렸다. 점심을 같이 먹으면 불편할 것 같아서 거절했지만, 더 깊은 두려움은 안전하지 않다는 것이었다. 이페는 다시는 내게 밥 먹으러 가자고 말하지 않았다.

거절에 대한 두려움 때문에 어떻게 다른 사람들을 거절하게 됐는지 나는 잘 안다. 하지만 두렵거나 불안할 때면 내가 다른 사람을 어떻게 대하고 있는지 생각하지 못했다. 스트레스 때문에 시야가 좁아지면 상처를 입었을 때 우리가 어떻게 해를 끼치는지 망각하는 고통의 자기 중심성이 고개를 든다. 내가 동료 조교들에게 그랬듯 우리가 마음의 문을 닫아건 모습을 지켜본 사람들은 우리가 자신을 좋아하지 않거나 우리가 못됐기 때문이라고 생각한다. 하지만 종종 우리는 두려움 때문에 마음을 닫는다. 다른 사람을 거부하려는 것이 아니라 우리 자신을 보호하려는 것이다. 우리는 무엇보다 누군가가 우리를 사랑해주고 수용해주기를 원하지만, 그럼에도 불구하고 상대방을 가로막음으로써 정반대 결과를 불러일으킨다.

나는 여러 가지 방식으로 우정에서 안정감을 느끼기도 한다. 마음에 드는 사람을 만나면 주저 없이 같이 놀자고 말하고, 연락이 오지 않으면 다시 한번 연락을 하기도 한다. 친구가 잠시 연락이 끊겼다가 시간이 지난 뒤에 다시 연락해도 기분 나쁘게 생각하지 않는다. 친구가 여자친구와 함께 알래스카로 여행을 떠났다가 끔찍한 이별을 했을 때는 추스를 수 있게 도왔다. 내 아버지가 아프다는 소식을 듣게 됐을 때는 친구가 내게 도움을 주기도 했다.

이 책 2부에서는 어른이 되어 친구를 사귀고 지킬 수 있게 해주는 여섯 가지 검증된 행동을 살펴보면서 안정감을 향해 한 걸음 더 내디딜 것이다. 주도성, 취약성, 진정성, 분노, 관대함, 애정 표현이 이에 해당한다. 이 행동들을 제대로 실천해서 능숙한 떠버리가 아닌 더 좋은 친구가 되기 위해서는, 각각의 행동 모두에서 보다 안정감을 보여주어야 한다. 우리의 내면을 가다듬고 우리 자신을 직시한다면, 그저 온갖 입에 발린 소리로 친구를 만드는 것이 아니라 내면 깊은 곳에서 옳은 일을 했다는 느낌을 받게 될 것이다.

우리 마음의 중심에는 사랑과 용기, 공감과 친절이 있다. 이 핵심 가치에서 벗어난다면 우리의 비극일 따름이다. 우리가 불안정할 때 이 핵심 가치는 유리창을 통해 들어온 햇빛이 블라인드에 가려지듯 존재하지만, 모습을 감춘다. 블라인드는 태양으로부터 우리를 보호하기 위해 존재하지만, 우리의 세상을 어둡게 만들고 우리 옆에 있는 사람들의 세상까지 어둡게 만들 수 있다. 안정감을 찾는다는 것은 우리의 핵심 가치를 찾는 것이다. 이 책 첫머리에서 말했듯 중요한 것은 우리가 변화하는 것이 아니라, 우리가 판 무덤 아래 감춰진 우리의 참모습과 자기 보호를 위해 우리가 묻어둔 우리의 일부분을 찾아내는 것이다.

"우리는 변화하려 하지 않고 파멸하려 하고 있다."라고 한 시인 W. H. 오든의 말처럼 안정감을 향한 여정은 험난하다. 하지만 만약 외로움을 느끼거나, 사람들을 밀어내거나, 불편한 감정을 숨기기 위해 농담을 늘어놓거나, 항상 강해지려고 하거나, 모든 사람이 자신을 거부할 것으로 생각하거나, 질투심에 사로잡히거나, 진정으로 인정

어른이 되었어도 외로움에 익숙해지진 않아

받지 못한다고 생각하거나, 자신이 충분하지 않다고 느낀다면 변화 없이 그대로 있는 것 자체가 고통이다.

재러드는 안정감 있는 상태로 발전한다는 것이 어떤 것인지 비유를 들어 설명한다. 군 복무 중 그는 사우디아라비아로 여행을 떠나 사방 수 킬로미터가 사막으로 둘러싸여 '공백의 지역'이라고 불리는 곳에 도착했다. "도착 첫날 밤 모래 폭풍이 불어닥쳤어요. 폭풍이 그치고 구름이 걷혀 하늘을 올려다보는데 내 생애 처음으로 은하수가 눈에 들어왔어요. 숨이 멎을 듯한 광경이었어요. 도저히 믿기지 않았어요. 이런, 세상에 같은 감탄사가 터져 나왔어요. 이게 계속 여기 있었구나 싶었죠. 그리고 밤새도록 은하수를 바라봤어요."라고 재러드는 당시를 회상했다. 관계는 우리를 기다리고 있는 우리의 은하다. 그곳으로 향한 길을 함께 찾아보자.

2부

관계를 단단하게 만드는
6가지 공식

3장

주도성을 발휘하여
낯선 사람을 친구로 만드는 법

엉덩이를 살짝 덮는 초록색 블라우스에 바지인 척 레깅스를 입고 뉴욕대학교에 모습을 드러냈을 때 내게는 은밀한 소망이 하나 있었다. 친구를 사귀고 싶다는 것이었다. 뉴욕에서 자랐으니까 고등학교 친구 몇 명쯤은 함께 뉴욕대학교에 다니겠지만, 좁은 인맥에서 벗어나 새로운 사람들을 만나고 싶었다. '대학은 내 인생 최고의 4년이 될 테고, 평생 최고의 친구가 될 사람들을 만나게 될 거야' 새 기숙사 방으로 짐을 옮기면서 마음속으로 이렇게 되뇌었다.

뉴욕대학교는 '신입생 환영 주간' 오리엔테이션이 꽤 길어서 여장 남성의 현장 해설을 곁들인 〈록키 호러 쇼〉 영화 상영과 즉석 공연, 재능 넘치는 티쉬 예술대학 학생들의 연극 무대, 스피드 프렌딩[많은

어른이 되었어도 외로움에 익숙해지진 않아

사람과 번갈아 빠르게 인사를 나누는 이벤트−옮긴이], 학교 주변 식당 음식들로 구성된 점심 식사 등 다양한 행사가 이어졌다. 하지만 사람들을 만날 이 모든 기회에도 불구하고 나는 환영 주간 내내 이제는 대학 친구가 된 고교 시절 친구 크리지아와 바이런, 두 사람과 붙어 다녔다. 사람들이 먼저 다가와 자기소개를 할 줄 알았는데, 왠지 몰라도 그런 사람은 하나도 없었다.

하지만 다행히도 바이런이 내 마음에 드는 새로운 사람을 소개해주었다. 로리는 기쁨과 공감이 똘똘 뭉친 사람으로, 내가 썰렁한 농담을 해도 안쓰러운 마음에 웃어주는 사람이었다. 나는 로리의 좋은 기운과 건강한 태도가 정말 마음에 들었다. 로리와 바이런, 나 셋이 함께 어울릴 때면 바이런보다는 로리와 내가 서로에게 더 끌렸다. 뭔가 자연스럽고 편안하고 친숙한 느낌이었다. 새로 관계를 맺을 때면 으레 느끼는 자의식이나 무슨 말을 해야 좋을지 몰라 허둥대는 일 따위 없이 속내를 드러낼 수 있었다. 하지만 바이런이 우리를 함께 초대할 때만 나는 로리를 만났다.

로리를 좋아하기는 했지만, 친구가 되려면 우리 둘 중 한 사람이 먼저 적극적으로 나서야 한다는 생각은 전혀 하지 못했다. 우리의 우정이 어떻게든 자연스레 싹틀 것이라는 생각이 마음 한구석에 있었다. 로리에게 같이 어울리자고 말하면 우정은 자연스럽게 생겨나야 한다는 일종의 사회 규약을 어기는 것 같았다. 운명이 친구를 하나로 이어줘야 마땅한 것 아닐까? 의도성은 이런 마법을 거스르는 것 같았다.

우정의 '마법'에 대한 믿음은 내가 먼저 나서 로리에게 어울리자고 말한다고 생각하면 고개를 드는 취약한 느낌으로부터 나를 보호해 주기도 했다. '내가' 사람들을 좋아하는 것이 아니라 사람들이 '나를' 좋아해주는 세상을 사는 것이 훨씬 편했다. 사람들이 먼저 다가와 주면 거절당할지도 모른다는 취약성에서 벗어날 수 있었다. 당시 내 전략은 거부할 수 없을 만큼 매력적이고 흥미로운 사람이 돼서 로리를 비롯한 사람들이 내게 몰려들게 하는 것이었다. 매력으로 끌어당겨 우정을 만드는 편이 안전하게 느껴졌다. 하지만 이 거창한 우정 만들기 전략은 다른 사람들이 나를 좋아하지 않는다는 더 깊은 두려움을 감추기 위한 것이었다. 거절당한다면 그 두려움이 사실이 될 것이기에, 사람들이 내게 다가오기를 기대하면서 그 두려움에서 벗어날 수 있었다.

어느 날 밤, 바이런이 기숙사 방에서 파티를 열었는데, 참석한 사람 수와 싸구려 술병 수가 비슷비슷한 작은 모임이었다. 로리와 나는 나란히 바닥에 앉아있었는데 로리가 "마리사, 나는 네가 정말 멋지다고 생각해. 그래서 너랑 정말 어울리고 싶어."라고 말했다. 이거 보라니까. 나는 내가 로리에게 느끼는 유대감을 로리도 느낀다는 사실이 더없이 기뻤다. 내가 로리를 좋아하기로 마음먹었을 때 로리가 나에 대해 어떻게 생각하는지가 더 중요해졌고, 따라서 로리의 긍정도 마찬가지로 중요해졌다.

로리는 입학 첫해의 외로움에서 나를 구해주었다. '그냥 인상적인 사람이 돼서 사람들이 내게 다가오게 만들겠다'는 우정에 대한 내 접근 방식은 통하지 않았지만, 로리와 나는 거의 매일 만나 학교 식당에서 배를 채우고, 카페인 기운을 빌려 과제물을 해치우고, 끔찍이도 대학생답다고 할 수밖에 없는 많은 밤 외출에서 서로 곁을 지켜주고, 함께 텔레비전을 보다 잠들기도 했다. 로리가 없었다면 내 신입생 시절은 공허하게 느껴졌을 것이다.

로리와 나 사이에는 우정의 '마법'이 작용하는 듯했고, 왠지 우리를 하나로 묶어주는 성스러운 기운에 사로잡힌 것 같았다. 하지만 사실은 로리가 의도적으로 우리 관계를 시작한 것이었다. 이제 로리는 내 가장 친한 친구가 됐기 때문에 나는 로리가 삶의 모든 면에서 얼마나 계획적인지 알고 그 점을 깊이 존경한다. 로리가 중국 속담에 대해 어머니와 나눈 대화를 내게 말해준 적이 있다. 로리는 일이 일어나기를 마냥 기다리는 사람이 있는가 하면, 한 걸음씩 길을 닦아가며 스스로 설 땅을 만들어내는 사람도 있다고 말했다. 로리가 바로 그런 의지를 가진 사람이라는 데 로리의 어머니와 내 생각이 일치하고, 그 덕분에 나도 더 나은 사람이 되어가고 있다.

로리에게 먼저 다가가기를 꺼리면서 나는 우정이 '자연스럽게' 생겨나야 한다고 생각했다. 그리고 그렇게 생각한 이유는 환영받지 못하거나 거절당할지도 모른다는 두려움과 맞닥뜨리지 않기 위해서였다. 하지만 우정에는 주도성이 필요하며, 이는 우리가 가장 큰 두려움에 맞서야 한다는 것을 의미한다.

친구 사귀기가 점점 더 힘들어지는 이유

어른이 되면 친구를 사귀기가 왜 그렇게 힘들까? 예전처럼 우정이 자연스럽게 생겨나지는 않는 듯하다. 고등학교나 대학교에서도 친구를 사귀는 일은 매우 힘들다. 하지만 그 후로도 친구 사귀기가 급격히 더 힘들어지는 경우가 많다. 때로는 친구를 사귈 짧은 기회를 놓치고 난 후로 더욱 갈피를 잡지 못하는 것이 아닌가 싶기도 하다. 도대체 어디서 사람들을 만나야 할까? 특히 새로운 도시에 살면 전부 이미 알고 지내는 사람들하고 어울려 다니는 것 같아서 친구 사귀기가 더 힘들게 느껴진다. 어떻게 여기에 끼어들 수 있을까?

친구가 없다고 자책하기 전에 현대 사회 들어 친구를 사귀기가 얼마나 더 힘들어졌는지 살펴볼 필요가 있다. 외로움이 인간 조건의 불가피한 특성이라고 말하는 경향이 있지만, 그렇지 않다. 1800년대 이전만 해도 사람들은 가족과 함께 농사를 지었고, 더 일반적으로는 지역에 기반을 둔 안정된 삶을 살았다. 대가족과 친구들로 공동체를 이루고, 마을 생활과 예배 장소에 참여했다. 이 공동체는 자연스레 생겨난 것이지 일부러 만들어낸 것이 아니었다. 1800년 이전에는 오늘날 우리가 알고 있는 외로움이라는 단어조차 없었다. 'lonely'라는 단어는 혼자 있는 '상태'를 의미했지 혼자 있을 때 느끼는 강렬한 고통을 뜻하지는 않았다.

산업화가 시작되고 공장에서 일하기 위해 집을 떠나는 부모가 늘면서 공동체의 유대가 약화하고 핵가족이 사람 사는 세상의 중심이 됐다. 한 연구에 따르면 사람들이 일자리를 찾아 이동하기 시작했지만, 주거 이동성의 증가로 우정이 점점 더 일회용품 취급을 받게 됐다. 또한 일자리를 찾아 가족을 떠난 사람들이 처음으로 혼자 살게 되면서 외로움이 더욱 커졌다. 애착 이론의 창시자로 평가받는 존

어른이 되었어도 외로움에 익숙해지진 않아

볼비John Bowlby는 "사람들이 서로 잘 알고 장기적인 관계를 맺고 있다면, 오늘 내가 너를 도와주면 5년 후라도 그 보답으로 네가 나를 도와줄 수 있으니 상부상조가 합리적이다. 하지만 5년 후에 내가 여기를 떠날 예정이고 공동체도 끊임없이 변화한다면, 당연히 상부상조는 불가능하다."라고 지적했다. 일자리와 주거 이동성, 1인 가구의 동시 증가는 《이코노미스트》가 외로움을 '21세기의 역병'이라고 표현한 이유를 설명해준다.

주거 이동성 외에 기술도 외로움의 증가에 일정 부분 영향을 미쳤다. 로버트 퍼트넘은 《나 홀로 볼링》에서 우리가 시민 생활에 갈수록 더 무관심해지는 원인을 파헤쳤는데, 그가 찾아낸 주범은 바로 텔레비전이다. 텔레비전은 이웃집 문을 두드려 안부를 물을 필요가 없게 우리에게 다른 소일거리를 제공했을 뿐 아니라 '무기력과 수동성을 조장하는 듯하다'라고 퍼트넘은 지적했다. 이는 친구 미켈란과 내가 일단 소파에 드러누우면 절대 다시 일어날 수 없다는 뜻으로 '드러눕기 효과plop effect'라고 부르는 현상이다. 퍼트넘의 책은 소셜 미디어가 등장하기 전에 출간됐지만, 이후 연구를 통해 소셜 미디어가 외로움에 영향을 미치는 방식은 좀 더 복잡한 것으로 밝혀졌다. 한 대규모 연구에 따르면, 소셜 미디어를 많이 사용하는 헤비 유저들이 외로움을 가장 덜 느끼거나 가장 많이 느끼는 것으로 나타났는데, 소셜 미디어를 대인 관계 일정을 잡는 데 사용했는지 아니면 대인 관계 자체를 대체하기 위해 사용했는지에 따라 결과가 엇갈렸다.

이런 여러 요인으로 인해 지난 몇 세기 동안 우리는 점점 더 일과 편리함을 위해 공동체를 희생해왔다. 우리는 일을 위해서라면 친구들과 한 약속을 취소해도 되지만, 그 반대의 경우는 절대 용인되지 않는 사회에 살고 있다. 사랑하는 사람과 여가를 보내기 위해 승진을 포기하는 행동은 잠재력 낭비로 여겨진다. 미국인의 61퍼센트가 비공개적으로는 외로움을 호소하지만 대놓고 외롭다고 말하는 것은 여전히 금기시된다. 부의 증가는 곧 더 큰 집, 더 큰 땅과 고립으로 향하는 일방통행로를 의미한다. 슈퍼마켓 점원과 나누는 잡담은 초인종 소리와 함께 등장하는 배달 상자로 바뀌었고, 공항으로 마중 나오는 친구는 우버 기사로 대체됐다. 연결이 인류의 근본적 가치이기는 하지만 서구 사회의 근본적 가치는 아니다.

우리는 사회학자 에밀 뒤르켐이 '아노미'라고 부른, 사회 규범과 사람들이 번창하는 데 필요한 것들이 괴리된 시대를 살고 있다. 인류학자 섀론 아브라모위츠Sharon Abramowitz는 《부족: 귀향과 소속에 대하여Tribe: On Homecoming and Belonging》에서 "우리는 '반인간적인' 사회다. …… 우리 사회는 소외되고 형식적이고 냉정하고 혼란스럽다. 인간으로서 우리의 근본적 욕구는 다른 사람들과 가깝게 지내는 것인데, 우리 사회는 이를 허용하지 않는다."라고 결론지었다. 그 결과는? 2013년 227개의 연구에 참여한 17만 7,653명을 분석한 결과 이전 35년 동안 친구 수가 계속 줄어든 것으로 밝혀졌다. 2000년대를 산 사람이 1980년대 초반을 산 사람보다 평균적으로 친구가 4명 더 적었다. 또 다른 분석에 따르면 2021년에는 친구가 한 명도 없는 사람이 1990년에 비해 4배 더 많아진 것으로 밝혀졌다. 남성의 경우 상황이 더 심각해서 친구가 없다고 응답한 사람이 1990년에 비해

어른이 되었어도 외로움에 익숙해지진 않아

2021년에 5배나 늘었다.

어쩌면 진화 이전의 자취가 우정이 저절로 생겨난다고 믿게 만드는 것일 수도 있다. 한때는 그랬기 때문이다. 하지만 더는 그렇지 않다. 친구를 사귀고 지키려면 지난 수 세기 동안 서서히 우리를 오염시켜온 단절의 파도를 거슬러 헤엄쳐야 한다. 전혀 온당치 않은 상황이다. 친구 사귀는 것이 이렇게 힘들 이유가 없다. 하지만 인류 역사상 그 어느 때보다 친구를 사귀기가 힘든 상황에도 불구하고 이 책을 통해 여러분에게 성공의 도구를 제공하고자 한다.

어른들의 우정은 저절로 생기지 않는다

여기 간단하지만 때로는 놀라운 진리가 있다. 어른이 돼 친구를 사귀려면 주도성이 필요하다는 것이다. 먼저 마음을 열고 노력해야 한다. 이는 몇 번이고 거듭해서 다가가는 과정이다. 좋아하는 사람을 만났을 때 상대가 내 전화번호를 물어보기를 기대하며 그 순간을 흘려버리지 말고, 기회를 포착해 상대의 전화번호를 물어보는 것이다. 캣 벨로스Kat Vellos는 《우리는 만나야 한다We Shoud Get Together》에서 끊임없이 손을 내미는 과정을 통해 어떻게 우정의 방향을 변화시켰는지 설명한다. 벨로스는 "관계를 키우는 데 있어 기본적이면서도 중요한 부분은 계속 연락하면서 안부를 묻는 행동이다. 나는 전화기에 반복 알림을 설정해놓고 오랜 친구들과 새로 사귄 친구들 모두에게 연락한다."라고 말했다.

사실 우정이 자연스럽게 생겨날 것이라는 믿음, 우주의 기운이 친구를 선사해줄 것이라는 믿음은 친구를 사귀기 위한 의도적인 행동을 방해하기 때문에 실제로 친구를 사귀는 데 걸림돌이 된다. 브랜든대학교 심리학과 부교수 낸시 뉴얼Nancy E. Newall과 동료들은 우정이 노력에 따라 만들어진다고 믿는 사람과 우정이 운에 따라 만들어진다고 믿는 사람의 사회적 세계의 차이를 알아내기 위해 노인들을 대상으로 설문 조사를 실시했다. 그 결과 친구를 사귀는 것이 운의 문제라고 믿은 사람들이 5년 후 더 외로워졌지만, 우정은 노력이 필요하다고 믿은 사람들은 덜 외로워졌다는 사실을 발견했다. 그 이유는? 우정에 노력이 필요하다는 믿음은 친구와 가족을 방문하거나 교회에 가는 등 사회 활동에 더 많이 참여하는 것과 관련이 있었다. 그리고 이런 사회 활동에 참여함으로써 사람들은 친구를 사귈 수 있었다.

친구를 사귀려면 먼저 다가가야 하지만, 다행스러운 사실은 어떻게 다가갈지 그 방법을 우리 스스로 선택할 수 있다는 것이다. 도시 농부를 위한 네트워킹 행사나 사이클링 동호회의 8킬로미터 라이딩 모임 참석이 성향에 안 맞을 수도 있다. 하지만 주도성이 단순히 친교 모임이나 네트워킹 행사에 참석하는 것만을 의미하지는 않는다. 내성적인 사람들에게 적합한 전략 중 하나는 옛 친구에게 연락해 다시 만나는 것이다. 또 다른 전략은 더 잘 알고 싶었던 지인에게 연락하는 것이다. 이런 선택이 특히 마음에 드는 것은 친구는 이미 사전 검증을 마친 대상이고, 지인들과는 유대의 확실한 근거가 있기 때문이다. 타라와 미카는 미카가 퇴직하기 전에 직장에서 잠깐 만난 친

어른이 되었어도 외로움에 익숙해지진 않아

구 사이지만, 그 뒤로 인스타그램으로 서로를 팔로우했다. 두 사람은 서로 상대의 스토리에 댓글을 달며 친밀감을 쌓아오던 차에 타라가 미카에게 언제 점심이나 같이 먹자고 말했다. 기술을 완충 장치로 활용하면 주도적 행동이 훨씬 더 쉬울 수 있다.

함께 있으면 즐겁지만 회사 밖에서는 아직 만날 기회가 없었던 동료에게 커피 한잔하자고 제안하는 것도 주도적 행동일 수 있다. 적극적으로 사회인 리그 스포츠 팀에 가입하거나, 강습에 등록하거나, 열정을 느끼는 단체에 참가해 우정을 쌓을 수 있는 환경에 끊임없이 뛰어드는 것도 방법일 수 있다. 뉴얼의 연구는 대다수 사람이 스스로 그렇게 한다고 인정하는 친구를 사귀는 소극적인 접근 방식을 거부하고, 내가 '과감한 주도성'이라고 이름 붙인 태도를 받아들일 것을 촉구한다. 또한 사회적 환경이 친구를 사귀기 쉽지 않더라도 우리에게는 여전히 주도할 힘이 있음을 일깨워준다.

수동성과 절망감을 떨쳐내기 위해서는 학술 용어로 목표 달성에 대한 책임감을 뜻하는 '내적통제위치internal locus of control[자신의 삶을 스스로 통제할 수 있다는 믿음-옮긴이]'를 기르는 것이 중요하다. 반면 '외적통제위치external locus of control'를 가진 사람은 자신의 삶이 스스로 통제할 수 없는 외부의 힘에 좌우된다고 믿기 때문에, 목표 달성을 위해 주도적으로 행동하는 데 어려움을 겪는다. 내 비행기의 조종사는 누구라고 생각하는가? 내적통제위치를 가진 사람은 자기 자신이라고 답하겠지만, 외적통제위치를 가진 사람은 별자리 운세나 직장 상사, 배우자, 수성 역행[지구 궤도와 겹쳐 수성이 궤도와 반대 방향으로 움직이는 것처럼 보이는 시기-옮긴이]처럼 뭔가 다른 답을 내놓는다. 내적통제위치를 가진 사람은 친구를 사귀고 싶을 때 하이킹 동호회에 가입해 동료 하이커들에게 자신을 소개하지만, 외적통제위치를 가진 사람은 소파에 앉아 멋진 하이킹 장소를 TV로 본다.

예전에 남자친구와 함께 아파트 복도를 걷고 있을 때 남자친구는 내가 그동안 주도성에 대해 온갖 조언을 한 사실을 상기시켜 주었다. 다른 이웃 몇 사람도 그곳에 있었다. 남자친구는 내가 이웃들과 친해지고 싶어 하면서도 이웃들이 대화하는 모습을 보면 위축돼서 인사를 건네지 못한다는 사실을 알고 있었다. 집 안으로 들어가면서 남자친구가 내게 물었다. "당신 자신에게 어떤 조언을 해주고 싶어?"

"주도적으로 행동하라고. 먼저 인사를 건네라고."라고 나는 볼멘소리로 대답했다.

"정답이야." 남자친구는 이렇게 말하며 나를 다시 복도로 밀어냈다. 쑥스럽기는 했지만 나는 먼저 인사를 건넬 책임, 즉 통제위치가 내 손에 있다는 것을 알았다.

"안녕하세요. 얼마 전에 여기로 이사 왔어요. 그냥 제 소개를 하고 싶어서요." 이웃들은 솔직하고 친절한 사람들이었고, 우리는 전화번호를 교환하고 인스턴트 메신저 그룹 대화방을 여는 것으로 대화를 마무리 지었다. 그 대화방을 통해 우리는 이웃들과 매주 야외 피크닉을 시작했다. 사람들은 인사를 건네는 것 같은 사소한 행동이 삶에 큰 영향을 미칠 수 없다고 생각하지만, 그럴 수 있다. 한 번의 인사가 외롭게 사느냐 아니면 최고의 친구를 찾아내느냐의 차이를 만들어낼 수도 있다.

내적통제위치를 유지하면 친구를 사귀는 단계뿐 아니라 우정의

어른이 되었어도 외로움에 익숙해지진 않아

모든 단계에 도움이 된다. 우리는 우정이 우리가 실현하려고 노력할 때 비로소 생기는 것이라고 사고방식을 바꿈으로써 내적통제위치를 개발할 수 있다. 노력하면 사람들과 더 가까워질 수 있다고 믿을 수 있다. 아무 노력 없이도 우정이 생겨나야 한다거나, 친구를 사귀려면 누군가가 우리를 선택할 때까지 기다려야 한다는 생각을 버릴 수 있다.

선택은 우리의 몫이다. 우리가 사람들 앞에 나서고, 우리가 연락하는 것이다. 우리가 같이 어울리고 싶을 때 어울리자고 말하는 것이다. 이 과정의 책임을 우리가 지는 것이다. 하지만 그러기 위해서는 우리의 앞길을 가로막을 수도 있는 몇 가지 암묵적 전제들을 살펴보고 이를 해결해야 한다.

연애만으로는 충분하지 않다

롭의 삶은 여러모로 잘 풀리고 있었다.

근육질 몸매에 짙은 밤색 머리카락과 같은 색 눈동자를 가진 잘생긴 외모의 그는 큼지막한 사각 안경으로 영화배우 클라크 켄트를 연상케 하는 스타일을 완성했다. 롭은 최근 시카고로 이사해 유력 로펌의 사무장이라는 괜찮은 일자리를 얻었다. 급여도 매달 학자금 대출 상환 때문에 허덕이지 않아도 될 만큼 받았고, 시카고의 모든 것을 누리기 편한 지역에 적당한 가격의 아파트도 구했다.

롭은 여자친구 레일라와 함께 살고 있었고, 둘의 관계는 그런대로 괜찮았다. 어린이집 교사로 일하는 레일라는 집에 돌아오면 '오늘 어떤 아이가 친구는 과일 간식을 먹는데 자기 엄마는 싸주지 않아 서럽게 울었다고. 가여운 것'이라며 아이들 이야기를 들려주곤 했다. 대학 졸업 직후에 만난 두 사람은 다른 점이 많았지만 서로 잘 지냈다.

두 사람의 차이 가운데 상당 부분은 개인적인 소통 방식에서 비롯된 것이었다. 롭은 타고난 외향적 성격에 활력이 넘쳤다. 그의 쾌활한 성격은 레일라의 차분한 태도와 대조를 이루었다. 롭은 대화하고 사람들과 어울리는 것을 좋아했지만, 레일라는 종종 방에 틀어박혀 책을 읽고 싶어 했다. 롭은 비디오 게임이나 쿵후, 대마초처럼 레일라가 전혀 관심이 없는 것들에 관심이 많았다. 새로운 사람을 만나면 이런 관심사를 충족하는 데 도움이 되겠지만, 롭은 그렇게 하는 것에 상반된 감정을 동시에 느꼈다. 물론 밖에 나가 이번 가을에 비가 많이 온다든지 전채로 나온 피자 베이글이 너무 질기다든지 하면서 낯선 사람들과 어색한 잡담을 나눌 수도 있겠지만, 그냥 집에서 레일라를 안고 있을 수도 있었다.

하지만 TV 앞에서 레일라와 함께 만두와 중국식 닭 요리에 다이어트 콜라를 마시며 보내는 밤이 좋기는 해도 롭은 무언가 부족하다고 느꼈다. 레일라에게 모든 사회적 필요를 의존하는 것이 좋지 않다는 것을 롭은 알고 있었다. 하지만 직장을 구하기 위해 지인들에게 연락하고, 적어도 얼마간은 헬스장에 등록하고, 부모님에게 부지런히 전화를 드려 착한 아들 노릇을 하는 등 삶의 대부분 측면에서 계획적인 롭도 친구를 사귀는 데는 전혀 계획적이지 않았다. 그럴

어른이 되었어도 외로움에 익숙해지진 않아

필요가 없었기 때문이다.

과거에는 우정이 그냥 생겨났다. 강의를 듣거나 새 기숙사에 들어가면 사람들과 서로 자연스레 끌리곤 했다. 학교라는 환경은 계획되지 않은 소통의 지속, 취약성의 공유 등 사회학자들이 관계 형성에 필수적이라고 여기는 요소들을 그에게 제공했다. 새로운 도시로 이사한 후에도 롭은 친구를 사귀려고 애쓸 필요가 없다고, 그때까지 늘 그랬듯 결국 친구가 자연스럽게 삶에 찾아들 것으로 생각했다. 하지만 날이 갈수록 롭은 실망을 금치 못했다.

지난 2년간 몇 번 예외적인 경우가 있기는 했다. 롭은 즉석 농구 경기에서 마이크라는 남자를 만났는데, 마이크가 자신을 좀 더 알고 싶다고 관심을 나타내 기뻤다. 두어 번 서로 만났을 때 롭은 마이크와 함께하는 시간이 즐거웠지만, 마이크가 닭 뼈를 단숨에 두 동강 낼 수 있는 자신의 멋진 칼에 관해 이야기하기 시작하면서 상황이 달라졌다. 마이크가 롭에게 자기 친구들을 위해 칼을 주제로 한 파티를 열어줄 수 있는지 물었을 때, 롭은 자신이 다단계 사기에 걸려들었고 그들의 우정에 목적이 있었다는 사실을 깨달았다.

그다음에는 롭이 크게 기대를 건 직장 동료가 있었다. 두 사람은 함께 어울리며 테니스를 쳤다. 그런대로 즐거웠지만 롭이 다시 그에게 전화를 걸어야겠다고 생각할 만큼 즐겁지는 않았다. 그날 경기 후로 서로 연락을 하지 않았고, 우정은 끝이 났다. 두 사람은 단순한 동료 관계로 돌아갔다.

롭은 오랫동안 친구를 사귀지 못하면서 다른 사람들과 어울릴 때 행동에 문제가 생기기 시작했다. 잘 모르는 사람과 대화할 때면 불안감이 들기 시작한 것이다. 새로운 사람을 만나면 그의 뇌가 상대방은 어차피 내게 관심이 없을 것이라고, 대화에 덧붙일 만한 중요한 내용도 없다고, 만나자고 하면 틀림없이 꽁무니를 뺄 텐데 뻔히 거절당할 일을 왜 벌이냐고 속삭여대곤 했다. 그의 머릿속에서 펼쳐지는 사회적 세계는 현실보다 훨씬 더 암울했지만, 롭은 그 무서운 이야기들을 기정사실로 받아들이고 있었다. 외로움이 세상에 대한 그의 인식을 뒤틀리게 만들기 시작한 것이다.

롭은 친구를 사귀고 싶었지만, 방법을 알지 못했다. 더 깊은 관계를 갈망했지만, 그런 관계를 맺기 위해 겪어야 할 시행착오의 과정을 참아내지 못했다. 롭은 타인에 대해 불안감과 때로는 두려움까지 느꼈지만, 아무런 문제 없이 살아간다고 느끼기 위해서는 다른 사람이 필요했다. 자신의 삶을 개선할 수 있는 것은 친구뿐이라고 확신하면서도, 정작 친구를 사귀는 데는 소극적인 태도를 취했다.

안타깝게도 롭과 레일라의 관계도 오래가지 못했다. 힘든 이별이었지만 마음의 상처는 아물기 마련이었다. 롭을 정말 힘들게 한 것은 그가 빠져든 외로움의 구렁텅이었다. 이별의 충격을 이겨내는 데 도움이 될 수도 있었던 친구가 하나도 없다는 사실이 회복을 훨씬 더 어렵게 만들었다. 퇴근하고 레일라와 함께 포장 음식을 먹으면서 영화를 보는 대신, 집에 돌아온 롭을 기다리는 것은 텅 빈 소파와 눈에 띄게 널찍한 침대뿐이었다.

돌이켜보면 레일라와 헤어지고 나서야 사람들을 만나기 시작한 것이 후회스러웠다. 롭은 자신이 껍데기처럼 느껴졌고, 자포자기한 나머지 사람들 앞에 나선다는 생각만으로도 움츠러들었다. 하지만

어른이 되었어도 외로움에 익숙해지진 않아

레일라와 다시 합칠 것이 아니었기 때문에 그에게는 두 가지 선택밖에 없었다. 외로움에 몸부림치거나 아니면 친구를 사귀는 것이었다.

롭은 쿵후 강습에 등록하고, 대학 시절 친분이 있었던 사람들에게 연락하며 천천히 자신만의 공동체를 만들어가기 시작했다. 새로 사귄 친구들은 레일리와의 관계, 새로운 사람을 만나기 꺼려지는 마음, 머지않아 아빠가 되고 싶은 바람, 그리고 이 모든 것을 빼앗긴 듯했을 때 들었던 기분 등 롭이 털어놓는 이야기를 공감하며 경청해주었다. 이들의 공감이 롭의 상처를 치유해주지는 못했지만 그래도 도움이 됐다.

롭의 상황은 1장에서 다룬 우정을 가로막는 장애물을 보여준다. 연애만으로 충분하다는 생각이다. 이런 믿음은 연인과 더 많은 시간을 보내기 위해 우정을 소홀히 하거나 심지어 우정을 적극적으로 피하게 만든다. 연인이 없는 사람들도 이런 생각을 받아들이고 있다. 사랑을 찾아 손가락 지문이 닳도록 스마트폰 만남 앱을 넘겨대면서도, 우정을 찾기 위해서는 손가락 하나 까딱하지 않는다. 혹시 데이트 상대가 시간이 나지 않을까 기대하며 일주일에도 며칠씩 친구들과 약속을 잡지 않고 시간을 비워두기도 한다. 나 자신도 이런 행동을 한 적이 있기 때문에, 비판이 아니라 의견으로 상황을 공유하려 한다. 우정보다 연애를 찬양하는 것은 우리가 속한 더 큰 문화권의 부산물이다. 우정을 우선시하려면 이런 문화적 메시지를 머릿속에서 지워내는 과정이 필요하다.

우리는 친구와 연애의 과학에 근거한 중요한 진리 하나를 재학습할 수 있다. 바로 친한 친구가 있으면 연애도 더 잘 풀린다는 사실이다. 한 연구에 따르면 배우자와 갈등을 겪을 때 우리 몸에서는 건강하지 못한 형태로 스트레스 호르몬이 분비되지만, 이는 결혼 외에 괜찮은 우정이 없을 때만 그런 것으로 나타났다. 소울메이트인 연인을 찾았다고 생각하는 남성의 경우에도 여전히 좋은 우정이 자존감 향상과 관련이 있는 것으로 여러 연구 결과 밝혀졌다. 친구가 있으면 연애에서 부정적인 일이 생겼을 때 회복력이 더 강하다는 사실(보통 우정이 더 끈끈한 경향이 있는 여성들의 경우 특히 더 그렇다)을 밝혀낸 또 다른 연구와 함께 이 연구는 연애하는 동안에도 우정을 유지하는 것이 서로의 모든 것이 되어야 한다는 부담감에 짓눌리지 않는 건강한 연애의 일부분임을 보여준다. 이러한 연구들은 친구를 사귀는 것이 연애의 성공에 도움이 되고, 우정이 필요 없거나 우정에서 얻을 것이 전혀 없을 만큼 우리를 완전하게 만들어주거나 충족시켜줄 한 사람은 절대 없다는 사실을 말해주는 증거다.

지금 연애 중이라면 친구들을 위해서도 꼭 시간을 내라. 연애 상대를 유일한 친구로 의지해왔다면 새로운 친구를 사귈 때가 됐다. 연인은 흥미를 보이지 않는 관심사를 함께 나눌 친구를 찾아보라. 매주 시간을 따로 내 이들을 만나라. 연인에게도 친구들과 시간을 보내라고 권유하라. 지금은 애인이 없지만 건강한 연애를 꿈꾼다면, 끈끈한 우정을 쌓아서 그 기초를 다져라. 명심하기를. 친구는 연애를 더 좋게 만들어줄 뿐이다.

사람들이 나를 좋아한다고 가정하라

    애착 유형, 안정애착 또는 불안애착이 관계를 맺는 방식에 영향을 미친다는 사실을 우리는 이미 알고 있다. 안정적인 사람일수록 주도적으로 우정을 이끈다는 사실도 배웠다. 그리고 불안정한 사람도 안정감을 느끼는 순간, 보다 주도적으로 행동한다. 그리고 불안정한 사람이 자신에게 다정하게 굴고 위로해주고 격려해주는 사람에 관한 글을 써서 안정감을 느꼈을 때 더 주도적으로 우정을 이끈다는 사실도 연구 결과 밝혀졌다.

    하지만 그 이유는 무엇일까? 연인들을 대상으로 한 연구에 따르면 자신에 대해 긍정적으로 생각할수록 다른 사람도 자신을 좋아한다고 생각할 가능성이 높은 것으로 나타났다. 그리고 스스로 무가치하다고 느낄수록 다른 사람들이 자신을 얼마나 좋아하는지를 '과소평가할' 가능성이 높다. 연인이 자신을 어떻게 본다고 생각하는지는 연인이 실제로 어떻게 보는지보다 스스로 자신을 어떻게 보는지를 더 반영하는 것이다.

    이 연구는 다른 사람들이 우리를 이렇게 볼 것이라고 스스로 생각하는 것이 실제와 일치하지 않는다는 사실을 시사한다. 연인이 아닌 플라토닉한 관계에서도 마찬가지다. 인간은 마음을 읽는 능력이 형편없이 부족하다. 새로운 사람을 만났을 때 어떤 증거가 있든 개의치 않고 '저 사람은 나와 친해질 생각이 없는 것 같아'라고 생각하는 것은, 새로운 사람이 우리에게 어떻게 느끼는지 일종의 텔레파시가 통해서가 아니라 우리가 재미없는 존재라고 '스스로' 생각하기 때문이다. 자기 자신을 사랑하면 온 세상이 내 편이라는 생각이 든다. 하지만 자신을 사랑하지 않으면 세상이 무자비하고 잔인하게 느껴진다. 어느 쪽으로 생각하든 세상은 변함없는데 내 내면세계에 따라 내가 경험하는 세상이 달라지는 것이다. 스스로를 나쁘게 생각하는 사람이야말로 '누구보다' 친구가 필요한데도 가장 패배주의적으로 행동하는 경향을 보인다는 데 큰 위험성이 있다.

안정감 있는 사람은 자신의 가치를 알기 때문에 다른 사람도 그 가치를 알 것으로 생각한다. 이들은 사람들이 자신을 좋아한다고 가정한다. 그러나 불안정한 사람은 정반대로 가정한다. 거절 민감성, 애매한 상황을 거절이라고 추정하는 성향은 불안애착의 핵심 특징으로, 불안한 사람과 그들의 관계에 상처를 입힌다. 연구 결과 거절 민감성이 높은 사람이 관계에서 우울감, 불안, 외로움, 불행을 느낄 가능성이 더 높은 것으로 밝혀졌다. 이들은 연인이 전혀 그럴 의도가 없는데도 연인이 자신을 떠나고 싶어 한다고 응답했다. 이들은 또 대화 중에 누군가가 더 말수가 적은 것 같은 모호한 사회적 상황에 상대와 거리를 두거나 냉담한 태도를 취하는 식으로 반응할 가능성이 더 높다. 이들은 자신이 피해자라고 생각하기 때문에 연애할 때 남자의 경우 질투를 하고, 여자의 경우 적개심을 드러내고 감정적으로 비협조적이어서, 결국 연인이 더 불만을 느끼게 만든다. 이 연구가 시사하는 바는 우리가 거절당했다고 추정하면 그 생각이 결국 자기 충족적 예언이 된다는 것이다. 우리 자신이 적대적이고 위축되고 질투심 많은 거절자rejector가 돼 결국 우리가 두려워하는 거절을 경험하게 된다.

어른이 되었어도 외로움에 익숙해지진 않아

안정감 있는 사람이 다른 사람도 자신을 좋아한다고 가정할 때 이는 '수용 예언'이라고 부르는 자기 충족적 예언이 된다. 워털루대학교의 심리학 교수인 다누 앤서니 스틴슨Danu Anthony Stinson은 동료들과 함께 "사람들은 수용을 기대하면 따뜻하게 행동하고, 이는 결국 다른 사람들이 이들을 수용하는 결과로 이어진다. 반면 거절을 예상하면 차갑게 행동하고, 이는 수용될 가능성을 낮추는 결과로 이어진다."라는 가설을 세웠다. 이 가설을 검증하기 위해 스틴슨은 사람들에게 진행 중인 표적 집단 연구에 참여하게 될 것이라고 설명하고, 집단 참가자들이 자신을 얼마나 좋아할 것으로 생각하는지 말해달라고 요청한 다음, 집단에 자신을 소개하는 동영상을 녹화하게 했다. 관찰자들은 영상 속 참가자가 얼마나 호감이 가는지 평가했다. 그 결과 사람들이 자신을 좋아할 것으로 생각한 참가자가 실제로 더 호감을 주는 것으로 나타났다. 이 연구는 1980년대에 이뤄진 비슷한 연구를 발전시킨 것으로, 앞선 연구에서도 대화 상대가 자신을 좋아한다고 생각하는 지원자가 자신에 대해 더 많이 공유하고, 의견 충돌은 덜 하면서, 더욱 긍정적인 태도를 보여 결국 자신의 예감을 실현한 것으로 나타났다.

우정은 대부분 모호하게 정의된다. 사람들이 우리를 좋아하는지 아닌지 곧이곧대로 말해주는 경우는 드물다. 따라서 다른 사람이 실제로 우리를 어떻게 생각하는지보다 우리가 어떻게 예상하는지가 우리에 대한 다른 사람의 생각을 이해하는 데 더 큰 역할을 한다. 우리가 가진 애착은 우리가 모호함을 어떻게 받아들일지를 결정한다. 정보가 충분하지 않을 때 우리는 안정감 또는 안정감 부족을 바탕으로 부족한 부분을 메운다. 안정감은 모호함을 낙관적으로 헤쳐 나갈 수 있게 우리를 이끌어준다. 자기 자신을 소중히 여기기 때문에, 정보가 제한적일 때 다른 사람도 우리를 소중히 여길 것이라고 가정하는 것이다.

종합해보면 이 연구는 주도적으로 우정을 이끌어가기 위한 가장 중요한 비밀을 하나 보여준다. 사람들이 나를 좋아할 것이라고 가정하라는 것이다. 친구에게 커피 한잔 같이하자고 말하고 싶은가? 친구도 관심이 있다고 가정하라. 연락이 끊겨 슬픈 친구와 다시 만나고 싶은가? 친구도 같은 마음일 것이라고 가정하라. 이렇게 가정하면 주도적으로 행동하는 것이 더 이상 두렵지 않게 된다. 또한 이런 가정은 더욱 주도적으로 행동하게 해줄 뿐 아니라, 우정을 쌓아가는 과정과 삶을 더 평화롭고 유쾌하고 즐겁게 헤쳐 나갈 수 있게 해준다.

다른 사람이 우리를 좋아할 것이라고 가정할 때 우리는 수용을 예고하는 행동을 보일 뿐 아니라, 현실을 더욱 정확하게 예측할 수 있게 된다. 2018년 코넬대학교 박사후연구원이던 에리카 부스비Erica J.Boothby는 대학 기숙사, 실험실, 직무 능력 개발 연수 등 다양한 환경에서 사람들에게 대화를 나누게 한 다음, 서로 대화 상대에게 얼마나 호감을 느꼈는지 묻는 연구를 진행했다. 이 모든 환경에서 사람들은 대화 상대가 자신을 얼마나 좋아하는지를 일정하게 '과소평가'하는 '호감 격차liking gap'를 드러냈다. 다른 사람이 우리를 좋아한다고 가정하면 우리가 얼마나 호감 가는 사람인지 과소평가하는 편견을 바로잡을 수 있다.

어른이 되었어도 외로움에 익숙해지진 않아

이렇게 생각할지도 모르겠다. '사람들이 전부 그럴지 몰라도 나는 아니야. 나는 진짜 유별난 괴짜니까. 내 사건은 종결됐으니, 대법원에 상고해본들 소용없다고' 말이다. 하지만 우리가 스스로 비호감이라 생각하고, 이 때문에 위축되고 쌀쌀맞아질 때조차 사람들은 '여전히' 우리가 생각하는 것보다 더 우리를 좋아한다. 부스비의 연구에 따르면 자기 자신에 대해 대단히 부정적인 견해를 가진 사람이 자신이 사람들에게 어떻게 인식되는지를 '가장' 부정확하게 알고 있는 것으로 나타났다. 부스비는 사람들에게 낯선 사람과 대화 중에 떠오른 가장 두드러진 생각이 무엇인지, 그리고 그 생각이 얼마나 부정적이거나 긍정적인지 말해달라고 요청했다. 어쩌면 이들은 자신이 사람들의 마음을 끄는 관계를 만들어내는 사회성의 최강자라고 긍정적으로 생각했을 수도 있고, 자신의 무뚝뚝한 사회적 기술이 대화 상대에게 불쾌감을 준다고 부정적으로 생각했을 수도 있다. 부정적인 생각을 하는 사람일수록 자신이 얼마나 호감을 사는지 과소평가할 가능성이 더 높았다. 다시 말해 참가자들은 자신의 자기 비판적인 생각이 실제로는 진실을 왜곡할 때조차 그 생각을 그대로 믿었다.

이 연구는 우리 중 상당수가 불안감을 느끼며 우리가 느끼는 부족함을 다른 사람도 느낄 수 있다고 가정하지만, 사회적으로 부족하다고 느끼는 것과 '실제' 사회적으로 부족한 것과는 차이가 있음을 보여준다. 화려한 모임에서 주최자의 고급 카펫에 와인을 쏟는다면, 결국 다른 사람들보다 자기 자신이 더 스스로를 책망하게 될 것이다. 다른 사람이 나를 비판한다고 '생각'할 텐데, 인간 심리의 측면에서 보면 타인이 우리를 비판한다는 생각은 타인이 실제로 우리를 비판하는 것과 같은 영향을 미친다. 우리가 하는 생각이 우리를 괴롭히는 사람보다 더 우리에게 상처를 주는 경우가 많다. 하지만 사실은 우리의 사회적 서투름을 우리 자신만큼 신경 쓰는 사람은 아무도 없다. 사람들은 자기 걱정하느라 너무 바쁘다.

딱 한 번이든 아니면 여러 번이든 사람들 앞에 나서봤지만, 새 친구를 전혀 사귀지 못했다고 해서 친구를 사귀는 데 서투르다는 뜻은 아니다. 사실 나는 심리학자로서 내담자들에게 결과보다는 과정에 대해 스스로 보상을 주라고 권유한다. 친구를 사귀었든 아니든 먼저 손을 내밀었다면 자랑스러운 일이다. 어쨌든 새로운 능력을 쌓아가고 있는 것이니까. 노력은 여러분이 원하는 결과를 얻기 위한 입지를 다졌다는 증거다. 어찌 됐든 여러분은 승리자다.

먼저 다가가서 인사를 건네라

비즈니스 애널리스트로 일하는 삼십 대 중반의 흑인 남성 클라이브는 새로운 친구를 사귀려고 애쓰던 어느 날 링크드인이 주최한 네트워킹 행사에 참석했다. 창업을 꿈꾸는 젊은 소수 인종 전문직 종사자를 위한 행사였다. 클라이브는 눈처럼 흰 버튼다운 셔츠와 은빛 정장 바지에 검은색과 연두색 줄무늬 나비넥타이를 맨 인상적인 옷차림으로 참석했는데, '나는 평범하지만 흥미로운 사람입니다'라는 메시지를 전달하고 싶었다. 그뿐만 아니라 엠파이어 스테이트 빌딩

어른이 되었어도 외로움에 익숙해지진 않아

에서 열리는 행사인 만큼 격식을 차려야 한다고 생각했다.

엄청나게 많은 층을 지나 꼭대기 층에 이르자 엘리베이터 문이 열리면서 구글 본사의 평면도를 훔쳐서 만든 듯한 방이 나타났다. 흰색 스마트 보드들과 유리창으로 된 벽, 모두가 함께 앉을 수 있는 원형 테이블이 있었다. 하지만 주최 측은 이날 행사가 기술 회의가 아닌 소수 인종 전문직 종사자들을 위한 네트워킹 행사라는 사실을 참석자들에게 상기시키려는 듯 쌀과 콩, 자메이카식 저크치킨, 플랜테인을 음식으로 제공했다.

식사가 끝나자 용감한 참석자들이 일어나 테이블을 오가며 사람들과 어울리기 시작했다. 예전 같았으면 클라이브는 자리를 지키고 앉아 다른 사람들이 다가오기를 기다렸을 것이고, 만약 아무도 다가오지 않으면 모임이 배타적이고 불친절하다고 생각했을 것이다. 하지만 결국 클라이브는 사회적 맥락이라는 것이 단지 자신에게 일어나는 일에 국한된 것이 아니라, 자신이 직접 만들어낼 수도 있는 것이라는 사실을 깨달았다. 그래서 자리를 지키고 앉아있는 대신 일어나 가수 앨리샤 키스를 닮은 여자에게 다가가 자기소개를 했다. 두 사람은 어머니가 크게 부동산업을 한다는 공통점이 있었다. 클라이브는 그녀에게서 좋은 기운을 느꼈지만, 그녀는 어디론가 급히 가야 할 일이 있는 눈치였다. 클라이브가 연락을 주고받기 위해 연락처를 교환해도 괜찮은지 묻기도 전에 그녀는 떠나야 했다.

그다음에 클라이브는 캐머런이라는 남자에게 말을 걸었는데, 유엔에 근무하는 그도 클라이브와 대화를 나누고 싶어 하는 눈치였다. 캐머런은 최근 위험 지역에서 일할 준비를 갖추기 위해 이삿짐

트럭에 몸을 숨겼다가 내리는 직무 훈련을 받은 적이 있었다. 그의 이야기에 매료된 클라이브가 "실제로 위험 지역에서 일할 생각이 있나요?"라고 물었다.

"그럼요!"라고 캐머런이 대답했다. 클라이브는 캐머런의 모험심에 흥미를 느꼈고, 캐머런이 대화에 적극적으로 임해준 덕에 자신감을 얻어 연락처를 주고받을 수 있는지 물었다. 기다렸다는 듯 클라이브가 대답했다. "우리는 계속 연락하고 지내야 해요. 번호가 어떻게 되나요?"

이날 네트워킹 행사에서 클라이브가 알고 지내고 싶다고 생각한 남자가 한 명 더 있었는데 이름이 애드리안이었다. 다양성 컨설턴트로 일하는 그는 클라이브와 미시간대학교 동문이었다. 주위를 아우르는 애드리안의 차분한 기운이 클라이브는 편안하게 느껴졌다. 클라이브가 다가가 연락처를 묻자, 애드리안은 클라이브의 휴대폰에 자신의 링크드인 주소를 입력했다. '나 지금 거절당하는 건가?' 클라이브는 의아했다. 아니면 밀레니얼 시대 뉴욕에서는 원래 전화번호보다 먼저 링크드인 주소를 주는 걸까? 그도 아니면 링크드인 주최 행사니까 그게 적절하다고 생각한 걸까? 클라이브는 자신이 거절당하고 있는 것은 아닌지 확신이 서지 않았다.

클라이브는 애드리안에게 거절당하고 있는 것이 '아니라고' 가정하기로 했다. 일반적으로 친구를 사귈 때 이런 가정이 좋은 생각이라는 것을 우리는 이미 확인했다. 애드리안은 전화번호보다는 소셜 미디어 사용자명을 알려주는 게 더 익숙했을 뿐이다. 행사가 끝난 뒤 클라이브는 애드리안에게 링크드인 메시지를 보내 개인적으로 연락

어른이 되었어도 외로움에 익숙해지진 않아

을 주고받을 생각이 있는지 물었다. 애드리안은 흔쾌히 응했다.

클라이브는 이날 네트워킹 행사에서 두 사람과 연결이 됐는데, 먼저 다가가지 않았다면 그 숫자는 0이 됐을 것이다. 클라이브의 이야기는 또한 주도적 행동이 단순히 어딘가에 참석하는 것만을 의미하지 않는다는 사실을 말해준다. 어딘가에 갔을 때 사람들과 적극적으로 소통해야 하며, 때로는 그 상대가 여럿일 수도 있다. 끈기는 성공을 낳는다. 끈기 있게 노력하면 처한 사회 환경에서 더욱 긍정적인 경험을 할 가능성이 높다. 핀란드에서 수행한 한 연구에서 참가자들은 자신과 같은 반 친구들이 서로에게 주는 인상을 평가하고, 학급의 사회적 분위기도 평가했다. 연구 결과 사람들이 동일한 분위기를 얼마나 다르게 평가하는지 드러났다. 적극적으로 참여하는 사람들은 분위기가 더 건전하다고 평가했지만, 소극적으로 겉도는 사람들은 분위기가 더 냉랭하다고 평가했다. 무엇이 원인인지, 마음이 더 따뜻한 사람이 분위기를 더 우호적이라고 느낀 것인지 아니면 그 반대인지는 알지 못하지만, 이런 발견은 사회적 분위기가 정적인 현실이 아님을 시사할 수도 있다. 사회적 분위기에 대한 우리의 인식은 그 안에서 우리가 취하는 행동과 관련이 있다.

다른 사람에게 손을 흔들어 인사하고, 자신을 소개하고, 주말에 무슨 일이 있었는지 공유하고, 선생님의 가발이 비뚤어졌다고 수다를 떠는 등 사회적 분위기에 더욱 적극적으로 참여하는 사람들은 한 가지가 아니라 두 가지 유형의 사회적 회피를 극복해왔다. 명시적 회피와 묵시적 회피다. 명시적 회피overt avoidance는 너무 불편하다는 이유로 행사에 참석하지 않는 경우를 말한다. 사람들이 초대했는데 우리가 참석하지 않으면 상대가 다시 초대할 가능성은 그만큼 낮아진다. 상대는 우리가 불안감을 느낄지도 모른다는 사실을 알지 못하고, 대신 우리의 행동을 그들에게 관심이 없다는 뜻으로 받아들이기 때문이다(이미 살펴본 대로 사람들은 거절당했다고 쉽게 생각해버린다). 핀란드 학생들의 경우 명시적 회피는 수업이나 사교 모임에 참석하지 않는 것으로 나타난다. 사람들은 이런 유형의 회피가 장기적으로는 불안감을 지속시킴에도 불구하고 단기적으로 이런 회피 행동을 통해 불안감을 줄인다.

이와 달리 묵시적 회피covert avoidance는 몸은 참석해도 마음은 다른 곳에 있는 상황에 해당한다. 행사에 참석은 했지만, 사람들과 눈도 마주치지 않거나, 말을 너무 빨리하거나, 전화기만 만지작거리거나, 개를 쓰다듬다가 엄지도 없는 가엾은 개와 손가락 씨름을 해서 불공평한 승리를 거두는 등 다른 사람들과 소통하지 못하는 경우다. 주도적 행동은 우리에게 명시적 회피와 묵시적 회피를 모두 극복할 것을 요구한다. 참석만 한다고 끝이 아니다. 자기소개도 하고 집중하면서 적극적으로 참여해야 한다.

다른 사람의 비판으로부터 스스로를 보호해준다고 생각하지만 실제로는 사람들을 밀쳐내는 결과를 낳는 묵시적 회피 행동 가운데 자신이 어떤 유형의 행동을 할 가능성이 있는지 인식하는 것이 중요하다. 그러니까 다음 해피 아워에 술집을 가면 덩그러니 서 있지 말고 자기소개를 해보라. 다음 직장에서 오리엔테이션을 받을 때는 새로운 동료들에게 인사를 건네 보라. 예배 장소에 가면 조금 일찍 도착해서 사람들과 인사를 나눠라. 친구의 친구를 만나면 질문을 던

어른이 되었어도 외로움에 익숙해지진 않아

지고 관심을 보여라.

회피는 사회 불안의 주된 원인으로, 우리 대부분은 어느 정도 사회 불안(우리가 호감을 주지 못할 것이라는 두려움과 결부돼 다른 사람과 함께 있을 때 느끼는 불안감)을 경험한다. 사람들은 두려움에 스스로를 반복적으로 노출해 두려워했던 사자가 사실은 시추견의 그림자였음을 깨달음으로써 불안을 극복한다. 두려운 것을 더 이상 피하지 않으면 결국 불안이 사라지지만, 지속적인 회피는 두려움을 더욱 확고하게 만든다. 경험을 통해 우리는 머릿속에서 우리 자신이 끔찍한 비호감이라고 속삭이는 기분 나쁜 목소리가 사실이 아니라는 증거를 쌓아간다. 아울러 불편한 상황에서도 살아남을 수 있는 회복 탄력성을 증명해 보인다. 그러니 도전해보라!

클라이브에게 배울 수 있는 교훈은 다른 사람에게 먼저 다가가는 데 익숙해지기 위해서는 집 밖으로 나가는 데 익숙해지는 것만으로는 충분치 않다는 사실이다. 먼저 인사를 건네고, 자신을 소개하고, 커피 한잔하자고 사람들을 초대하는 데도 익숙해져야 한다. 그리고 이런 행동을 되풀이해서 실천해야 한다. 어디든 참여해서 명시적 회피를 극복하고, 참여한 곳에서 사람들과 적극적으로 소통해서 묵시적 회피를 극복해야 한다. 그러기 위해서는 거절당할 것이라고 말하는 내면의 목소리와 맞서면서 대신 다른 사람들이 우리를 좋아한다고, 다른 사람도 기꺼이 관계를 맺으려 할 것이라고, 우리는 호감이 가는 존재라고 우리 자신에게 말해줘야 할 수도 있다.

좋은 친구를 고르는 감각

지금까지 살펴본 주도성을 발휘하는 데 방해가 되는 요소들, 즉 연애에만 너무 빠져 살거나, 사람들이 나를 거절할 것이라고 가정하거나, 얼굴만 내비칠 뿐 적극적으로 어울리지 않는 행동 등은 이야기의 일부일 뿐이다. 먼저 다가갈 확실한 준비를 갖추기 위해서는 해결해야 할 다른 문제들이 있을 수도 있다.

- 그래도 너무 바쁘다고 생각할 수도 있다. 9시부터 5시까지 회사 일을 하고 나면, 두 아이를 보살펴야 한다(그리고 지역 문화 센터에 등록한 저글링 수업 때문에 볼링 핀도 서너 개 챙겨야 한다). 친구를 사귈 엄두를 내기 전에 저글링 때문에 욱신거리는 손목 물리 치료부터 받을 필요가 있다.
- 아니면 나는 세상 경험하고는 담을 쌓은 별종이라 친구가 정말 필요 없다고 확신할 수도 있다.
- 아니면 위의 두 시나리오보다는 물론 '발생 가능성이 훨씬 낮긴 하지만' 친구를 사귀는 데 소극적이었음을 깨닫고 더 잘하고 싶다는 생각이 들 수도 있다. 노력할 준비는 됐지만 궁금해진다. '자, 이제 어떻게 해야 하나?'

사람들 앞에 나섰을 때 어떤 일이 벌어질 수 있는지, 그리고 어떻게 하면 가장 효과적으로 첫발을 뗄 수 있을지 이야기해보자.

사교 모임에 참석했다고 상상해보라. 동종업계 종사자들을 위한 해피 아워에 참석했는데 아무도 아는 사람이 없다. 처음에는 네트워킹 행사에 참석한 듯한 사람들이 여기저기 모여 있는 것을 보면서 멋쩍은 생각이 든다. '왜 이런 바보 같은 일에 애를 쓰는 걸까?' 가까이 서 있는 여자가 힐끗 쳐다보자, 내 생각을 입 밖에 내서 말했었나 헷갈린다. 생각만 했지 말하지는 않았다고 확신하는 척하며 여자를 힐끗 되쏘아본다. 얼굴에 지어 보일 만한 표정도 다 떨어지고 슬슬 불안해지기 시작해서 여자가 더는 쳐다보지 않기를 바랄 뿐이다. 초조함과 꺼림칙한 마음은 낯선 하이에나 무리, 음 그러니까 사람들 앞에 모습을 드러낼 때 충분히 예상했던 일이다.

바에서 음료를 한 잔 받아 들고는 너무 빨리 마셔버리지 않으려고 빨간 플라스틱 빨대를 잘근잘근 씹어댄다. 이 음료는 액체로 된 묵시적 회피이고, 기후 변화의 대재앙이 불가피한데 플라스틱을 사용하지 말았어야 했다고 뇌 안에서 지껄이는 소리도 마찬가지다. 하지만 어차피 기후 변화를 피할 수 없다면 빨대라는 호사를 왜 포기해야 하나? 이제 점점 더 마음이 불편해지기 시작한다. 빌어먹을 빨대 정도는 쓸 수 있어야지. 아, 달콤하기 짝이 없는 묵시적 회피여. 당신에게는 말을 걸 누군가가 있다. 그 사람이 당신 자신의 비판적 마음이긴 하지만.

누군가가 주위를 맴돌고 있는데, 당신 같은 불량 참가자로 역시 자신의 음료에 푹 빠져 있다. 남자는 회색 재킷에 청바지를 입고 있다. 지금이 기회라고 생각한다. 하지만 그가 거절하면 어쩌지? 당신은 그가 누군가를 기다리고 있는지도 모르고, 친구를 데려오지 못한 루저는 당신뿐일 거라고 이야기를 만들어낸다. 곧 자기 비판적인 생각이라고 깨닫는다. 책에서 뭐라고 했지? 아 맞다! 다른 사람들이 실제로 나를 거절하는 것보다 더 자주 사람들이 나를 거절한다고 생각하는 경향이 있다고 했지. 자기 비판적이 되면 사실은 꼭 그렇지 않은데도 다른 사람이 나를 싫어할 것이라고 예상한다는 연구 결과를 이제는 안다. 그래서 스스로 '다른 사람이 나를 좋아한다고 가정해도 되겠지'라는 긍정의 말을 되뇐다.

옆에 있는 불량 참가자는 당신이 진부한 주문을 계속 중얼거리는 모습을 보고 당신에게 무슨 문제가 있다고 생각할지도 모른다고 당신의 뇌 한구석이 속삭인다. 하지만 당신의 또 다른 부분은 좀 더 편안해지고 위협을 덜 느끼기 시작한다. 어깨에 긴장이 풀리고 이마에 잡혔던 주름이 펴지면서 당신은 회색 재킷 사내에게 다가간다.

"안녕하세요! 저는 [진짜 이름을 말하거나, 당신이 원할 때까지는 사람들이 소셜 미디어에서 검색하지 못하게 꾸며낸 이름을 말하라]예요. 여긴 무슨 일로 오셨나요?" 당신이 묻는다.

"아, 저는 오비예요. 이러이러한 회사에서 일하고요." 그가 대답한다. 이러이러한? 들어본 적이 없는 회사라고 생각한다. 대화를 나누기 시작한다. 다행히도 오비는 편안하게 이야기를 풀어가는 사람이어서, 당신이 다가갔을 때 겁을 먹기보다는 안도하는 것 같았다. 5분 정도 이야기를 나누다 보니 대화가 흐지부지 끊기기 시작했고, 오비는 행사장을 둘러보고 싶어 하는 눈치였다.

"음, 대화 정말 즐거웠어요." 당신이 말한다.

"저도요." 그가 대답한다.

먼저 침묵을 깨고 손을 내밀면서 더욱 자신감을 얻은 당신은 그

어른이 되었어도 외로움에 익숙해지진 않아

날 저녁 여러 사람에게 다가간다. 청록색 원피스 차림의 쾌활한 여성 케시아가 당신에게 반한 듯하다. 당신도 그녀가 마음에 든다. 수줍음 많고 뚱뚱한 멜빵바지 사내는 꽤 무뚝뚝하다. 다른 몇 사람은 이름이 기억나지 않는다. 한 사람은 같은 동네에 살고 있고, 또 다른 사람은 귀여운 반려견 사진을 자랑했는데 달마시안과 닥스훈트의 믹스견이다. 어떻게 그런 일이 가능했을까?

대화 상대와의 사이에서 혼자 연옥에 남겨진 순간도 있지만, 최악은 면한 대화 기록이 쌓여가면서 마음이 편안해진다. 사람들이 먼저 다가오기도 한다. 네트워킹 행사 주최자인 클라크가 다가와 즐거운 시간을 보내고 있는지 묻는다. 당신은 대답하지만 정작 그는 딴 생각하는 듯하다. 무엇 때문에 주의가 산만해졌는지 몰라도, 직업 관련 인맥을 확장하고 싶다는 당신의 따분한 대답 때문이 아니기를 바랄 뿐이다.

슬그머니 후회가 몰려온다. 특히 긴 주말 동안 지독한 외로움을 느꼈다고, 그래서 외로움의 고통이 외로움을 해소하기 위해 뭔가를 해야 한다는 두려움을 덮어버리는 지경에 이르렀다고 클라크에게 말했어야 했나? 그때 애매한 상황을 거절이라고 추정하지 말라는 말이 기억난다. 어쩌면 클라크는 마음속으로 다른 생각을 하고 있었는지도 모른다. 벽시계를 바라보다가 클라크의 주의가 산만해진 것은 자신이 주최한 네트워킹 행사가 끝나가기 때문일 수도 있겠다는 사실을 깨닫고, 당신 생각이 옳았다고 생각한다. 클라크가 당신과 대화를 잠시 멈추고 발표한다. "모두 와주셔서 정말 감사합니다. 행사가 성황리에 끝난 것은 여러분 모두의 덕분입니다. 앞으로도 매달

해피 아워 행사에 참여해 주세요. 가기 전에 잊지 말고 자유롭게 명함을 주고받으면서 친분을 쌓으시기를 바랍니다."

이제 선택이 하나 남았다. 정확히 누구와 계속 연락을 주고받아야 할까? 가장 길게 대화를 나눈 사람은 오비였고, 청록색 원피스 차림의 케시아와는 뭔가 통하는 걸 느꼈고, 도저히 불가능할 것 같은 교배로 태어난 귀여운 반려견이 있는 남자에게는 따뜻한 감정을 느꼈다.

연구 결과에 따르면 처음 다가갈 때부터 누구와 계속 연락을 주고받을지 전략적으로 생각하는 것은 도움이 된다. 미네소타대학교 교수인 마이클 수나프랭크Michael Sunnafrank와 당시 오하이오주립대학교에 몸담고 있던 그의 동료 아르테미오 라미레스Artemio Ramirez가 수행한 연구에서 연구자들은 대학생들이 서로 접촉하는 모습을 9주 동안 추적 조사했다. 첫 만남 이후 학생들은 친구가 될 가능성을 예측해달라고 요청받았다. 연구자들은 학생들이 첫 만남 이후 서로 우정을 맺을 가능성에 대해 스스로 내린 평가가 9주 후 이들이 실제로 친구가 될 가능성을 예측했음을 발견했다.

다시 말해 첫 만남에서 튄 불꽃이 괜한 것이 아니었다. 그러므로 누군가를 만났는데 친숙하거나 편안하게 느껴지고 서로 강하게 끌리며 관심사가 같다는 생각이 든다면 스스로를 믿어보라. 이처럼 될성부른 관계의 씨앗들을 계속 따라가다 보면 바라던 깊은 우정을 찾을 가능성이 높아질 것이다. 딩동댕! 당신의 첫 선택을 받은 사람은 청록색 원피스 차림의 케시아다. 내 좌우명은 정말 괜찮다고 생각되는 사람을 만나면 그 사람과 계속 연락을 취하면서 다시 만나자고 요청하는 것이다. 그런 불꽃들은 흘려버리기엔 너무나 소중하니까.

반복해서 만나는 것이 중요하다

먼저 다가갈 때 노력 대비 최대한 효과를 낼 수 있는 또 다른 방법은 연구자들이 '근접성propinquity'이라고 부르는 속성에 기대는 것이다. 근접성은 물리적으로 계속 더 가까이 있는 사람과 관계를 맺을 가능성이 높다는 뜻이다.

메릴랜드대학교 사회학 교수인 매디 시걸Mady Segal은 경찰관들끼리 누가 서로 친구가 되는지 예측하는 연구를 진행하던 중 근접성의 힘을 발견했다. 시걸은 우정의 비결이 학생들 이름의 성에 있다는 사실을 발견했다. 가령 칼튼과 캐시디처럼 같은 글자로 시작하는 성을 가진 경찰 학교 생도들이 친구가 될 가능성이 더 높은 것으로 드러난 것이다. 사실 중요한 것은 성 자체가 아니라 성이 미치는 영향이었다. 생도들은 알파벳 순서대로 자리를 배정받았기 때문에, 칼튼과 캐시디는 서로 옆자리에 앉을 가능성이 높았다. 생도들에게 각자 경찰 학교 안에서 친한 친구가 누구인지 지목해보라고 하자 무려 90퍼센트의 생도가 옆자리에 앉은 사람을 지목했다.

근접성은 우정이 마법처럼 생겨나지 않는다는 증거다. 우정은 우연히든 의도적이든 우리가 위치하는 공간에 따라 결정되는 경우가 압도적으로 많다. 운이 좋다면 직장이나 학교, 취미를 통해 우리가 잘 지낼 수 있는 사람들과의 근접성을 이미 충분히 제공받을 것이다. 만약 그렇지 않다면 스스로 만들어내야 한다. 이는 하루 종일 집에 틀어박혀 텔레비전만 본다면, 백날 가봐야 심야 토크 쇼하고만 근접성을 확보할 수 있을지도 모른다는 뜻이다. 세상에 소울메이트가 될 친구가 아무리 많아도 이들 중 누구와도 어떤 식의 근접성도 확보할 수 없다면 아무 소용 없는 일로, 우리가 이들을 불러들이지 않는 한 과일에 초파리가 꼬이듯 이들이 우리 삶 속으로 달려드는 일은 일어나지 않는다. 우리와 인연이 닿은 다른 사람과 물리적으로 가까운 곳에 자주 함께 있을 때, 우정에 대한 통제권이 우리에게 있음을 인정하고 관계를 맺을 가능성을 높이면서 우리 자신의 운명을 스스로 개척하는 것이다.

근접성이 무척 효과적인 이유 중 하나는 누군가를 만나는 데 드는 비용을 줄여준다는 점이다. 잠재적인 친구가 멀리 떨어져 산다면 차를 몰거나 버스를 타고 그들에게 가는 노력을 기울여야 하지만, 그 사람이 이미 가까운 곳에 있다면 서로를 만나는 일은 어렵지 않다. 로버트 헤이즈Robert Hayes UCLA 교수가 수행한 소규모 연구에 따르면 관계 형성의 초기 단계에서는 비용이 관계가 진전될 가능성을 떨어뜨린다. 따라서 서로 만나기 위해 한 시간을 오가야 한다면, 이제 우정이 막 싹트고 있더라도 그 싹을 위해 그만큼 시간을 들일 가치가 없다고 생각할 수도 있다.

관계가 어느 정도 진전되고 나면 비용과 관계 유지의 상관관계가 훨씬 낮아지기 때문에 관계 유지를 위해 먼 거리를 오가기도 하지만, 단지 나중에 친구가 될 가능성이 있는지 저울질해보려고 먼 거리를 오가려 하지는 않는다. 상당수의 사람이 친구가 같은 장소에

어른이 되었어도 외로움에 익숙해지진 않아

살고 있기 때문에 유지되는 저비용 우정인 '로케이션십locationship'을 이어가는 것도 이 때문이다. 다시 앞서 네트워킹 행사로 돌아가 보면, 같은 동네에 사는 사람과 짧게 대화를 나눈 뒤 그 사람 이름을 잊긴 했지만 바로 그 사람이 계속 연락을 이어갈 사람이다.

근접성이 작용하는 또 다른 이유는 우리가 누군가를 다시 만날지도 모른다는 사실을 알면 그 사람이 더 좋아지기 때문이다. 1960년대에 이뤄진 한 오래된 연구에서 여성들에게 서로 비슷한 두 여성의 프로필을 보여주었다. 그리고 그 두 여성 중 한 사람과 함께 지속해서 토론 모임에 참여하게 될 것이라고 말해주었다. 여성들은 다시 만나게 될 것이라고 예상되는 여성의 프로필에 더 호감을 표시했다. 우리는 누군가를 다시 만나게 될 것이라는 사실을 알게 되면 더 관심을 두는 경향이 있다.

근접성이 작용하는 마지막 이유는 우리가 어떤 사람에게 더 노출돼 그 사람이 우리에게 친숙해지면 그 사람이 좋아지기 때문이다. 심리학계에서는 이를 '단순 노출 효과'라고 부르는데, 이는 단순히 누군가에게 지속해서 노출되는 것만으로도 그 사람을 좋아하게 되기 때문이다. 피츠버그대학교에서 실시한 한 연구에서 실험자는 낯선 사람 4명을 선택한 후 이들에게 대규모 심리학 강의에 각자 다른 횟수만큼 출석하게 했다. 낯선 사람 한 명은 15번, 또 다른 사람은 10번, 또 다른 사람은 5번 강의실에 몰래 들어왔고, 마지막 사람은 한 번도 들어오지 않았다. 낯선 사람들은 수강생 중 누구와도 접촉하지 않았지만, 학생들은 강의에 가장 많이 들어온 낯선 사람을 가장 좋아한다고 응답했다. 이 낯선 사람은 한 번도 강의에 들어오지 않은 사람보다 호감도가 20퍼센트가량 높았다. 대체로 학생들은 이 낯선 사람들이 자신들의 강의에 들어왔다는 사실조차 인지하지 못했는데, 이는 단순 노출 효과가 무의식적으로 발생한다는 사실을 보여준다.

단순 노출은 결국 관계를 형성하는 사람은 주변 사람들과 얼굴을 마주하는 시간이 가장 많은 사람이라는 것을 의미한다. 대학 기숙사에서 이뤄진 한 연구 결과 복도 끝 방에 사는 사람이 가운데 방에 사는 사람보다 친구가 덜 생기는 것으로 밝혀진 것도 이 때문이다. 가운데 방이 기숙사 친구들과 얼굴을 마주할 시간이 더 많기 때문에 단순 노출의 혜택을 더 많이 받게 되는 것이다.

일회성 행사보다는 지속해서 개최되는 사교 행사에 참여하면 단순 노출 효과를 활용할 수 있다. 해피 아워보다는 독서 클럽을, 어학 워크숍보다는 어학 강좌를 선택하는 것이다. 근접성은 또한 이웃이나 직장 동료, 아니면 가까이 사는 사람 등 이미 자주 만나는 사람과 친해지라고 말한다. 아니면 동네 커피숍이나 술집, 헬스장의 단골이 돼서 근접성과 단순 노출 효과 모두를 유리하게 활용할 수 있다. 규칙적으로 모습을 보이면 다른 사람들이 우리를 긍정적으로 생각할 가능성이 커진다. 반면 단순 노출은 친구를 사귀기 위해서는 반복해서 모습을 보여줘야 한다는 뜻이다.

하지만 단순 노출만으로는 관계를 구축할 수 없으며, 먼저 다가가야 관계가 형성된다. 내 제안은 시간을 두고 다른 단골들과 '자연스러운 소통'을 이어가면서 이런 산발적인 접촉으로 우정의 토대가 만들어지는지 살펴보라는 것이다. 자연스러운 소통은 두 사람이 같은

어른이 되었어도 외로움에 익숙해지진 않아

시간 같은 장소에 있기 때문에 일어나는 계획되지 않은 대화다. 잡담을 나누는 아주 짧은 시간 동안 관계가 싹틀 수 있다.

낯선 사람과 대화를 시작할 때 호펠드 그룹 CEO이자 최고 세일즈 트레이너인 데이비드 호펠드David Hoffeld가 개발한 통찰과 질문법을 활용할 수도 있다. 이 방법은 단순히 어떤 의견이나 통찰을 공유한 뒤 질문을 던져 대화를 이어가는 것이다. 가령 "저는 독서 모임에서 읽은 책에 등장하는 주인공이 정말 마음에 들었어요. 그녀에 대해 어떻게 생각하나요?", "이 음료는 진짜 달콤하고 맛이 좋네요. 당신 음료는 어떤가요?"라고 말하는 것이다.

낯선 사람에게 말을 거는 것은 정말 두려운 일이기 때문에, 내 경우 이를 위해서는 사람들이 나를 좋아해 줄 것이고 기꺼이 내게 말을 걸어줄 것이라는, 일반적인 생각과는 상반되지만, 사실은 진실에 더 가까운 가정을 떠올리며 스스로를 다독여야 한다. 시카고대학교의 니콜라스 에플리Nicholas Epley와 줄리아나 슈뢰더Juliana Schroeder가 수행한 연구에서는 사람들에게 기차에서 낯선 사람에게 말을 걸어보라고 요청했다. 몇 명이나 거절당했을지 짐작이 가는가? 한 명도 없었다. 이에 대해 에플리와 슈뢰더는 "통근자들은 낯선 사람에게 말을 거는 행동에 상당한 사회적 거절의 위협이 따른다고 생각하는 듯하다. 하지만 우리가 아는 한 전혀 위험하지 않았다."라고 설명했다.

낯선 사람에게 말을 건넴으로써 나는 이웃들을 내 공동체로 바꿀 수 있었다. 대학원생 시절 나는 스타벅스의 널찍한 테이블에 낯선 사람들과 함께 앉아 논문을 읽고 쓰는 날이 많았다. 처음에는 주위 사람들이 인간 배경 화면처럼 흐릿하게 사라졌지만, 결국에는 "저는 정말 오래 작업을 했어요. 일은 잘되고 있나요?" 같은 '자연스러운 대화'를 통해 그들과 연결되기 시작했다. 그리고 수영장이나 식당, 길거리 등 동네 곳곳에서 낯익은 얼굴이 보이기 시작했다. 이들과 인사를 나누고 나면 온 동네가 훨씬 덜 특색 없게 느껴지기 시작했다. 아는 사람과 우연히 마주치는 순간에는 소속감을 느끼게 해주는 무언가가 있었다. 스타벅스에서 보낸 그날들이 이웃을 내 공동체로 바꾸어 놓았다.

친구를 사귀고 싶을 때면 나는 이렇게 했다. 우선 어떤 모임이나 회의 같은 데 참석한다. 이미 서로 유대를 쌓은 사람들의 모임에 나가면 어색하고 불편한 기분이 들어 낙담하고 다시는 참석하지 않는 경우가 많다. 하지만 새로운 사교 클럽이나 축구 리그, 공유 오피스에 처음 갔을 때 어색한 느낌이 들어 떠나고 싶은 유혹이 들더라도 단순 노출이 내게 계속 모습을 보이라고 일깨워준다. 네트워킹 계획을 끝까지 포기하지 말고 매달 열리는 행사에 꾸준히 참석해야 하는 것도 이 때문이다. 단순 노출은 사회 집단에서 시간이 지나면 사람들이 우리를 더 좋아하게 될 뿐 아니라, 우리도 '사람들을' 더 좋아하게 될 것이라는 의미다. 주저하지 말고 시작해보라. 그리고 계속 반복해서 실천하라.

단순 노출은 끈기의 가치를 증명해준다. 친구를 사귀려면 단 한 번의 해피 아워에 전념하기보다는, 단체 모임에 가입해서 탈퇴하지 말고 최소한 3개월 정도 집중해보라(그렇지 않으면 단순 노출의 효과를 그르칠 수 있다). 그런 다음 모임 내에서 가장 호감이 가는 사람에게

어른이 되었어도 외로움에 익숙해지진 않아

스무디나 한잔하자고 초대해 주도성을 발휘해보라. 단순 노출은 또한 (1) 우리는 낯선 얼굴에 경계심을 갖도록 타고났기 때문에 친구를 사귀는 것이 처음에는 불편하겠지만 (2) 더 많이 모습을 보일수록 차츰 더 편해질 것이라는 기대를 하게 해준다.

핵심 포인트

▶ 우정은 운에 좌우되지 않는다. 우정을 발전시키기 위해 계획되지 않은 소통을 지속하고 취약성을 공유할 수 있는 환경에 스스로를 맡기면서 과감하게 먼저 다가가 보라.

▶ 연애를 우선시해 우정을 무시하지 않도록 주의하라. 친구가 있으면 연애도 더 잘 풀린다.

▶ 사람들이 나를 좋아한다고 가정하라. 새로운 사람에게 다가가는 것이 두려울 때는 '호감 격차'를 떠올려라. 자신이 얼마나 호감을 살지를 과소평가하고 있을 가능성이 높다.

4장

약점을 드러내면서
관계를 단단하게 다지는 법

샘은 메릴랜드주 하얏츠빌의 버스보이즈 앤드 포엣츠라는 지역 커피숍 겸 레스토랑에서 열린 네트워킹 행사에서 다른 대학원생들을 만났다. 스무 명 정도 되는 학생이 참석한 이날 밤 행사는 자유 발언으로 막을 열었다. 버스보이즈 앤드 포엣츠는 구두 낭송 행사로 유명한 곳으로, 샘은 사랑과 인종 차별, 우울증에 관한 시 낭송을 들었다. 많은 생각이 들게 한 행사였지만, 샘은 시에 온전히 집중할 수 없었다.

그녀는 몇 달 동안 사귀어온 남자의 메시지를 기다리고 있었다. 하지만 전화기를 확인할 때마다 그럴 가능성이 별로 없다는 사실을 깨달았다. 그래도 강박적으로 자꾸 전화기를 들여다봤다. 하지만

어른이 되었어도 외로움에 익숙해지진 않아

전화기를 확인할 때마다 텅 빈 화면과 함께 불안감이 밀려들 뿐이었다.

그날 밤 행사가 끝날 무렵 대학원 책임자가 사진 촬영을 위해 학생들을 불러 모았다. 샘은 자신의 슬픔이 기록으로 남을까 봐 걱정됐다. 그래서 사진 가장자리를 맴돌며 슬픈 표정보다는 진지한 표정을 지으려고 애썼다. 주변 사람들이 환호성을 내지를 때 샘은 행사에 참석한 것이 잘못된 선택이었음을 깨달았다. 마음이 너무 심란해서 즐거워할 수 없었고, 다른 사람들의 행복이 소외된 자신을 향한 빈정거림처럼 느껴졌다.

그날 밤, 차를 몰고 집으로 돌아오면서 샘은 비참한 마음을 금치 못했다. 문자 메시지에 답장조차 하지 않는 사람 생각에서 헤어 나오지 못하고 있다니. 샘은 남자의 애정을 필요로 하지 않는 강한 여성으로 사는 삶에 자부심을 느꼈지만, 그녀의 집착은 다른 모습을 드러내고 있었다. 부끄러운 마음에 그녀는 절대 그 남자 생각을 하지 않겠다고 굳게 마음먹었다. 마음속에서 차단한 것처럼 전화번호도 차단해야지. 그 남자 생각이 날 때마다 생각을 밀어내버려야지. 그녀의 수치심을 눈치챌 사람은 아무도 없었다. 심지어 그녀 자신도 알 이유가 없었다. 비참함 대신 그녀가 선택한 것은 완전무결함이었다.

약 일주일 동안 샘은 자신의 결정에 만족스러웠다. 그 남자 생각도 그다지 많이 나지 않았다. 생각이 나면 방에 들어온 파리를 쫓듯 쫓아내 버렸다. 예전에는 친구들과 그 남자 이야기를 할 때면 샘은 보통 걱정을 드러냈다. 하지만 이제는 친구들이 물어보면 다 끝난 일이고 자신은 아무렇지도 않다고 대답했다.

그 한 주 동안 샘은 이전과는 정반대로 자신이 강하고 통제력이 있다고 느꼈다. 감정을 억누르면서 감정에 휩쓸리지 않게 됐고 강한 여성으로서 정체성도 강화됐다. 두려움 때문에 친구들을 성가시게 하지 않아도 돼 마음이 놓였다. 슬픔에 빠진 시간 동안 내린 자신의 결정에 자부심을 느꼈다. 감정을 통제할 수 있는데 그 감정을 인정할 이유가 있을까? 자신의 고통을 친구에게 전가하고 친구들에게 나약한 모습을 보일 이유는 또 뭐란 말인가? 취약성을 드러내야 할 이유는?

샘은 곧 그 이유를 알게 될 터였다. 우리도 마찬가지다.

취약성이란 무엇인가?

취약성은 가장 깊은 형태의 진정성으로, 드러냈다가는 거절당하거나 소외당할까 봐 두려워하는 우리 자신의 진실한 부분, 우리가 가장 수치심을 느끼는 부분을 공유하는 행동을 포함한다. 수치심은 우리의 비밀이 인간관계를 맺을 자격이 없게 만든다는 느낌이다. 이 때문에 우리가 취약성을 드러낼 때 우리의 비밀만 위태로워지는 것이 아니라 우리 존재 전체가 위태로워지는 것처럼 느껴진다.

'취약성은 하나의 구조'라고 낙인찍힌 사람의 은폐와 폭로를 연구하는 예일대학교 교수 스카일러 잭슨Skyler Jackson은 "본질적으로 취약한 것은 없다. 취약성은 우리에게 물리적 또는 정서적 권력을 행

어른이 되었어도 외로움에 익숙해지진 않아

사할 수 있도록 무언가가 누군가에게 권한을 부여하는지에 따라 구성된다."라고 설명한다. 우리가 취약하다고 느끼는 부분은 우리 고유의 정신과 문화, 역사를 반영한다. 내가 취약하다고 느끼는 일이 여러분에게는 아무 의미가 없을 수도 있다. 다른 사람의 취약성을 이해하고 공감하는 것은 우정을 싹틔우고 깊이 있게 만드는 열쇠로, 이런 단서들을 놓치면 우정이 위태로워질 수 있다.

샘이 남자에게 집착하는 자신에게 수치심을 느낀 것은 남자에게 휘둘리지 않는 강인한 여성이라는 '이상'을 고집했기 때문일 수도 있다. 내게 이혼 때문에 수치심을 느낀다고 털어놓은 친구가 있었는데, 그가 이혼하면 직업을 잃을 수도 있는 독실한 기독교 공동체에 속해 있다는 사실을 알기 전까지는 그 이유를 완전히 이해하지 못했다. '미혼 남녀가 간음을 저지를 경우 채찍 100대의 태형에 처한다'라고 규정한 이란의 이슬람 형법은 드라마 〈섹스 앤 더 시티〉의 본고장인 미국인들보다 이란 사람들이 혼전 성관계에 대해 평균적으로 더 큰 수치심을 느낀다는 뜻이다. 개중에는 파산하거나 성병에 걸리거나 범죄를 저지른 이야기를 웨이터에게 바게트를 달라고 청하듯 대수롭지 않게 말할 수 있는 사람도 있다. 반면 이런 정보를 공유한다는 생각만으로도 두드러기가 돋는 사람도 있다. 사실 우리가 취약하다고 느끼는 부분은 우리가 수치스러움을 느끼게 된 대상에 대해 더 깊은 진실을 드러낸다.

잭슨은 우리가 말하는 내용뿐 아니라 말하는 '방식'을 통해서도 취약성을 드러낸다고 지적했다. 목소리가 떨리는지, 감정이 복받치는지, 안절부절못하는지 이런 것들이 실제로 '이 문제는 나에게 중요하다'는 메시지를 상대방에게 전달한다. 내가 뭔가 취약하다고 느낀다고 말하면 그게 바로 취약성이다. 하지만 훨씬 '더' 취약성을 드러내는 것은 행동이나 비언어적 단서를 통해 상대에게 전해지는 부분이다. 여기에는 단순히 취약점을 공유하는 데 그치지 않고, 이를 공유하는 순간 실제로 '취약해지려는' 우리의 의지가 담겨 있다. 내게 취약점이 있다는 내용과 별일 아니라는 비언어적 단서가 일치하지 않을 때 오해가 생길 수 있다. 이 불일치를 나는 '포장된 취약성'이라고 부른다.

잭슨과 나는 같은 대학원에 함께 다녔고, 우리 둘 다 말은 취약성을 드러내는 듯하지만, 전달 태도는 그렇지 않은 포장된 취약성에 대해 잘 안다. 우리는 심리학자가 되기 위해 공부하고 있었기 때문에 강의 시간에 속마음을 드러내는 것이 일상적이었다. 하지만 우리 중 상당수는 과거 경험이나 트라우마에 관해 이야기할 때 취약하게 '들리지만' 그렇게 '보이지는' 않는 방식으로 이를 포장하곤 했다. 사람들은 어머니와 불화를 겪은 일을 마치 푸들을 애견 공원에 데려간 일을 말하듯 이야기하곤 했는데, 꼭 그 일을 대수롭지 않게 여기어서가 아니라 함께 강의를 듣는 학생들에게 특정한 방식으로 이를 드러내고 싶었기 때문이다. 이들은 우리 마음에 들도록 자신의 취약성을 포장했다.

포장된 취약성의 문제에 대해 잭슨은 '감정은 다른 사람들이 어떻게 반응해야 할지 알 수 있게 해주는 신호'라고 말한다. 덜 무력해 보이려고 우리가 취약성을 포장하면 무덤덤한 반응이 돌아올 위험이 큰데, 이는 사람들이 관심이 없어서가 아니라 지금이 관심이 필

어른이 되었어도 외로움에 익숙해지진 않아

요한 순간이라고 느끼지 못하기 때문이다. 이를 뒷받침하는 한 연구에 따르면 감정을 억누르는 사람일수록 대학 신입생이 됐을 때 사회적 지지를 '덜' 받는 것으로 밝혀졌다. 이들은 또한 다른 사람들과 친밀감을 덜 느끼고 인간관계에 대한 만족도도 떨어진다고 응답했다.

반면 내가 긴장했을 때 이를 공개적으로 드러내면, 나를 달래주면서 걱정하는 일이 다 잘될 것이라고 말해줄 사람을 만날 가능성이 높다. 이들은 내가 슬프거나 불안해하면 다음 날 연락을 해 "이봐, 지금은 기분이 어때?"라고 안부를 물을 수도 있다. 한 연구에 따르면 대학생들은 강연을 맡은 연사가 긴장된다고 털어놓으면 그 연사를 돕기 위해 정보를 찾아볼 가능성이 더 높은 것으로 나타났다. 또한 이 연구에서는 일반적으로 부정적 감정을 공개적으로 표현하는 사람이 성별과 무관하게 사회적 유대 관계가 더 많은 것으로 드러났다. 행동을 말과 일치시킴으로써 취약성을 온전히 드러내면 필요로 하는 관계와 지원을 얻을 수 있다.

샘은 친구에게 지나가는 말로 그 남자를 잊지 못해 답답하다고 털어놓았다가 포장된 취약성에 대한 교훈을 얻었다. 내심 큰 충격을 받았지만 크게 문제 삼지는 않았다. 하지만 그럼에도 불구하고 샘은 친구의 경솔한 반응에 놀랐다. "넌 그 남자를 잊어야 해."가 친구의 대답이었다. 대수롭지 않게 던진 말이었고 어쩌면 좋은 의도였는지도 모르지만, 이 말 때문에 샘은 더 깊은 수치심에 빠졌다. '맞아, 왜 나는 그 남자를 잊지 못하는 걸까? 내가 왜 이러지? 애초에 이야기는 왜 꺼냈을까?'라며 샘은 괴로워했다. 이 일은 도움을 요청하면 자신이 잃은 것인 무엇인지 떠올라서 수치심만 커질 뿐이라는 사실을 일깨워줬을 뿐이다.

하지만 지나치게 취약성을 드러낸 것이 샘의 실수였을까, 아니면 충분히 취약성을 드러내지 못한 것이 잘못이었을까? 어쩌면 보다 진심을 다해 지나가는 말로 툭 던질 게 아니라 온전히 감정을 담아 도움을 요청했더라면 필요한 도움을 얻었을지도 모른다. 친구도 이 일이 샘에게 큰 위기임을 직감하고 좀 더 상냥하게 대했을 것이다. 우리 중 누구도 오해받기를 원하지 않지만, 자신의 감정을 경시하면 오해를 불러일으킬 수 있다.

약점을 인정하면 유대감이 형성된다

샘처럼 여러분도 완전한 취약성을 받아들이기를 꺼릴 수 있다. 완전한 취약성은 두려움을 안겨준다. 취약점을 공유하기를 두려워하는 사람이라면, 취약하게 '보이는' 것이 훨씬 더 두려울 수 있다. 약점을 인정하는 것과 그 약점을 표현하는 것은 별개의 문제다. 하지만 취약성이 약점을 인정하는 것일까? 최근 들어 우리가 취약성에 대한 이런 견해에 더욱 비판적으로 된 것은 브레네 브라운 같은 선구적 이론가 덕분이다.

"취약성은 승리나 패배가 아니라, 결과를 통제할 수 없을 때도 용기를 내 사람들 앞에 모습을 드러내는 것이다. 취약성은 약점이 아니며, 용기를 가늠할 수 있는 가장 훌륭한 척도."라고 브라운은《라이징 스트롱》에서 말했다. 비밀을 드러내려면 용기가 필요하다. 다른 사람들이 나를 버리지 않을 것이라는 신뢰와 낙관주의가 필요하다. 취약성을 드러내는 사람은 자신이 가치 있는 사람이며 타인의 시간과 관심을 받을 만하다는 것을 안다. 따라서 취약성에는 힘이 있다.

하지만 그 안에는 여전히 약점도 있다.

마이애미대학교 심리학 명예 교수인 윌리엄 스타일스William B. Stiles 는 몸에 나는 열에 비유해 취약성을 설명했다. 열이 난다는 것은 우리 몸이 질병을 막기 위해 내부의 전사들을 동원한다는 뜻으로, 이 과정에서 체온이 올라가지만 우리는 여전히 아픈 상태다. 열은 질병과 저항력, 고통과 치유, 장애와 회복 등 다양한 상황을 포함하는 우리의 능력을 반영한다. 마찬가지로 취약성도 이와 동일하게 다양한 면들을 포괄한다. 우리는 적극적으로 스스로를 치유하고, 우리의 고통이 공유할 만큼 중요하다는 사실을 믿어야 한다. 취약성을 드러낼 때 우리는 강함과 약함의 음양을 구현한다. 취약성을 억누른다고 약점이 없어지는 것이 아니며, 약점과 함께 존재하는 강점이 드러나지 못하게 될 뿐이다.

취약성에 내재된 약점을 인정하는 것은 지혜로운 행동이다. "감정은 우리에게 정보를 전달해주며, 그 정보는 유익하다. 감정은 단순한 반응이 아니다. 우리 자신에 대한 정보, 그리고 어떤 일의 중요성에 대한 정보를 우리에게 제공한다."라고 스카일러 잭슨은 말했다. 그리고 약점은 우리가 이를 드러낼 때 강력한 무언가를 전달한다. 약점은 우리에게 속도를 늦추고 자신을 너그럽게 대하라고 말해주면서, 우리가 언젠가 죽을 운명이며 우리 자신을 보살펴야 한다는 취약성에 관한 진실을 일깨워준다. 우리의 약점은 우리가 너무 지쳐서 유지하거나 만들어내지 못하더라도 사라지지 않는 우리의 본질적 가치를 경험해보라고 권한다. 우리가 약해졌을 때보다 깊은 자기 수용을 실천하기에 더 좋은 기회는 없다. 약해질 때 우리는 다른 사람의 사랑과 지원을 더 많이 필요로 하며, 이럴 때 우리의 관계가 깊어지고 근본적인 상호 연관성이 확연히 드러난다. 우리 자신이 강할 때는 다른 사람이 겪는 혼란이 마음에 와닿지 않기 때문에, 우리의 약점은 동료 인간들을 더욱 세심하게 헤아리라고 우리에게 일깨워준다.

인생 상담 코치이자 전문 강사인 릴리 벨레스Lily Velez는 아버지가 대장암으로 세상을 떠났을 때 모든 것이 무너지는 듯한 느낌을 받았다. 처음에는 감정을 숨겼지만, 댐을 뚫고 나오는 물처럼 결국 감정이 터져 나왔다. 마침내 절망과 무기력함을 인정했을 때 그녀는 놀랍게도 평화와 해방감을 느꼈다. 그녀는 또 자신의 약점을 인정한 후로 다른 사람들에게 더 가까이 다가갈 수 있게 됐다.

약점은 우리 모두에게 내재된 삶의 일부다. 부정한다고 해서 약점에서 벗어날 수는 물론 없다. 약점의 문제는 우리가 주저앉고 약해지고 도움과 휴식이 필요한 순간이 있다는 것이 아니라, 약점에 너무 큰 오명을 씌운 나머지 약점이 우리 자신과 관계 그리고 인간 조건에 대해 드러내 보이는 것들을 성찰하지 못하게 우리 스스로를 가로막는다는 점이다.

어른이 되었어도 외로움에 익숙해지진 않아

감정 회피의 위험성

일주일 동안 그 남자에 대한 생각을 억누른 후, 샘은 행복하게 지낼 수 있으리라 기대했다. 그 일주일 동안 샘은 앞선 몇 달간보다 더 편안했고, 마음 상하는 일도 적었다. 하지만 어느 날 마음을 어지럽힐 어떤 것도 없는 자신의 아파트에 혼자 앉아있는데 갑자기 생각을 억누르기가 힘들어졌다. 처음에는 찰싹 때려 파리를 쫓아내는 것 같았던 일이 나중에는 망치로 내려치는 일처럼 느껴졌다. 억누르면 억누를수록 더 힘들어졌고, 그럴수록 그 남자의 모습이 생각을 파고들었다. 마음을 침범당한 기분이 들면서 머리가 지끈지끈 아파왔다.

그러던 어느 날 강의를 들으러 걸어가는데 지도 교수로부터 석사 논문에 관한 전화가 왔다. 괴로운 생각에서 벗어나는 데 온통 정신이 팔려서 지도 교수의 목소리가 배경음처럼 희미하게 들렸다. 강의실로 걸어가면서 샘은 눈물을 흘리기 시작했다. 생각과 감정을 통제하려고 무척 애를 썼지만, 무력감이 들었다. 마치 자신의 마음에 위협당하는 듯한 느낌이었다. 샘은 같이 강의를 듣는 학생들이 눈치채지 않기를 바라며 두 볼을 타고 흐르는 눈물을 닦아내고 안경을 썼다.

샘에게 무슨 일이 생긴 것일까? 어떻게 강의 사이 짧은 휴식 시간 동안 평온하고 여유로운 모습에서 갑자기 감정을 주체하지 못하고 무너지게 됐을까? 무엇이 잘못된 것일까? 답을 찾기 위해서는 마리오 미쿨린서 바일란대학교 교수와 동료들이 탐구 중인 억제의 과학을 이해할 필요가 있다. 이들의 연구에서 실험실에 모인 사람들은 고통스러운 이별에 대해 생각하고 글을 써달라고 요청받았다. 이들은 이어 이별을 제외한 다른 주제에 대해 아무 글이나 써달라고 요청받는 억제 조건과 무엇이든 생각나는 대로 써달라는 요청받는 통제 조건 중 하나를 부여받았다.

이어 참가자들은 단어의 잉크 색깔을 최대한 빨리 말해야 하는 스트룹 검사stroop task를 받았다. 단어가 빨강 잉크로 쓰였으면 '빨강'이라고 말해야 하고, 검정 잉크로 쓰인 단어가 제시되면 '검정'이라고 답해야 했다. 문제는 단어의 의미가 무의식적이라도 자신이 몰두하던 무언가를 나타내는 경우, 이 때문에 집중력이 더 흐트러져서 단어의 색깔을 말하는 데 시간이 더 오래 걸린다는 것이었다. 예를 들어 만약 배가 고픈데 단어가 '사과파이'라면 '파랑'이라고 말하는 데 시간이 더 걸릴 수도 있다. 아니면 지금 사는 집에서 곧 퇴거당할 예정인데 단어가 '집'이라면 '초록'이라고 말하는 데 시간이 더 걸릴 수 있다. 검사 참가자들에게는 이별과 관련된 '결별', '포기', '거절', '떠남' 같은 단어가 제시됐는데, 이 단어들의 색깔을 대는 데 시간이 더 오래 걸렸다면 이는 앞서 자신이 글로 쓴 이별에 더 몰두하고 있음을 암시할 수도 있다.

사람들의 생각을 억누르면 반동 효과가 발생했다. 통제 조건에 놓인 사람들에 비해 억제 조건에 놓인 사람들이 이별과 관련된 단어의 색깔을 대는 데 시간이 더 오래 걸렸는데, 이는 이들이 이별에 관한 생각을 억누른 후로 이별에 더 몰두하게 됐음을 시사한다. 이 놀라운 결과가 샘의 경험을 뒷받침해준다. 우리는 감정을 억누르면서 그 감정이 사라지기를 바란다. 하지만 반동 효과는 그렇지 않다는

어른이 되었어도 외로움에 익숙해지진 않아

것을 보여준다. 우리의 감정은 우리가 방치해둔 차가운 뒷마당에서도 살아남아 결국 뒷문을 열고 집 안으로 들어온다.

하지만 미쿨린서의 연구는 한 걸음 더 나아갔다. 감정을 억누르는 데 능숙한 것으로 알려진 집단이 있는데, 바로 회피애착을 가진 사람들이다. 이들은 이전에 도움이 필요할 때 사랑하는 사람이 응답하지 않았던 기억 때문에 지속적으로 감정을 억제하면서 완전무결을 꿈꾼다. 평생 훈련을 거듭하면 회피애착을 가진 사람들이 반동 효과 없이 감정을 억제할 수 있을까?

연구에 참여하기 2~3주 전에 참가자들은 애착을 평가하는 설문지를 작성했다. 그 결과 불안애착을 가진 사람은 의식의 흐름에 따른 활동을 억제했는지 여부와 상관없이 스트룹 검사에서 이별과 관련된 단어들에 몰두하는 것으로 나타나 불안애착에 대해 우리가 알고 있는 사실을 확인해주었다. 관계의 문제가 이들을 사로잡는다는 것이다.

하지만 회피애착을 가진 참가자들의 경우 결과가 좀 더 복잡했다. 상황을 더 어렵게 만들기 위해 스트룹 검사를 하는 동안 참가자 절반에게 검사 내내 한 자리 숫자를 반복해서 말하게 했고(낮은 인지 부하 조건), 나머지 절반에게는 일곱 자리 숫자를 말하게 했다(높은 인지 부하 조건). 이 추가 조건을 통해 연구자들은 중요한 문제를 탐구할 수 있었다. 회피애착을 가진 사람은 과연 어디까지 억제할 수 있을까? 억제가 지적 능력을 소모하는 것으로 여겨지므로, 인지 부하가 높을 때처럼 지적 능력이 고갈됐을 때도 이들은 억제할 수 있을까?

회피애착을 가진 사람들에게는 반동 효과가 나타나지 않았다. '파랑', '초록', '노랑', '빨강'이라고 이들은 빠르게 답했다. 이별에 대한 생각을 억누르라는 요구를 받았을 때도 이들은 여전히 이별 관련 단어들의 색깔을 빠르게 답할 수 있었다. 하지만 회피애착을 가진 사람처럼 억제 능력이 정말 뛰어난 경우에는 억제가 효과가 있는 것일까? 회피애착을 가진 사람들도 한계점이 있었다. 스트룹 검사를 받는 사이사이에 일곱 자리 숫자를 외워야 하는 높은 인지 부하 조건에서 이들은 더 이상 억제를 할 수 없었다. 앞서 억제하라는 요구를 받았는지 여부와 관계없이 이별 관련 단어의 색깔을 말하는 데 더 시간이 오래 걸렸다. 요구가 높아질 때만 반동 효과를 보인 것이다.*

미쿨린서는 비슷하지만, 훨씬 더 가혹한 방법으로 후속 연구를 진행했다. 사람들에게 이별에 관해 쓰게 한 후, 자신의 생각을 억제하도록 요구하거나 요구하지 않은 다음, 스트룹 검사를 수행하게 했다. 단, 이 후속 연구에서는 실험실에 오기 전에 사람들에게 자신의 부정적 특성을 나열하도록 했고, 이 특성들로 스트룹 검사 단어를 구성했다. 자신의 부정적 특성을 나타내는 단어의 색깔을 말하는 데 시간이 더 오래 걸린다면 이 특성이 이들의 마음을 사로잡았다는 것을 의미한다.

부정적 특성에 관한 단어들로 스트룹 검사를 하는 높은 인지 부

---

* 저자들은 회피애착을 가진 사람은 항상 억제하고 있기 때문에, 그렇게 하라고 지시를 받든(억제 조건) 받지 않든(통제 조건) 상관없이 억제할 가능성이 높다고 설명했다. 이들이 억제 조건이 아닐 때도 반동 효과를 경험하는 이유는 이 때문이다.

어른이 되었어도 외로움에 익숙해지진 않아

하 상황에서 회피애착을 가진 사람들은 자신의 부정적 특성을 나타내는 단어의 색깔을 더 느리게 말해 이 특성에 더 몰두하는 것으로 나타났다. 이들은 회피 성향이 낮은 사람들보다 부정적 단어들에 더 많이 흔들리고 억제 능력이 떨어졌는데, 이는 스트레스가 큰 상황에서는 회피애착을 가진 사람의 얄팍한 억제 능력에 금이 가는 것은 물론, 아예 억제 능력을 상실한 경우에는 안정애착을 가진 사람보다 더 자신의 부정적 측면에 몰두하게 된다는 의미다.

이 결과는 우리에게 무엇을 말해줄까? 생각에 휘둘리는 가장 확실한 방법은 생각을 억누르는 것이라는 사실이다. 회피는 억제 능력을 조금 더 높일 수도 있지만, 너무 심해지면 회피애착을 가진 사람이 나머지 다른 사람들보다 스트레스에 더 취약해진다. 스트레스 자체뿐 아니라 너무 나약해서 스트레스를 억누르지 못한다는 자책감까지 감당해야 하기 때문이다. 이들에게 억제는 사소하고 일시적인 문제에는 효과가 있을 수도 있지만, 정도가 심하거나 장기적인 스트레스에는 효과가 없다. 예를 들어 팔레스타인과 영토 분쟁 중인 지역에 살면서 만성적인 스트레스를 견뎌야 하는 이스라엘 유대인의 경우, 회피애착이 강한 사람일수록 정신 질환 증상을 더 많이 경험했다. 반면 안정애착을 가진 사람은 취약성을 덜 드러냈다.

이러한 결과는 또한 감정을 만성적으로 억제하는 회피애착을 가진 사람들이 '강하다'고 주장할 수 있지만, 이런 주장을 뒷받침하는 근거는 허약하기 짝이 없다는 사실을 시사한다. 회피애착을 가진 사람이 '강하고, 천하무적인' 긍정적 자아상을 유지하기 위해서는 노력이 필요하기 때문에, 이들에게는 부담을 지운다. 이 때문에 지적 능력을 다른 쪽에 요구받는 순간 자아상을 유지하는 데 필요한 자원이 고갈된다. 회피애착 성향이 낮거나 안정애착을 가진 사람은 그렇지 않다. 이들은 정신적으로 너무 긴장해서 자신을 지탱하지 못할 때도 자신의 부정적 특성에 대한 민감도가 치솟지 않는다. 이들의 긍정적 자기 인식은 보다 안정적이고 더욱 솔직하며 억지스러운 면이 적다. 이 연구의 저자들에 따르면 "안정애착을 가진 사람은 애착 대상에게 대체로 인정받아 극단적인 자율성과 자존감으로 허세를 부릴 필요가 없기 때문에, 자신을 상당히 현실적으로(즉 적당히 긍정적으로) 자유롭게 바라볼 수 있다."라고 한다.

취약성의 위험에 대해 너무 많이 이야기하다 보면 무결성의 위험, 즉 회피애착을 가진 사람들을 괴롭히고, 샘을 괴롭혔으며 우리 중 많은 사람을 괴롭히는 위험을 인정하는 것을 잊어버린다. 또한 감정을 억누르는 것뿐 아니라 감정을 다른 사람과 공유하려 하지 않는 것도 우리를 해친다. 연구 결과에 따르면 샘이 문제를 계속 마음속에만 담아두려 한다면, 결국 문제에 '더' 집착하고 더 우울해지며 정신적, 육체적으로 더 아프게 될 것이다.

취약성을 드러내면 우리의 문제가 더 심각해질까 걱정할 수 있지만, 샘의 이야기와 미쿨린서의 연구는 문제를 숨길수록 적어도 우리 몸과 마음에 미치는 영향 면에서는 상황이 '더' 심각해진다는 사실을 보여준다. 미디어가 트랜스젠더를 묘사하는 방식을 다룬 다큐멘터리 〈디스클로저〉에서 영화 〈치타 걸스〉의 여배우 산드라 콜드웰은 촬영장에서 트랜스젠더인 자신의 정체성이 드러날까 봐 전전긍긍했던 경험을 공유했다.

어른이 되었어도 외로움에 익숙해지진 않아

"촬영장에 가서 두려움에 떠는 게 어떤 기분인지 아나요? 머리는 필사적으로 장면에 몰두하려고 하죠. 두려움에 떨며 눈을 떴다가 두려움에 떨며 잠이 들어요. 누군가가 그날 아니면 다음 날 폭탄을 떨어뜨리지 않을까 촉각을 곤두세우죠. 언제 일어날까? 그러다 보면 항상 두려움에 떨게 됩니다."라고 그녀는 말했다. 우리가 억제하는 것이 우리를 소모한다는 사실은, 비밀을 감추면 자꾸만 곱씹어 생각하게 되고 비밀에 대해 수치심을 느낄수록 더 많이 생각하게 된다는 사실을 밝혀낸 연구를 통해 더 자세히 드러났다.

억제는 또한 정신 건강을 악화시킨다. 자신에 관한 부정적 정보를 감추는 경향인 자기 은폐는 청소년들의 심리적 고통은 물론 자살과도 관련이 있다. 무결성을 추구할 때 우리의 몸은 막대한 대가를 치른다. 우리가 숨기고 있는 것에 대해 생각할 때 소비되는 온갖 에너지 때문에 비밀 유지가 우리를 더욱 고립되고 피로하게 만드는 것으로 연구 결과 밝혀졌다. 트라우마를 경험한 사람은 그 경험을 공유하지 않으면 더 많은 건강 문제를 겪는다. 또 다른 연구에 따르면 배우자의 죽음을 경험한 후 그 일에 관해 이야기를 덜 할수록 배우자 사망 이듬해에 건강이 더 나빠지는 것으로 나타났다. 많은 사람의 생각과는 달리 이 연구들은 샘이 진정으로 슬픔을 '극복'하기를 원했다면, 그 일에 대해 생각을 덜 하고 영향도 덜 받고 싶었다면 마음을 터놓을 필요가 있었음을 시사한다.

무결성은 우리의 삶을 앗아갈 수도 있다. 우리 몸을 옷장 안에 밀어 넣는 데 머리를 너무 많이 쓰다가 나머지 집 전체를 깜빡하는 격이다. 취약성만이 우리의 삶을 되살릴 수 있다. 하지만 사회적으로 우리는 무슨 이유에서인지 점점 더 무결성만을 추구하기 시작했다. 한 추적 조사에 따르면 1985년 사람들은 마음을 털어놓고 지내는 사람이 평균 3명이라고 응답했다. 2004년 이 숫자는 2명으로 줄어든 반면, 마음을 터놓고 지내는 사람이 '아무도 없다'는 사람은 세 배나 늘었다. 이 연구의 저자 린 스미스 로빈Lynn Smith-Lovin 듀크대학교 사회학 교수는 공영 라디오 NPR과 인터뷰에서 "10~20년 사이에 이렇게 큰 사회 변화를 겪는 경우는 거의 없어요. 사람들의 삶의 특징은 대부분 해가 바뀌어도 꽤 안정적이거든요."라고 말했다.

이 모든 무결성 추구의 대가는 심각하다. 예술가들이 작품을 통해 자신의 고통을 드러내는 것을 너무 두려워한 결과 우리는 어떤 생명력 넘치는 예술 작품을 빼앗겼을까? 취약성을 권장하는 세상이었다면 오피에이트[양귀비에서 추출한 마약성 진통제로, 강력한 중독성 때문에 사회 문제를 야기하고 있다-옮긴이] 위기의 양상이 어떻게 바뀌었을까? 기후 변화를 해결할 수도 있지만 묻어두려는 생각 때문에 힘을 잃은 과학자는 누구일까? 온갖 수치심과 끝없는 고민, 우울증, 병원 방문, 자살은 우리가 취약성을 드러내기만 했어도 일어나지 않았을 일들이다.

취약성을 올바르게 표현하는 법

애나 브룩Anna Bruk은 심리학 전문지 《사이콜로지 투데이》에 개설한 블로그 이름 '아름다운 혼란'에서 알 수 있듯 역설적인 사람이다.

성취동기가 강한 그녀는 독일 만하임대학교 경영대학원을 졸업한 후 같은 학교에서 사회 심리학 박사 과정을 밟았고, 현재 그곳에서 사회심리학과 학과장을 맡고 있다. 취약성에 관한 그녀의 학위 논문은 완성되기도 전에 《디 애틀랜틱》에 크게 다뤄질 만큼 획기적이었다. 하지만 빛나는 이력에도 불구하고 브룩을 만났을 때 가장 먼저 머릿속에 떠오르는 단어는 '열정적'이나 '위협적'이 아니다. 상대가 말할 때마다 미소를 보내는 그녀를 보면 대신 '친절하다'나 '따뜻하다'는 단어를 떠올리게 된다. 그녀와 연구에 대해 대화를 나누다 보면 친구와 수다를 떠는 듯한 착각이 든다. 관계의 중요성을 역설하는 그녀는 이를 몸소 실천하고 있기도 하다.

브룩은 지금의 자리에 오기까지 힘든 시간을 겪었다. 그녀는 떠들썩한 이별과 키우던 고양이의 죽음, 수술을 한꺼번에 겪으며 혼자 틀어박혀 외로움에 빠졌다. 넷플릭스를 몰아 보며 시간을 보내는 능력에 믿음이 생겼지만, 그것도 곧 시들해졌다. 믿음이 사그라들자, 그녀는 테드TED 강연으로 눈을 돌렸고 그때 브레네 브라운을 만나게 됐다.

브룩은 취약성을 찬양하는 브라운의 메시지에 고무돼 그녀의 책을 전부 구입했다. 취약성이 좋은 것이라고? 완벽주의는 수치심을 반영하고 취약성을 드러내지 못하게 하므로 나쁘다고? 그때까지 브룩은 완벽주의자였을 뿐 아니라 그런 특성을 강점으로 여겼다. 하지만 자신의 과거를 돌아보면서 브라운의 말처럼 수치심이 어떻게 완벽주의를 불러일으키고, 완벽주 때문에 우정이 시들해졌는지 깨달았다. "예전에는 사과하는 것이 정말 힘들었어요. 완벽주 때문에 사물을 흑백 논리로 바라봤죠. 실수를 저지르면 내가 나쁜 사람이 돼버리니까 스스로를 방어해야 했어요. 실제로 '미안하다'고 말할 수 있게 된 것이 내게는 큰 변화였어요."라고 그녀는 말했다.

심리학 전공 대학원생이던 브룩은 취약성을 제대로 공부하기로 결심했다. 그녀는 오래전부터 취약성의 가치를 높이 평가한 위대한 철학자들이 있었음을 알게 됐다. "취약성에서 힘이 나온다."라고 말한 프로이트는 인간의 무결성 추구 능력에 부정적이었다. "보는 눈과 듣는 귀가 있는 사람이라면 어떤 인간도 비밀을 지킬 수 없음을 알 수 있을 것이다. 입술이 침묵해도 손가락 끝으로 수다를 떨고, 땀구멍 하나하나마다 배신이 흘러나온다."라고 말이다. 스위스 출신의 영국 철학자 알랭 드 보통은 사회가 좀 더 현명하다면 우리가 모두 불완전함을 숨기려고 애쓰지 않을 것이라고 주장했다. 영국의 시인 데이비드 화이트David Whyte는 취약성은 우리 본성의 일부이며 '인간이 자연 상태일 때 그 아래 항상 존재하는 지속적인 흐름'이라고 역설했다.

브룩은 취약성의 신봉자가 됐지만, 다른 사람들이 비판과 거절 같은 결과를 두려워하기 때문에 취약성을 더 꺼린다고 판단했다. 그녀는 심리학 지식과 아울러 행동의 영향을 이해할 때 편견이 작용하는 방식에 대한 지식을 바탕으로, 이러한 결과들이 실제로 존재하는지 의문을 품었다. 그래서 취약성이 우리가 생각하는 만큼 부정적인 평가를 받는지 연구하기 시작했다.

친밀감을 높여주는 취약성의 힘

학위 논문을 위한 연구에서 브룩은 사람들에게, 친구에게 연애 감정이 들었다고 고백하거나, 직장에서 실수를 저질렀다고 인정하거나, 신체 결함을 털어놓는 등 개인적인 일을 공개하는 상상을 해보라고 했다. 사람들은 그 정도로 취약성을 드러내면 다른 사람이 자신을 나약하거나 심지어 혐오스럽게 보리라 생각했지만, 다른 사람이 이런 상황에 부닥쳤다고 상상했을 때는 이들의 취약성을 바람직스럽고 좋은 것으로 보고 상대를 더욱 긍정적으로 바라보았다.

또 다른 연구에서 브룩은 사람들을 가수와 심사위원으로 나누어 실험했다. 가수들에게는 즉석에서 노래를 불러달라고, 심사위원들에게는 그 노래를 평가해달라고 주문했다. 다행히 참가자들이 실제로 노래를 부를 필요는 없었지만, 자신이 어떤 평가를 받을지에 대해 이들 스스로 내린 가정은 시사하는 바가 컸다. 가수들은 자신이 부정적인 평가를 받을 것이라고 가정했지만, 심사위원들은 노래를 용기의 표상으로 더 긍정적으로 평가했다.

브룩의 연구는 비슷한 발견을 한 다른 연구의 연장선에 있다. 그 발견은 우리가 취약성을 드러낼 때 사람들이 우리가 생각하는 만큼 우리를 비판하지 않는다는 사실이다. 오히려 사람들은 우리를 진정성 있고 정직한 사람이며 긍정적으로 인식할 수도 있다. 한 연구에서 참가자들은 "나는 종종 나에 대해 지나치게 비판적이고 다른 사람과 같이 있으면 종종 부족하다고 느낀다." 같은 말로 두려움과 불안감을 시인한 후, 이를 나중에 동료 한 사람에게 공유했다. 그리고 그 결과 그 동료가 자신을 얼마나 좋아한다고 생각하는지 등급을 매겨 평가하고, 상대 동료도 그 사람을 실제로 얼마나 좋아하는지 평가했다. 호감 격차에 대해 알게 된 것과 마찬가지로 사람들은 불안감을 노출했을 때 동료가 나를 얼마나 좋아하는지 과소평가했다. 이런 불일치가 발생한 것은 동료들이 고백의 정직성과 진실성이 고백을 한 사람에 대한 호감도에 영향을 미친다고 응답했지만, 고백한 당사자는 이러한 요인들의 영향을 과소평가했기 때문이다.

이 연구는 취약성이 우정에 부담을 준다고 생각하는 경우가 많지만, 오히려 우정에 불을 붙이거나 깊이를 더할 수 있음을 시사한다. 이는 많은 연구가 말해주듯 취약성 때문에 우리가 평가 절하되기보다는 오히려 애정을 받는 경우가 많기 때문이다. 자주 인용되는 한 연구에서는 친밀한 자기 노출과 호감도를 관련지은 94개의 서로 다른 분석을 종합한 결과, 자기 노출을 많이 할수록 호감도가 높아지는 것으로 나타났다.

일반적인 믿음과는 달리 사람들은 취약성을 드러내는 사람을 '더' 좋아하지, 덜 좋아하지 않는다. 한번은 심리학 강의를 하던 중 한 학생이 내게 심리 치료를 받은 환자를 싫어한 적이 있는지 물었다.

"아니요. 누군가를 깊이 알게 되면 그 사람에게 호감이 가지 않는 부분이 상처를 받은 부분이라는 사실을 이해하게 되고, 이 부분에 불쾌감이 들기보다는 사랑스럽게 느껴지기 때문이죠." 내 대답은 스스로 생각하기에도 뜻밖이었다.

1장에서 소개한 아서 아론은 취약성이 유대감을 형성하는 방식에 대해 모두에게 깨달음을 안겨준 심리학 연구를 수행했다. 이 연구에서 그는 낯선 사람끼리 만나 잡담을 나누거나 아니면 "다른 사람 앞에서 마지막으로 울어본 게 언제였나요?" 같이 갈수록 더 개인적인 질문에 대답하게 했다. 서로에게 취약성을 드러낸 사람들이 잡담을 나눈 사람들보다 훨씬 더 친밀감을 느낀다고 응답했다. 사실 취약성을 드러낸 학생들은 누구에게나 친밀감을 느끼는 30퍼센트의 학생들보다도 더 대화 상대에게 친밀감을 느꼈다고 응답했다. 《뉴욕타임스》에 게재돼 관심을 끈 〈누군가와 사랑에 빠지려면 이렇게 하라〉는 기사는 아론의 질문을 지인과 실험한 한 여성의 이야기를 소개했다. 이 두 사람은 결국 사랑에 빠졌고, 여성은 아론의 연구가 자신들에게 "진지하게 느껴지는 관계로 나아가는 길을 제공했다."며 고마워했다.

취약성이 관계를 강화하는 것은 우리를 더 정직하고 진실한 사람으로 인식되게 할 뿐 아니라, 우리가 상호작용하는 상대를 좋아하고 신뢰한다는 메시지를 전달하기 때문이다. 《디 애틀랜틱》에 실린 줄리 벡Julie Beck의 기사에서 생식 건강 관련 비영리 단체의 프로젝트 관리 책임자로 일하는 링컨은 친구 아미나의 취약성에 관해 설명하며 이렇게 말했다. "우리는 서로 상대에게 잘 보이려고 꾸며내지 않았어요. 날것 그대로의 솔직함 그 자체였죠. 아미나가 내게 마음을 열어 보일 필요가 없었기 때문에 저는 그 점을 정말 진지하게 받아들였어요. 아미나는 자신의 어려움이나 불안감, 우울증을 공유할 필요가 없었어요. 그래서 아미나가 내게 마음을 터놓았다는 사실은 그녀가 우리의 우정을 소중히 여긴다는 신호가 됐죠."

링컨의 반응은 또한 우리의 취약성이 친구의 삶에 해가 되기보다는 득이 될 수 있다는 사실을 분명히 보여준다. 친구에게 우리를 도울 기회를 주면 친구의 정신적, 육체적 건강이 개선되고 이들의 삶에 의미가 더해지는 것으로 연구 결과 밝혀졌다. 한 연구에 따르면 우리가 비밀을 공유하면 다른 사람은 우리의 비밀을 곱씹어 생각해야 하므로 부담을 느끼지만 동시에 우리에게 더욱 친밀감을 느낀다. 강연에서 이런 사실을 알려주면 청중들로부터 "내가 취약성을 드러내는 것은 두렵지만 사람들이 내게 취약성을 드러내는 것은 너무 기쁘기 때문에 이해가 된다."는 말을 자주 듣는다. 다른 사람에게 고민을 털어놓고 도움을 기꺼이 받아들일 때 우리가 이들에게 주는 혜택은 대학 신입생이 입학 첫 학기에 부정적인 감정을 기꺼이 표현할수록 친구를 더 많이 사귀고 도움을 더 많이 받았다는 또 다른 연구 결과를 설명해준다. 위기가 오면 우리는 무엇보다 다른 사람에게 부담을 줄까 걱정하지만, 우리가 손을 내밀지 않을 때 친구들에게 가장 큰 부담을 주는 것은 대개 우리의 침묵이다.

취약성을 드러내더라도 과잉 공유는 금물

그러나 브룩은 다른 사람이 우리의 취약성을 우리가 생각하는 것보다 훨씬 더 높이 평가하는 경우가 많지만, 이를 보장할 수는 없다고 덧붙인다. 사람들이 우리를 함부로 판단할 가능성이 생각만큼 높지 않다고 해도, 그럴 가능성은 여전히 존재한다. 브룩은 자신이 과거에는 취약성에 너무 열광하고 취약성을 거부하는 문화에 대항

어른이 되었어도 외로움에 익숙해지진 않아

하는 데 급급한 나머지 취약성을 드러내는 데 따른 위험을 과소평가했음을 인정한다.

　이러한 거절의 위험은 우리가 과잉 공유라는 사이비 취약성에 빠질 때 더욱 커진다. 과잉 공유가 '사이비' 취약성에 불과한 것은 취약성에는 진정성이 있지만 과잉 공유는 그렇지 않기 때문이다. 과잉 공유는 방어 기제의 일종으로, 이 개념에 대해서는 진정성에 관한 다음 장에서 함께 살펴보겠다. 일단 과잉 공유는 우리가 위협적으로 느끼는 감정을 인정하기보다 그런 감정을 덜 의식하고 거리를 두기 위한 전략이라고 할 수 있다. 과잉 공유는 거절당할지도 모른다는 불안감으로부터 자신을 보호하는 방편이다. 거절의 두려움을 인정하는 대신 과잉 공유를 통해 누군가가 우리에게 가까이 다가와 거절의 두려움을 덜어 주기를 바라는 것이다. 과잉 공유는 불안감에 대한 보상이지 취약성이 아니다. 취약성은 불안감을 직접적으로 표현하는 행동과 관련이 있다. 또한 대부분의 방어 기제가 그렇듯 과잉 공유는 불안감을 줄이기 위해 반사적으로 경련이 일듯 강박적으로 일어나지만, 진정한 취약성은 상대방을 믿어도 괜찮다는 판단이 선 뒤에 의도적으로 일어난다.

　고백에 관해 연구한 연구원인 다프네는 과잉 공유의 위험성을 잘 안다. 그녀는 파티에 가면 술을 몇 잔 마신 다음 낯선 사람들에게 불쑥 자신의 성적 기행에 관해 이야기하곤 했다. 그렇게 하면 카타르시스를 느낄 수 있다고, 가슴에 쌓인 응어리를 훌훌 털어내면 해방감을 느낄 수 있을 것이라고 생각했다. 그러던 어느 날 파티에서 그녀가 낯선 사람 두 명에게 자신의 이야기를 늘어놓자, 그 중 한 사람이 "왜 그런 짓을 하나요?"라고 물었다.

당황한 그녀는 기어들어가는 목소리로 "말해버리면 별것 아닌 게 되니까요."라고 대답했다.

하지만 이렇게 말하는 순간 다프네는 결코 별것 아닌 게 아니라는 사실을 깨달았다. 공유가 카타르시스를 안겨준다고 생각하지만, 항상 그렇지는 않다고 경고한 프랑스 철학자 미셸 푸코의 글을 읽으면서 그녀의 생각은 더 명확해졌다. "그런 이야기를 하면 해방감을 느낄 수 있을 거라고 생각했어요. 하지만 오히려 중요하지 않은 일을 필요 이상으로 내 정체성의 중요한 일부로 만들어버렸죠. 그건 위안이 되지 않았어요. 사람들에게 어떻게 말해야 할지 그리고 사람들이 나를 어떻게 볼지 생각하게 되니까요. 그런 다음 후회를 하고요." 다프네의 고백이다.

다프네의 이야기와 푸코의 견해는 과잉 공유의 위험을 분명히 보여준다. 과잉 공유를 하면 사람들은 우리의 참모습을 폭넓은 맥락으로 이해하지 못하기 때문에 이들의 눈에 비치는 우리의 정체성은 우리가 공유하는 내용에 좌우될 수밖에 없다.

점진적인 공유를 통해 우리가 상대방을 좋아하고 신뢰한다는 사실을 전달하는 대신, 과잉 공유는 종종 우리가 마음의 짐을 털어놓을 필요가 있으며 듣는 사람도 마찬가지일 것이라는 메시지를 전달한다. 과잉 공유가 종종 역효과를 내는 이유가 바로 여기 있을 수 있다. 한 연구에서 여성들에게 다른 여성이 자신에게 낮은 친밀감(좋아하는 TV 프로그램 공유), 중간 정도의 친밀감(큰 걱정거리 공유), 높은 친밀감(1년 전 겪은 심각한 문제 공유)의 세 가지 수준 가운데 하나

어른이 되었어도 외로움에 익숙해지진 않아

로 마음을 털어놓는 상상을 해보라고 주문했다. 실험이 끝난 뒤 여성들은 가장 높은 단계의 친밀감으로 마음을 드러낸 사람이 가장 마음에 들지 않았고, 더 불안하고 적응력이 떨어진다는 느낌을 받았다고 응답했다. 이들은 중간 정도의 친밀감으로 마음을 드러낸 사람을 가장 좋아했다. 과잉 공유를 피하려면 공유할 때 자신의 동기를 이해하고 "내가 이 이야기를 왜 공유하는 걸까?"라고 스스로 질문해봐야 한다. 공유는 우리가 우정에서 느끼는 안정감을 반영해야지, 안정감 부족을 보상하려는 것이어서는 곤란하다.

하지만 과잉 공유를 하지 않더라도 취약성에는 여전히 위험이 따른다. 우리가 취약성을 드러낼 때 사람들이 우리를 함부로 판단하는 경우도 '분명히' 있다. 하지만 그런 행동은 우리에 대한 것보다 상대방에 대해 더 많은 것을 말해줄 수도 있다. 예를 들어 회피애착을 가진 사람은 취약성에 잘 반응하지 않는다. 이들은 감정에 더 불편함을 느끼기 때문에, 다른 사람이 취약성을 드러낼 때 일어나는 상호 작용에 내재된 친밀감과 신뢰, 사랑이 감정에 대한 불편함에 가려질 수 있다. 다른 사람의 감정은 자기 안에 억누르고 있는 감정을 위협한다. 연구 결과 사람들은 속마음을 털어놓을 때 더 호감을 사지만, 상대가 회피애착을 가진 경우에는 그렇지 않은 것으로 밝혀졌다. 낯선 사람끼리 짝을 지어 서로 점점 더 친밀한 질문들에 답하게 한 아론의 36가지 질문 연구에서 회피애착을 가진 사람끼리 짝이 된 경우 질문에 답한 뒤 친밀감이 가장 덜 형성됐다. 이런 회피적 반응은 우리가 공유했을 때 누군가가 꽁무니를 뺀다고 해서 공유하는 행동 자체가 반드시 잘못은 아니라는 사실을 일깨워준다. 그저 상대가 우리의 공유를 받아줄 그릇이 아닐 수도 있다.

　영화 〈아이언맨 3〉의 주인공 토니 스타크는 이런 역학 관계를 잘 보여준다. 스타크는 음식과 잠자리를 찾아 할리 키너라는 어린 소년의 집 차고에 몰래 들어갔다가 할리를 만난다. 한 장면에서 할리가 시무룩한 목소리로 토니에게 말한다. "아빠는 편의점에 복권 긁으러 갔어요. 아마 당첨되신 모양이에요. 그게 벌써 6년 전이니까." 토니의 대답은? "늘 있는 일이야. 아빠가 떠나는 건. 나약한 소리 할 필요 없어."이다.

　전반적으로 보면 취약성의 위험이 현실적으로 존재하지만, 취약성은 그런 위험을 감수할 가치가 있다는 데 브룩과 나의 견해가 일치한다. 취약성이 선사하는 보상은 '훨씬 더' 현실적이다. 정신적, 육체적으로 더 건강해지고, 우정이 두터워지고, 우리 자신을 더 잘 이해하는 데도 도움이 된다. 취약성이 없다면 "우정에 도달할 수 없는 한계가 생긴다."라고 스카일러 잭슨은 말한다. 취약성은 우리에게 더 깊은 상처를 줄 힘을 사람들에게 주기도 하지만, 우리를 더 깊이 사랑할 힘을 주기도 한다. 잭슨은 "취약성을 드러내지 않으면 우리가 알고 있는 친구들의 모든 사랑과 지원, 관심이 우리에게 돌아오지 않는다. 친구들의 긍정도 마찬가지로 전달되지 않는다. 우리가 취약성을 드러내 친구들이 우리를 잘 알게 되면, 친구들이 우리를 있는 그대로 사랑하기 때문에 우리를 향한 친구들의 사랑을 보다 온전히 신뢰할 수 있게 된다."라고 말했다.

　어른이 되었어도 외로움에 익숙해지진 않아

자기 연민 연습하기

브룩은 자신에게 더욱 친절해져서 취약성을 드러내는 법도 배웠다. 브라운의 책을 읽기 전에 그녀가 읽은 크리스틴 네프의《러브 유 어셀프》에는 친한 친구에게 베풀 법한 친절과 배려를 스스로 베풀면서 자기 연민을 연습할 수 있다는 내용이 담겨 있었다. 취약성에 대해 연구하기로 결심했을 때 브룩은 연구가 거의 이뤄지지 않은 주제이니 피하라는 조언을 받았다(대부분의 연구가 관련은 있지만 분명히 다른 자기 노출self-disclosure에 관한 것들이었다). 자기 연민을 정의하고 연구할 방법부터 찾아내야 했고, 이 분야에 처음 도전하는 선구자로서 실패할 가능성도 없지 않았다. 하지만 그녀는 자기 연민 덕에 실패가 인간으로서 자신의 가치를 정의하지 않는다는 사실을 깨달았기에 연구를 끝까지 밀고 나갔다.

"자기 연민은 안정된 자존감의 단단한 구심점을 만들어낸다. 그리고 그 구심점은 취약성을 드러낼 때 우리 앞에 어떤 상황이 펼쳐지든 안전하게 발을 딛고 설 디딤돌이 되어준다."라고 브룩은 내게 말했다. 브룩이 수행한 연구에 따르면 사람들은 보통 다른 사람의 취약성을 자신의 취약성보다 더 호의적으로 평가하지만, 자기 연민이 강한 사람은 그렇지 않다. 이들은 자신의 취약성에 대해 훨씬 더 긍정적으로 바라보기 때문이다. 우리 자신의 취약성에 관대할 수 있다면, 다른 사람들이 그렇지 않을 때 충격을 덜 받을 수 있다.

자기 연민에는 세 가지 요소가 있다.

1. **자기 친절**: 자기 자신을 너그럽게 이해하기(예: 시험에 떨어졌어도 괜찮아. 정말 까다로운 시험이었으니까)

2. **마음 챙김**: 고통스러운 생각과 감정에 과소 반응하거나 과잉 반응하지 않고, 균형 잡힌 반응 보이기(예: 지금 나 슬픈 것 같아)

3. **보편적 인간성**: 자신의 경험을 더 큰 인간 경험의 일부로 바라보기 (예: 누구나 실패할 때가 있잖아)

자기 연민을 연습하려면 다음에 거울을 보면서 불룩 나온 배를 비난하고 싶어질 때 이렇게 되뇌어 보라. '내가 비판적인 기분인 거 알아. 오늘 내 몸이 썩 마음에 들지 않아도 상관없어. 누구나 자기 몸이 마음에 안 들 때가 있으니까'. 생일날 자녀가 전화하지 않아 속이 상했다면 스스로 이렇게 말해보라. '나 지금 속상해. 이런 기분들 만도 하잖아. 자식 문제로 속 썩는 부모가 어디 한둘이겠어'. 샘이 자기 연민을 연습했더라면 스스로를 이렇게 타일렀을지도 모른다. '나 평정심을 잃은 것 같아. 가끔은 그래도 괜찮잖아. 이런 일을 겪다 보면 나와 같은 감정을 느낀 사람들과 유대감을 느끼게 될 거야'.

자기 연민은 자기 자신을 수용하는 데 도움이 되고, 자신을 수용하면 다른 사람의 수용이 덜 중요해지므로 취약성이 덜 위험하게 느껴진다. 하지만 우리가 취약해지는 순간 스스로 사랑과 관대함을 베풀 수 없다고 해서 취약성을 드러낼 수 없는 것은 아니다. 취약성이 꼭 기분이 좋아야 할 필요는 없다. 때로는 취약성이 두렵게 느껴지기도 하는 것은 자기 보호 본능이 반사적으로 작동하기 때문으로,

어른이 되었어도 외로움에 익숙해지진 않아

이를 인식하고 존중할 수 있다. 두렵게 느껴진다고 취약성을 피할 필요는 없다. 우리가 더 큰 목적을 위해 불편함을 감수하는 일들이 얼마나 많은가. 점심으로 젤리 사탕 대신 콜리플라워 수프를 선택하고, 주삿바늘에 찔리고, 변기 위도 아닌데 쪼그려 앉아 스쿼트를 하는 것은 취약성과 마찬가지로 이런 순간의 불편함이 장기적으로 훨씬 더 큰 질병으로부터 우리를 지켜주기 때문이다.

취약성을 드러내는 능력을 키우기 위해서는 편해서가 아니라 자신의 가치에 부합하기 때문에 하는 행동임을 기억하는 것이 좋다. 관계와 행복, 친밀감, 의미, 정직, 자기 관리 그리고 자신의 참모습을 세상에 드러내는 것을 소중히 여긴다면, 취약성을 드러내는 것은 곧 우리의 가치관을 표현하는 것이다. 취약성을 드러내면 자신을 지키고 자신의 가치를 지킬 수 있기 때문에 어떤 반응을 얻든 상관없이 성공을 거둔 셈이다. 가치에 따라 행동하는 것은 심리학자 스티븐 헤이즈Steven Hayes와 커크 스트로살Kirk Strosahl, 켈리 윌슨Kelly Wilson 이 대중화시킨 심리 치료의 한 형태인 수용전념치료acceptance and commitment therapy의 핵심 원리다. 이 치료의 원칙 중 하나는 아무리 큰 고통을 느끼더라도 그 고통을 수용하고 자신의 가치에 부합하는 행동에 전념함으로써 우리 삶을 의미 있게 만들어야 한다는 것이다.

취약성의 까다로운 부분은 우리 자신뿐 아니라 우리가 취약성을 드러내는 상대에 따라서도 결과가 달라진다는 점이다. 우리의 취약성이 공감 능력을 갖춘 사람의 귀에 들어가면 기분 좋게 충분한 이점을 누릴 수 있지만, 그렇지 않은 경우 오히려 역효과가 나고 기분도 나빠질 수 있다.

취약성을 드러낼 대상을 분별하는 문제가 뻔해 보일 수 있지만 종종 우리는 이를 간과한다. 내가 힘든 이별을 겪고 있을 때 한 친구의 전화를 받은 적이 있다. 때가 때인지라 나는 결국 당시 상황과 내 감정을 공유하게 됐다. 친구가 동정심을 느낄지 고민하지 않았는데, 만약 그랬더라면 아무 말도 하지 않았을 것이기 때문이다. 그 친구는 무척 논리적이고 감정을 드러내는 말을 하지 않는 사람이었다. 그는 성관계 때문에 남자친구에게 이용당한 것이라고 나를 설득하려고 했다. 물론 그런 말은 내 기분을 더 나쁘게 만들었을 뿐이다.

그 경험으로 인해 나는 건강한 취약성을 실천하기 위해서는 취약성을 드러내지 '않는' 것에도 익숙해질 필요가 있음을 깨달았다. 가끔 나는 어떤 위기에 너무 휘둘린 나머지 공유하지 않으면 사기꾼이 될 것만 같고, 친구가 눈치를 채고 내가 거짓말을 한다는 사실을 알게 될 것 같은 기분이 들 때가 있다. 하지만 한 메타 분석에 따르면 사람들은 우리가 거짓말을 하는지 알아차리는 데 무척 서툴다. 신뢰하지 않는 사람에게는 속내를 감춰도 좋다.

하지만 누구를 신뢰할지 알기 쉽지 않은데, 우리의 취약성에 대한 사람들의 반응을 우리가 얼마나 오판하는지를 보여주는 많은 연구 결과를 보면 특히 그렇다. 신뢰할 수 있는 사람이라는 가장 확실한 신호는 아마도 과거에 그 사람이 우리의 취약성에 잘 대응한 적이 있는지 여부일 것이다. 물론 우리가 이런 기회를 주고 나면 상대가 우리를 무시해도 우리 자신을 보호하기에는 너무 늦을 위험이 있다. 이런 위험을 낮추기 위해 나는 가끔 '취약성에 지지대를 덧댄다 scaffold'. 정말 취약하다고 느껴질 때면 친구 빌리와 이야기를 나누는 데, 빌리는 내가 아는 한 항상 공감 능력이 뛰어나고 상처를 어루만져 주는 친구다. 빌리와 대화하고 나면 안정감이 생겨서, 공감 능력을 갖췄는지 확실치 않은 친구를 만나 그 친구가 잘 반응해주지 않더라도 그다지 상처가 되지 않을뿐더러, 상대가 앞으로 내 취약성을 감당할 수 있을지 파악하는 데도 도움이 된다. 취약성에 지지대를 대줄 친구가 없다면, 심리 치료사나 정신 건강 상담 전화를 이용해 보라.

취약성을 절대 드러내지 않겠다거나 항상 취약성을 드러내겠다는 식으로 극단적으로 행동하고 생각하면, 우리의 경직성이 더 깊은 상처를 감춘다. "아무도 믿어서는 안 돼."라든지 "결국에는 모든 사람이 널 실망시킬 거야." 같은 말을 하는 친구들에게서 이런 상처를 본다. 무언가가 항상 옳다고 가정한다면, 이는 상황을 평가해서 어떤 행동이 효과가 있을지 없을지를 판단하는 것이 아니라 단순히 추정하는 것일 뿐이다. 분별력, 현재 순간에 대한 주의력, 우리 앞에 있는 사람들의 열린 마음이야말로 우리가 취약성을 드러낼 수 있는 풍요로운 공간을 만들어낼 수 있게 해준다.

이런 분별력 없이는 우리에게 가장 큰 상처를 주는 사람들에게 취약성을 드러낼 위험이 있다. 프로이트는 이를 '반복강박repetition compulsion'이라고 불렀다. 상처를 준 사람의 인정만큼 확실한 것이 없기 때문에 우리는 치유를 위해 고통의 현장으로 돌아간다. 반복강박 때문에 사람들은 독이 되는 친구 관계로 돌아가거나, 새로운 데이트 상대에게 받는 위로로 앞선 데이트 상대에게 받은 고통을 달래겠다는 희망을 품고 틴더 같은 데이트앱에 의존하거나, 늘 농담으로 대꾸하기만 하는 친구에게 계속 속내를 털어놓는다. 한 번 상처를 준 사람은 똑같은 행동을 되풀이할 수 있기 때문에 안타깝게도 이런 충동은 우리에게 더 큰 고통을 안겨주는 경향이 있다.

도움이 필요한 순간 우리를 거절한 적이 있는 사람이라면, 그 사람이 변할 것이라고 가정하지 마라. 말라버린 우물에서 물을 찾지 말라는 말이다. 그러기에는 우리의 취약성은 너무 소중하다. 달라졌으면 하고 기대하는 사람 말고 실제로 우리를 위로하고 도움을 줄 사람을 찾아내 그 사람에게 의지하라. 잘못된 사람을 있는 그대로 받아들이고 우리 자신이 달라질 수 있는 데도, 상대를 바꾸겠다는 희망을 품고 잘못된 사람에게 자신을 드러내는 경우가 얼마나 많은가?

남성의 취약성

루카스 크럼프는 모든 일이 술술 풀리는 듯했다. 그는 이집트와 태국, 우간다, 아루바, 세인트키츠 섬, 싱가포르를 오가는 수년간의 해외 생활 끝에 결국 뉴욕에 정착했다. 사귀는 여자친구도 있고, 근무하는 스타트업이 인수 합병되면서 제법 큰 돈을 손에 쥐었다. 겉으로 보기에는 모든 것을 다 가진 듯했다.

하지만 삶의 어두운 밑바닥을 들여다보면 상황이 좋지 않았다. 루카스는 외롭고 슬펐지만 이를 깨닫지 못했다. 감정을 억누르고 살다 보니 자신이 인생을 잘 사고 있는지 판단할 가장 좋은 가늠자가 다

어른이 되었어도 외로움에 익숙해지진 않아

른 사람의 눈에 비치는 자신의 모습이었고, 그래서 자신에게 아무런 문제가 없다고 생각했다. 하지만 이런 감정들이 한꺼번에 짓누르는 무게 때문에 그는 마치 영화 스크린에 비치는 자신의 존재를 보는 것처럼 모든 것에서 유리된 공허한 기분에 빠졌다.

상하이에서 경영 대학원에 다닐 때 저녁 외식을 하고 있는데 루카스의 전화기가 울렸다. "아빠 죽었어."라고 여동생이 보낸 문자였다. 그는 "나중에 얘기해. 저녁 먹는 중이야."라며 답 문자를 보냈다. 루카스의 아버지는 언제나 차갑고 쌀쌀맞았기에 아버지가 죽었을 때 루카스는 상실의 아픔을 거의 드러내지 않고 감정을 억누른 채 술로 덮어버렸다. 할머니와 할아버지도 그가 해외에 있을 때 세상을 떠났다. 아버지와 달리 할아버지와 할머니는 루카스의 인생에서 가장 중요한 사람들이었다. 하지만 그는 장례식에 참석하지 않았다. 해외로 이주할 때 사람들이 죽을 것이라는 사실을 알지 않았냐고, 그 사실을 받아들이고 앞으로 나가야 하지 않겠냐고 그는 스스로 말했다.

결국 처리되지 않은 슬픔이 한꺼번에 덮쳐 오면서 루카스는 정신 병원에 입원했다. 그가 한 번도 느껴본 적 없는 강렬하고 압도적인 감정이었다. 억눌렸지만 절대로 사그라들지 않은 감정의 찌꺼기였다. 마음이 보고 싶지 않은 것들을 담아두는 창고로 무의식적으로 몸을 사용한 데 저항해 몸이 일으킨 반란이었다. 그리고 그 반란이 조금은 효과가 있었다. 루카스는 얼마 뒤 미국으로 돌아갔고, 한동안 금주를 했고, 가족을 더 자주 만났다.

루카스가 애리조나에서 어머니와 시간을 보내는 동안, 어머니가 그에게 심리 치료사를 소개해 주었다. 루카스는 그 첫 상담 시간이

신의 개입이었다고 회상한다. 약물과 알코올, 여자, 고립감으로 인한 어려움을 털어놓자 심리 치료사는 그에게 "돈이나 마약, 여자가 아무리 많아도 가슴에 난 구멍을 메워주지 못해요. 성장해야 합니다. 제대로 된 아버지가 없었으니, 당신을 지지해줄 남자들로 공동체를 만들어야 해요. 전부 상당한 노력이 필요할 겁니다."라고 말했다. 루카스의 문제는 삶에서 사람이 부족해서가 아니라 진정으로 취약성을 드러낼 사람이 없기 때문에 외로움을 느낀다는 것이었다.

심리 치료사는 루카스에게 알코올 중독자 회복 모임에 가입해 자신만의 공동체를 찾아내고 음주 습관도 바꾸라고 조언했다. 그는 그곳에서 발견한 취약성과 정직함, 공동체에 경외감을 느꼈다. 난생처음 자신을 도우려는 선한 사람들에 둘러싸였다고 느꼈다. 하지만 그는 자신이 사기꾼처럼 느껴졌다. 자신은 술을 마시면서도 계속 일을 하고, 공과금을 내고, 밤이 되면 집으로 돌아오는 등 할 일을 꼬박꼬박 했기 때문에 회복 모임에서 들은 경험에 선뜻 공감할 수 없었다. "나를 구해줄 사람은 아무도 없다고 생각했어요. 그래서 맥주를 서른일곱 잔이나 마시고도 다음 날이면 출근했죠. 마약에 중독되면 죽을 거라는 걸 알았기 때문에 마약 중독자가 될 수는 없었습니다." 주변 사람들과 스스로를 동일시하는 자신에게 필요한 것은 단순한 공동체가 아니라 진정으로 소속감을 느낄 수 있는 공간이라는 사실을 루카스는 깨달았다. 그래서 그는 알코올 중독자 모임을 탈퇴했지만, 그 경험을 통해 취약성과 진정성이 환영받는 공간을 갈망하게 됐다.

루카스는 진정한 공동체를 찾아 남성 단체들을 기웃거려 봤지만,

어른이 되었어도 외로움에 익숙해지진 않아

마음에 드는 곳이 없었다. 죄다 종교 단체 아니면 고상한 헛소리로 가득한 곳뿐이었다. 떡 벌어진 어깨에 수염을 기르고 거친 말을 내뱉는, 루카스가 동질감을 느낄 만한 평범한 사내들은 어디에 있을까? 그러던 어느 날 우연한 기회에 루카스는 회의에서 댄이라는 남자를 만났다. 댄은 루카스에게 자신이 매사추세츠주 버크셔즈의 낡은 헛간에서 남성들을 위한 정신 수양 모임을 시작한다고 말했다.

그 주말이 루카스의 인생을 영원히 바꿔 놓았다. 주위의 남성들이 눈물을 흘리며 감정을 공유하자 루카스는 남성들, 심지어 자신처럼 남성성이 강한 사람도 감정을 느끼는 것이 정상이라는 사실을 깨달았다. 그가 알고 있던 남자다움은 대단한 가식이었다. 남자들이 감정을 드러내지 않는 것은 감정이 없어서가 아니라 감정을 드러냈을 때 벌어질 일을 두려워하도록 일찍부터 학습했기 때문이다. "우리도 인간이에요. 이 땅에 태어날 때부터 취약성을 드러내도록 타고난 존재죠. 우리 안에 그런 능력을 갖추고 있으면서도 진화 생물학을 부정하는 것이 인류로서 우리가 직면한 문제입니다. 남자로서 내가 취약성을 느끼고 드러내는 능력을 부여받은 데는 이유가 있습니다. 인간이 될 수 있는 능력을 부정해서는 안 되죠."라고 루카스는 말한다.

그 주말, 루카스는 남성들이 침묵을 지킬 때 어떤 대가를 치르는지 깨달았다. 분노의 의식이라는 행사에서 남자들은 숲으로 들어가 숲 전체로 흩어졌다. 그리고 모두 함께 고함을 지르며 몇 년 또는 심지어 몇십 년 동안 마음속에서 들끓던 감정을 쏟아냈다. 주변의 남자들이 고함을 내지르다 감정을 주체하지 못해 무너져 내리는 모습을 보면서 루카스는 처음에는 남자들의 분노를 들었고 이어 그들의 고통을 들었다. 결국 루카스도 감정이 복받쳐 올랐다.

서구 남성의 우정 결핍과 이 결핍이 남성들의 정신적, 육체적 건강 모두에 미치는 끔찍한 영향에 사회적 관심이 쏠리기 시작했다. 남성들이 처한 우정의 위기는 NPR의 팟캐스트 〈히든 브레인〉의 '외로운 미국 남성' 편, 패션 매거진 《하퍼스 바자》에 실린 〈남성들이 친구가 없어지면서 여성들이 그 부담을 떠안고 있다〉는 제목의 기사, 부부 저자 재클린 올즈Jacqueline Olds와 리처드 슈워츠Richard S. Schwartz가 남성이 연인하고만 친밀하게 지내는 상황을 집중 조명한 책 《외로운 미국인The Lonely American》 등에서 다뤄졌다.

루카스의 이야기는 남성들이 겪는 우정의 어려움이 본질적으로 취약성의 어려움이라는 사실을 분명히 보여준다. 1992년에 이뤄진 오래된 메타 분석에 따르면 남성은 친구 사이(그리고 다른 관계 대부분)에서 여성보다 취약성을 덜 드러내는 것으로 나타났다. 2021년 설문 조사에서는 여성이 일주일 동안 친구에게 정서적 지지를 받거나 친구와 개인적인 일을 공유하는 횟수가 남성보다 두 배가량 많은 것으로 밝혀졌다. 이런 역학 관계에 대해 줄리아 레인스타인Julia Reinstein 기자는 트위터에서 "남성들은 입버릇처럼 '사내가 최고dudes rock'라고 말하지만 …… 친구에게 믿고 의지할 사람rock이 있는지는 절대 묻지 않는다."라고 꼬집었다.

깊은 우정은 취약성 없이는 불가능하다. 취약성이 없다면 우정은 동료애 수준에 불과하게 되는데, 그 정도도 나쁘지는 않지만 불충분한 것은 우정이 우리에게 훨씬 더 많은 것을 제공할 수 있기 때문이다. 친구는 농구 친구나 술친구, 골프 친구가 될 수 있지만, 아일랜드어로 영혼의 친구를 뜻하는 아남 카라anam cara처럼 마음속 깊이 담아둔 이야기들을 공유하고 속내를 털어놓는 깊은 관계에는 이르지 못한다.

《디 애틀랜틱》에 실린 기사 〈남자아이들이 하는 게임〉에서는 남성들이 특별히 할 일이 없는 친구 사이에서 불쑥 나타날 수 있는 취약성을 피하고자 어떻게 우정에 제3의 대상을 끌어들이는지 설명한다. "사냥하거나 자동차를 수리하거나 농구 자유투를 던지면 사슴이나 변속기, 농구 골대를 함께 바라보며 이야기를 나눌 수 있다. 공통의 목표가 있으니 '이야깃거리'가 생기고, 서로를 직시하지 않아도 되니 감정의 무게가 서로 상대에게 쏠릴 일도 없다."라고 말이다.

하지만 남성들이 친밀한 관계에서 취약성을 드러내지 않는다면 이들의 취약성은 어디로 갈까? 대학원에서 배운 격언 중에 "여성은 내면화하고 남성은 외면화한다."는 말이 있다. 이는 물론 예외는 있지만 대체로 여성은 화가 나면 내면을 파고들어 스스로를 비난하며 죄책감과 우울함을 느끼지만, 남성은 대신 세상과 상호 작용하는 방식을 통해 화를 표출한다는 뜻이다. 이런 사실은 여자들이 분노를 억누르는 경향이 강하지만, 남자들은 공격적으로 행동하는 경향이 강하다는 연구 결과를 통해 입증됐다. 남성들은 소리를 지르거나 상대를 겁주거나 주먹으로 벽을 칠 수도 있다. "나는 정말 형편없는 놈이었어요. 여자들에게 지배적이고 이기적으로 행동했거든요." 루카스가 그 예다.

취약성은 지배를 통해 가려졌던 위협적인 감정들을 표출하기 때문에, 취약성을 드러낼 때 남성은 지배하려는 충동을 포기하게 된다. 배우이자 팟캐스트 진행자인 댁스 셰파드Dax Shepard의 이야기를 살펴보자. 셰파드의 아내가 봉사 활동을 하러 아프리카의 한 나라에 가려고 하자, 셰파드는 자신이 인류학을 공부해서 아는데 해외 자원봉사로 해결되는 문제보다 새로 생기는 문제가 더 많다며 반대하고 나섰다. 하지만 아내는 뜻을 굽히지 않았고, 셰파드는 자선 단체의 평판에 의문을 제기하며 다시 한번 반대 의사를 나타냈다. 수십 번이나 실랑이를 한 끝에 셰파드는 자신의 논리 뒤에 숨은 취약성을 깨달았다.

그리고 이렇게 말했다. "사람들을 돕는 이 일이 나보다 더 중요해질까 봐 두려워."

셰파드가 취약성을 드러내자, 아내도 반응을 보였다. "당신 대신 다른 것을 선택하는 일은 절대 없을 거야." 그 후로 셰파드는 아내가 참여하는 자선 단체의 평판을 다시는 걱정하지 않았다.

"내가 지금 무슨 지적인 주장을 한다고 생각하지만, 사실 그렇지 않다."라고 셰파드는 말했다. 종종 우리가 맹렬하게 내세우는 주장은 논리가 아니라 마음속에서 싹트고 있는 취약한 감정을 피하고자 지배적으로 되려는 욕구에서 비롯된 것이다. 셰파드가 '진정한' 필요를 충족하면서 동시에 관계를 치유할 수 있는 길은 취약성을 드러내는 것뿐이었다.

그러나 남성들에게 양날의 칼은 지배가 관계를 약화할 수 있지만, 취약성 역시 그럴 위험이 있다는 것이다. 취약성을 받아들이는 것은, 특히 다른 남성들과 함께 있을 때는 위험하다. 예를 들어

어른이 되었어도 외로움에 익숙해지진 않아

2013년 한 연구에 따르면 남성이 취약성을 표현할 때 이를 부정적으로 바라보는 것은 여성이 아니라 남성인 것으로 나타났다. "남성은 다른 남성을 감시해서 취약성을 드러내지 못하게 한다. 남성이 다른 남성에게 나약한 모습을 발견하면 곧바로 개입한다. 그들은 놀림의 대상이 되고 괴롭힘을 당한다."라고 흑인의 남성성을 연구하는 크리스토퍼 세인트 빌Christopher St. Vil 버팔로대학교 사회복지학 교수는 말했다. 사회 복지사로 인스타그램 계정 @dadswithwisdom을 만든 아담에게 왜 다른 남성들에게 취약성을 더 드러내지 않는지 묻자 이렇게 대답했다. "상대방이 감당할 수 없다는 걸 아니까요. 하지만 그게 다가 아니에요. 따돌림을 당할 수도 있어요. 누군가가 나를 계집애 같다고 놀릴 수도 있고요. 그러면 끝이죠. 두 배나 더 심하게 두들겨 맞을 수 있거든요." 이런 반응을 볼 때 남성들이 입을 다물고 있는 것이 "생존에 도움이 된다."라고 아담에게 말한 것도 놀랄 일이 아니다.

루카스는(남성 수련 모임에 참석했던) 열한 살이던 어느 날 밤 아버지가 한밤중에 집을 나가는 바람에 눈을 떠보니 집에 혼자뿐이었다. 겁이 난 루카스는 흐느껴 울기 시작했다. 돌아온 아버지는 루카스가 우는 모습을 보더니 따귀를 때렸다. 루카스는 '조건화conditioning'의 일부였다고 당시를 회상한다. 루카스는 "이 순간 아버지가 내게 제공해줄 것이라고 믿었던 안전에 금이 가면서, 내 감정이 받아들여지지 않는다는 것을 배웠다."라고 말했다. 성인이 되자 이 조건화는 완료됐다. 탈출구를 찾지 못한 그의 감정은 일산화탄소처럼 보이지 않게 그를 망가뜨렸다.

하지만 또 다른 남성인 의사 스티븐은 많은 남성이 지배가 도움이 되지 않는다는 것을 깨닫고, 취약성을 위해 지배의 꿈을 버렸다고 주장했다. 그는 이렇게 말한다. "맞아요. 어렸을 때 그런 일이 있었던 것은 사실이에요. 많은 남성이 시간에 갇혀 예전에 함께 풋볼하던 반 친구처럼 성인 남성들도 자신을 때릴 것으로 생각하죠. 하지만 성인이 된 내 친구들은 대부분 언제나 괜찮은 척, 아무런 문제도 감정도 없는 척해봐야 소용이 없다는 사실을 깨달았어요. 가장 남자다운 친구조차 심리 치료를 받으며 입을 열기 시작했거든요." 세인트 빌도 같은 과정을 경험했다. 그는 젊은 흑인 남성과 나이 든 흑인 남성을 짝지어주는 멘토링 프로그램에 참여하기 시작했다. 그는 무결성의 위험을 깨달은 나이 든 흑인 남성들이 자신이 취약성을 더 드러낼 수 있게 도와줬다고 고마워했다. "그분들이 내게 '운다고 겁쟁이가 되는 게 아니에요. 당신이 얼마나 강한 지는 얼마나 많은 사람을 때려눕혔는지에 달린 게 아닙니다'라고 말해줬어요."라고 말이다.

아구에스타의 이야기는 남성들이 취약성을 드러낼 공간이 있음을 보여주지만, 이런 공간을 찾는 데는 위험이 따른다. 친구 관계에서 취약성을 더 드러내기를 원하는 남성은 자신이 먼저 나서야 한다. 서양 남성성의 관념에 깊게 뿌리내린 무결점주의를 감안하면, 남성이 친구가 먼저 행동하기를 마냥 기다리다가는 지쳐 쓰러질 가능성이 높다. 평소보다 조금 더 취약성을 공유한 다음, 어떤 반응을 보이는지 살펴보라.

다른 사람을 지배하는 성향의 사람은 동등한 관계를 맺는 사람만

어른이 되었어도 외로움에 익숙해지진 않아

큼 친밀한 관계에서 행복을 느끼지 못한다는 연구에서 알 수 있듯, 많은 남성이 취약성을 받아들이고 지배가 행복을 불러오지 않는다는 사실을 깨닫고 있다. 지배적인 태도로 취약성을 감추지 않을 때 남성은 사랑과 연결을 가능케 하는 미묘한 힘을 얻게 된다. 《마음을 치료하는 법》을 쓴 심리 치료사 로리 고틀립은 이렇게 말한다. "예를 들어 요구 사항이 많고 비판적이고 화를 잘 내는 사람은 극심한 외로움에 시달리는 경향이 있다는 것을 저는 알아요. 이런 식으로 행동하는 사람은 주목받기를 원하면서 동시에 주목받을까 봐 두려워한다는 사실도 알죠." 당당하게 보이려고 취약성을 숨기면 자기 자신을 온전히 알 수 없다. "누군가를 사랑하면서 동시에 통제하는 것은 불가능하다."는 배우 테리 크루즈의 말처럼, 자신을 높이기 위해 상대방을 억누르는 데만 몰두한다면 상대를 온전히 알 수 없다.

가장 강한 이는 주변에 의지할 줄 아는 사람이다

루카스 크럼프가 참가한 남성 수련 모임은 계속 발전해서 루카스가 공동 설립한 회사인 에브리맨EVERYMAN의 대표 상품이 돼 '우리의 감정을 위한 크로스핏'으로 마케팅하고 있다. 에브리맨의 모임들은 남성이 다른 남성들과 함께 있을 때 자신의 감정을 처리할 수 있게 해준다. 남성에게 씌워진 취약성의 오명을 벗겨내 깊은 우정을 쌓을 수 있게 해주는 것이 이 모임의 목표 중 하나다. 브루클린에서 열린 에브리맨 모임에서는 남성들이 빙 둘러앉아 '말로 표현하기 힘든' 경험들에 관해 이야기를 나눴다. 모임 참가자 중 한 사람인 대니얼은 "내게 감정이 있다는 사실을 누군가 다른 사람이 알게 되더라도 내 세상이 무너지지 않는다는 것을 깨닫기 시작했다. 지금은 너무 간단해 보이지만, 당시에는 깨달음으로 다가왔다."라고 털어놓았다. 67세인 존은 단 두 달 동안 모임에 참석한 뒤에 "이제야 비로소 내가 살아있다는 느낌이 든다."라고 말했다.

루카스는 취약성을 드러내는 법을 배운 후로 훨씬 더 잘 지내고 있다. 자신의 감정을 표현할 언어를 갖게 되면서 감정을 발산할 수 있게 돼 정신적으로 더 강하고 명확해졌다고 느낀다. 실제로 자신이 어떤 기분인지 알게 되면서 활기 넘치는 공간과 일을 선택할 수 있게 됐다. 그리고 어쩌면 가장 중요한 것은 자신의 참모습을 드러내면서 다른 남성들과 친밀한 공동체를 이루고 이들의 지지를 받는다고 느끼게 된 것이다. 공동체와 그 공동체의 지원 덕에 모든 것이 더 좋아졌다. "사람들은 자살과 불안, 우울증, 약물 중독처럼 남성에게 일어나는 온갖 문제들에 관해 이야기합니다. 그리고 이것들을 모두 정신 건강 문제로 몰아가고 싶어 하죠. 하지만 이 모든 것들은 친밀한 관계와 공동체의 부족에서 비롯된 일들이에요." 루카스의 고백이다.

그렇다면 자신이 속한 공동체에 취약성을 드러낼 때 왜 이렇게 삶이 변화하는 것일까? 비밀에 관해 연구하는 마이클 슬레피안Michael Slepian 컬럼비아대학교 교수가 실마리를 제공한다. 그는 한 연구에서 사람들이 비밀의 무게에 잘 대처할 수 있게 해주는 것이 무엇인지 조사했다. 슬레피안은 사람들에게 여러 가지 문항이 담긴 질문지에 답하도록 했는데, 그중 하나가 비밀과 관련한 '대처 효능감coping

어른이 되었어도 외로움에 익숙해지진 않아

efficacy[예상치 못한 문제가 생겼을 때 해결 능력이 있다고 스스로 신뢰하는 정도-옮긴이]'을 평가하는 문항이었다. 대처 효능감이 높은 사람은 "비밀에 대처하는 자신의 능력이 얼마나 뛰어나다고 생각하나요?", "상황을 얼마나 통제할 수 있다고 생각하나요?" 같은 질문에 긍정적으로 답했다. 대처 효능감은 전반적인 행복에 강력하고 긍정적인 영향을 미쳤다.

하지만 여기서 더 중요한 질문은 이렇게 강한 적응력으로 비밀을 잘 관리하는 사람은 어떻게 그렇게 될 수 있었을까? 하는 것이다. 액션 배우 척 노리스처럼 애초에 강인하게 태어나서 뛰어난 절제력과 의지력으로 비밀의 무게를 견뎌내는 것일까? 아니면 이들을 그렇게 만든 특별한 마법이라도 있었던 것일까? 연구 결과에 따르면 그 특별한 마법은 바로 지지였다. 대처 효능감이 높은 사람들은 비밀을 털어놓았을 때 다른 사람들로부터 가장 많은 지지를 받았다. 이들은 에브리맨 모임에 참가한 루카스처럼 비밀을 털어놓았을 때 다른 사람들이 자신을 위로해주고, 곁을 지켜주고, 새로운 통찰력을 선사해주었다고 말할 가능성이 가장 높았다. 반면 대처 능력이 가장 떨어지는 사람들은 다른 사람들의 지지를 가장 적게 받았다. 슬레피안은 "비밀이 있는 사람에게 조언을 한 가지 해준다면, 비밀을 공유하라는 것."이라고 말했다.

다른 사람의 지지가 우리를 더 강하게 만든다는 사실을 발견한 것은 슬레피안의 연구가 처음이 아니다. 심장 마비를 경험한 남성들에 관한 한 연구 결과 이들이 부인에게 더 의지할 때 심장 마비로 인한 변화에 적응하는 자신의 능력에 가장 확신을 갖는 것으로 나타났다. 반면 부인을 보호하기 위해 자신의 감정을 숨기려고 할 때는 대처 능력이 가장 떨어진다고 느꼈다. 수천 건의 연구를 바탕으로 한 애착 이론의 핵심은 우리가 가장 기초적인 관계를 통해 지지를 받을 때만 안정감을 느낀다는 것이다. 1부에서 논의했듯 안정애착이 '회복 탄력성의 핵심 특징'인 이유는 안정애착을 가진 사람일수록 지지를 요청하는 데 더 능숙하기 때문으로 연구 결과 밝혀졌다. 스카일러 잭슨은 '행복의 거의 모든 측면에서 사회적 지지는 어려움을 견뎌낼 수 있게 해주는 핵심적인 부분'이라고 덧붙였다. 우리가 진정으로 강해질 수 있는 유일한 길은 다른 사람에게 진심 어린 지지를 받는 것이다.

취약성의 힘에 대한 이러한 정보는 루카스가 더 이상 버틸 수 없을 때까지 집착했던 정신적 강인함에 대한 우리의 오해에 의문을 제기한다. 우리는 강한 의지가 자제력이 있고 자립심이 강한 것으로 생각한다. 1980년대 인기를 끌었던 질레트의 데오드란트 광고 문구 '땀 흘리는 모습을 절대 보이지 말라'가 강인함을 표현한다고 생각한다. 하지만 이 조언은 취약성보다는 겨드랑이에 더 걸맞다. 땀 흘리는 모습을 절대 보이지 않는다고 강해지지 않는다. 오히려 우리의 약점을 억눌러서 그 약점이 우리 안에 갇히게 만든다.

강인함이 오로지 내면에서 우러나는 것이 아니라 취약성을 드러내는 데서 비롯된다는 생각이 언뜻 보기에는 미국의 주류 문화인 강인한 개인주의에 반하는 것처럼 보인다. 우리는 누구에게도 의존하지 않고 자수성가한 남성(남성이 아니거나 백인이 아닌 경우는 드물다)의 성공 스토리에 열광하는데, 이를 통해 주변 환경이 아무리 열

어른이 되었어도 외로움에 익숙해지진 않아

악해도 혼자 힘으로 해낼 수 있다는 교훈을 얻는다.

하지만 이런 생각에 대해 지난 수 세기 동안 철학자들은 비판적 태도를 취해왔다. 1872년 프레드릭 더글러스Frederick Douglass는 자수성가한 사람에 관한 강연에서 "자의식에 찬 개성과 자만심에는 부합하지 않을지 모르지만, 사실 어떤 타고난 인격의 힘도, 어떤 큰 부와 독창성도 인간을 동료로부터 완전한 독립으로 이끌 수는 없다고 말해야 한다."라고 주장했다. 프랑스 외교관이었던 알렉시 드 토크빌은 미국의 개인주의가 '개개인이 영원히 자기 자신에게만 의지하고 고독한 자신의 마음에 갇힐 위험이 있는' 상황을 초래할 수 있다고 우려했다.

미국에서는 개인주의가 자연 질서처럼 보이기 때문에 개인주의를 부정하기 어려운 사람도 있지만, 인류학자 닉 윈더Nick P. Winder와 이사벨 윈더Isabelle C. Winder는 취약성 역시 마찬가지라고 주장한다. 두 사람은 취약성을 영장류 조상에게 물려받은 자산이라고 본다. 이들의 '취약한 유인원 가설'에 따르면 우리 조상들은 경쟁이 덜하고 자원이 많은 외딴 지역으로 이동하기 위해 작은 규모의 무리를 이루었기 때문에, 신체적으로 생존에 가장 적합한 사람만 살아남기에는 인구수가 너무 적었다. 신체적 '적자'가 나타날 만큼 유전적 다양성이 충분하지 않아서 자칫하면 전체 인구가 멸종될 위험마저 있었다. 이때 살아남은 사람은 가장 강한 사람이 아니었다.

바로 취약성에 가장 익숙한 사람들이었다.

관계를 형성할 줄 알고 필요할 때 그 관계에서 도움을 구할 수 있는 사람들이 살아남았다. 이들은 굶주려 음식이 필요할 때나, 피난처를 짓는 데 도움의 손길이 필요할 때 이런 사실을 숨기지 않고 드러냈다. 또 자신의 필요를 부정하지 않고 이를 사람들에게 알렸다. 살아남은 자들은 집단의 자원을 수확했기 때문에 어떤 개인도 특별히 적합하거나 강할 필요가 없었지만, 이를 통해 개개인이 어떤 '적자'보다 더 강해졌다. 취약성을 드러낸 유인원 조상들만큼 성공을 거두기 위해서는, 관계에 대해 연구하는 사회 과학 연구 분석가 캐슬린 드와이어Kathleen Dwyer가 내게 말해준 대로 행동해야 한다. "독립의 목적은 완전히 자율적인 존재가 되는 것이 아니라, 누군가가 필요할 때를 인식하고 필요한 것을 얻기 위해 그들에게 다가가는 방법을 아는 것이다."

고통을 공유하면 깊은 연결로 이어진다

나 역시 취약성을 인정하는 일이 항상 쉽지만은 않았다. 완전무결하면 사람들이 더 좋아해 줄 것이라고, 무결성을 추구하면 인상적이고 차분해질 수 있지만 취약성을 드러내면 나약해질 것으로 생각했던 적도 있었다. 이런 믿음이 나를 더 나쁜 친구, 더 나쁜 사람으로 만들었다. 중학교 때 한 친구가 주말마다 자기 아버지와 함께 놀이공원에 가자고 했던 적이 있었다. 우리 부모님은 놀이공원에 갈 돈을 주려고 하지 않았지만, 이 친구는 우리 집이 부자인 줄 알았기 때문에 나는 다른 할 일이 있다고 거짓말로 둘러대곤 했다. 완전무결하게 보이려다 보니 갈등이 생기면 아주 좋은 친구 관계를 끊기도

　　　어른이 되었어도 외로움에 익숙해지진 않아

했는데, 사과하려면 취약성을 드러내야 했기 때문이다. 중학교 때 나는 남자아이들 몇몇과 어울렸다. 우리는 지금은 기억이 거의 안 나지만 내 잘못이 틀림없었던 사소한 일을 놓고 크게 다툰 적이 있었다. 하지만 잘못을 인정하려면 취약성을 너무 많이 드러내야 했기 때문에, 대신 나는 반짝반짝 빛나는 새 친구들을 찾아냈다.

그 후로는 취약성을 더 잘 받아들이게 됐다. 심리학자가 되기 위해 공부하는 동안 취약성은 약점이 아니라 바람직하고 건강한 것으로 새롭게 인식됐다. 도움이 되긴 했지만, 이런 사실을 머리로 이해했다고 해서 취약성을 드러낸다고 생각하면 두렵고 긴장되고 위축되지 않는 것은 아니었다. 우리 뇌는 취약성을 드러내는 행동의 중요성을 이해하지만, 우리 몸이 그런 행동의 위험성만 이해한다면 어떻게 해야 할까?

나는 수강하는 심리학 강의 시간에 이 같은 불일치에 직면했다. 앞서 언급했듯이 이 강의에서는 사람들이 솔직한 이야기를 나누고 때로는 감정을 주체하지 못해 울음을 터뜨리는 일이 흔했다. 박사과정 3년 차 때로 기억하는데, 그때까지만 해도 나는 눈물을 보인 적이 한 번도 없었다. 하지만 그날이 내 운명의 날이었다. 내가 무슨 이야기를 했는지 기억도 나지 않지만 아마도 어린 시절에 관한 이야기였던 것 같은데, 내가 마지못해 눈물을 흘렸고 그 눈물을 다시 눈에 집어넣었으면 좋겠다고 생각했던 것만은 똑똑히 기억한다. 그때까지만 해도 나는 눈물을 보이지 않은 몇 안 되는 사람 중 하나라는 데 자부심을 느끼고 있었기 때문에, 그 다음 주에 내 행동과 동료 수강생들을 마주할 생각을 하니 두렵기만 했다.

다음 강의 시간에 교수님이 내게 지난주에 이야기를 한 기분이 어떤지 물었다. 나약하다는 느낌이 들고 모두가 나를 한심하게 볼까 봐 걱정했다고 말했던 기억이 난다. 그러자 동료 수강생들이 정반대 이야기를 들려주었다. 어려운 경험을 받아들이고 이를 공유하기까지 한 나를 용감하고 강인한 사람이라고 생각한다는 것이었다. 솔직히 당시에는 그 말을 믿지 않았다. 내 기분을 풀어주려고 그런 말을 하는 줄 알았다. 하지만 이제는 그 말을 믿는다.

취약성에 대한 두려움의 상당 부분은 취약성을 드러냈을 때 다른 사람이 나를 어떻게 볼지에 대한 부정확한 가정에 뿌리를 두고 있는데, 나는 '분명히' 그렇지 않다는 말을 듣고도 그런 가정을 버리지 못했다. 무결성에 대한 집착은 쉽게 사라지지 않는다. 이제 나는 취약성을 드러내면 다른 사람들이 내 진정성과 내 정직함을 알아보고 내게 더 친근감을 느낄 것이라고 스스로 상기시키려고 노력한다. 그들은 내가 걱정하는 만큼 나를 함부로 판단하지 않을 것이다. 연구광인 나는 이런 가정을 뒷받침하는 모든 연구 결과를 볼 때 내가 기분 좋아지려고 스스로에게 거짓말을 하는 것이 아님을 잘 안다. 취약성을 더 드러내고 싶다면 다른 사람이 나에게 어떻게 반응할지에 대해 보다 새롭고 친절한 가정을 할 필요가 있다(주도성 관련 장에서 배운 내용이다). '사람들이 내 취약성을 소중히 여기고, 그게 우리를 더 가깝게 만들어 줄 거야. 사람들이 나를 한심하게 보지 않고 용감하고 진실한 사람이라고 생각할 거야'라는 이런 가정은 일종의 훈련이다. 이런 말을 딱 한 번 스스로 해주는 것만으로는 두려움을 극복할 수 없다. 반복해서 스스로를 일깨워야 한다.

그 경험을 통해 나는 다른 사람이 우리를 어떻게 생각할지에 대한 가정의 많은 부분이 '우리가' 우리 자신에 대해 어떻게 생각하는지를 투영한다는 사실도 직접 목격했다. 사람들이 나를 나약하거나 한심하다고 생각할까 봐 두려웠던 것은 취약성을 드러낼 때 내가 나약하거나 한심하다고 느꼈기 때문이다. 취약성에 대해 가지고 있던 가정에서 벗어나야 한다. 나부터 내 마음을 공유하는 행동을 용기와 친밀감의 표시로 여길 수 있다면, 다른 사람도 그럴 것이라고 가정할 가능성이 더 커질 것이다.

샘은 어떻게 됐을까? 먼저 손을 내밀어 필요한 도움을 요청했을까? 그랬다. 실제로 그녀는 친구들과 함께 건강 모임을 시작했고, 매주 만나 건강의 한 가지 측면에 초점을 맞춘 뒤 함께 실천했다. 샘은 취약성에 초점을 맞춘 한 주를 이끌며 자신의 경험을 공유했다. 그리고 우정에 관한 책을 써서 취약성에 관한 좋은 소식을 다른 사람들에게 전했다. 샘은 무결점주의에서 회복 중인 상태다. 샘은 바로 내 이야기다.

내 무결점주의는 내 안에 내재한 알고리즘의 결함 탓이라고 생각한다. 그 알고리즘에는 '내 고통을 공유하면 창피를 당할 것'이라고 쓰여 있다. 그 알고리즘에 너무 많이 얽매이는 바람에 나는 다른 사람의 반응이 어떨지, 나를 실제로 어떻게 받아들일지 현실을 보지 못하고 살았다. 현실이 아닌 내 두려움에 발을 딛고 살았기 때문에 진정한 삶을 살지 못했다. 물론 스스로 취약성을 드러내고 난 뒤에는 비로소 이를 깨달았다. 때로는 과감하게 도전해야 할 때도 있다. 그리고 나를 사랑하고 인정하는 사람들에게 취약성을 드러낼 때마다 내 알고리즘의 버그가 조금씩 더 바로잡힌다. 이것이 바로 취약성의 힘으로, 우리 내면의 알고리즘의 '신성한 교정'을 가능하게 해준다. 마음을 여는 순간 치유가 시작될 뿐 아니라, 미래를 위한 더 큰 치유의 길로 달려 나갈 수 있다. 이제 나는 다른 사람에게 수치심과 두려움을 조금 덜 느끼게 됐다. 대신 조금 더 개방적이고 솔직하고 자유로워졌다. 취약성이 삶을 되돌려줄 수 있다고 말했는데, 내가 바로 그 첫 번째 증거물이다.

이제 나는 큰 고통과 큰 아픔, 큰 위기가 깊은 연결로 나아가는 문이라는 것을 안다. 아픔과 위기를 그대로 받아들이고, 취약성을 드러낸다면 말이다. 무결성을 고집하다가는 정체되고 소모되고 외롭고, 시인 메리 올리버가 "간신히 숨만 쉬면서 그것을 삶이라고 부른다."라고 했던 상태가 될 수도 있다. 결국 취약성 말고는 친구들에게 기대야 할 동기를 내게 부여한 것은 없었다. 덕분에 우리는 훨씬 더 가까워졌다. 평론가이자 편집자인 모건 젠킨스Morgan Jenkins는 "때로는 우리가 강하지 않을 때 사람들의 사랑하는 능력을 볼 수 있도록 그들이 우리를 사랑하게 내버려두는 것도 나쁘지 않다."라고 말했다. 하지만 이를 위해서는 나 스스로는 제공할 수 없고 다른 사람의 도움이 필요한 마음의 평화가 있다는 사실을 받아들여야 한다. 나는 여전히 변화하는 과정 중에 있고 삼키기 힘든 알약처럼 변화가 쉽지는 않지만, 더 많은 약을 삼킬수록 나는 더욱 큰 평화를 얻는다.

어른이 되었어도 외로움에 익숙해지진 않아

▶ 말하는 내용뿐 아니라 행동으로도 취약성을 표현하라. 목소리가 떨리면 떨리게 놔두라. 공유하는 것이 두렵다면 그렇다고 말하라. 눈물이 나기 시작하면 눈물을 흘려라. 그런 행동이 우리가 공유하고자 하는 내용이 얼마나 중요한지 전달해서 다른 사람들이 세심하게 받아들일 수 있게 해준다.

▶ 도움이 필요하면 믿을 만한 친구에게 도움을 청하라. 더 힘이 나고 우정도 깊어질 것이다.

▶ 취약성을 연습하는 법
  ■ 과잉 공유하지 마라. 과잉 공유는 사람들을 멀어지게 만들고 우리에게도 해롭다. 취약성은 우리가 누군가와 공유하는 신뢰와 애정의 상징이어야 한다. 신뢰하지 않는 사람에게는 속내를 감춰도 좋다.
  ■ 먼저 취약성을 드러내라. 친구가 먼저 그래 주기를 기다리지 마라.
  ■ 스스로 이렇게 상기시켜라.
    • 다른 사람들은 우리가 생각하는 만큼 우리의 취약성을 함부로 판단하지 않을 것이며, 오히려 우리를 진정성 있고 정직한 사람이며 긍정적으로 인식할 수도 있다.
    • 완전무결하려고 애쓴다고 약점이 없어지는 것이 아니며, 약점과 함께 존재하는 강점이 드러나지 못하게 될 뿐이다.
    • '내 고통을 공유하면 창피를 당할 것'이라고 가정한다면, 마음속 알고리즘에 결함이 있는 것일 수도 있다. 이를 바로잡는 가장 좋은 방법은 신뢰할 수 있는 사람에게 취약성을 드러내는 것이다.
  ■ 자기 연민을 연습하는 법
    • 자기 친절: 자기 자신을 너그럽게 이해하기(예:시험에 떨어졌어도 괜찮아. 정말 까다로운 시험이었으니까)
    • 마음 챙김: 고통스러운 생각과 감정에 과소 반응하거나 과잉 반응하지

않고, 균형 잡힌 반응 보이기(예:지금 나 슬픈 것 같아)

- 보편적 인간성: 자신의 경험을 더 큰 인간 경험의 일부로 바라보기(예: 누구나 실패할 때가 있잖아)

어른이 되었어도 외로움에 익숙해지진 않아

5장

진정성을 발휘하여
진짜 친구를 가리는 법

2014년 어느 봄날, 해나와 사라는 자동차 여행을 떠나기로 했다. 두 사람은 브루클린 카나시에 있는 그래픽 디자인 회사의 비좁은 사무실에서 만난 직장 동료 사이였다. 해나가 입사를 위해 헝가리에서 미국으로 취업 이민을 왔을 때 사라는 이미 회사에 다니고 있었다. 출근 첫날, 해나는 하늘거리는 흰색 튜닉 원피스 차림으로 사라에게 다가가 인사를 건넸다. 보헤미안 스타일의 해나와 달리 사라의 맞춤옷은 앤테일러 로프트 모델을 연상케 했다. 사라는 갓 다린 베이지색 스커트에 칠흑처럼 검은 스웨터를 허리에 두르고 있었다. 보석 박힌 목걸이와 질끈 묶은 머리가 의상을 돋보이게 했다. 옷차림뿐 아니라 태도까지 전문직 종사자 분위기를 물씬 풍기는 사라는 무뚝뚝하게 인사를 건넨 후 다시 일을 시작했다. 하지만 해나는 쉽게 포기하지 않았다. 사라에게 같이 점심을 먹자고 제안했고, 뜻밖에도 사라가 승낙했다. 몇 번 같이 점심을 먹은 후 두 사람은 금세 친구가 됐다.

사라는 사람들과 거리를 두는 데 익숙했지만, 해나와 친밀감을 쌓는 것이 싫지 않았다. 사라는 단정한 외모 뒤로 다른 사람과 함께할 때 느끼는 초조함을 감추고 있었다. 하지만 해나와 함께할 때면 편안한 옷을 입고 머리도 풀어 헤칠 수 있었다. 함께 떠날 자동차 여행을 통해 관계의 끈이 더 단단해지기를 사라는 바랐다.

여행이 시작됐을 때 해나는 기분이 썩 좋지 않았다. 얼마 전 연인과 이별해 의기소침해진 그녀는 사랑에 피로감과 절망감을 느꼈다. 사라와 함께하는 자동차 여행은 외로움을 털어내고 기분 전환을 할 반가운 기회였다. 95번 고속도로를 따라 남쪽으로 차를 몰아 버지니아로 향할 때 해나는 헤어진 남자친구에게 문자를 보내고 싶다고 털어놓았다.

"그 남자보다 좋은 사람을 만나게 될 거야." 사라가 말했다.

"그럴지도 모르지. 하지만 여전히 그 사람을 머릿속에서 지우기 힘들어." 해나가 고집을 부렸다.

두 사람의 실랑이는 계속 이어졌다. 사라가 해나에게 미련을 버리고 앞날을 생각하라고 권하면, 해나가 사라의 낙관론을 일축했다.

결국 사라가 쏘아붙였다. "진실을 받아들여야지. 그 남자는 너와 대화하고 싶어 하지 않잖아. 너와는 어떤 관계도 맺고 싶어 하지 않는다고. 그러니까 이제 잊어버려."

어른이 되었어도 외로움에 익숙해지진 않아

해나는 마음이 상했다. 귀가 먹먹할 정도의 침묵이 이어졌다. 사라가 여행 동안 들으려고 만든 플레이리스트를 이리저리 넘겨봤다. 렘브란트의 '네 곁에 있어줄게I'll be there for you[시트콤 〈프렌즈〉의 주제곡-옮긴이]'가 스피커에서 흘러나왔다. 사라가 다른 노래를 클릭했다.

그날 내내 두 사람은 잡담을 나눴지만, 앞서 한 말다툼이 머릿속을 맴돌면서 휴가를 망칠 지경에 이르렀다. 채터누가의 모텔에 도착했을 때 해나가 방을 따로 달라고 요청했다. 방에 들어간 해나가 침대에 걸터앉자, 침대 프레임이 들썩였다. 눈물이 뺨을 타고 흘러내려 꽃무늬 베갯잇을 적셨다. 텔레비전을 켜는데 문을 두드리는 소리가 들렸다. 사라였다. 문을 열기 전에 해나는 허겁지겁 이불로 얼굴을 닦아냈다. 방으로 들어온 사라가 말했다. "우리 사이에 있었던 일에 관해 얘기를 좀 해야 할 것 같아서."

사라가 먼저 시작했다. "전에 다른 동료인 타마라에게 이별 이야기를 털어놓고 나니까 기분이 나아졌다고 했지? 그런데 나한테 말하고 난 후로는 그런 말을 한 적이 없는 것 같네. 난 너를 도우려고 애써봐도 아무런 소용이 없나 봐. 내가 좋은 친구가 아니라는 생각이 들어."

"내 얘기를 털어놓았을 때 네가 해결책을 제시해주기를 기대했던 게 아니야." 해나가 대답했다. "그냥 내 말을 들어주기를 바랐을 뿐이지." 두 사람은 어느 정도 해결의 실마리를 찾았지만, 두 사람 사이에 벌어진 틈이 완전히 메워진 것은 아니었다.

여행을 시작한 지 일주일 만에 두 사람은 시카고에 도착했다. 둘은 시내 곳곳을 돌아다니며 시카고의 명물인 아치형 거울 조형물 빈에 비친 자신들의 모습을 바라보고, 네이비 피어에서 대관람차를 타고, 개럿 팝콘을 먹고 나서, 두툼한 피자 조각으로 배를 채웠다. 즐거운 하루를 보낸 뒤에 해나는 여행 내내 그 어느 때보다 사라와 가까워진 기분이 들었다.

하루가 끝나갈 무렵 두 사람은 공원을 가로질러 에어비앤비 숙소로 걸어가고 있었다. 새롭게 느낀 안정감 때문이었는지, 슬픔을 억누르는 데 지쳤기 때문인지, 아니면 둘 사이에 벌어진 틈의 마지막 부분을 메우기 위해서였는지 모르지만, 어떤 이유에서인지 해나가 최근 이별한 이야기를 다시 꺼냈다.

그러자 사라가 잠시 얼어붙은 듯 꼼짝하지 않고 있더니 심호흡을 한번하고는 말을 쏟아냈다. "네가 나한테 말할 때면 나는 하나도 중요하지 않은 것처럼 느껴져." 해나는 당황스러웠고, 이야기를 꺼낸 것을 후회했다. 해나는 도로 표지판을 힐끗 보며 숙소까지 얼마나 남았는지 가늠해봤다. 사람들 앞에서 이런 말다툼을 하고 싶지는 않았다.

"너는 너 자신밖에 모르고 네 얘기만 하느라 내가 어떤 상태인지 모르잖아." 사라가 말했다. 그 둘은 걸음을 멈추고 서로를 마주보았다.

"그건 정말 상처를 주는 말이네." 해나가 대꾸했다.

"왜 내 입장은 이해 못 하는지 모르겠어." 사라가 말했다.

하늘색 모자를 쓰고 공원을 맴돌던 사람이 두 사람의 싸움을 엿듣는 모습이 해나의 눈에 들어왔다. 사라의 목소리가 커지자 해나는 사람들이 더 모여들까 봐 걱정됐다.

어른이 되었어도 외로움에 익숙해지진 않아

"나는 솔직한 생각과 감정을 너와 공유하는 거야. 내가 가식적으로 행동하기를 바라니? 네가 진정한 내 친구라면 솔직하게 선을 그어주는 나를 자랑스러워해야지. 하지만 아니잖아. 헤어진 남자친구 얘기를 계속 되풀이하기만 하고. 그건 이기적인 짓이야." 사라가 소리쳤다. 전에 심리 치료를 받으면서 사라는 자신이 얼마나 만만한 사람이었는지, 얼마나 소극적이었는지, 기꺼이 자신의 필요를 희생하면서 다른 사람의 필요에 따르려 했는지 깨달았다. 더는 아니었다. 하늘색 모자를 쓴 남자가 같은 자리를 맴돌며 두 사람을 흘긋거리다 해나가 노려보자, 고개를 돌렸다.

해나는 그냥 돌아서는 것 말고는 달리할 수 있는 일이 떠오르지 않았다. 걸어가는데 뒤통수로 욕설이 날아들었다. 두 사람 사이에 벌어진 틈은 봉합되기는커녕 완전히 찢어져 버렸다. 그 뒤로 이들의 우정은 결코 완전히 회복되지 못했다.

사라는 그날 교훈을 얻었다. 사람들과 가까이 지내고 싶으면 가식적으로 행동해야 한다는 것이다. 솔직하게 말하는 것보다는 만만한 사람 취급당하는 편이 나았다. 자신의 진짜 감정을 공유하고 분노를 표출하면 사람들은 도망가 버린다. 진정성은 과대 평가됐다. 그렇지 않은가?

진정성이란 무엇인가?

고대 그리스인들이 진정성을 정의한 방식과 오늘날 사회 과학자들이 진정성을 정의하는 방식에는 일맥상통하는 부분이 있다. 그리스인들이 진정성을 언급한 유명한 문구가 있다. '너 자신에게 진실하라To thine own self be true'는 것이다. 후대에 심리학자 수전 하터Susan Harter가 내놓은 정의는 더 구체적이다. '생각과 감정, 필요, 바람, 선호, 믿음 등 개인적인 경험을 자각'하고 '내면의 생각과 감정과 일치하는 방식으로 자신을 표현하면서 진정한 자아에 부합하게 행동'하는 것이다.

하지만 '진정한 자아'란 무엇일까? '진정한 자아'가 무엇인지 명확한 정의를 내리지 않고 이를 중심으로 진정성을 논하는 것은 위험하다. 본뜻과는 달리 사람들이 파괴적인 행동을 '진정한 자아'의 반영이라고 쉽게 정당화할 수 있기 때문이다. 친구가 내게 머리 모양이 형편없다고 말해놓고는 '그냥 솔직하게 말했을 뿐'이라고 둘러대는 경우가 바로 그런 예다. 내가 프레젠테이션을 끝내자 묻지도 않았는데 "사람들 앞에서 말하는 연습 좀 해야겠다."라고 충고하는 친구도 마찬가지다. 공원에서 지나가는 사람이 듣고 있는데도 왜 자신의 솔직한 생각을 받아들이지 못하냐며 소리를 지르는 친구 역시 마찬가지다. 사람들은 못되게 굴어놓고 그 변명으로 진정성을 앞세운다.

그렇다면 진정성을 어떻게 정의해야 할까? 연구 결과들을 꼼꼼히 살펴보니 한 가지 패턴이 보였다. 예를 들어 한 연구에서 사람들은 열린 마음으로 이해해주는 사람과 함께 있을 때 자신이 가장 진정성이 있다고 느낀 반면, 다른 사람이 자신을 함부로 판단할 때는 자신도 진정성이 없다고 느낀다고 응답했다. 기쁘거나 평온하거나 사랑이 넘쳐 기분이 좋을 때는 진정성이 있다고 느끼지만, 불안하거나

어른이 되었어도 외로움에 익숙해지진 않아

스트레스를 받거나 우울해서 기분이 좋지 않을 때는 진정성이 없다고 느낀다. 사람들은 모든 심리적 욕구가 충족될 때, 자신이 유능하다는 느낌과 함께 소속감과 자존감이 높아질 때 자신이 가장 진정성이 있다고 느낀다.

이 연구는 무엇이 진정성이고 무엇이 진정성이 아닌지 보여준다. 진정성은 상처받았을 때 반사적으로 쏟아내는 반응이 아니다. 다른 사람은 완전히 무시하고 우리의 생각과 기분을 거칠게 표현하는 것도 아니다. 비난하고 무시하고 공격하는 행동은 진정성이 있다기보다는 '성숙하지 못한' 것이다.

대신 진정성은 안정감 속에서 꽃을 피운다. 진정성은 우리가 방어 기제에 휘둘리지 않을 때 도달하는 존재의 상태다. 주의가 산만하거나, 동시에 이일 저일 기웃거리거나, "잘 지내요?"라는 질문에 습관적으로 "괜찮아요."라고 대답하는 등 자동 조종 모드처럼 말할 때는 진정성이 없다. 진정성은 위협과 비난, 거절, 무시에 직면하더라도 방어 기제를 발동해야 할 필요를 느끼지 않고 안정감을 느낄 때 생겨난다. 진정성은 자극에 유발되지 않고 세상에 어떤 모습으로 나타나고 싶은지 수동적이 아닌 의도적인 결정을 내릴 수 있을 때 우리의 모습이다.

이 정의를 좀 더 자세히 설명해보겠다. 우리는 종종 관계나 자존감이라고 여기는 것들을 위해, 또는 애착 이론의 창시자 존 볼비의 말처럼 "다른 사람에게 할 수 없는 말은 자신에게도 할 수 없다."는 생각으로 자신의 진정한 감정과 거리를 두곤 한다. 우리를 버린 친구가 그립다고 인정하는 대신 친구가 떠나도 상관없다고 말한다. 친구가 놀려서 상처받았다고 솔직히 말하는 대신 너무 예민하게 구는 것 아니냐며 스스로를 나무란다. 어린 시절부터 알고 지낸 친구에게 흥미를 잃었다는 사실을 인정하는 대신 모든 것이 괜찮다고 되뇐다. 자연스러운 감정을 왜곡하고 대신 이를 정당화하거나 합리화하거나 무시한다. 그러나 진정성은 친구가 우리를 버리면 거절당했다는 기분을 느끼고, 친구가 놀리면 상처받고, 어린 시절 친구와 더는 어울리지 못하겠다고 느낄 수 있어야 한다. 진정성은 내적으로 정직한 상태다. 진정성은 우리가 자기 보호를 위해 만들어낸 이런 방어 기제 아래에 있는 우리의 본모습이다.* 이런 방어 기제를 제거했을 때 우리가 관계를 소중히 여기는 사랑 넘치는 존재임을 알게 된다.

그렇다면 내가 말한 개념에서 언급한 진정성 있는 자아 즉 '진정한 자아'는 우리의 일상적인 자아가 아니다. 진정성이 있을 때 우리는 원초적 방어 기제를 배제함으로써 자극에 유발된 자아가 아닌 최상의 자아에 도달한다. '진정한 자아: 자아와 구별되는 심리학 개념'이라는 연구를 수행한 니나 스트로밍거Nina Strohminger와 조슈아 노브Joshua Knobe, 조지 뉴먼George Newman은 사람들이 진정한 자아를 어떻게 바라보는지 알아보기 위해 연구 결과들을 살펴봤다. 그 결과 사람들이 자신과 타인의 진정한 자아를 모두 도덕적이고 선하다고 본다는 사실을 발견했다. 예를 들어 누군가가 긍정적인 특성을 개발

---

* 진정성에 대한 나의 정의에 동의하지 않는 일부 심리학자들은 진정성이 실제로 존재하지 않는다고 말한다. 자세한 내용은 로이 바우마이스터Roy F. Baumeister의 글 〈진정성의 정글에서 진정한 자아를 찾아: 문제, 모순, 불일치, 우려스러운 발견, 그리고 가능한 해법〉를 참고하라.

하면 자신의 진정한 본성을 발견하는 것으로 받아들여진다. 저자들은 "아무리 다른 사람을 나쁘게 보려 해도 마음속 깊은 곳에서는 그 사람을 나쁘게 보고 싶어 하지 않는다."라고 지적했다.

우리는 좋아하는 영화 속에서 진정한 자아와 더 높은 자아가 합쳐지는 모습을 본다. 〈크리스마스 캐럴〉의 결말 부분에서 욕심 많은 스크루지가 인색한 태도를 버리고 꼬맹이 팀이 치료받을 수 있게 그의 아버지에게 돈을 주기로 했을 때, 우리는 이 인정 많은 사내가 처음부터 진짜 스크루지였음을 느끼며 가슴이 따뜻해지는 것을 느낀다. 애니메이션 〈그린치〉의 주인공 그린치는 마을의 크리스마스 선물을 전부 훔치지만, 중요한 것은 선물이 아니라며 여전히 크리스마스를 즐기는 마을 사람들을 바라보면서 심장이 세배나 더 크게 부풀어 오른다. 그는 훔친 선물이 가득 실린 썰매가 산밑으로 굴러떨어지려는 것을 목숨을 걸고 막아낸 다음 상심한 마을 사람들에게 선물을 돌려준다. 크리스마스 저녁 식사를 나누면서 그린치는 크리스마스가 정말로 싫지는 않았다고 고백한다. 덩그러니 혼자 남은 것이 싫었을 뿐이다. 이 악당들이 마음속에 간직한 선량함을 드러내기 위해 필요로 했던 것은 자신의 상처와 마주하는 것뿐이었다는 생각이 든다.

어쩌면 악당들은 우리가 생각하는 것보다 더 우리와 비슷할지도 모른다. 어쩌면 사랑받고 받아들여진다고 느끼면 그린치처럼 우리도 모두 '진짜 자신'이 되고, 우리가 쓰고 있던 가면이 가을 나무에서 떨어진 앙상한 낙엽처럼 바닥에 나뒹굴 수도 있다. 불안감과 마음의 응어리, 트라우마가 악당뿐 아니라 평범한 나머지 우리 모두의 더 나은 본성을 가로막고 있다면 어떨까? 불안감이 우리의 진정성 있는 최상의 자아를 가로막고 있을까?

진정한 나를 발견하는 방법

여러분은 방에서 간단한 컴퓨터 작업을 막 끝냈다. 연구자가 텔레비전에 나오는 리앗이라는 여성을 보라고 지시한다. 리앗은 옆방에서 연구에 참여하고 있다. 그녀는 TV 쇼 〈피어팩터Fear Factor〉 같은 일련의 끔찍한 작업을 완수해야 한다. 여러분은 그녀가 심하게 불구가 된 사람들의 사진을 보며 움찔하고, 얼음물에 손을 넣은 채 떨리는 손을 계속 담그고 있고, 살아 있는 쥐를 쓰다듬는 모습을 지켜본다. 이제 연구자가 그녀에게 살아 있는 타란툴라[독성이 있는 대형 거미류-옮긴이]를 손으로 문지르라고 지시를 내린다. 연구자는 눈이 여덟 개나 되고 다리에는 털이 덥수룩한 이 생명체를 유리에서 꺼낸다. 연구자가 쿡쿡 찌르자, 거미가 다리를 몇 개 움직인다. 의심의 여지없이 살아있다. 리앗은 거미에게 더 가까이 손을 뻗다가 물러선다. "더는 못하겠어요. 다른 사람이 할 수 있을지도 모르겠네요."라고 그녀가 말한다. 그녀가 말하는 '다른 사람'은 바로 여러분이다.

실험자가 리앗의 방을 나와 여러분의 방으로 돌아온다. 그는 여러분이 리앗에게 얼마나 연민과 공감하는지 평가하고 그녀를 대신할 의사가 있는지 묻는 설문지를 여러분에게 건넨다. 그런 다음 여러분과 얼굴을 맞대고 직접 질문을 던진다. "리앗을 대신할 생각이 있나

어른이 되었어도 외로움에 익숙해지진 않아

요?" 타란툴라를 쓰다듬는 일뿐 아니라 바퀴벌레가 기어다니는 검은 봉지에 손을 넣는 것을 비롯해 남은 다른 일도 대신 해야 한다. 어떻게 할 생각인가?

만약 여러분이 이 연구의 참가자들과 비슷하다면, 여러분의 반응은 실험 초반에 해야 했던 컴퓨터 작업에 달려 있다. 작업을 수행하는 동안 여러분은 불과 0.02초 동안 화면을 스치고 지나간 단어들을 통해 무의식적으로 점화[앞서 경험한 자극이 뒤따르는 다른 자극에 무의식적으로 영향을 미치는 현상―옮긴이]됐다. 단어들은 여러분이 가장 안정감을 느끼는 사람, 위급 상황에서 의지하는 사람, 가까운 사람, 지인 등 전부 사람 이름이었다. 이러한 점화의 목적은 위급 상황에서 의지할 사람의 이름으로 안정감을 유발해서, 유발된 안정감이 공감과 연민, 희생 의지에 미치는 영향을 조사하는 것이었다.

옴리 길라스 캔자스대학교 교수와 동료들도 안정감이 진정성과 관련이 있는지 확인하기 위해 비슷한 안정감 점화를 사용했다. 이들은 관련 없는 컴퓨터 작업에 참여한 사람들에게 안정감을 느끼는 사람의 이름을 보여줘 무의식적으로 점화시키는 대신, '사랑'이라는 단어(또는 중립 조건에서는 '의자'라는 단어)를 0.022초 동안 보여주었다. 사랑이 점화되자 참가자들은 더 높은 비율로 진정성을 느꼈다고 응답했다. 연구자들은 또한 참가자들에게 누군가 가까운 사람이 곁에 있어 주고 지지해주고 애정을 보인 적이 언제인지 기억해보라고 요청했고, 중립 조건에서는 슈퍼마켓에 갔던 일을 떠올려보라고 요청했다. 안정감이 드는 경험을 의식적으로 기억해내는 것만으로도 참가자들은 더 높은 비율로 진정성을 느낀다고 응답했다.

나는 진정성이 가장 친절한 최상의 자아를 불러일으키기 때문에, 친구를 사귀고 지키려고 노력할 때 진정성이 가치 있는 목표가 된다고 주장해왔다. 길라스의 연구는 안정감이 이런 진정성 있는 자아를 불러일으킨다는 사실을 보여준다. 안정감이 진정성을 낳고 진정성이 친절함을 만들어낸다면, 안정감이 친절함의 비결일까?

리앗 실험의 경우 안정감이 점화된 사람들이 그녀에게 더 연민과 공감한 것은 물론 기꺼이 그녀를 대신하겠다고 응답한 비율도 더 높았다. 알고 보면 우리도 스크루지나 그린치와 크게 다를 게 없었다. 우리의 배려 역시 불안감으로 인해 방해받는다. 스콧 배리 카우프만은 《트랜센드: 최고의 마음은 어떻게 만들어지는가》에서 매슬로우의 '자아실현' 개념을 깊이 파고들었는데, 이는 내가 진정성을 정의하는 방식과 유사하다. "매슬로우는 생활의 존재 영역(줄여서 B영역)이 흐린 렌즈를 맑은 렌즈로 교체하는 것과 같다고 주장했다. 두려움, 불안감, 의심이나 현실에서 무언가를 요구하려는 끊임없는 욕구 대신 자신과 타인을 더 수용하고 사랑하게 된다."라고 카우프만은 주장했다. 따라서 진정성의 비결은 안정감이다.

불안을 느낄 때 우리는 종종 자신의 고통에 사로잡히는 바람에 다른 사람을 배려할 여력이 부족해진다. 사라는 해나의 슬픔에 압도된 나머지 해나의 고통을 인정하는 데 어려움을 겪었다. 만약 내가 파슬리를 썰다가 검지손가락을 벴는데 이웃이 와서 두통 때문에 힘들다고 불평하면, 피 흘리느라 너무 바빠 말을 들어줄 틈이 없다고 말하지 않을까.

관계에서 우리가 보이는 행동은 대개 한편으로는 우리 자신을 보호하고 다른 한편으로는 관계를 보호하는 행동의 연속선상에 놓여 있다. 거절이나 피해로부터 스스로를 보호하기 위해 우리는 물러서거나, 관계를 평가 절하하거나, 경쟁적이거나 지배적인 행동을 하지만, 그렇게 함으로써 관계에 상처를 입는다. 관계를 보호하기 위해 상대방의 요구를 수용하거나, 상대방을 위해 뭔가를 해주거나, 상대방을 지지하지만, 그렇게 함으로써 착취나 거절에 더 취약해진다. 자기 보호 모드에 들어가면 우리는 반反관계 모드가 된다. 관계 모드에 들어가면 우리는 무방비 상태가 된다. 불안정한 사람은 '자기 보호' 모드를 맴돌기 때문에 관계에서 어려움을 겪는다. 이들은 자극에 유발되면 자신만 생각하고 상대방은 생각하지 못한다.

진정성을 드러내는 행위의 본질은 더욱 안정감을 느끼는 것이다. 그리고 진정성 있는 사람은 안정감이라는 단단한 토대를 느끼면서 우리 모두의 내면에 잠재된 공감과 배려를 발견한다. 연구 결과에 따르면 실제로 진정성은 죄책감을 느끼지 않고 나쁜 행동을 할 수 있는 능력을 뜻하는 도덕적 해이(어차피 이런 모습은 진짜 우리가 아니다)가 덜한 것과 관련이 있는 것으로 밝혀졌다. 비난의 두려움을 크게 느끼지 않고 안정감을 느낄 때 본연의 진실하고 선한 자아가 드러나기 때문에, 진정성은 우리에게 친구를 선사해준다. 사회생활에서 불안을 느끼는 실험 참가자들에게 어색한 말을 하지 않으려고 입을 다물고 있거나, 반대로 어색한 침묵을 피하려고 횡설수설 떠들어대는 등 거절을 피하고자 평소에 하는 안전 행동을 '하지 말아 달라고' 요청한 한 연구를 살펴보자. 이런 행동을 그만둔 실험 참가자들과 만난 사람들은 이들과 대화를 나누고 친구가 되고 싶은 마음이 더 든다고 응답했다. 이는 참가자들이 거절을 피하려고 허둥대는 대신 더 솔직하게 말하고, 더 많은 관심을 보이고, 더 적극적으로 몰입하는 등 현재에 더 집중했기 때문이다.

이처럼 진정성이 주는 많은 이점을 고려할 때, 진정성이 우정에 대한 만족도를 높이고 외로움을 줄이는 것과 관련이 있다는 연구 결과가 나온 것도 당연하다. 그런데도 여전히 많은 사람이 호감을 사기 위해서는 다른 사람이 돼야 한다는 오해에 사로잡혀 있다. 이것이 바로 메가 베스트셀러《데일 카네기 자기관리론》이 암시하는 메시지다. 저자 데일 카네기는 우리에게 상대의 호감을 사라고 권한다. 사람들에게 미소 짓고, 이름을 부르고, 사람들이 자기 이야기를 하게 해서, 자신이 중요한 사람이라고 느끼게 하라는 것이다. 그 자체로는 나쁜 조언이 아니지만 교묘한 방법이다. 호감을 사려는 의식적인 행동 대신 우리는 안정감을 키우는 내면의 노력을 통해 따뜻한 행동이 저절로 흘러나오게 해야 한다.

카네기가 관계 구축의 수단으로 호감을 사는 행동을 권하면서 놓친 것은 진정성이 결여되면 우리의 자연스러운 빛을 가려 우정을 해칠 뿐 아니라, 거짓 행동에 따른 심리적 대가도 치러야 한다는 사실이다. 제임스 볼드윈의 지적처럼 우리는 "가면이 없으면 살 수 없을까 봐 두려워하지만, 가면 속에서는 살 수 없다는 사실을 알고 있다."는 것이다. 진정성 결여는 우울증, 자존감 저하와 관련이 있다. 다른 연구에 따르면 진정성 결여의 영향은 더 심각해서, 우리가 부도덕하고 불결하다고 느끼게 만든다. 이 연구의 참가자들은 언제 자신이 가식적인 행동을 했는지 적고 난 후에 죄책감을 더는 방편으

어른이 되었어도 외로움에 익숙해지진 않아

로 치약이나 유리 세정제, 욕실 소독제 같은 청소용품에 대한 구매욕이 더 강해졌다고 응답했다. 취약성 관련 장에서 살펴봤듯 우리의 본모습을 억누르는 행동은 힘겨운 일이다. 나와 상담한 내담자 중 한 사람이 표현한 것처럼 이는 '풍선을 물밑으로 가라앉히려고 애쓰는' 것과 같다. 결국 우리의 진정한 자아가 비집고 나와 우리를 안다고 생각했던 친구들을 혼란스럽게 만들 것이기 때문이다.

하지만 진정성을 숨길 필요도 있지 않냐고 반문할 수도 있다. '친해진다'는 것이 다 그런 것 아닐까? 우울한 상태에서 새로운 사람을 만나려면 먼저 기운을 좀 차려야 한다. 친구의 친구가 영 마음에 들지 않아도 예의 바르게 행동해야 한다. 친구들과 떠난 스키 여행에서 슬로프가 겁이 나 숙소에 숨고 싶어도 친구들을 위해 어쨌든 스키를 타야 한다.

하지만 나는 다른 사람을 배려한다고 가식적인 행동을 할 필요는 없다고 반론을 제기하고 싶다. 진정성은 항상 우리가 원하는 대로 행동하거나 우리 생각과 기분을 표현한다는 뜻이 아니다(그것은 성숙하지 못한 태도다). 진정성은 수동적이기보다는 적극적으로 반응하고, 원초적이기보다 의도적으로 행동한다는 뜻이다. 자극에 유발돼 우리의 본모습을 가리는 행동을 하기보다는 우리의 참모습을 드러내는 행동을 선택하는 것이다. 이를 위해서는 상황에 따라 다른 사람을 배려할지 우리 자신을 배려할지 결정할 수 있는 여유를 가져야 한다.

예를 들어 친구의 자녀가 아이비리그 대학교에 합격했지만, 우리 아이는 불합격했다고 가정해보자. 질투심을 느낄 수밖에 없다. 진정성 없는 행동이란 친구에게 브라운대학교가 아이비리그에서 최하위권이라고 말하는 것처럼, 질투심으로부터 자신을 보호하기 위해 방어 기제를 발동한다는 뜻이다. 반면 진정성은 질투심을 표현하는 것처럼 보일 수도 있고('네 아이 일은 정말 기쁘지만, 내 아이의 불합격이 여전히 슬퍼서 힘들어'), 아니면 질투심보다 친구 일을 기뻐해 줄 필요가 더 우선이라는 것을 인식하고 축하하고 기뻐해 주는 것일 수도 있다. 진정성은 다른 사람의 필요와 우리의 필요 균형을 맞추는 방식으로 의도를 가지고 행동하는 것이다. 이에 대해서는 나중에 더 자세히 살펴보겠다.

방어 기제에 휘둘리지 않을 때, 수동적이지 않고 적극적으로 반응할 때 우리는 다른 사람에게 더 유연하게 적응할 수 있게 되며, 바로 이 때문에 진정성이 우리 자신과 다른 사람을 보살피는 데 도움이 된다. 우리 자신, 우리의 감정과 필요, 그리고 우리가 배려하는 이유를 잘 파악하고 있으면 배려가 진정성 결여라고 느껴지지 않는다. 진정성 결여가 배려심 부족으로 이어지는 이유는 진정성이 부족하면 감정 조절이 더 어려워지고 이 때문에 다른 사람을 배려하는 일이 더욱 힘들어지기 때문으로 연구 결과 밝혀졌다. 두려움 때문에 또는 아무 생각 없이 다른 사람을 배려할 때 진정성이 결여됐다는 느낌이 고개를 든다.

우리의 가장 진실한 속마음은 친절하고 사랑이 넘치고 매력적이며 배려심이 넘친다. 친구를 사귀려고 다른 사람이 될 필요는 없다. 하지만 쉽지 않다는 사실은 나도 인정한다. '나답게 행동하라'는 진부한 조언을 들으면 나는 순식간에 서는 법조차 잊어버리곤 한다.

내가 보통 팔짱을 끼었나 아니면 팔을 늘어뜨렸나? 주머니가 있어서 천만다행이네. 진정성 있게 행동하는 법을 알아내기 위해 나답게 행동하라고 말하는 데서 한 걸음 더 나아가 이 말이 무슨 뜻인지 설명해보려 한다. 이를 위해 거듭된 비극을 견뎌내고 자신의 참모습을 발견한 애덤마 존슨의 이야기에서 단서를 찾아볼 것이다.

방어 기제에 휘둘리지 않으려면

애덤마 존슨은 가장 친한 친구 빅토리아에게 버림을 받았다. 빅토리아는 애덤마와 디즈니 월드로 자동차 여행을 다녀오고 라스베이거스 여행도 함께한 사이로, 애덤마가 한 번도 싫증을 낸 적이 없는 친구였다. 빈티지 의류 사랑을 함께 나누고 어린 시절 영화 〈꼴찌 마녀 밀드레드〉에 푹 빠졌던 친구였다. 애덤마가 "빅토리아의 피부밑으로 들어가고 싶다."라고 말할 만큼 두 사람은 둘도 없이 친한 사이였다. 하지만 바로 거기에 문제가 있었다. 빅토리아는 애덤마가 자신의 삶을 침범한다고 느꼈다. 빅토리아의 친구가 애덤마의 친구가 됐고, 빅토리아가 다니는 교회가 애덤마의 교회가 됐다. 심지어 빅토리아가 베이비시터로 일했던 부모가 애덤마를 고용하기도 했다. 빅토리아에게는 공간이 필요했다.

빅토리아는 과거의 경험 때문에 다른 사람에게 휘둘린다는 느낌에 민감했다. 애덤마와 빅토리아가 항상 친했던 것은 아니다. 사실 한때는 서로를 미워하기도 했다. 둘 다 얼간이 데니스 한 사람과 사귀었는데, 데니스는 두 사람에게 각각 다른 쪽이 집착하는 친구라고 주장했다. 데니스는 애덤마와 빅토리아를 함께 초대해 드라마 〈버피 더 뱀파이어 슬레이어〉를 보곤 했는데, 그때마다 두 사람은 서로 상대를 투명 인간 취급했다. 데니스는 두 사람에게 각각 언젠가 자신의 유일한 사랑이 될 것이라고 약속했다. 두 사람은 어리고 취약하고 사랑받기를 원했기 때문에 시간과 사랑, 자존심까지 모든 것을 주고 또 주었다.

결국 애덤마는 의심이 들기 시작했다. 빅토리아가 정말 데니스의 친구일까? 그렇다면 왜 항상 그의 곁에 있는 걸까? 애덤마는 빅토리아에게 인스턴트 메시지를 보냈다. 그동안 데니스와 주고받은 메시지를 서로 맞춰보고 나서야 둘 다 속았다는 사실을 깨달았다. 데니스는 자신의 행방에 대해, 함께할 미래의 계획에 대해, 그리고 다른 쪽과는 순수한 친구 사이일 뿐이라며 똑같은 거짓말을 두 사람에게 몇 번이고 되풀이했다.

데니스라는 공통의 트라우마가 강렬한 유대감의 출발점이 됐다. "빅토리아도 그 해로운 관계 안에 있었기 때문에 그 관계가 어땠는지 아는 유일한 사람이었어요. 저는 '트라우마 유대감'이라는 말을 가볍게 쓰지 않습니다. 열여덟 살부터 스물두 살 사이의 이 끔찍한 시기에, 자신이 어떤 사람이고 어떻게 살아야 할지 알아내려고 발버둥 치는 이때 이런 일을 겪는다는 것이 얼마나 중요하고 성장에 영향을 미치는지 우리 둘 다 알 수 있었어요. 우리가 어떤 경험을 했는지, 그리고 해롭고 건강하지 못한 관계를 떠나놓고도 그리워하고 동경하고 또 내가 선택받지 못했다는 상실감에 빠지는 것이 어떤 기분인지 우리 둘 다 이해할 수 있었어요." 애덤마의 회상이다.

이처럼 불안할 만큼 강렬했던 우정이 깨지기까지는 몇 년의 시간이 걸렸다. 공간이 필요하다는 빅토리아의 말을 듣기 쉽지 않았지만, 애덤마는 놀랍도록 잘 받아들였다. "무슨 말인지 알겠어, 왜 그러는지 알겠다고. 그래 네가 원하는 대로 해줄게, 공간을 좀 내어줄게, 뭐 그런 기분이었어요." 애덤마는 몇 번이나 빅토리아에게 전화를 걸고 싶은 충동을 느끼고 전화기를 들었다가 결심을 떠올리며 마음을 고쳐먹곤 했다.

애덤마 같은 처지에 있는 사람 중 상당수는 그런 상황을 그리 잘 받아들이지 못할 수 있다. 빅토리아의 요구가 자신에게 부정적으로 작용할 수 있는 상황에서도 상대의 관점을 수용한 애덤마의 능력은 감탄스러울 정도다. 이처럼 한 걸음 물러나 자신의 필요와 타인의 필요를 함께 고려하는 관계 맺기 방식을 '상호성mutuality'이라고 부르는데, 이는 강인한 자아와 안정애착, 그리고 당연히 진정성을 나타내는 명백한 신호다. 실제로 갈등을 처리할 때 진정성은 더 큰 상호성과 관련이 있는 것으로 연구 결과 밝혀졌다. 또 다른 연구에서는 사람들이 자신이 가장 진정성이 있었다고 말한 순간에 독립성과 타인과의 유대감이 모두 높았다는 사실이 밝혀졌는데, 이는《마음을 어떻게 비울 것인가》의 저자 스캇 펙이 '서로 정직하게 소통하는 법을 배우고, 냉정한 가면을 벗어던지고 더 깊은 관계를 맺고, 기쁨도 슬픔도 함께하고, 서로를 기뻐하고 다른 사람의 일을 내 일처럼 여기기 위해 헌신하는' 사람들로 이루어진 집단이라고 정의한 '공동체'의 개념에 부합한다.

안정감이 있는 사람들에게는 상호성이 자연스럽게 따라온다. 그러나 불안정하고 자극에 유발된 사람들이 진정성 있는 관계 맺기 방식에 접근할 수 있도록 조언하자면, 뜻밖에도 가장 자연스러운 충동이야말로 '방어 기제'일 가능성이 높고 진정성은 방어 기제가 없을 때 나타나는 우리의 모습이므로 이런 충동에 탐닉하지 않게 자제하라는 것이다. 방어 기제는 위협적으로 느껴지는 대상에 대한 관심을 줄이고 거리를 두기 위해 사용하는 전략이다.

예를 들어 애덤마는 빅토리아에게 거절당했다고 느꼈을 가능성이 있다. 만약 애덤마가 불안애착을 가지고 있다면 이런 감정을 인정하는 대신 어쩌면 비난의 방어 기제를 발동하거나 "네 삶으로 나를 끌어드린 건 바로 너잖아."라며 피해자 행세를 할 수도 있다("어떻게 나한테 이럴 수 있어?"). 만약 애덤마가 회피애착의 소유자라면 신경 안 쓰는 척할 것이다("그럼 엿이나 먹어."). 이런 방어 기제들은 거절당했다는 불편한 느낌으로부터 자신을 보호한다. 방어 기제는 스스로 불안감을 느끼지 않으려고 친구의 성공을 무시하는 친구, 존재감을 확인하기 위해 친구들이 함께 식사하는 장소를 항상 자신이 골라야 하는 친구, 불안감을 피하고자 오랜 친구 사이에 생긴 문제를 거론하기보다는 그냥 관계를 끊어버리는 친구에게서 발견된다. 친구들에게 억지를 부릴 때 방어 기제가 작용하고 있을 가능성이 있다. 우리는 자신의 감정에서 벗어나려고 다른 사람에게 상처를 입힌다. 진정성은 방어 기제 아래 가려진 감정을 느끼면서 있는 그대로를 인정하는 것을 의미하므로, 방어 기제가 필요하지 않다. 진정성은 위협적인 감정으로부터 스스로를 보호하기 위해 가식적으로 행동하는 대신 위협적인 감정의 실체를 인정하는 것이다.

방어 기제는 반사적으로 작동하기 때문에 진짜처럼 느껴질 수 있지만, 단어의 정의에서 알 수 있듯 방어 기제는 위협적인 느낌에서 벗어나기 위해 현실을 모호하게 만드는 수단이다. 우리에게는 감당해야 할 고통이 있지만, 이 고통을 인정하는 대신 방어 기제를 선택하면 고통을 부정하거나 축소하거나 투사하는 행동을 하게 된다. 이런 방어 충동은 우리 자신만을 생각하는 것은 물론, 다른 사람들이 자신의 필요를 잊고 우리의 필요를 충족시킬 수 있게 이들을 통제할 것을 요구하기 때문에 관계에 파괴적인 영향을 미친다. 방어 충동은 우리에게 스스로를 보호하라고 말하는데, 이는 종종 관계를 보호하는 행동과 상충한다. 이것이 바로 사라가 해나에게 한 행동이다. 우리 손가락에서 피가 나면 다른 사람을 배려할 여력이 없다. 그래서 앰뷸런스에 타기 위해 사람들을 밀어제쳐야 하는 상황이라면 그렇게라도 할 것이다.

마음 챙김 연습

직무 훈련을 받는 동안 나는 살면서 가장 의미심장한 질문을 받았다. '가장 불편하게 느끼는 감정이 무엇인가요?' 나는 무력감이라고 대답했다. 그 순간 무력감을 피하고자 사용했던 방어 기제들이 머릿속을 스치고 지나갔다. 생산성을 높이기 위해 나는 일을 너무 많이 하고 휴식은 너무 적게 취했다. 예상치 못한 청구서를 받아 들면 내 힘으로 충분히 막을 수도 있었다는 후회 때문에 필요 이상으로 스트레스를 받았다. 이런 두려움은 내 우정에도 악영향을 미쳤다. 친구가 우울하다고 말했을 때 슬퍼하게 내버려 두는 대신 나는 바로 심리 치료사를 소개받고 싶은지 물었다. 자신의 일을 몹시 싫어하면서도 직업을 바꿀 생각을 안 하는 친구를 비난한 것은 내 무력감을 자극했기 때문이다.

무력감을 피하려고 내가 한 일들이 나를 지치게 했다. 하지만 내게는 다른 선택지가 있었다. 우리 모두 마찬가지다. 두려운 감정을 그대로 '느끼고' 견뎌내면, 장담컨대 그 감정은 사라진다. 마음 챙김을 통해 방어 기제가 보호를 위해 어떻게 불쑥 끼어드는지 느끼면, 방어 기제를 버리고 더욱 진정성 있는 사람이 될 수 있다. 한 연구에서 연구자들은 사람들의 진정성과 마음 챙김을 평가했다. 몇 주 후 이 사람들에게 비윤리적인 행동을 하거나 성적으로 바람직하지 못하다고 느끼는 등 위협적인 상황을 경험했던 순간에 대해 질문했다. 독립적 평가자들은 상황을 다른 사람 탓으로 돌리거나 둘러대거나 축소하는 등 불편한 감정을 피하는 데 도움이 되는 행동을 찾아 이들의 방어적 태도를 평가했다. 그 결과 진정성이 있는 사람일수록 방어적 태도가 덜한 것으로 나타났다. 이유가 무엇일까? 진정성 있는 사람이 더 마음 챙김을 위해 애썼기 때문이다.

진정성을 얻기 위한 다음 단계는 마음 챙김을 통해 우리를 자기 보호 모드로 몰아가는 감정을 인식하는 것이다. 배고플 때 음식에 손이 가듯 감정을 느낄 때 즉각적으로 반응할 필요는 없다. 잠시 멈춰 숨을 고르면서 우리 몸이 내는 소리에 귀 기울여 어디서 방아쇠

어른이 되었어도 외로움에 익숙해지진 않아

가 나타나는지 느껴야 한다. 우리 몸이 이 감정을 어떻게 느끼는지 파악하면 자아의식을 날카롭게 가다듬고 스스로를 진정시킬 수 있다. 내 경우 이 감정은 전신의 열감으로 나타난다. 정말 자극에 유발되면 나는 가슴에 구멍이 뚫린 것 같은 느낌이 든다. 이런 느낌이 계속 이어지면 심장이 누전 차단기가 돼 누군가가 전선을 전부 뽑아버린 것 같은 기분이 든다. 숨을 고르면서 우리 몸에서 방아쇠를 찾아내면, 자극에 수동적으로 반응하기보다는 적극적으로 대응할 수 있도록 스스로를 진정시킬 수 있다.

마음 챙김 인식 없이는 우리는 자동 조종 모드처럼 무의식적으로 움직이며 불편한 감정에 굴복해서, 그 감정이 공격, 비난, 비판 또는 다른 방식으로 상호성을 무시하도록 자극하게 허용할 수 있다. 자기 인식을 통해 우리는 '실제 행동'을 하지 않고도 감정이 생겨나는 것을 지켜보거나, 억눌린 감정을 느끼는 대신 이런 감정을 행동으로 표출할 수 있다.

앞서 논의한 대로 불편한 감정에 따라 행동하면 고통이 관계의 보호보다는 우리 자신의 보호를 우선시하기 때문에 상호적이기보다는 이기적으로 행동하는 경향을 보인다. 예를 들어 해나와 말다툼을 벌였을 때 사라는 해나의 슬픔 때문에 자극에 유발됐다. 해나의 기분을 풀어주지 못하는 자신이 나쁜 친구처럼 느껴졌다. 자신을 자극한 방아쇠가 무엇인지 모르는 상태에서 자극에 주도권을 내주는 바람에 해나에게 소리를 지르며 그녀를 모욕했다.

자기 인식이 있으면 언제 우리가 불안감을 느끼는지 깨닫고, 불안감을 달래려고 방어 기제를 발동하는 것을 자제할 수 있다. 그렇게 되면 방어적 태도에서 개방적 태도로 주의를 전환할 수 있다. 심리 치료사 마렌카 체르니Marenka Cerny의 말대로 우리의 목표는 '누군가의 경험을 어떤 식으로든 바꾸거나 통제하려고 시도하기보다는, 바로 이 순간 함께 존재하는 이 경험을 얼마나 이해하고 감사할 수 있는지 질문을 던지는' 상태에 이른 것이다.

다음은 일반적으로 불편함을 느끼는 감정 몇 가지와 우리가 이런 감정들로부터 자신을 보호하기 위해 사용할지 모를 방어 기제들이다.

- 무능하다는 느낌을 견디지 못하면, 갈등 상황에서 방어적인 태도를 보일 수 있다.
- 분노를 견디지 못하면, 수동적이거나 공격적으로 행동할 수 있다.
- 거절을 견디지 못하면, 친구들이 정한 경계를 침범할 수 있다.
- 걱정을 견디지 못하면, 친구들을 통제하려고 할 수 있다.
- 죄책감을 참아내지 못하면, 친구들에게 과장된 행동을 할 수 있다.
- 자신에게 결함이 있다는 생각을 견디지 못하면, 사과해야 할 때 하지 못하거나, 다른 사람 탓을 하거나, 나와 문제가 있는 상대를 예민하거나 호들갑을 떤다고 비난할 수 있다.
- 자신이 하찮게 느껴지는 것을 견디지 못하면, 다른 사람을 지배하려고 할 수 있다.
- 슬픔을 견디지 못하면, 도움이 필요한 친구를 외면할 수 있다.
- 긴장을 견디지 못하면, 문제를 거론하는 대신 친구에게서 멀어질 수 있다.

어른이 되었어도 외로움에 익숙해지진 않아

- 불안감을 견디지 못하면, 친구를 깔보면서 자기 자랑을 늘어놓을 수 있다.
- 사랑받지 못한다는 느낌을 견디지 못하면, 자신이 아닌 다른 사람처럼 행동할 수 있다.

투사하지 않기

우리가 방어 기제를 작동시킬 수 있는 또 다른 방법은 '투사projection'다. 투사는 자신의 감정이 자신의 마음을 반영하는 것이 아니라 이를 유발한 사람의 무언가를 의미한다고 가정할 때 발생한다. 친한 친구와 떠난 휴가에서 내가 한 시간 동안 세면도구를 정리하는 내내 친구는 발코니를 어슬렁거리며 바다만 바라보고 있다면? 내가 일을 너무 많이 한다는 느낌이 드는 걸 보니, 친구가 게으른 것이 틀림없다. 아니면 룸메이트가 "설거지 좀 해줘."라고 말하는데 아랫사람 취급당한다는 느낌이 드는 걸 보니, 친구가 거만한 것이 틀림없다. 내가 연 파티에서 또 다른 친구가 마무리할 일이 있다며 일찍 자리를 뜨는데 무시당한다는 느낌이 드는 걸 보니, 친구가 무심한 것이 틀림없다. 투사는 우리의 감정을 상대방에 대한 우리의 평가와 뒤섞어 버린다. 투사를 피하려면 우리의 감정을 상대방의 인격에 대한 판단으로 바꾸지 말고 감정을 솔직하게 인정해야 한다.

그렇다면 투사를 하고 있다고 스스로 느낄 때 어떻게 해야 할까? 바로 마음 챙김이다! 잠시 멈춰 숨을 고르고 우리 몸이 내는 소리에

귀 기울여 방아쇠가 어디에 있는지 느끼는 값진 경험이 마음 챙김이다. 잠시 멈추고 나면 발코니에서 휴식을 취하는 친구에게는 아무런 잘못이 없고, 지난번에는 룸메이트가 설거지를 했으니, 이번에는 나한테 부탁하는 게 당연하고, 친구가 일찍 자리를 뜨는 게 나를 무시하려는 의도가 아님을 깨달을 수 있다. 잠시 멈추고 나면 우리 자신의 필요와 다른 사람들의 필요를 나란히 저울질해서 더 큰 그림을 볼 수 있다. 체르니에 따르면 우리의 궁극적인 목표는 "우리가 다른 사람에게 미치는 영향과 다른 사람이 우리에게 미치는 영향을 인내하고 받아들이는 것이다. 왜냐하면 근본적으로 우리는 상대방의 경험을 통제하거나 우리가 다른 사람에게 드러나는 방식을 통제하기보다는 관계를 맺는 데 더 관심이 있기 때문이다."라고 한다.

방어 기제를 내려놓는 것이 두렵게 느껴질 수도 있다. 스스로를 방어하지 않으면 무방비 상태가 될 것으로 생각하기 때문이다. 그러다 결국 이용당할 것으로 생각할 수도 있다. 하지만 방어 기제를 포기한다고 해서 내 앞에 있는 사람을 맹목적으로 따른다는 뜻은 아니다. 사실 그런 행동 '역시' 자기주장을 내세우다가는 소외당할지도 모른다는 두려움을 보상하는 방어 기제일 수 있다. 진정성이 있으면 여전히 문제를 제기하면서도 구석에 몰린 개처럼 으르렁거리기보다는 우리 자신을 소중히 여기는 마음으로 의도적으로 행동할 수 있다.

애덤마는 우리가 진정성을 발휘하기 위한 첫걸음을 내디딜 수 있게 도와주었다. 자기 인식을 점검하고, 현재에 충실하면서, 잠시 멈춰서서, 숨을 고르며 몸 안의 방아쇠를 느끼고, 펼쳐지는 순간에 온전히 집중하는 이 모든 행동이 마음 챙김을 통해 자극에 유발된 자아가 아닌 진정한 자아를 찾을 방법들이다. 하지만 우리가 자신의 참모습을 알아내더라도 방어 기제 아래에는 여전히 다른 사람이 우리를 거절할 가능성이 있다. 그럴 때는 어떻게 해야 할지 알아내기 위해 애덤마의 이야기로 돌아가보자.

거절에 익숙해지기

불과 몇 달 사이에 애덤마는 잇달아 죽음과 맞닥뜨렸다. 연초에 할아버지가 돌아가셨고, 고등학교 시절 사귀었던 남자친구가 죽었다. 외할아버지는 심각한 심장 마비를 일으킨 후 회복했지만, 아버지는 그동안 앓아온 대장암을 이겨내지 못했다. 아버지는 애덤마의 남동생 티모시의 스탠퍼드대학교 졸업식에 참석하러 팔로 알토에 갔다가, 병세가 악화되는 바람에 졸업식이 시작되기 전에 서둘러 주치의가 있는 세인트루이스로 돌아왔다. 아버지는 끝내 병원 밖으로 나오지 못했다.

아버지를 여읜 충격 때문에 친구들이 나타나 도움의 손길을 내밀어도 애덤마는 혼자 있는 쪽을 택했다. 애덤마는 기도하고 명상하며 일기를 썼다. 이제는 더없이 취약하고 덧없어 보이는 인생에서 자신이 원하는 것이 무엇인지 깊이 성찰했다. 빅토리아에 대해, 데니스에 대해, 결국은 무너져 내린 관계에 집착했던 자신에 대해 생각했다. 아버지에 대해, 그리고 아버지가 당연히 세상에 영원히 계실 것이라고 여겼던 일에 대해서도 생각했다.

그리고 이런 생각들을 통해 애덤마는 달이 뜨고 지듯 왔다가 가버리는 관계 속에서 살아남을 방법이 필요하다는 사실을 깨달았다. "사람들과의 관계가 나 자신을 위한 삶을 사는 데 걸림돌이 되게 하지 않겠다고 단단히 마음먹었어요."라고 그녀는 말했다. "관계는 끊어지기 마련이니 그걸 받아들일 수 있어야 해요. 이 죽음에서 헤어나 온전히 제구실할 수 있다면, 견뎌내지 못할 관계의 상실은 없겠죠." 수많은 관계가 자신과는 아무런 상관이 없는 방식으로 끝나버리면서, 그녀는 상실을 자신의 잘못이 아닌 피할 수 없는 삶의 일부로 받아들이게 됐다.

이런 회복 탄력성, 상실을 직시하면서도 온전할 수 있는 능력이 진정성의 원동력이 되고 있다. 그녀는 빅토리아와 데니스, 아버지와의 경험을 통해 자신의 정체성이 다른 사람과의 관계에 좌우되지 않도록 다른 사람과 가깝게 지내면서도 건강한 거리를 유지할 수 있게 균형을 맞출 수 있음을 알게 됐다. 이것이 바로 안정감의 전형이다. 불안애착을 가진 사람은 너무 가까이 다가갔다가 다른 사람이 받아주지 않으면 자존감에 큰 상처를 입는다. 회피애착을 가진 사람은 너무 멀리 물러나는 바람에 다른 사람의 비판뿐 아니라 다른 사람의 사랑에도 영향을 받지 않는다. 안정감과 진정성을 활용한다고 해서 절대 거절당하지 않을 것이라는 뜻은 아니며, 우리의 자존감과 타인의 비판 사이에 충분한 거리를 두어 비난이 그리 아프게 느껴지지 않는다는 뜻이다. 그러므로 진정성의 목적은 거절을 피하는 것이 아니라, 거절의 무게를 덜어내는 것이다.

애덤마의 경험은 진정성이 우정의 밑거름이 되는 또 다른 이유를 보여준다. 진정성은 다른 사람과 친밀해지면 생길 수밖에 없는 상처를 견딜 수 있게 해준다. 우정에 문제가 생겨도 사라와 해나처럼 파국으로 치닫지 않는다. 다른 사람의 행동이 우리의 잘못처럼 느껴지지 않을 때 상대에게 품위를 지킬 수 있음을 애덤마가 행동으로 보여주고 있다. 나이가 들어 하나둘 결혼을 하고 자녀가 생기면서 애덤마와 친구들도 예전처럼 자주 연락을 주고받지는 않는다. "연락을 안 한다고 거절당했다고는 절대 생각하지 않아요. 그냥 자연스러운 현상이라고 생각하죠. 살면서 경험한 많은 우정들이 분명 시간이 지날수록 발전해온 만큼, 그렇게 돼서 우정 자체가 손상되는 일이 없게 최대한 느슨하게 관계를 유지하고 싶어요." 애덤마는 이렇게 말한다.

애덤마는 진정성이 어떻게 우리에게 회복 탄력성을 선사해서 다른 사람의 비판에 굴복할 필요가 없을 만큼 우리의 자존감과 다른 사람의 비판 사이에 충분한 공간을 만들어내는지 보여주었다. 프란세스카 지노Francesca Gino 하버드대학교 교수와 마리암 코우차키 Maryam Kouchaki 노스웨스턴대학교 교수는 일련의 연구를 통해 진정성과 회복 탄력성의 연관성을 확인했다. 그중에 한 연구에서는 한 무리의 참가자들에게 자신이 진정성 있게 행동했던 때를 떠올려보라고, 또 다른 참가자들에게는 중립적인 사건을 떠올려보라고 각각 주문했다. 그런 다음 모든 참가자에게 이별을 겪고 있는 사람의 상황에 공감해 보라고 요청했다. 진정성 있는 경험을 떠올렸던 참가자들은 이후 거절당한다는 느낌이 덜 들었다고 응답했다. 또 다른 연구에서는 참가자들에게 좋아하거나 싫어하는 스포츠 팀의 손목 밴드를 차라고 주문해 각각 진정성이 있거나 없다고 느끼게 했다. 그런 다음 거절당했다고 느끼게 하도록 고안된 가상 공 던지기 과제에 참여하게 했다. 누구도 공을 던져주는 사람이 없는 가상의 캐치볼이었다. 연구 결과 더 진정성이 있을 때, 즉 자신이 실제 좋아하는 팀의 장식을 착용했을 때 거절당했다는 느낌을 덜 받는 것으로 밝혀졌다. 진정성은 이들의 인식까지 바꿔놓았다. 진정성이 있을 때는 자신이 공을 더 많이 던졌다고 추정했다. 마지막 연구에서는 직원들에게 직장에서 진정성이 있다고 느낀 순간을 떠올려보라고 주문하자 중립적인 상황을 떠올린 사람들과 달리 직장에서 배제되고 거절당했다는 느낌을 덜 받았다고 응답했다.

이런 연구들은 우리가 진정성을 보이면 거절이 그리 아프게 느껴지지 않는다는 사실을 보여준다. 애덤마의 깨달음은 거절에서 자책이라는 짐을 덜어내면 이런 회복 탄력성을 얻을 수 있음을 보여준다. 거절을 감정적으로 받아들이지 말라는 것이다. 친구가 뭔가 문제를 제기하거나, 새로 사귄 친구를 식사에 초대했는데 상대가 거절하거나, 한동안 친구가 연락하지 않더라도 우리가 무가치하거나 잘못됐거나 비호감이라는 뜻은 아니다. "저는 많은 것들을 감정적으로 받아들이지 않아요. 사람들의 의견이나 비판, 피드백에는 타당한 이유가 있기 때문에 내가 뭔가 할 수 있는 게 있다고 생각하지만, 그것 때문에 자괴감을 느끼지는 않으려고 노력합니다."라고 애덤마는 말한다.

회복 탄력성을 확보하는 또 다른 방법은 안정애착을 가진 사람처

어른이 되었어도 외로움에 익숙해지진 않아

럼 낙관적 태도를 유지해서 거절의 순간이 평생 이어지지는 않는다는 사실을 받아들이는 것이다. 연구 결과 안정감처럼 진정성도 낙관적 태도와 상관관계가 있는 것으로 나타났다. 낙관적 태도가 회복탄력성을 선사하는 데 대해 작가 리베카 솔닛은 "희망을 품는다는 것은 미래에 자신을 바치는 것으로, 이런 미래에 대한 헌신이야말로 현재를 살 만한 곳으로 만들어준다."라고 지적했다. 우리는 거절을 털고 일어설 수 있는 무언가로, 영원이 아닌 순간으로 받아들여야 한다. 이에 대해 애덤마는 "내가 맺은 관계들이 약간의 난기류쯤은 견뎌내서 살아남을 것이라고 믿을 뿐이에요. 결국에는 모든 게 괜찮아질 것이라고 믿습니다. 저는 지독하게도 낙관적인 사람이거든요."라고 말했다.

사람들은 우리를 거절할 것이다. 피하려고 발버둥을 쳐도 어차피 일어날 일이고, 가면을 써도 어차피 일어날 일이다. 그렇다면 진정성 없는 모습으로 피하려고 해봐야 헛수고다. 불가능한 일에 에너지를 쏟기보다는, 진정성 없는 모습으로 거절을 회피하기보다는 거절의 쓰라림을 누그러뜨리는 데 집중하면 관계와 진정성에 함께 접근할 수 있다. 나아가 거절을 자존심의 상징으로, 진정 우리가 원하는 삶과 관계를 만들어가기 위해 최선을 다하겠다는 증표로 삼을 수도 있다. 후회 없는 삶으로 가는 입장권인 셈이다.

지금까지 진정성을 발휘할 수 있는 비결을 살펴봤다. 자기 인식이 우리가 수동적으로 반응하는지 적극적으로 대응하는지 가늠하는 데 어떻게 도움이 되는지, 그리고 거절을 개인적인 감정과 상관없는 일시적인 문제로 보고 담담하게 받아들이는 방법을 살펴봤다. 하지만 이는 퍼즐의 일부분에 불과하다. 진정성의 확보는 우리가 누구인지에 관한 것일 뿐만 아니라, 세상이 우리에게 어떻게 반응하는지에 관한 문제이기도 하다.

위계 관계 속에서 진정성 추구하기

완벽한 세상이라면 우리 모두 가장 진정성 있는 모습으로 사랑을 받겠지만, 현실에서는 누구의 진정성 있는 자아가 환영받고, 누구는 거절당할 것인지에 특권이 영향을 미친다. 사회적 약자 집단에 속한 사람이 자신의 본모습대로 행동하면, 이들의 행동은 종종 고정관념의 평가 절하라는 필터를 거치면서 잘못 해석된다. 실제로 교직 과정을 이수 중인 학생들은(대다수가 백인이다) 일반적으로 백인 학생의 표현을 정확히 해석할 가능성이 더 높고, 흑인 학생의 무표정한 얼굴을 분노로 잘못 해석할 가능성이 백인 학생에 비해 네 배나 높은 것으로 연구 결과 밝혀졌다. 같은 연구에서 흑인 어린이는 백인 어린이와 똑같은 행동을 해도 더 적대적으로 간주한다는 사실도 밝혀졌다. 또 다른 연구에서 참가자들은 아랍인을 평균적인 미국인보다 덜 완전한 인간 즉, 유인원 같다고 평가했다. 한 메타 분석에서는 자기 주관이 확고하고, 직접적인 요구를 하고, 스스로를 옹호하는 여성의 호감도가 떨어지는 것으로 나타났다. 특권은 우리의 진정한 자아를 드러내고 사람들이 그 모습 그대로 받아들이게 할 자유이지, 고정관념으로 희화화된 모습을 드러내는 것이 아니다. 특권은 진정성에

어른이 되었어도 외로움에 익숙해지진 않아

접근할 수 있는 권한을 의미한다.

사회적 약자 집단에 속한 사람들은 진정성을 보일 경우 위협적으로 비칠 수 있기 때문에, 이런 오해를 줄이기 위해 가식적으로 행동해야 한다는 압박감을 느끼는 경우가 많다. 내 동료 중 한 사람인 오브리는 흑인 남성으로 입술을 실룩이며 무척 자주 웃는다. 오브리는 "사람들을 무장해제 시키려고 항상 웃음을 짓는다."라고 내게 말했다. 흑인 대학생들을 대상으로 한 연구에 따르면 이들은 '멍청한 흑인 꼬마'처럼 보이지 않으려고 '코드 전환code switching[사용하던 언어나 말투를 바꾸는 행동 – 옮긴이]'을 하는 것으로 나타났다. 한 참가자의 고백이다. "절대 성난 흑인 여성으로는 보이고 싶지 않아요. 그래서 그룹 프로젝트를 하다가 어떤 학생에게 화가 나면, 유색 인종에게 말하듯 '젠장, 정신 차려'라고는 말하지 않아요. 대신 '좋아 샘 아니면 엠마. 이렇게 하는 게 더 좋은 방법이라고 생각하니?'처럼 고정 관념에 맞지 않게 좀 더 점잖게 접근하죠."

'부담스러운 미덕'은 개인이 억압에 저항할 수는 있지만 개인적 희생을 감수해야 하는 특성을 설명하기 위해 사회학자 리사 테스먼Lisa Tessman이 만들어낸 용어다. 코드 전환이 그 예로, 이에 따른 대가는 진정성 결여에 따른 대가와 비슷하다. 연구 참가자들은 코드 전환을 '적극적', '피곤한 일', '가면을 쓰는 것'이라고 표현했다. 연구자들은 코드 전환을 '다른 사람을 만족시킬 수 있는 방식으로 사회 언어학적 자원을 배치하는 데 투입되는 육체적, 정서적, 심리적 노력'인 '사회 언어적 노동'으로 분류했다. 친구 만들기 앱을 만든 챈드라 아서Chandra Arthur는 테드엑스TEDx 강연에서 코드 전환의 영향에 대해

"소수집단에 속한 사람들은 중요한 일에 집중하기보다 문화적 호환성을 걱정하느라 시간을 소비하기 때문에 그 비용이 엄청나다."라고 지적했다.

동화는 상당한 시간과 노력이 필요하지만, 종종 특권 계층에 속한 사람들이 마음을 열고 사회적 약자 집단에 속한 사람들에 대한 비판적인 태도를 누그러뜨리는 등 효과가 없지 않다. 실제로 연구 결과, 백인 참가자들은 곱슬머리를 편다든지 개명해서 백인 사회의 규범에 동화된 흑인을 더 호의적으로 평가하는 것으로 나타났다. 한 백인 참가자는 이렇게 말했다. "라케이샤는 누가 봐도 '흑인' 이름이고 심지어 '빈민가 출신'이라고 생각할 수도 있어요. 하지만 르네는 좀 더 온건하죠." 도발적인 복장을 한 여성일수록 수영 대회에서 우승하거나 수학 문제를 푸는 사진을 찍었을 때 객관적인 평가를 받을 가능성이 더 작았다. 또 다른 연구에서는 흑인 남성이 트레이닝복을 입고 건들거리기보다는 정장을 입은 것으로 묘사됐을 때 더 지적이고 신뢰가 가고 따뜻한 모습으로 여겨지는 것으로 나타났다. 반면 동화되지 않고 특유의 억양을 간직한 아시아인의 경우 지위가 낮고, 매력과 지성이 떨어지고, 불안정한 사람으로 여겨졌다.

서로 다른 계층 간에 우정을 쌓을 때 사회적 약자 집단에 속한 사람들은 자신의 모습을 있는 그대로 보여줬다가 오해를 살 것인지, 아니면 스스로를 검열해서 더 인정받을 것인지 종종 딜레마에 맞닥뜨린다. 어떤 이들은 소속된 집단에서 다른 사람들과 어울리면서도 자신의 모습을 있는 그대로 드러낼 수 있는 공간을 찾아내 이런 딜레마를 해결하기도 한다. 애덤마에게 백인 친구가 있는지 묻자, 한

어른이 되었어도 외로움에 익숙해지진 않아

참을 머뭇거리더니 한 백인 여성의 이름을 댔는데, 그 친구는 흑인들 사이에서 자라 흑인 남편과 결혼한 사람이었다.

"누군가가 타고난 내 말투를 위협적이라고 느낀다고 해서 내가 책임감을 느낄 필요는 없잖아요."라고 애덤마가 말했다. 친해지기 위해 가식적으로 행동해야 한다면 그녀에게는 너무 큰 희생이 아닐 수 없다. "단지 파티에 참석만 해도 내가 적극적으로 하지 않은 일들에 대해 우정에 영향을 미칠 수 있는 온갖 억측들이 난무합니다. 그 억측들이 내 몸에 그대로 투영되죠. 그런데도 내가 할 수 있는 일은 아무것도 없어요." 라고 말이다.

우리 모두 풍부하고 진실하고 다채로운 모습을 보여줄 수 있는 우정을 누릴 자격이 있다. 하지만 너무도 자주 권력을 가진 집단에게만 진정성이라는 특권을 준다. 상사가 새벽 3시에 할 말을 전부 제목 줄에 쓰고 본문은 텅 빈 이메일을 보냈는데도, 우리가 답장을 보낼 때는 친애하는Dear으로 시작해서 진심을 담아Sincerely나 최고Best, 감사를 담아With appreciation로 끝나게 작성한 뒤 메일 내용을 일곱 번이나 다시 읽어보는 것도 이 때문이다.

애덤마의 이야기에서 알 수 있듯 사람들은 자신의 본모습을 드러내면 거절당하거나 심지어 처벌받기 때문에, 서로 계층이 다른 상대와 쌓은 우정을 포기해버릴 수도 있다. 애덤마는 "저는 편안한 게 좋아요. 그냥 얼굴만 비추면 그만일 뿐, 연기를 하거나 연습하면서 거기가면 내가 이런 모습일 거라고 말할 필요도 없는 공간에 있고 싶어요. 사람들의 오해에 나 자신을 맞출 필요는 없잖아요."라고 말한다.

차이를 넘어 우정 쌓기

내게는 아이티에서 공부할 때 만난 친구가 하나 있는데, 편의상 폴라라고 부르겠다. 백인 여성인 폴라는 인종에 관해 연구하는 학자다. 나는 백인과 친구가 되면 유색 인종으로서 내가 한 경험을 이해받지 못할 것이라는 우려 때문에 내 경험을 대단치 않게 생각하는 경우가 많았다. 하지만 폴라는 인종을 연구하는 사람이기 때문에 솔직하게 나를 드러냈다. 동료 교수들이 학생들을 평가하면서 인종적 비유를 사용한다고 생각되면 그녀에게 이 사실을 공유했다. 아이티 국기를 망토처럼 두르고 다닌다는 이유로 픽업트럭에 탄 한 사내가 내게 고함을 쳤을 때도 그녀에게 말했다. 나와 흑인 친구가 백인 친구의 아파트에 잠깐 들렀을 때 한 백인 여성이 무단 침입이라고 뒤집어씌웠을 때도 폴라는 내 푸념을 귀담아들어 줬다.

다시 말해 나는 폴라와 함께 있을 때 세 가지 V를 실천했다. 세 가지 V는 건강하고 친밀한 관계의 구성 요소인 평가vet, 취약성 vulnerability, 표현voice을 말한다. 평가는 우리가 동질감을 느끼는 사회적 약자 집단의 가치와 존엄을 믿는 친구를 선택하는 것을 의미한다. 취약성은 사회적 약자 집단의 일원으로 겪은 경험을 자유롭게 표현하는 것을 포함해 온전한 자아를 드러내는 것이다. 표현은 우정에서 친구들 사이에 발생하는 우려를 나타내는 것이다.

나는 폴라를 평가하고 그녀 곁에서 취약성을 연습하기도 했다. 나는 다른 백인들로부터 검열의 유혹을 느꼈던 경험을 그녀와 공유했다. 폴라는 자신이 느낀 대리 분노를 공유해서, 이런 일들이 얼마나

어른이 되었어도 외로움에 익숙해지진 않아

끔찍한지 그녀가 진정으로 이해할 수 있을 것 같다는 느낌을 내게 주었다. 하지만 서로 인종이 다른 친구인 아미나투 소우Aminatou Sou와 앤 프리드먼Ann Friedman이 함께 쓴 회고록 《큰 우정Big Friendship》에서 밝힌 것처럼 나도 "인종이 다른 친구 간에는 정말 친하더라도 메울 수 없는 간극이 있다."는 사실을 절감한 순간도 있었다.

어느 여름날, 할렘의 멋진 아파트에서 나는 폴라와 그녀의 별난 지성인 친구들과 함께 모였다. 폴라의 졸업 축하 파티였다. 이 친구들은 폴라처럼 온갖 언어를 말하면서, 다른 밀레니얼 세대가 비욘세 이야기를 하듯 대화 중에 마르크스주의를 자주 언급했다. 방에 있는 거의 모든 사람이 박사 학위를 받았거나 박사 과정을 밟는 중이어서, 우리는 학계의 애로 사항에 관해 이야기하기 시작했다. 바로 그때 폴라가 내가 사실은 '다양성 채용으로 교수가 됐고' 곧 우리 학교를 떠나게 됐다는 사실을 공개했다.

내가 백인이 아니라는 이유만으로 고용이 된 것처럼 말하는 폴라가 원망스러웠다. 하지만 그게 전부가 아니었다. 그녀의 말은 내가 우둔하고 무가치한 사람 취급받고 내가 이룬 일들이 업적이 아니라 시혜의 산물로 치부되던 시절 경험했던 다른 많은 일들을 떠올리게 했다. 폴라는 고등학교 시절 내가 코넬대학교에 합격했다고 백인 친구에게 말하자 그 친구가 "네가 합격했다고? 내 합격 통지서는 어디 있지? 내 거는 어디 있냐고?"라고 쏘아붙였던 순간을 다시 떠올리게 했다. 중학교 때 영어 선생님이 내가 지원서를 낸 명문 고등학교가 선발 기준이 엄격해서 '정말 똑똑한 사람들만' 입학할 수 있는 곳이니까 크게 기대를 걸지 않는 게 좋겠다고 말했지만 결국 합격했던 기억도 떠올랐다. 다른 교수의 집 뒷마당에서 열린 교수 파티에서 누군가가 우리 과가 다양성이 부족하다고 하자 집주인인 교수가 "자격을 갖춘 지원자들에게 집중해야 한다."라고 말했던 순간도 기억났다.

특권 계층에 속한 사람들이 미처 깨닫지 못할 수도 있는 것은, 이들이 사회적 약자 집단에 속한 친구는 별 의미 없는 말 한마디에도 자극에 유발됐다고 착각할 때 편견이 끔찍이도 쌓여간다는 사실이다. 편견의 개별적 사례는 과거에 겪은 편견의 경험을 모두 합친 무게로 다가온다. 사회적 약자 집단에 속한 사람들은 우려를 표명할 때 편견을 경험한 사례 한 건뿐 아니라 그 한 건이 자신이 평생토록 받은 대우를 어떻게 대변하는지, 그리고 우리가 사는 세상의 더 큰 가치에 대해 뭘 말해주는지 목소리를 높인다.

나는 폴라가 한 말에 대해 결국 문제를 제기했다. 자신이 인종 차별적인 행동을 했다는 말이냐고 그녀가 반박하면 실제로 인종 차별을 당하는 것보다도 더 기분이 나쁠까 봐 걱정했던 기억이 난다. '이럴 만한 가치가 있는 일일까?' 궁금증이 들었다. 당시 사귀던 애인과도 이야기를 나눠봤더니, 내가 그쯤에서 잊어버리지 못할 게 뻔하니까 이야기하는 것이 좋겠다고 조언했다. 이야기가 잘 풀리지 않으면 훨씬 더 화가 날 것 같아서 폴라의 기분과 내 기분 둘 다를 위해 그냥 참고 싶었다. 하지만 동시에 나는 문제를 제기하는 것이 우리 사이에 쌓이는 오물을 치워내는 방편으로, 우리의 우정에 도움이 된다는 사실을 깨달았다. 이에 대해 소우와 프리드먼은 "서로 다른 인종 간의 친밀감은 '깨진 유리창' 이론이 실제로 적용되는 유일한 상황으

어른이 되었어도 외로움에 익숙해지진 않아

로, 눈에 보이는 악행의 흔적은 그게 무엇이든 또 다른 악행을 부추긴다! 짚고 넘어가지 않으면 관계를 악화할 수 있다."라고 경고했다.

나는 최대한 예의를 갖춰 말했다. "저기, 폴라. 그런 뜻으로 한 말이 아니라는 건 알지만, 당신 친구들에게 나를 소개하면서 '다양성 채용으로 교수가 됐다'라고 했잖아요. 전에도 들어본 말이지만, 여기까지 오려고 정말 열심히 노력했기 때문에 그 말이 상처가 됐어요." 폴라는 이 말을 했다는 사실조차 까맣게 잊고 있었던 것 같지만, 그녀는 미안하다고 잘못을 인정하면서 문제를 제기해줘서 고맙다고 말했다.

내 경험은 우정에서 정체성에 관한 고충을 제기하는 행동이 우정을 공격하거나 깎아내리거나 격하시키는 방법이 아니라 우정을 살리는 방법임을 보여준다. 문제를 꺼내 보이면 치유의 여지가 생겨나고, 일이 잘 풀리면 문제가 재발하지 않도록 예방할 수도 있다. 이런 문제들을 꺼내지 않고 덮어두면 딱딱하게 굳고 응어리가 져 우정에 금이 가기 시작한다. 따라서 목소리를 내서 표현하는 것이 매우 중요하다. 표현한 덕에 폴라와 나는 친밀한 관계를 유지할 수 있었다.

세 가지 V를 따르는 것이 쉽지 않지만, 사회적 약자 집단에 속한 사람이 더 많은 특권을 가진 사람과 우정을 쌓으면서 온전한 진정성을 드러내려면 필요한 일이다. 그리고 서로 계층이 다른 친구와 맺은 우정에 헌신하려면 세 가지 V를 잠시 실천하는 것만으로는 부족하다. 시간이 지나면 편견이 다시 고개를 들 수밖에 없기 때문이다.

이런 경험들은 진정성에 관한 우리의 집단적 오해를 드러낸다. "사람들 생각에 신경 쓰지 말라."는 다른 사람들의 말은 우리가 진정한 자아를 발견할 수 있게 도우려는 선의의 조언일 수 있다. 하지만 이런 조언은 타인의 판단과 비판에 관심을 기울이는 우리의 깊은 인간성을 부정하는 것이다. 다른 사람의 시선에 신경을 끈다고 해서 진정성이 생기는 것은 아니다. 그것은 회피에 불과하다. 행위자와 주변 환경 둘 다 진정성에 영향을 미친다. 보다 안정감 있는 사람이 되면 비판에 견딜 수 있는 철갑을 두르게 되지만, 때로는 총알이 철갑을 뚫기도 한다. 우리는 또 아예 사정거리를 피해 가는 쪽을 선택할 수도 있다. 따라서 진정성에서 중요한 것은 단순히 안정감을 느끼는 것이 아니라, 안정감을 키울 수 있는 공간, 평가하고 우려를 표현하면서 취약성을 연습할 수 있는 공간에 자리 잡는 것이다. 어떤 사람들에게는 이런 일이 다른 사람보다 더 쉬울 수도 있다.

다른 것을 같게 취급하면 벌어지는 문제

특권층에 속한 사람도 사회적 약자 집단에 속한 친구의 진정성을 기꺼이 받아들일 수 있게 노력한다. 지금까지 우리는 친구의 필요나 우리의 필요 중 어느 하나가 아니라 두 사람의 필요를 모두 고려해야 한다는, 우정 상호성의 중요성에 관해 이야기했다. 하지만 계층의 차이를 뛰어넘는 우정에서 문제에 맞닥뜨린다. 우리의 우정은 백지 상태가 아니며, 시대 정신에 따라 친구 간에 역학 관계가 형성된다. 한 친구가 더 많은 특권을 가진 경우 양쪽 다 아무런 노력을 하지 않아도 우정의 역학 관계가 한쪽으로 기울기 마련이다. 한 사람이 자신의 관점을 더 자유롭게 표현할 수 있다고 느끼기 마련이다. 한 사람이 상대방의 인생 경험을 이해하는 데 훨씬 더 많은 시간을 할애할 수밖에 없다. 편향된 발언이 튀어나오면 한 사람이 더 자극에 유발되기 마련이다. 그리고 그 뒤로도 그 사람이 이 말에 더 집착할 수밖에 없다. 소외 계층은 계속 특권층의 관점을 받아들여야 제 기능을 할 수 있지만 반대는 그럴 필요가 없기 때문에, 역학 관계를 바로잡지 않은 상호성은 본질적으로 비상호적이다. 따라서 대신 우리에게는 '조정된' 상호성이 필요하다.

그렇다면 조정된 상호성은 어떻게 달성할까? 집단 간 평화와 갈등을 연구한 에밀 브루노Emil Bruneau 펜실베이니아대학교 교수는 이렇게 주장했다. "만약 한 집단에게 남은 시간 동안 침묵하게 했다면, 집단이 한데 모였을 때 이들에게 더 높은 지위를 부여해서 더 힘 있는 쪽을 향해 의견을 말할 기회를 주어야 할 수도 있다. 관점 수용 perspective taking 대신 관점 제공perspective giving이 이들에게는 도움이 될 수 있다." 그는 연구에서 멕시코계 미국인과 백인에게 각자 집단이 직면한 어려움에 관한 짧은 에세이를 공유하게 했다. 상대방의 고충에 대해 읽고 이를 요약하고 나서 백인 참가자들은 멕시코계 미국인에 대해 더 좋은 감정을 갖게 되었지만, 멕시코계 미국인 참가자들은 백인에 대해 더 나쁜 감정을 갖게 됐다. 팔레스타인인과 이스라엘인이 서로의 이야기를 공유할 때도 비슷한 양상의 결과가 나타났다. 공감을 연구하는 자밀 자키Jamil Zaki 스탠퍼드대학교 교수는 "접촉은 기존의 권력 구조를 무시할 때보다 그 구조를 역전시켰을 때 가장 효과적이었다."라고 주장했다. 브루노의 연구는 사회적 약자 집단에 속한 친구가 문제를 제기할 때 자신의 말을 '들어준다는 느낌'을 주는 것도 무척 중요하다는 사실을 보여준다. 이의를 제기하거나, 되받아치거나, 선의의 비판자인 체하거나, 자신의 행동을 정당화하는 대신 우리는 상대가 하는 말을 경청하면서 따라 할 수 있다.

조정된 상호성은 실제로 어떤 모습일까? 진행성 시각 상실과 난청을 앓고 있는 장애인으로 대중 연설자이자 다양성과 형평성, 포용성 컨설턴트로 활동하는 카타리나 리베라Catarina Rivera는 친구 리타와 언쟁을 벌였다. 리타는 춤을 추러 갈 때마다 카타리나가 자신과 다른 친구들을 무시하고 슬며시 사라진다고 비난했다. 하지만 사실 카타리나는 장애 때문에 길을 잃은 것이었다. 댄스홀 바닥이 어둡고 시끄러워서 카타리나는 친구들을 볼 수 없었다. "그래서 누군가와 춤을 추다 상대가 멈춰 서면 머리가 빙빙 돌면서 방향 감각을 잃어 제자리에 서서 주위를 두리번거리게 돼요. 일행을 찾으려고 애쓰다 보면 어느새 다음 노래가 시작되죠. 계속 춤을 추는 편이 차라리 더 나아요."라고 카타리나는 말했다.

카타리나에 대한 리타의 비판은 능력주의적 가정에 근거한 것이었다. 리타는 상대의 관점을 좀 더 수용해서, 최악을 가정하기보다는 질문을 던질 필요가 있었다. 비장애인이기에 제한적일 수밖에 없는 자신의 현실 인식에 의존하기보다는 카타리나가 자신의 경험을 공유하도록 유도하는 질문을 던질 수도 있었다. "저기, 카타리나. 춤을 추다 보면 가끔 너를 놓칠 때가 있어. 그럴 때 너한테 무슨 일이 있는 건지 궁금해."라고 말이다.

조정된 상호성을 달성하기 위해서는 불평등한 현상現狀을 보완해

야 한다. 인종이나 능력, 성 정체성, 성적 지향, 또는 특권에 따라 나
뉘는 정체성 집단과 관련해 의견 차이가 발생할 경우, 흑인 페미니
스트 학자 킴벌리 크렌쇼Kimberlé Crenshaw에 따르면 "다른 것을 같게
취급하면 같은 것을 다르게 취급하는 것만큼이나 많은 불평등을 만
들어낼 수 있기 때문에 특권이 더 많이 누리는 친구일수록 더 경청
하고 공감해줘야 진정한 상호성을 달성할 수 있다."라고 강조한다.

절교 선언 시기는 언제가 좋을까?

내가 심심찮게 받는 질문이 있다. 특권층에 속한 친구가 억압적이
라고 느껴질 경우 어느 시점에 이 친구를 버리는 것이 가장 진정성
있는 행동일까? 이럴 때면 두 가지 서로 다른 생각이 머릿속을 스
쳐 간다. 어떤 사람들은 특권을 더 누리는 친구와의 우정을 참고 견
디는 것이 사회적 약자 집단에 속한 사람의 의무라고 생각한다. "이
들은 절교할 만한 일은 아니잖아. 더 큰 사람이 돼서 이겨내야지."라
며 마치 고통에 노출되는 것이 성숙함의 증거라도 되는 것처럼 말한
다. 이런 주장을 하는 사람은 때로는 상대가 아무리 선의로 한 말이
라고 해도 결국 우리를 열등한 사람으로 생각한다는 뜻이 담겨있다
면, 그런 사람과 계속 관계를 이어간다는 것이 얼마나 잔인한 일인
지 모른다.

또 어떤 사람들은 뭔가 문제가 있는 말을 하는 친구와 관계를 끊
는 것 말고는 다른 선택지는 받아들이려 하지 않는다. 이들은 자신

보다 특권을 더 많이 누리는 사람과 관계를 맺으려다 너무 큰 상처를 받았기 때문에, 차이를 뛰어넘어 친구를 사귀라고 말하는 것은 이들에게 질주하는 페라리 앞에 몸을 던지라는 말이나 다름없게 들린다.

특권을 더 누리는 상대가 해로운 행동을 한다면 이 사람을 친구로 사귀거나 우정을 유지해야 하는지 물어볼 때 내가 제시하는 답은 한 발짝 물러나 더 큰 차원에서 우정의 장단점을 저울질해보고 우정을 이어갈지 결정해야 한다는 것이다. '항상' 이런 친구를 포용하거나 회피하는 대신, 우정을 통해 개인적으로 얻는 것과 잃는 것이 뭔지 가늠해보고 우정이 전반적으로 득보다 실이 큰지 판단하는 분별력을 가져야 한다(우정이라면 모름지기 실보다 득이 커야 하기 때문이다). 문제가 있는 말을 한 친구가 어린 시절부터 알고 지내면서 무척 아끼는 사이인 경우와 새로 사귄 친구인 경우는 관계를 끊을지 결정할 때 셈법이 다를 수밖에 없다.

이런 판단 과정은 주관적이기 때문에 우리 자신과 우리의 가치관, 우리를 자극하는 방아쇠, 우리의 필요를 알아야 한다. 어떤 사람에게는 단 한 번의 편견이 예외 없이 우정의 이점을 전부 덮어버릴 수도 있다. 가령 애덤마의 경우 백인들과 친구가 되기 위해 가식적인 모습을 보여야 한다는 단점은 너무 큰 대가로 다가온다. 다른 이들에게는 특권층에 속한 친구가 상대의 말을 굉장히 잘 들어주거나, 미니 피규어 칠하기나 버섯 채집 등 다른 곳에서는 드러낼 수 없는 독특한 관심사를 공유한다면 서로 다른 점이 많은 친구에게 적응해야 하는 불편함을 감수할 가치가 있을 수도 있다. 차이를 넘어 우정을 유지할 것인지 결정할 때 우리 자신과 우리의 욕망, 역량, 가치관을 알고 자신에게 맞는 선택을 할 필요가 있다.

이런 판단 과정은 내가 교수가 돼 인종 차별적인 공격을 경험하면서 현실로 다가왔다. 대학 시절 친구인 롭도 명문대 교수가 된 후 같은 어려움을 겪었다. 서로 위로를 주고받을 때 나는 이직을 고민 중이라고 털어놓았고, 롭은 자신은 남을 생각이라고 말했다. "너는 뉴욕에서 자랐으니까 다양한 인종의 사람들에다 '노골적으로' 인종 차별을 하지는 않는 백인들에게 둘러싸였겠지. 나는 독일에서 흑인으로 자랐어. 사람들이 온갖 비속어로 나를 놀렸어. 이런 일이 처음이 아니라는 말이야." 롭은 아직 같은 학교에 남아있고, 나는 그 학교를 떠났다. 내 입장에서는 남을 가치가 없었지만, 그에게는 그럴 가치가 있었다.

서로 차이가 큰 사람끼리 친구 관계를 유지할지 결정할 때는 인종 차별이나 성차별, 동성애 혐오증, 능력주의 등 여러 주의 때문에 강한 자극에 유발됐을 때와는 다른 셈법이 적용될 수 있다. 미투 운동과 올랜도 나이트클럽 총기 난사 사건, 갈수록 뉴스에 자주 등장하는 경찰의 흑인 살해 사건, 코로나19 팬데믹 기간 중 아시아계 사람들에 대한 공격이 있고 난 뒤라 사회적 약자 집단에 속한 사람들은 특권층 사람들과 친구가 되는 데 특히 더 경계심이 들 수 있다. 이는 정상적인 현상이다. 정체성 발달 이론에 따르면 낙인찍힌 집단에 속한 사람들은 억압을 경험하면 안정감을 찾기 위해 자신이 속한 집단 구성원들 사이에 틀어박힌다. 이들에게는 가장 취약할 때 더 큰 피해를 볼 가능성에 노출되기 전까지 회복할 시간이 필요하다. 그렇다고 특권층에 속한 사람과 다시는 친구가 될 수 없다는 뜻은 아니지만, 몸을 다치면 회복을 위해 잠시 쉬어가듯 이런 자기 보호 욕구를 충족할 시간이 필요할 수도 있다.

1장에서 서로 다른 인종 간에 친구를 사귀는 것이 편견을 무너뜨리는 과학적으로 가장 검증된 방법이라는 연구를 살펴봤다. 이 연구 결과를 읽으면서 나는 응원하는 심정이 됐다. 한번 해봐요! 모든 사람과 친구가 돼봐요! 변화를 일으켜요! 하지만 우리 중에 가장 취약한 사람이 끊임없이 고통에 노출될 수밖에 없다는, 이 말에 담긴 의미를 알기에 마냥 그렇게 외칠 수는 없다. 대신 나는 독특한 이력과 강점, 약점 때문에 텔레비전에서나 보던 사람들을 친구로 사귀는 데 앞장설 사람도 있다고 생각한다. 반면 과거 살아온 길 때문에 그렇게 했다가는 힘없이 무너질 사람도 있다. 모두가 앞장설 필요는 없다. 진정성 있는 결정이란 특권의 차이를 뛰어넘어 친구를 사귀는 우리의 능력과 이 능력이 발전해나가는 과정을 존중한다는 뜻이다.

다음은 사회적 약자 집단에 속한 사람이 차이를 뛰어넘어 친구를 사귈 때 되짚어봐야 할 질문들이다.

- 이 우정이 어떤 면에서 나에게 득이 되는가?
- 이 우정이 어떤 면에서 나에게 해가 되는가?
- 이 우정을 덜 해롭게 만들기 위해 내가 할 수 있는 일이 있는가(가령 곤란한 대화를 나눈다든지, 이 친구를 덜 만난다든지)? 그렇게 하고 싶은가?
- 우정이 주는 이득이 해로움보다 크다고 생각하는가?

어른이 되었어도 외로움에 익숙해지진 않아

참된 진정성을 찾아서

사라와 해나가 자동차 여행에서 부딪친 지 몇 달 후, 해나가 사무실 싱크대에서 그릇을 씻고 있는데 사라가 다가왔다. 사라가 주방으로 들어오는 모습을 본 해나는 갑자기 비누 거품에 정신이 팔리기라도 한 듯 등을 돌렸다. "해나?" 사라가 말했다. 해나는 온몸이 뜨겁게 달아올랐다가 다시 차가워지는 것을 느꼈다. "응?" 이제는 무뚝뚝한 친구가 된 그녀가 대답했다.

"생각을 좀 해봤는데, 공격하지 않고도 내 필요를 드러내는 방법이 있다는 걸 이제는 알 것 같아. 미안해. 그리고 우리 다시 잘 지냈으면 좋겠어." 뭐라고 말해야 할지 몰라 계속 그릇을 문질러대던 해나는 결국 "그래, 고마워."라고 중얼거리고는 주방을 나가버렸다.

사라와 해나의 소통은 이제 무심한 소셜 미디어 댓글이 전부가 됐다. 지난 일을 돌아보면서 사라는 친밀감을 쌓으려는 자신의 그릇된 시도, 즉 날것 그대로 솔직함을 바탕으로 관계를 구축하려는 열망에서 시련이 시작됐음을 절감한다.

사라처럼 나도 진정성이란 마음속 생각은 무엇이든 날것 그대로 대담하게 공유하는 것으로 생각한 적이 있었다. 하지만 이제 나는 진정성의 핵심이 경청임을, 자기 내면에서 일어나는 일을 경험하기를 두려워하지 않고 스스로 귀 기울여 자신이 정말 생각하고 느끼고 두려워하고 사랑하는 것들을 방어 기제로 덮어버리지 않고 인정하는 것이라는 사실을 안다. 자신의 의견을 다른 사람들에게 고백하는 용기뿐 아니라 내면에 있는 생각을 스스로 인정하는 용기도 진정성에서 중요하다. 이런 경청을 통해서만 비로소 우리는 어떤 친구가 내 진정성을 가장 안심하고 받아들이는지 감지해서 우리의 가장 진실한 내면을 공유할 수 있다. 이런 내면의 작업을 다른 사람에게 대신 해달라고 부탁하지는 않기 때문이다. 우리가 지배하거나 통제하거나 비난하거나 편향된 행동을 하거나 무시하거나 차별하거나 학대하지 않는 것은 내면의 불편함에서 벗어나기 위해서는 다른 사람이 필요하기 때문이다. 그리고 남은 것으로 우리는 다른 사람들을 더 깊이 사랑하고, 이들의 진정한 모습을 아껴주고, 우정을 찾을 수 있다.

핵심 포인트

▶ 진정성은 우리가 위협에 휘둘리지 않을 때 도달하는 존재의 상태다. 방어 기제 아래에 있는 우리의 본모습이 바로 진정성이다.

▶ 인간은 사회적 존재이므로 진정성은 우정을 살찌우고, 진정성을 보일 때 공감과 연민이라는 본성을 발휘할 수 있다.

▶ 사회적 약자 집단에 속한 사람이 계층의 차이를 뛰어넘는 우정을 쌓으려면 세 가지 V를 실천하라.
  - 자신이 속한 정체성 집단의 가치와 존엄을 믿는 사람들만 친구로 사귈 수 있게 친구에 대해 평가하기
  - 자신이 속한 정체성 집단과 관련한 경험을 자유롭게 표현하는 등 우정에 자신의 모든 것을 보여줘서 취약성을 드러내기
  - 자신이 속한 정체성 집단과 관련된 우려를 표현하기

► 특권층에 속한 사람은 친구의 관점을 적극적으로 수용함으로써 우정에 내재된 역학 관계를 보완할 필요가 있음을 인식하는 '조정된' 상호성을 실천함으로써 사회적 약자 집단에 속한 친구의 진정성을 기꺼이 받아들일 수 있다. 이의를 제기하거나, 되받아치거나, 선의의 비판자인 체하거나, 자신의 행동을 정당화하는 대신 상대가 하는 말을 경청하면서 따라 하고, 가정하기보다는 질문을 던져보라.

► 사회적 약자 집단에 속한 사람이 문제 행동을 하는 특권층 친구와 우정을 유지할지 결정하려면 스스로 다음과 같이 질문해봐야 한다.

■ 이 우정이 어떤 면에서 나에게 득이 되는가?

■ 이 우정이 어떤 면에서 나에게 해가 되는가?

■ 이 우정을 덜 해롭게 만들기 위해 내가 할 수 있는 일이 있는가(가령 곤란한 대화를 나눈다든지, 이 친구를 덜 만난다든지)? 그렇게 하고 싶은가?

■ 우정이 주는 이득이 해로움보다 크다고 생각하는가?

6장

분노를 표출하여
갈등을 해결하는 법

대학원 시절 한 수업에서 나는 같은 수강생들과 함께 다면적 인성 검사MMPI: Minnesota Multiphase Personality Inventory라는 검사지를 받았다. 나중에 우리에게 심리 치료를 받는 내담자들에게 사용할 검사였기 때문에 더 잘 이해하기 위해 우리가 먼저 받아본 것이다. 검사는 꽤 방대해서 567개 문항에 답하는 데 한 시간이 넘게 걸린다. 답변에 따라 건강 염려증이나 우울증, 정신병 등 어떤 정신 질환을 앓고 있는지 알 수 있다. 정교하게 설계된 검사지에는 거짓 대답 여부를 탐지할 수 있는 질문도 포함돼 있다. 그래서 나는 거짓 대답을 하지 않았다.

검사 결과를 받았을 때 나는 검사지가 평가하는 문제 중 딱 하나

어른이 되었어도 외로움에 익숙해지진 않아

를 빼고는 겪지 않고 있다는 사실을 알고 안도했다. 검사 결과 나는 분노를 억누르고 있는 것으로 나타났다. 그런 진단이 내려진 것이 놀라웠다. 내게는 분노의 억제가 문제라기보다는 강점에 가깝게 생각됐기 때문이다. 분노하는 이유가 무엇인가? 분노한 사람은 소리치고 욕하고 물건을 던지고 사람을 해친다. 나는 분노의 억제가 내가 맺은 관계들을 지켜준다고 생각했다.

알레한드로를 만났을 때 그는 내 생각이 옳다는 것을 한 번 더 증명해주었다. 알레한드로는 처음에는 화를 잘 내는 사람 같아 보이지 않았고 꽤 매력적이었다. 그는 자신이 면접을 볼 때마다 눈부신 활약을 펼쳤고, 다니던 직장을 그만두고 남은 것은 평생 친구들뿐이고, 다른 부모가 자녀에게 나눔을 가르치듯 딸에게 카리스마를 가르쳤다고 내게 말했다. 그는 마치 잘 아는 사람처럼 스스럼없이 농담을 건네다 결국 친구가 되는 그런 사람이었다. 자주 웃고, 잘 들어주고, 일단 상대가 마음에 들면 같은 날 해피 아워와 저녁 식사에 동시에 초대하는 사람이었다. 그곳에 갈 수밖에 없는 매력이 있었다.

페루에서 미국으로 이민 온 알레한드로는 인맥 관리에 능숙했는데, 타고난 재능이자 생존 전략이었다. 그의 가족은 처음에는 페루에서 텍사스의 농촌 마을로 이주했다가 다시 휴스턴의 범죄율 높은 지역으로 이사했다. 휴스턴에 살던 일곱 살 소년 시절 그는 학교에 갈 때마다 울음을 터뜨리는 바람에 진정할 때까지 누나가 곁을 지켜주었다. 이후 가족이 북쪽의 버지니아주 매너사스로 이사했을 때 알레한드로는 누나가 명석한 두뇌로, 형은 운동 실력으로 유명해지는 모습을 지켜봤다. 결국 알레한드로는 사교성이 뛰어난 마당발이 돼 자신의 자리를 찾았다. 점심시간마다 그는 인종을 초월해 흑인 아이들 테이블에서 백인 아이들 테이블을 옮겨 다니고, 운동광과 샌님들 사이를 오가며 서로 다른 친구들과 어울렸다.

우정과 관련해 알레한드로의 유일한 걸림돌은 그의 분노였다. 문제가 아주 심각했다. "분노가 치밀어 오르는 걸 느낀다 싶으면 어느새 이성을 잃어버려요. 내가 나를 통제할 수 없다고 느낄 정도예요."라는 게 그의 고백이다. 알레한드로는 화가 나면 완전히 악랄해져서 친구가 가장 불안해하는 부분을 집요하게 파고들었다. 한번은 그가 직장에서 승진했다는 소식을 전하다가 자신을 '깔아뭉갠다'라고 생각했던 한 친구와 맞부딪친 적이 있다. 친구가 알레한드로를 무시했다는 사실을 인정하지 않았고, 대화는 험악해져서 알레한드로가 친구의 자녀에 대해 심한 말을 내뱉기 일보 직전까지 치달았다. 다행히 대화가 잘못된 방향으로 흘러가고 있다는 사실을 깨달은 친구가 언쟁을 멈추었다. 또 한 번은 알레한드로와 어릴 적 친구는 알레한드로가 가장 좋아하는 DJ를 보러 함께 가기로 약속했다. 하지만 그 친구가 "그럴 기분이 아니야."라는 말 한마디 말고는 어떤 변명도 없이 막판에 바람을 맞히자, 알레한드로는 그에게 "이 나쁜 자식아. 너하고는 이제 끝이야."라고 문자를 보냈다. 두 사람은 3년 동안 말을 섞지 않았다.

학계에서는 화를 터뜨리는 것을 '분노 표출anger out', 화를 억누르는 것을 '분노 억제anger in'라고 부른다. 알레한드로와 나는 이 분노 스펙트럼의 서로 다른 끝에 있는 듯했지만, 두 전략은 보기보다 공

244   어른이 되었어도 외로움에 익숙해지진 않아

통점이 많다. 그리고 쉽게 상대 전략으로 바뀌기도 한다. 분노를 너무 오래 억제하면 갑자기 터져 나올 수 있다. 연구자들은 두 전략 모두 원망을 키워서 분노가 끓어오르게 만들기 때문에 적대감과 우울증, 불안과 상관관계가 있을 수 있다는 이론을 제기하고 있다. 또한 분노를 유발하고 친밀감을 저해하는 근본적인 문제는 생산적으로 대처하는 데 방해가 되기 때문에 두 분노 전략 모두 관계에 해를 끼친다고 학자들은 주장한다.

분노 억제 성향을 보인 내가 알레한드로보다 분노를 더 잘 통제하는 것처럼 '보일 수도' 있다. 하지만 분노를 억누르면서 오히려 내가 통제당하고 있었다. 뭔가 화나는 일이 생기면 반사적으로 화를 억누르고, 오히려 상대의 말에 맞장구를 치며 격하게 고개를 끄덕이면서, 내키지 않는 부분까지 양보를 해버렸다. 형편없는 방어 기제의 전형이었다. 화가 나면 표현하는 대신, 내 화가 그 자체로 다른 사람을 화나게 할까 봐 두려워하며 억지 미소를 지었다. 욕하고 고함치는 행동이 알레한드로를 압도했듯 이런 행동이 나를 압도했다. 분노의 표출에 통제당한 것이 아니라 분노의 부정에 통제당한 것이다.

이것이 바로 우리가 처한 딜레마다. 알레한드로 이야기(그리고 정체성 관련 장에서 소개한 사라와 해나 이야기)는 공격성이 효과가 없다는 사실을 보여준다. 내 경험을 보면 억제 역시 마찬가지다. 분노를 격하게 터뜨리는 행동뿐 아니라 분노를 삭이고 침묵하는 행동도 우리에게 해를 끼친다면, 분노를 어떻게 처리해야 할까? 어떻게 하면 분노 안에 자리 잡은 필요를 충족시킬 수 있을까? 그리고 우정이나 우리 자신에게 해를 끼치지 않고 분노를 표현할 방법이 있을까?

우정을 단단하게 만드는 분노

애착 이론의 창시자 존 볼비는 《애착: 인간애착행동에 대한 과학적 탐구》에서 걸음마를 배우는 아기인 로라와 레지에 대해 설명한다. 두 아기 모두 버림받은 경험이 있었지만, 반응하는 방식은 놀랍도록 서로 달랐다. 두 살인 로라는 작은 수술을 받기 위해 병원에 입원했다. 입원 기간의 모습을 영상으로 녹화해보니, 함께 있지 않은 엄마를 부르는 모습이 담겨있었다. 집에 돌아온 후 로라는 엄마와 함께 그 영상을 시청했다. 영상을 보면서 로라가 엄마를 쳐다보며 "엄마 어디 있었어? 어디 있었어요?"라고 물었다. 역시 두 살인 레지는 고아로 여러 보모의 손에 자랐는데, 가장 최근에는 매리앤이라는 보모가 그를 돌봤다. 매리앤이 결혼식 때문에 몇 주 자리를 비웠다가 돌아오자, 레지는 그녀에게 "나의 매리앤! 하지만 난 그 여자 싫어."라고 말했다.

볼비는 로라와 레지를 통해 각각 희망의 분노와 절망의 분노라는 두 가지 유형의 분노를 설명한다. 희망의 분노는 다시 사이가 가까워지려면 우리 사이에 끼어있는 문제를 치유해야 한다는 것을 보여주면서 관계에 활력을 불어넣는다. 희망의 분노는 압도적인 감정이라기보다는 무언가 변화가 필요하다는 신호에 가깝다. 이런 분노는 충족되지 않은 우리의 필요가 무엇이고, 이를 충족하기 위해서는 어떻게 해야 할지 성찰하게 한다. 희망의 분노는 화가 났을 때도 서로를 아낀다는 사실을 부정하지 않기 때문에 상대의 본질적 가치를 지켜준다. "엄마 어디 있었어? 어디 있었어요?"라고 묻는 로라처럼, 처벌

어른이 되었어도 외로움에 익숙해지진 않아

하거나 비난하지 않고 충족되지 못한 우리의 필요를 드러내고 변화를 요구한다.

반면 절망의 분노는 관계를 치유할 수 있다는 희망을 잃었을 때 발생한다. 절망의 분노는 갈등을 투쟁으로 혼동하고 방어, 공격, 처벌, 파괴하거나 보복을 조장한다. 희망의 분노가 잠시 멈춰 보다 깊은 욕구와 가치를 성찰하게 하지만, 절망의 분노는 맹목적으로 부딪친다. 절망의 분노는 충동적인 감정으로, 연구자들에 따르면 '충분히 처리되지 못한 감정'을 드러낸다. 절망의 분노는 자아를 보호하는 척하지만, "난 그 여자 싫어."라고 말하는 레지처럼 상대를 저주하려는 의도가 깔려있다.

절망의 분노는 우리가 보통 분노와 연관 짓는 파괴적인 힘이다. 반면 희망의 분노는 우정을 더욱 깊게 만들 수 있는 치유의 힘으로, 우리가 포용해야 할 감정이다. 정신 분석학자 버지니아 골드너Virginia Goldner는 관계에서 느끼는 안정감을 두 가지로 구분한다. 분노와 갈등을 무시하고 문제가 존재하지 않는 척함으로써 유지되는 '영구적 안락의 이완된 안정감'과, '위험 감수와 해소라는 실패와 개선, 분리와 통합의 끝없는 순환을 통해 확립되는 역동적 안정감'이다. 골드너는 역동적 안정감은 신뢰를 불러일으키고 진정한 친밀감을 조성한다고 말한다. 희망의 분노는 우정에 역동적 안정감을 선사할 수 있다.

희망의 분노를 표현할 때 얻을 수 있는 이점도 연구 결과 밝혀졌다. 한 연구에 따르면 배신을 당했을 때 가해자를 비난하지 않는 방식으로 공개적으로 대면하면 관계가 '더 깊어지는' 것으로 나타났다.

또 다른 연구에 따르면 경청하고, 잘못을 인정하고, 감정을 조절하고, 상대방의 관점을 수용하는 행동으로 갈등에 능숙하게 대처하는 사람이 더 인기 있고 우울함과 외로움을 덜 느끼는 것으로 밝혀졌다. 이런 사람과 함께하는 룸메이트는 이들을 사회성이 더 뛰어나다고 보았고, 친구들은 이들과 나누는 우정에 더 만족했다. 연인들을 대상으로 한 연구에서는 용서하고 잊어버리는 것보다 문제를 거론하는 것이 관계에 도움이 되고 문제 해결 가능성을 높이지만, 문제를 축소하면 당장은 마음이 편하지만 변화를 불러일으키지 못한다는 사실이 밝혀졌다. 분노를 연구하는 제임스 에버릴James Averill 매사추세츠대학교 애머스트 명예 교수는 '극적인 분노가 아닌 일상적인 분노의 일화들을 살펴보면 그 결과는 대개 긍정적'이라고 지적했다. 에버릴의 연구를 비롯한 여러 연구에 따르면 분노의 표현은 관계를 파괴하기보다 관계에 도움이 될 가능성이 더 높은 것으로 나타났다.

2005년 애머스트 칼리지 교수인 캐서린 샌더슨Catherine A. Sanderson과 동료 연구자들이 수행한 연구에서 친밀한 우정을 중시하는 사람들이 갈등을 어떻게 해결하는지 조사했다. 이들은 침묵을 지킬까 아니면 문제를 거론할까? 샌더슨은 대학생들을 대상으로 우정에서 친밀감을 얼마나 중요시하는지, 갈등을 어떻게 다루는지, 그리고 우정에 얼마나 만족하는지 평가하는 설문 조사를 실시했다. 그 결과 이런 유형의 친구들은 문제를 회피하거나 무작정 관계를 끊는 대신 자신의 우려를 건설적으로 표현하고, 이로 인해 우정에 대한 만족도가 더 높은 것으로 나타났다.

이런 연구 결과는 희망의 분노가 서로 더 좋은 친구가 되는 방법을 상대에게 분명히 보여줘 우정을 영원히 증진할 수 있으므로 이를 적극 수용해야 한다는 사실을 보여준다. 분노를 공유하면 우리가 솔직하게 말할 수 있을 만큼 신뢰할 수 있는 상대이고, 상황을 직시할 만큼 관심을 기울이고 있다는 사실을 전달할 수 있다. 친구 간의 갈등은 우정의 회복은 물론 우정을 더 깊게 만들어줄 수도 있다. 그렇다면 우리는 왜 갈등을 피하는 것일까?

갈라서기 vs 마음 열기

우정에 관한 한 우리는 대부분 분노 자체는 물론 언짢음과 짜증, 좌절, 울분처럼 분노에 따라붙는 감정까지 억누른다. 연구 결과 사람들은 연인과 생긴 문제보다 친구 간에 생긴 문제를 회피할 가능성이 더 높은 것으로 나타났다. 연인 관계에 비해 우정을 가볍게 여기기 때문에, 문제가 생겨도 분노하거나 상처받거나 기대할 권리가 우리에게 없다고 생각한다. 이런 가정에는 우정이 별것 아니라는 생각이 깔려있다. 취약성 관련 장에서 만나본 스카일러 잭슨은 "많은 사람이 '아, 친구잖아. 그럼 상관없지 뭐'라고 생각한다. 누가 친구와 싸움한단 말인가? 하지만 나는 친구에게도 상처받을 수 있다고 생각하는데, 상황이 극도로 악화돼서가 아니라 우정 역시 또 다른 관계일 뿐이기 때문이다."라고 주장했다.

우정에서도 우리는 문제가 곪아 터질 때까지 방치했다가 회복 불가능한 상황에 몰리지 않고, 문제를 정면 돌파하는 쪽을 선택할 수 있다. 이때 문제는 친구에게 불만이 있더라도 그냥 혼자 극복할 수 있기를 바라며 무시해버리는 경우가 너무 많다는 것이다. 자신이 너무 예민하거나 아무것도 아닌 일에 호들갑을 떤다고 생각하는 것이다. 하지만 어떤 문제를 거론할 만한 가치가 있는지 알 수 있는 유일한 가늠자는 그 문제가 나를 계속 괴롭히는지 여부다. 친구가 약속을 밥 먹듯 어기거나, 우리 이름을 잘못 발음하거나, 함부로 말해서 기분이 나쁘면 그게 무엇이든 친구에게 말할 수 있다. 어떤 일 때문에 우리가 기분이 나빠졌다는 것 외에는 그 일을 거론할 필요가 있는지 판가름하는 객관적인 기준은 없다.

우리가 제기하는 문제를 듣고 친구가 생각했던 것보다 더 기뻐할 수도 있다. 내 친구 지니는 우리 집 앞에 앉아 함께 국수를 먹으면서 직접적인 대화를 전혀 못 해서 우정이 악화됐던 일을 아쉬워했다. 그녀는 결혼 생활에서 문제가 생기면 남편과 함께 일찌감치 그 싹을 잘라버리는 데 익숙했다. 두 부부는 함께 유명 커플 심리 치료사 존 고트먼과 주디 고트먼 부부가 발행하는 주간 소식지를 구독하며 "당신은 나에게 적절히 대응하지 못하고 있어.", "나는 교감하려고 애썼는데 당신이 눈치채지 못했어." 같은 언어를 사용하기도 했다. 지니는 이렇게 말했다. "우리 사회는 결혼 생활이 만만치 않고 갈등투성이라는 이야기를 많이 하잖아. 우정이 만만치 않고 갈등투성이라는 이야기는 있나? 그렇지 않아. 친구는 우리를 기분 좋게 해주고 기운 나게 만드는 존재라는 이야기만 들릴 뿐이지. 그래서 친구에게 화가 나면 어떻게 대처해야 할지 모르는 것 같아."

친구는 우리에게 화가 나면 우리와 거리를 두면서 이를 간접적으

어른이 되었어도 외로움에 익숙해지진 않아

로 표현하는 경우가 많다. 리디아 덴워스Lydia Denworth의 친구는 덴워스가 발행하는 소식지 구독을 취소하는 행동으로 그녀와 관계를 끊으려고 했다. 리디아가 우정 전문가인데도 말이다! 내 친구 중 하나는 친구가 인스타그램 부계정을 만들고 그 계정에 접속하지 못하게 자신을 차단했을 때 비로소 친구가 자신을 지우려 한다는 사실을 알아챘다. 완전히 물러서는 대신 분노 때문에 친구의 위상을 낮추는 경우도 있다. 한때는 좋은 소식을 공유하려고 가장 먼저 문자를 보내던 친구 사이였는데, 뭔가 이해하기 힘든 문제가 생긴 뒤로는 프렌즈기빙 파티에서 옥수수빵에 크랜베리 소스를 발라 먹으며 "안녕, 어떻게 지내?"라고 어색한 인사를 나누는 사이가 돼버리기도 한다. 스카일러 잭슨에 따르면 우정에서 우리는 너무 자주 "수술을 받고 4주간 회복기를 거쳐 더 행복한 삶을 되찾는 쪽을 택하기보다 평생 아픔을 견디는 쪽을 택한다. 힘든 일을 견딜 수 있는데도, 대신 남은 평생 우정을 포기해버린다."라고 한다. 분명히 해두지만 속상한 일을 덮어두는 행동이 항상 나쁜 것은 아니다. 일시적인 문제라면 그냥 내버려 두면 된다. 하지만 고질적이거나 극복할 수 없는 문제라면, 또는 우정이 흔들리기 시작하면, 그때는 문제를 직시해야 한다.

갈등을 풀기로 마음먹기 전에 건강한 우정인지부터 먼저 살펴봐야 한다. 악의가 있는 친구에게 매달릴 이유가 없다. 나와 인터뷰한 데보라는 이혼녀로, 새로 사귄 남자친구 집에서 자주 밤을 보낸다. 그녀의 친구 멜은 독실한 신앙심의 소유자로, 데보라와 함께 아는 친구들을 모아 놓고 데보라가 남자친구 집에서 자면서 공동체의 도덕을 더럽히고 있는 만큼 그녀를 멀리해야 한다고 설득했다. 멜이 데보라를 무시한다는 사실을 생각하면 그와 우정을 끝내는 편이 더 나았다. 친구가 우리의 성공을 응원하지 않는 경우도 위험 신호라고 할 수 있다. 친구가 새 직장을 구했는데 다른 친구가 축하 대신 "오! 지난번 회사보다는 더 잘했으면 좋겠네."라고 말하는 경우다. 자기 중심적인 친구도 있다. 이런 친구는 우리가 교통 체증을 뚫고 두 시간이나 차를 몰고 와서 자신을 만나주기를 기대하지만, 우리 생일에는 우리를 만나러 차를 몰고 오지 않으려고 한다. 이런 친구와 대화를 나누면 진이 빠지는 까닭은 친구가 우리에게 전혀 관심을 보이지 않거나, 우리 이야기를 공유하면 함부로 판단할까 봐 두렵기 때문이다. 전반적으로 우정은 우리의 마음을 불편하게 하기보다는 기분 좋게 해줘야 마땅하다. 어떤 우정이든 문제가 생길 수 있지만, 한 걸음 물러서서 더 큰 역학 관계를 살펴보고 득보다 실이 더 많은 관계라고 판단되면 우정을 고쳐 쓰기보다는 끝내야 할 수도 있다.

하지만 문제가 발생하기 전까지만 해도 썩 괜찮은 우정이었다면, 상대가 우리의 이익을 가장 먼저 생각하고, 우리의 필요를 살피고, 전반적으로 우리를 잘 대해준다면 《모임을 예술로 만드는 법》의 저자 프리야 파커의 말처럼 "건강하지 못한 갈등만큼이나 건강하지 못한 평화도 관계를 위태롭게 한다."고 할 수 있다. 분노를 너무 오래 쌓아두면 최고의 우정일지라도 어느 날 문득 단념하고 싶은 강력한 충동에 사로잡힐 수 있기 때문에 분노를 표현해야 한다. 좀 더 일찍 분노를 허용했더라면 이런 상황에 이르지 않도록 행동할 수 있는 시점을 알아차렸을 것이다. 분노를 허용했더라면 우정을 회복하고 바로잡을 기회를 경험하고, 우정에 새로운 깊이의 역동적 안정감을 더

어른이 되었어도 외로움에 익숙해지진 않아

했을 것이다. 분노를 억누르면 파국에 이를 때까지 문제를 방치해서, 암세포가 전이돼 우정이라는 몸 전체에 퍼지게 된다.

애착과 갈등을 연구해온 제프 심슨Jeff Simpson 미네소타대학교 교수는 친구와 문제가 생겼을 때 "친구가 다른 누구도 줄 수 없는 선물을 우리 삶에 선사한다는 사실을 떠올리라."고 조언한다. 이러한 성찰은 우정을 사소하게 여기는 경향에 제동을 걸어준다. 또한 우리가 잃을 염려가 있는 것이 무엇인지 깨닫게 해서, 작별을 고하는 대신 친구와 생긴 문제와 맞닥뜨리게 해준다. 빌리의 경우 내가 잃을 염려가 있는 것은 대체 불가능한 것들이었다. 빌리는 내 몸의 신장만큼이나 내게 없어서는 안 될 존재다. 그녀는 누구보다 내게 이해받는다는 느낌을 준다. 그녀는 내가 진짜 어떤 일이 있었는지 털어놓으려고 전화를 거는 사람이다. 그녀의 조용한 공감과 지혜 덕에 나는 보다 나다워질 수 있었다. 못마땅한 일이 많다고 내가 이런 관계를 포기한다면 정신 나간 짓이 아닐 수 없었다.

하지만 나는 분노 억제 성향을 가진 사람이기에 고민했다. 갈등을 무시하면 우정에 해가 된다는 사실을 알지만, 문제를 거론하는 것이 도움이 된다고 확신할 수 없었기 때문이다. 만약 내가 프로이트의 소파에 앉아있는데 프로이트가 갈등과 무의식적 연관성이 있는 행동을 밝히라고 한다면, 공격과 비난, 언성 높이기, 주먹 움켜쥐기, 핏대 올리기, 보드게임 하다가 뒤집기라고 대답할 것이다. 당시 내가 아는 상식에 따르면 분노와 갈등은 관계를 치유하기보다는 관계를 파괴하는 것이었다.

빌리에게 말해야 할지 고민하고, 지니와 상의도 해보고, 학교에서 직무 능력 개발 연수를 받으면서 이 문제를 역할극으로 다뤄보기도 했다. 그러다 결국 빌리에게 이야기 좀 하자고 문자를 보냈다. 빌리는 긴장이 된다고 말했고, 나도 긴장된다고 말했다. 긴장한다는 것은 공격성이 아닌 취약성을 드러내는 것이고, 대화를 통해 취약성이 공격성을 이겨내기를 간절히 바랐기 때문에 그녀의 말을 듣고 나는 안심이 됐다. 내가 무엇 때문에 기분이 나빴는지 설명하자, 빌리가 사과했다. 그리고 눈물을 흘리기 시작했다. 기분이 나빠서가 아니라 감동했기 때문이었다. 갈등이 그녀에게 그토록 다정하게 느껴진 적이 없었기 때문이다. 나도 마찬가지였다. 우리 둘 다 그 어느 때보다 친밀감을 느낀다고 서로에게 말해주었다.

빌리와의 경험을 통해 나는 대화하지 않으면 극복할 수 없는 일이 있으며, 분노를 인정하면 대화를 통해 소중한 우정을 괴롭히는 지난 상처의 앙금을 털어낼 수 있다는 사실을 배웠다. 분노는 우정에 긍정적인 변화를 불러일으킬 수 있지만, 분노 사용법을 알고 있을 때만 가능한 일이다.

바람직한 분노 전달 방식

희망의 분노를 표현하는 능력은 애착 유형에 달려 있다. 불안애착을 가진 사람은 절망의 분노에 허덕인다. 이들은 사람들이 기대를 저버린 과거 기억 때문에 생존 모드로 갈등을 접한다. 이들이 주로 사용하는 갈등 전략인 공격이나 은둔은 관계를 훼손하는 것으로

　　　　　　　어른이 되었어도 외로움에 익숙해지진 않아

연구 결과 밝혀졌다. 이들은 친구의 관점을 파악하지 못하고, 자신이 잘못한 일보다 자신이 당한 일에만 집중한다. 해리엇 러너는《당신, 왜 사과하지 않나요?》에서 친구 실라의 책 출판 기념회에 참석하려고 비행기를 타고 간 일에 관해 이야기한다. 행사가 진행되는 동안 러너는 구석 자리에 앉아 옛 동료들과 안부를 주고받았다. 나중에 실라는 러너가 다른 사람들과 어울리지 않았다고 엄청 화를 냈는데, 러너는 전혀 몰랐지만 많은 참석자가 유명 저자인 러너를 만나고 싶어 했기 때문이다. 실라는 사과를 요구하면서도, 자신이 뭘 기대하는지 한 번도 말하지 않은 반면, 러너가 행사에 참석하려고 나라 반대편에서 비행기를 타고 왔다는 사실을 인정하기를 거부했다. 그녀는 러너를 '자기밖에 모르는', '비난받아 마땅한' 사람이라고 말했는데, 이는 실라가 관계 회복보다는 러너를 비난하고 처벌하는 데 우선순위를 두고 있음을 의미했다. 실라의 말은 또 러너가 무의식적으로 행동한 것이 아니라 악의적 의도를 가지고 있었다고 가정했음을 암시하는데, 이는 불안애착을 가진 사람들이 흔히 하는 가정이다.

불안애착을 가진 사람은 갈등을 화해가 아닌 투쟁으로 혼동하기 때문에 갈등을 겪는 동안 감정에 압도된다. 이들은 갈등에 수동적으로 반응해서 곤두선 감정이 이끄는 대로 이리저리 끌려다닌다(회피애착을 가진 사람은 이런 일이 일어나고 있다는 사실 자체를 잘 인식하지 못한다). 이들은 화가 나면 소리를 지른다. 위협을 느끼면 마음의 문을 닫아건다. 또한 갈등에서 '승리하려고' 애쓰고, 상대방을 희생시켜서라도 자신의 욕구를 충족시키려고 애쓴다.

안정애착을 가진 사람은 협력적인 태도의 소유자로, 양쪽의 욕구를 모두 충족하는 방편으로 갈등에 접근한다. 소리를 지르지도 비난하지도 않고, 대신 자신의 분노가 필요를 나타내는 신호임을 인정하고 감정이 전하는 '필요'를 표현한다. 제프 심슨은 안정애착을 가진 사람은 "부정적인 감정을 제쳐두고 문제 해결과 관계 발전을 위해 무엇을 해야 할지 생각한다. 이들은 장기적으로 어떤 결과를 얻고 싶은지, 무엇을 이루고 싶은지, 갈등이 끝났을 때 관계를 어떻게 개선하고 싶은지 더욱 폭넓게 고민한다."라고 내게 말했다.

실라가 갈등에 안정감 있게 접근했다면 자신의 목표가 상처를 표현해서 러너와 관계를 회복하는 것이고, 공격이 최선의 전략이 아니라는 사실을 깨달을 수도 있었다. 러너의 말처럼, 우리가 과도하게 비난하면 문제를 일으킨 쪽이 우리가 원하는 사과를 하기 어렵게 만든다. 대신 실라는 비난하지 않고 감정과 필요를 공유하고, 상대의 의도가 긍정적이라고 가정하고, 상대의 관점을 수용하고, 자신이 문제에 미친 영향을 인정하는 등 안정애착을 가진 사람들이 사용하는 유익한 갈등 해결 전략에 의지할 수도 있었다. 그래서 이렇게 말할 수도 있었다. "이봐요. 미리 이야기하지 않은 내 책임도 일부 있다고 생각하지만[잘못 인정], 출판 기념회에서 당신이 다른 사람들과 더 많이 소통하지 않아서 마음이 상했어요[비난하지 않고 감정 표현]. 내가 이런 걸 원하는지 아마 당신은 몰랐을 테고[긍정적 의도 가정], 멀리서 비행기를 타고 와 참석해줘서 고맙지만[관점 수용], 다른 참석자들과 친해졌더라면 참 좋았을 것 같아요[비난하지 않고 욕구 표현]."

"안정애착을 가진 사람은 갈등을 겪는 동안 불안애착을 가진 사

어른이 되었어도 외로움에 익숙해지진 않아

람을 괜찮아 보이게 만든다."라고 심슨은 내게 말했다. 안정애착을 가진 사람은 자신의 감정뿐 아니라 상대방의 감정까지 누그러뜨리는 '공동 조절co-regulation'에 관여한다. 진정성 관련 장에서 우리를 자극하는 방아쇠를 관리하는 방법을 이미 배웠지만, 갈등은 한 걸음 더 나아가 친구의 방아쇠까지 관리할 것을 요구한다.

안정애착을 가진 사람은 상대가 흥분한다고 느끼면 오히려 흥분을 가라앉힌다. 우리 중 일부 특히 트라우마를 앓은 적이 있는 사람들에게는 이런 일이 불가능해 보일 수 있다. 트라우마는 자신의 방아쇠를 관리하고 타인의 방아쇠에 신경 쓰지 않는 것을 극도로 어렵게 만든다. 공동 조절을 수용하는 일은 우리가 즉각적으로 행동에 옮길 수 있는 일이라기보다는 장기적 목표에 가까울 수 있지만, 그래도 상관없다.

안정애착을 가진 사람은 공동 조절을 하는 동안에도 자신의 필요를 포기하지 않는다. 이들은 불안애착을 가진 사람처럼 사과하지 말아야 할 일에 대해 사과하지 않는다. 친구가 "너 너무 예민하게 굴고 있어."라고 말하면 "아니. 이건 나한테 중요한 일이야."라고 답한다. 이들은 자신을 옹호하는 동시에 다른 사람의 관점도 고려한다. 상호성을 수용하면서 스스로 이렇게 질문한다. '우리가 한 팀이고 우리의 필요가 똑같이 중요하다면, 어떻게 하면 두 사람의 필요를 모두 존중하는 방식으로 이 문제를 해결할 수 있을까?'

감정을 차분히 다스려라

갈등을 성공적으로 해소하려면 상대의 관점을 수용하는 동시에 자신의 관점을 공유해야 한다. 너무 화가 나면 이렇게 할 수 없다. 시간을 좀 갖고 감정을 누그러뜨려야 한다. 자기 연민이 도움이 된다. 자신의 감정에 꼬리표를 달아 감정을 확인하고('이런 기분이 들어도 괜찮아'), 누구나 자신 같은 감정을 느낄 때가 있다는 사실을 인정하라. 감정을 털어놓을 수 있는 신뢰할 만한 제삼자에게 이야기해보라. 깊이 숙고하라. 자신이 너무 예민하다거나 자신의 감정이 틀렸다고 스스로를 다그치지 마라. 분노는 변화가 필요하다는 중요한 신호이므로, 그대로 느끼면서 분노를 존중하라.

감정이 가라앉아 문제를 제기할 준비가 되면, 적대적이지 않고 협력적인 태도를 취해야 한다는 점을 스스로 상기시켜라. 우정의 당사자인 내게 상처를 주는 일은 그게 무엇이든 우정에도 해가 되는 만큼, 문제를 거론한다고 해서 우정에 문제를 일으키는 것은 아니다. 그러니까 자신의 상처를 치유하는 동시에 우정을 개선하기 위해 대화를 시작하는 것이다.

친구에게 다가가기 전에 스스로 다음과 같이 질문해보라.

1. 이 갈등을 통해 내가 얻고자 하는 것은 무엇인가?
2. 이 문제에서 내 역할은 무엇이고 친구의 역할은 무엇인가?

어른이 되었어도 외로움에 익숙해지진 않아

3. 나는 이 갈등이 우정을 개선하는 방편이라고 생각하는가?

4. 나는 침착하게 친구에게 다가갈 수 있는가?

5. 나는 내 관점의 공유와 친구의 관점 수용 사이의 균형을 맞출 준비가 되어 있는가?

친구에게 문자를 보내 직접 만나 문제에 관해 이야기를 나눌 시간을 정해서, 친구가 감정적으로 준비할 수 있게 하라. 친구와의 우정에 관심이 있기 때문에 문제를 꺼내는 것이라는 신호를 보내 올바른 분위기를 조성하라. 다음은 대화를 시작하면서 건네기에 좋은 말이다.

- "우리의 우정이 내게는 무척 중요하기 때문에, 내 마음에 걸리는 문제를 터놓고 이야기해서 함께 풀어보고 싶어. 네 생각도 듣고 싶고."
- "나는 우리의 우정을 무척 아끼기 때문에, 나를 괴롭혀온 문제 몇 가지를 꺼내서 그중에 어떤 것도 우리의 우정에 영향을 끼치지 않게 하고 싶어."

자신의 세계를 공유하라

친구를 만나면 자신의 감정을 공유하되 친구를 비판하거나 비난하지 마라. 우려되는 일을 공유할 때 "너는…" 대신 "내 생각에는…"이라고 말하라. 친구의 행동을 비난하기보다는 그 행동이 나에게 어떤 영향을 미쳤는지에 초점을 맞춰라. 브레네 브라운은 자신이 진행하는 팟캐스트 〈우리 마음 잠금해제 하기Unlocking Us〉에서 비난은 불편함을 다른 사람에게 전가함으로써 이에 대처하는 행동이라고 설명했다. 얼마나 큰 고통을 유발하기를 바라는지는 자신이 얼마나 큰 고통을 '느끼는지에' 비례한다. 복수에 대한 갈망을 자신의 삶에서 해결해야 할 일이 무엇인지 알려주는 단서로 삼아라. 그리고 무엇이 자신을 괴롭히는지 찾아내면 그것을 공유하라. 자신의 세계를 공유하면 친구의 변화를 유도할 가능성도 커진다. 브라운이 지적했듯 대신 우리가 누군가에게 '나쁜 친구'나 '해롭다'는 꼬리표를 붙여버리면, 우리는 그 사람에게 변화하기를 바라지만 그 사람의 잘못이 근본적으로 그 사람을 규정하기 때문에 변화할 수 없다고 말하는 것과 다름없다.

- "당신은 고마운 줄도 모르는 사람이야. 금요일마다 당신 딸 축구 연습이 끝나면 내가 차로 태워 왔는데 한 번도 고맙다는 말을 안 했잖아." 이 말 대신 이렇게 말해보라. "당신 딸 축구 연습이 끝나면 내가 차로 태워 왔는데 당신이 고맙다는 말을 안 해서 속이 상해. 고맙다고 해주면 정말 큰 의미가 있을 텐데."
- "우리 아들 성인식에 참석하지 않다니 정말 유감이야. 당신이 그보다는 더 좋은 친구라고 생각했는데." 이 말 대신 이렇게 말해보라. "아치의 성인식에 당신이 참석하지 않아서 너무 마음이 아팠어. 참석했더라면 내게는 정말 큰 의미가 있었을 텐데."

자신의 입장을 공유한 후 "그때 당신의 상황이 어땠나요?"라고 물어보라. 친구의 관점을 이해한다고 해서 우리의 입장이 약화되거나 친구가 책임을 회피할 수 있는 길을 열어주는 것은 아니다. 오히려 상호 이해의 기회를 통해 친구의 행동에 영향을 미친 더 큰 요인들을 이해함으로써 상황을 덜 감정적으로 받아들일 수 있다. 예를 들어 친구가 정강이뼈 골절을 당하는 바람에 아치의 성인식에 참석하지 못했다는 사실을 알게 될 수도 있다.

친구가 우리의 행동이 어떻게 문제의 원인으로 작용했는지 털어놓을 수도 있다. 열린 마음으로 이를 받아들여라. 자신의 역할을 인정한다고 우리의 우려가 폄하되거나 문제가 우리 잘못이 되지는 않는다. 이는 어떤 문제 때문에 우리 마음이 상할 수 있지만 '동시에' 우리도 모르는 사이에 우리가 문제를 악화시켰을 수도 있다는 복합적인 진실을 인정하는 것이다. 폭력적인 관계를 제외하면 관계는 대개 춤을 추는 것과 같아서, 어느 한 사람에게 딱히 책임이 있는 것은 아니지만 각자의 행동이 서로에게 영향을 미쳐 결국 더 큰 문제가 발생한다. 친구의 반박이 정당하다고 생각하면, 책임을 인정하고 사과하라. 하지만 정당하지 않다고 생각하면 그렇게 하지 마라.

실제로 나는 내가 곤경에 처했는데 친구가 돕기를 거절했을 때, 그 친구에게 아무런 도움도 받지 못하는 느낌이라고 말했다. "네가 정서적인 지지를 무척 잘하는 건 알지만, 실질적인 지원은 네 취향이 아닌가 보네." 내가 이렇게 말하면서 갈등은 악화됐다. 나중에 그때 일을 되짚어보면서 친구는 내가 단 한 번의 일로 자신이 친구로서 어떤 모습을 보이는지 일반화해 가정을 해버려서 원망스러웠다고 말했다. 친구 말에 일리가 있다고 생각했고, 그래서 사과했다.

친구의 분노 대처하기

우리 자신의 분노를 표현하는 방법에 대해 살펴봤다. 하지만 친구의 분노를 받는 입장이라면 어떨까? 어떻게 하면 우정을 해치지 않고 증진할 수 있는 방식으로 대응할 수 있을까? 은잠비의 이야기가 경각심을 일깨워준다.

은잠비와 마케나의 우정이 끝난 지 5년이 지났지만, 은잠비는 인스타그램에서 마케나의 사진을 보면 여전히 마음 한구석이 무너져 내렸다. 마케나는 친구들과 함께 여행하거나 외식하거나 친구의 아기를 만나는 등 한때 은잠비와 함께 하기로 계획했던 모든 일들을 사진으로 올렸다. 친구와의 이별은 슬픔을 딛고 숨 쉴 공간조차 없기 때문에 특히 더 고립된 느낌을 줄 수 있다. 친구의 중요성을 간과할수록 친구를 잃었을 때의 슬픔도 간과하기 마련이다. 하지만 은잠비에게는 상실의 충격이 컸다. "소울메이트가 항상 연인일 필요는 없다는 사실을 깨달았어요. 마케나는 내 소울메이트였거든요."라고 말이다.

두 사람은 고향 케냐에 있을 때 서로 아는 친구를 통해 처음 만났다. 이후 둘 다 대학 진학을 위해 미국으로 이민을 왔다. 은잠비는 아칸소주에 있는 대학에, 마케나는 텍사스에 있는 대학에 다녔다. 은잠비가 미국에 왔을 때 마케나가 전화를 걸어 반겨주었다. 서

어른이 되었어도 외로움에 익숙해지진 않아

머 타임이나 미국식 도량형 같은 미국 생활의 어려움에 적응하기 위해 애를 쓰는 동안 두 사람은 서로의 생명줄이 되어주었다. 은잠비가 미국에 온 첫 달이 끝날 무렵 두 사람은 하루도 빠짐없이 대화를 나누는 사이가 됐다.

마케나가 졸업반이 되기 전 해 여름, 은잠비가 텍사스로 와 마케나와 함께 살게 됐다. 떼려야 뗄 수 없는 사이가 된 두 사람은 수시로 서로의 방에 들어가 새로 들은 소문과 근황을 나누었다. 이들에게는 하루하루가 파자마 파티였다. 이런 편안함은 스스로 보기에도 생각이 너무 많아 사회적 교류 때문에 자주 괴로워하던 은잠비에게 특히 중요했다. 그녀는 자신의 실수를 며칠 때로는 몇 달 동안 머릿속으로 곱씹는 편이었다. 하지만 마케나와 함께하면 무조건적인 사랑을 받는다는 느낌과 함께 자의식이 사라졌다. "내가 말도 안 되는 소리를 해도 마케나는 내 마음 탓을 하지 않고 말실수 정도로 넘어가 줄 것이라는 걸 알았어요."라고 은잠비는 말했다.

두 사람은 관계에 대한 고민도 자주 털어놓곤 했다. 마케나는 몇 년 동안 사귄 남자친구가 프러포즈를 하지 않아 애를 태우고 있었다. 이듬해 봄, 남자친구가 은잠비에게 연락해 마케나의 반지 사이즈를 물어봤다. 은잠비는 마케나를 생각하면 기뻤지만, 프러포즈 날짜가 정확히 언제인지 가장 친한 친구인 자신에게는 알려주기를 바랐다.

어느 주말 마케나가 남자친구와 함께 워싱턴DC로 여행을 떠났는데, 돌아왔을 때 그녀는 약혼한 상태였다. 은잠비는 미리 말해주지 않은 것 때문에 화가 났는데, 이 분노가 번지수를 잘못 찾은 것일지라도 어쩔 수 없었다(마케나가 아니라 마케나의 남자친구에게 화를 냈어야 한다고 생각할 수도 있겠지만, 사랑이 그렇듯 분노 역시 언제나 이성적인 것은 아니다). 약혼 여행에서 돌아온 마케나에게 은잠비는 "축하해."라는 말 한마디 없이 방에 틀어박히는 것으로 분노를 표출했다. 마케나의 입장에서는 친구의 기쁨보다 자신을 우선시하는 은잠비의 행동을 용납할 수 없었다.

마케나는 자신이 얼마나 상처받았는지, 은잠비가 자신을 위해 기뻐해 주기를 얼마나 바랐는지 은잠비에게 말할 수도 있었다. 하지만 그러지 않았다. 대신 마케나는 자신의 방에 틀어박혔다가 은잠비가 퇴근하고 돌아오기 전에 서둘러 아파트를 빠져나가며 은잠비를 멀리했다. 두 사람은 그 뒤로 8개월을 더 함께 살았지만, 그 기간 내내 서로를 피해 다녔다.

약혼에 대한 은잠비의 미숙한 대응이 두 사람의 우정을 무너뜨린 것처럼 보일 수도 있다. 하지만 우정을 파국으로 몰아넣은 문제의 사건 이전에도 사소한 일들이 더 있었다. 은잠비는 무뚝뚝하고 때론 무신경하기까지 한 사람이었다. 한번은 마케나가 자신의 옷차림이 어때 보이냐고 묻자 은잠비는 "불을 끄고 옷을 입은 거야?"라고 대꾸했다. 마케나가 눈썹을 정리했을 때는 "연필로 그린 것 같네."라고 말했다. 이런 말을 들으면 마케나는 상처받았다고 말하고는 입을 꾹 다물고 어깨를 축 늘어뜨리곤 했다. 은잠비는 "난 정직한 사람이야. 난 원래 이렇다니까."라고 스스로를 정당화했다.

은잠비가 처음 한 말들이 해로웠던 것은 물론이고, 그 말을 듣고 기분 나빠하는 마케나에게 보인 반응이 훨씬 더 큰 상처를 주었다.

어른이 되었어도 외로움에 익숙해지진 않아

그런 반응 때문에 마케나는 문제를 제기해봐야 묵살당할 것이라고 체념하게 됐다. 이런 가정은 두 사람이 결코 문제를 해결하지 못해 문제가 곪아 터지고 말 것이라는 뜻이므로 우정을 천천히 죽이는 독이 됐다. 이런 반응에 대한 기억 때문에 마케나는 새로운 문제가 생기면 참든지 버리고 떠나든지 두 가지 선택지밖에 없다고 확신하게 됐다. 마케나는 떠나지 않을 수 없을 때까지 참는 쪽을 택했다. 아파트 임대 계약이 끝나자 두 사람의 우정도 끝이 났다.

건강한 관계에서는 서로의 필요를 채워주고 싶어 한다. 한 친구에게 문제가 생기면 다른 친구가 이를 완화하기 위해 적응하려고 노력한다(관대함 관련 장에서 자신을 잃어버리지 않고 이렇게 하는 방법을 살펴볼 것이다). "난 원래 이래." 같은 반응은 친구의 필요를 무시할 뿐 아니라, 우리가 다른 사람으로 바뀌지 않는 한 앞으로도 그 필요가 절대 충족되지 않을 것임을 예고하는 것이다.

그럼에도 불구하고 은잠비가 그랬듯 우리의 반사 신경이 반응해서 우리는 잘못한 것이 없다고 부인하거나, 심지어 '너는 너무 많은 걸 요구하고 있어, 넌 네가 완벽하다고 생각하지, 너도 똑같이 행동한 적이 있거든!'이라며 친구가 화를 낸 것이 잘못이라고 말한다고 해도 이상할 게 없다. 하지만 진정성 관련 장에서 알게 됐듯 이런 반응은 우정은 물론 우리 자신에게도 해롭기 때문에, 원초적 대응보다는 사려 깊은 태도로 이런 반응을 피해야 한다.

갈등 상황에서 방어적인 태도를 취하면 깨우침을 얻을 기회까지 놓치게 된다. 갈등은 우리 자신에 대해 솔직한 의견을 얻을 수 있는 유일한 시간 중 하나다. 그런 의견이 없다면 우리는 무심결에 해를 끼치게 된다. 대부분의 사람은 우리가 그렇게 행동하면 조용히 물러나기 때문에, 우리는 자기 파괴의 쳇바퀴를 돌며 문제 행동을 반복하게 된다. 영문도 모른 채 친구들이 계속 떠나는 모습을 보며 기시감에 사로잡힌다. 누군가가 우리가 자신에게 어떤 영향을 미치는지 말해주면 그 쳇바퀴에서 벗어날 수 있다. 결국 은잠비는 친구와 끔찍한 이별을 경험한 또 다른 여성과 친구가 됐다. 두 사람이 자신들의 우정이 어디서부터 엇나갔는지 살펴봤을 때, 새 친구는 은잠비가 마케나에게 보인 솔직함이 반드시 상처가 될 이유는 없다고 말해주었다. 은잠비는 더 이상 무뚝뚝한 사람이 아니었다.

친구의 조언을 비난이 아닌 깨달음의 기회로 생각한다면, 친구의 조언에 고마움을 표하고 책임감을 느끼고 성장함으로써 친구의 우려에 응답할 수 있다. 실제로 이런 태도는 친구가 화가 났을 때 적극적으로 반응하는 것처럼 보인다. 많은 연구 결과 적극적 반응이 관계를 개선하는 것으로 나타났다. 적극적 반응은 세 부분으로 구성된다. 이해 표시(친구가 한 말을 다시 한번 말해주기), 인정(친구의 우려가 타당하고 그럴 만하다고 말하기), 배려(상황 개선을 위해 함께 무엇을 할 수 있을지 공유하기)다.

다음은 몇 가지 예시다.

- "내가 네 삶에서 정말 중요한 친구이기 때문에 내가 네 생일 파티에 너무 늦어서 네가 슬퍼했다고 들었어[이해 표시]. 네가 왜 그렇게 느끼는지 알겠고, 내가 너에게 얼마나 중요한지 알게 돼 기쁘기까지 해[인정]. 다음에는 제시간에 참석하도록 더 열심히 노력할게. 중요한

일일 때는 특히 더[배려].”

- “약을 좀 찾아달라고 부탁했는데 내가 시간을 내지 못했을 때 추위 속에서 소외감을 느꼈지[이해 표시]? 그런 상황이면 네가 고립감을 느낄 만도 해[인정]. 이런 일이 중요하다는 걸 알았으니, 다음에는 더 열심히 도우려고 노력할게[배려].”

- “내가 파티에서 네 아내와 너무 오래 대화를 나눈 게 불편하게 느껴졌구나[이해 표시]. 왜 그렇게 느꼈는지 이해해. 나도 마찬가지였을 테니까[인정]. 다음번에는 함께 이야기할 수 있도록 하자[배려].”

적극적으로 반응한다고 해서 친구의 감정에 반드시 동의해야 할 필요는 없다. 파티에서 친구 아내와 나눈 대화에 무슨 의미가 있다고 넘겨짚은 친구의 생각이 완전히 잘못됐다고 생각할 수도 있다. 하지만 우리는 동의한다고는 말한 적이 없다. 이해한다고 말했을 뿐이다. 친구의 감정이 정당하다고 했지, 우리도 같은 감정을 느낀다고는 말하지는 않았다. 동의는 적극적 반응의 필수 요소가 아니다. 우리의 동의 여부와 상관없이 친구의 생각과 감정은 중요하다. 은잠비도 결국 이런 교훈을 얻었다. 처음에는 마케나가 자신처럼 말해도 자신은 전혀 개의치 않을 텐데 마케나가 자신의 무뚝뚝한 태도에 너무 예민하게 반응한다고 생각했지만, 결국 은잠비는 “우리는 서로 다르기 때문에 내가 대우받고 싶은 방식이 아니라 상대방이 대우받고 싶어 하는 방식대로 사람들을 대해야 한다는 사실을 깨달았어요. 따라서 누군가와 친구가 됐는데 친구가 이런 것을 원하고 그게 지나친 요구가 아니라면 들어주지 못할 이유가 있을까요?”라고 바뀐 생각을 드러냈다.

건강한 갈등을 위한 이런 팁을 공유하자 친구는 내게 "정말 힘든 일 같네."라고 말했다. "화가 났을 때도 뜬금없이 갈등 조정자가 돼야 하는 거야?" 잔인할 만큼 솔직한 데 익숙한 사람이라면, 신중한 접근이 힘들게 느껴질 수 있다. 실제로 그렇다. 갈등은 쉬워야 한다는 잘못된 생각에서 벗어나자. 관계는 우리 삶에서 가장 중요한 부분이다. 고된 노력과 최고의 자아를 바칠 가치가 있다.

하지만 우리는 아마도 계속 실수를 범할 것이다. 나 역시 제대로 하는 법을 알고 있음에도 불구하고 종종 실수를 저지른다. 갈등을 어떻게 맞을지 머리로 이해하는 것과, 실제 갈등으로 인해 얼굴이 붉어졌을 때 올바른 말을 하는 것은 별개의 문제다. 하지만 노력하면 우리 모두 갈등에 더 잘 대처할 수 있다. 노력하면 할수록 더 쉬워진다. 그리고 장기적으로는 새로운 친구를 찾는 것보다 훨씬 힘이 덜 드는 일이다.

갈등 속에서도 우정을 유지하는 법

우리가 잘 대처해도 갈등이 엉망진창으로 치달을 수도 있다는 사실을 솔직히 인정하고 싶다. 친구들 간의 파괴적인 갈등을 빚은 이야기를 많이 들어봤다. 어떤 사람은 친구에게 같이 아는 다른 친구 험담을 그만하라고 말했더니, 그 친구가 "너도 그리 대단하지는 않거든?"이라고 쏘아붙인 일이 있었다. 또 다른 사람은 친구가 질투할

어른이 되었어도 외로움에 익숙해지진 않아

까 봐 최근 데이트에 관해 이야기하고 싶지 않다고 말했더니, 친구가 "내 심리 치료사에게 네가 얼마나 대단하고 든든한 사람인지 말하곤 했는데, 지금 보니 그렇지 않네."라고 대꾸했다. 은밀하게 한 이야기를 친구가 퍼뜨리는 바람에 친구와 정면으로 부딪친 사람도 있었다. 친구의 반응은? "그래서 어쩌라고?"였다. 지금까지 살펴본 연구 결과에 따르면 갈등이 우정을 지켜주고 더 깊게 만들 수 있지만, 항상 그런 것은 아니다. 갈등에는 위험이 따른다.

그렇다면 갈등이 실패로 끝나면 어떻게 될까? 우정이 끝나야 할까? 반드시 그렇지는 않다. 때때로 실패는 갈등을 재논의해 볼 필요가 있음을 의미하기도 한다. 내가 한 친구와 갈등이 악화돼 그 뒤로 그 친구와 관계가 서먹해졌다고 털어놓았을 때 지니가 내게 한 말이 바로 그것이었다. 지니는 갈등이 아직 끝나지 않았을 수도 있다며, 이 친구에게 다시 연락해보라고 권유했다. 그녀의 말이 옳았다. 갈등을 한 번 언급한 것만으로 갈등이 끝났다는 신호가 될 수는 없다. 일종의 상호 이해와 해결 방안을 끌어내 양쪽 다 더 이상 원망을 품지 않아야 비로소 갈등이 끝난 것이며, 이렇게 되기까지는 몇 차례 언쟁을 주고받아야 할 수도 있다.

머리로는 이 모든 것을 이해하지만, 지니가 갈등을 재논의해 보라고 조언했을 때 나는 반발심이 들었다. '아직도 불에 덴 상처가 화끈거리는데 다시 불속으로 뛰어들라고?' 터무니없게 보였지만 그녀의 말에 담긴 논리가 타당하다는 사실을 인정하지 않을 수 없었다. 여전히 서먹서먹하다면 갈등이 끝난 것이 아니었다. 나는 친구에게 연락해 이렇게 말했다. "저기, 갈등을 겪은 후로 우리 사이가 좀 어색해진 것 같아. 너의 우정이 내게는 소중하기 때문에 다시 제자리로 돌려놓고 싶어. 우리에게 털어낼 앙금이 더 남아있는지 대화를 나눠보고 싶었어." 재논의는 더 잘 이뤄졌는데, 내가 더 잘 접근한 것도 부분적으로 도움이 됐다. 나는 경청하고 사과하고 친구가 잘한 일에 대해서는 고마움을 표시할 준비가 더 잘 돼있었다.

갈등을 재논의해봤지만, 여전히 적대감으로 번졌다고 가정해보자. 그럴 때는 어떻게 해야 할까? 친구와 갈라서기 전에 고려해야 할 사항이 있다. 우리는 갈등이 벌어지는 동안 사람들의 진정한 자아가 드러난다고 생각한다. 결말이 폭발적일 때 우리는 우정을 다시 고쳐 써서 우정이 영원히 죽었다고 보고, 친구는 처음부터 배신자였고 우리가 순진하기 짝이 없었다고 생각한다. 이런 경향은 긍정적 정보보다 부정적 정보를 더 중요시하는 부정 편향에서 비롯된 것이다. 내가 이 점에 주의하는 이유는 진정성 관련 장에서 설명했듯 갈등이 벌어지는 동안에는 우리의 진정한 자아가 드러나지 않기 때문이다. 그럴 때는 종종 자극에 유발된 자아가 모습을 드러낸다.

부정 편향에 대응하려면 갈등 해소에 실패한 뒤에 친구의 인간성을 회복시켜서, 친구를 갈등 상황에서 드러난 일부분에 가둬놓기보다는 더 폭넓게 바라봐야 한다. 오프라 윈프리와 브루스 D. 페리가 함께 쓴 책《당신에게 무슨 일이 있었나요》에서 일깨워줬듯, 조절 장애는 보통 트라우마의 산물인 만큼 조절은 특별한 권리다. 조절을 이런 식으로 생각하면 갈등이 고조될 때 나 자신과 친구에게 더욱 동정심을 갖는 데 도움이 된다.

관계를 끊기 전에 한 걸음 물러나 우정의 좋은 점과 나쁜 점 등

어른이 되었어도 외로움에 익숙해지진 않아

더 큰 역학 관계를 살펴보라. 어쩌면 수습에 실패한 갈등이 친구의 부정직함에서 비롯된 더 큰 역학 관계를 반영하는 것일 수도 있는데, 이 경우에는 장담컨대 관계를 끊어도 좋다. 하지만 그런 상황이 아닐 수도 있고, 그럴 때는 회복할 만한 가치가 있을 수도 있다.

우정을 회복한다는 것은 절대적인 것을 거부한다는 뜻이다. 우리 삶에서 친구를 원하는지가 아니라 어느 정도로 친구를 원하는지 고민해야 한다. 그러면 우정을 끝내거나 참아내거나 둘 중 하나를 극단적으로 선택하지 않아도 된다. 더 잘 맞을 수도 있는 친밀함의 회색지대가 있음을 인정하는 것이다.

갈등 중 친구가 불화를 일으킬 때 우리는 그 우정이 솔직한 소통을 수반하는 역동적인 안정감에 이르지 못할 것이라고 체념할 수도 있다. 하지만 낮은 단계의 친밀감이 적절할 수도 있다. 모든 친구와 절친한 사이일 필요는 없다. 친구에게 덜 기대하고, 우리 자신을 덜 공유하면서, 우리가 가장 만족감을 느끼는 부분까지 선을 그을 수도 있다. "때로는 관계를 관리하는 최선의 방법은 관계를 덜 갖는 것."이라고 제프 심슨은 내게 말했다. 나는 약처럼 어떤 친구는 특정 용량에서는 훌륭하지만, 고용량이 되면 속이 불편해질 수 있다는 뜻에서 '저용량 친구'라는 용어를 만들어냈다. 거리가 우정에 항상 나쁘기만 한 것은 아니며, 어떤 친구들과의 관계에서는 거리가 오히려 우정을 지켜줄 수도 있다.

갈등이 우리가 꿈꿔온 친밀감과 치유를 선사하지 않을지라도 우리는 여전히 옳은 일을 한 것이다. 잠수를 타거나 친구 험담을 하는 대신 진실하게 행동했고, 친구가 어떤 반응을 보이든 상관없이 힘든 대화를 통해 인간적 성장을 이룰 수 있음을 알고 편히 잠들기를 바란다.

분노하고 차분히 다스리고 관계를 재설정하라

이 장에서 살펴본 바와 같이, 분노의 목적은 성찰을 이끌어내고 우리 자신의 필요에 대한 감각을 가다듬는 것이다. 분노를 억누르는 대신 인정할 수 있다면, 우리가 공정한 대우를 어떻게 정의하는지를 보여주는 중요한 정보를 전달할 수 있다. 또한 갈등이 고조될 경우 우리를 자극하는 방아쇠나 친구의 방아쇠에 대해 파악할 수도 있다. 어쩌면 우리의 기대와 그 기대가 어떻게 지켜질 수 있는지 더 잘 이해하게 될 수도 있다. 우리가 친구에게 원하는 바에 더 확실히 접근하기 위해 부족한 것이 무엇인지 반성할 수도 있다. 그러면 갈등을 겪는 동안 어떤 일이 일어나더라도 우리 자신에 대해 더 명확하게 파악할 수 있다.

분노 아래에 자리 잡은 필요를 성찰하고 이를 전략적으로 표현한다고 해서 반드시 분노와 관련된 카타르시스가 생기는 것은 아니다. 비명이 들리거나 음식이 날아다니거나 벽을 때리고 베개를 치는 모습을 보지는 못할 것이다. 연구자들이 '분노 오르가슴'이라고 부르는 절정에 이르지 못할 수도 있다. 하지만 카타르시스의 의미를 재구성하면, 희망의 분노는 여전히 우리에게 카타르시스를 안겨줄 수 있다. 카타르시스를 뜻하는 고대 그리스어의 가장 일반적인 번역은 '정화'이지만, '교육'으로 번역되기도 한다. 카타르시스는 나쁜 것을 분출해야만 찾을 수 있는 것이 아니다. 좋은 것을 더함으로써 카타르시스에 이를 수도 있다.

핵심 포인트

▶ 우정에서 갈등은 정상적인 일이다. 친한 친구와 갈등이 생겼을 때 거리를 두지 말고 문제를 거론해야 한다. 그렇게 하려면 다른 어떤 관계에서도 얻을 수 없는 우정의 장점이 무엇인지 생각해보라.

▶ 갈등할 가치가 없는 우정도 있다. 우정을 끝낼지 아니면 개선할지 결정하려면, 한 걸음 물러나 더 폭넓은 차원에서 우정의 장단점을 생각해보라. 전반적으로 이로운 점이 더 많은지 해로운 점이 더 많은지 가늠해보라.

▶ 갈등을 잘 해결하기 위해서는
  ■ 감정을 차분히 다스려라.
  ■ 자신이 우정을 얼마나 소중히 여기는지 그리고 이를 통해 어떻게 문제를 해결할 수 있는지 표현해서 건설적인 갈등의 분위기를 조성하라.
  ■ "내 생각에는……"이라는 말로 자신의 세상을 공유해라. 친구를 탓하지 마라.

▶ 잘못을 더 잘 인정하려면 자신의 실수를 자존감과 결부시키지 말고, 실수를 범하는 것은 정상일 뿐 아니라 불가피하다는 사실을 깨닫고, 상대의 조언이 더 나은 친구가 될 방법을 깨칠 기회임을 깨달아라.

▶ 갈등이 나쁘게 끝난 경우
  ■ 문제의 재논의를 고려해보라. 갈등을 한 번 언급한 것만으로는 갈등이 끝났다는 신호가 될 수 없다. 상호 이해와 해결 방안을 이끌어내 어느

쪽도 더 이상 원망을 품지 않아야 비로소 갈등이 끝난 것이며, 이렇게 되기까지는 몇 차례 언쟁을 주고받아야 할 수도 있다.

- 관계를 끊기 전에 한 걸음 물러나 우정의 좋은 점과 나쁜 점 등 더 큰 역학 관계를 살펴보라. 갈등이 더 큰 차원에서 해로운 역학 관계를 반영한다면 관계 단절을 고려해보라.
  - 갈등만 제외하고 멋진 우정이라면, 우리 삶에서 친구를 원하는지가 아니라 어느 정도로 친구를 원하는지 생각하고 우정을 회복하라.
- 갈등이 잘 풀리지 않더라도 진실하게 행동한 것은 잘한 일이라는 사실을 명심하라.

7장

자신을 잃지 않고
관대함을 베푸는 법

멜로디는 유엔에서 근무하는 어머니를 따라 네팔, 모로코, 프랑스 등 여러 나라에서 어린 시절을 보냈다. 멜로디와 가장 친한 친구는 부모가 평화 봉사단으로 네팔에 왔다가 눌러앉은 미국인이었다. 자칭 서드 컬처 키드third-culture kid[성장기 동안 2개 이상의 문화권에서 자란 사람 – 옮긴이]인 멜로디의 옷장에는 모로코산 가죽 가방부터 구슬 달린 캄보디아 전통 상의까지 여행을 하며 모은 장신구들이 가득했다. 대학 입학 자기소개서에서 그녀는 여행이 어떻게 자신을 성장시켰는지, 그래서 어떤 대학 세미나에서든 인식론에 관해 자신 있게 발언할 수 있을 만큼 폭넓은 교양과 열린 마음을 갖춘 시민으로 성장하게 됐는지에 대해 썼다. 소개서는 뜻하지 않은 방식으로 효과를 발휘했다. 1순위로 지원한 대학에서 입학 첫해를 이탈리아 피렌체에서 보낼 수 있는 기회를 제안한 것이다. 멜로디는 설레는 마음으로 이를 수락했다. "피자 좀 주실래요?" 같은 말을 이탈리아어로 배우고, 인생 최고의 친구들을 사귀며 유럽 곳곳을 돌아다니는 자신의 모습을 머릿속에 떠올렸다.

찌는 듯 더운 8월의 어느 날, 멜로디는 피렌체 캠퍼스에 도착했다. 올리브나무가 우거지고 대리석으로 뒤덮인 캠퍼스였다. 사람들과 어울릴 수 있는 꽃이 만발한 야외 공간도 있었다. 기숙사와 강의동 사이에 놓인 큰 언덕은 학생들에게 매일 토스카나의 햇살을 만끽할 기회를 제공했다. 줄기가 가느다란 나무들이 주 강의동 건물 옆으로 늘어서 있었다. 룸메이트들을 만나기 전까지만 해도 멜로디가 꿈꿔 왔던 목가적인 풍경 그대로였다.

룸메이트들은 모두 부유하고 패션모델 뺨칠 만큼 매력 넘치는 여성들이었다. 이들은 멜로디보다 옆방 남학생들에게 더 관심이 많았다. 이들이 밤마다 방이 떠나갈 듯 음악을 크게 틀어 놓고 남학생들을 파티에 끌어들이는 바람에 멜로디는 잠을 이룰 수 없었다. 멜로디는 라오스인이었지만, 룸메이트들은 전부 백인이었다. 그중 하나가 사촌의 룸메이트인 동양인 여성의 벽에 십자가 모양으로 대변을 묻힌 이야기를 들려주었다. "기독교를 믿는 동양인이어서 그런 짓을 한 것 같아." 룸메이트가 말했다. "하지만 너는 그런 동양인이 아니잖아." 그녀가 멜로디를 쳐다보며 말했다.

"벽에 대변을 묻히는 게 동양인이라는 것과 정확히 무슨 상관이 있는데?" 멜로디가 물었다.

상황은 계속 악화됐다. 룸메이트들과 옆방 남학생들은 멜로디의 방에서 싸움판을 벌이기 시작했다. 이들은 며칠 밤에 한 번꼴로 주먹다짐하며 멜로디의 침대 시트에 피를 뿌렸다. 또 다른 파티에서는 누군가가 멜로디의 노트북 컴퓨터에 물을 쏟았다. 멜로디가 이 문제를 거론하자 룸메이트는 "노트북 컴퓨터를 책상 위에 꺼내 놓지 말았어야지."라고 말했다.

사람들을 기쁘게 하려고 애쓰는 편인 멜로디는 더 친절한 행동으로 이런 학대에 대처했다. 입학 직후만 해도 그녀에게는 친절하게 대하면 사람들이 좋아해 줄 것이라는, 우정에 대한 합리적인 기대가 있었다. 그래서 룸메이트들과 남학생들이 괴롭히고 무시해도 멜로디는 베풀었다. 남학생들이 배가 고프면 멜로디는 신선한 프로슈토와 모차렐라 치즈를 넣어 파니니를 만들어주곤 했다. 이들의 과제를 도와주고, 친구들과 함께 준비한 코미디 쇼에 초대하고, 구내식당에서 가져다 둔 크루아상을 나눠주기도 했다. 캠퍼스에 있는 올리브나무 가지처럼 그녀도 손을 뻗어 화해하려고 애를 썼다.

하지만 그 어떤 노력도 소용이 없었다. 멜로디의 방에서는 권투 경기가 계속됐고, 무례한 말과 전반적인 무시도 이어졌다. 관대함이 우정에 도움이 된다면 왜 아무런 효과가 없었을까? 톡 쏘는 식초보다는 달콤한 꿀로 더 많은 파리를 잡을 수 있다는 말이 있지만, 멜로디가 꿀을 만들어도 파리 한 마리 꼬이지 않았다. 이 장에서 살펴보겠지만 관대함은 단순하지 않다. 관대함으로 친구를 만들 수도 있지만, 관대함 때문에 상처가 덧나거나, 관계가 틀어지거나, 압박감을 느낄 수도 있다. 관대함이 사랑의 표현처럼 느껴질 수도 있지만, 멜로디의 경우처럼 절망의 표현으로 느껴질 수도 있다. 관대함이 우리를 다른 사람과 더 가깝게 해줄 수도 있지만, 그 과정에서 우리가 흔적도 없이 사라질 수도 있다. 관대함이 다른 많은 우정의 기술과 다른 것은, 관대함이 특히 유한하기 때문이다. 더 많이 베풀수록 남은 관대함은 적어진다. 시소 위의 사랑과 비슷하다. 따라서 그런 불균형에 대처하기 위해서는 관대함의 큰 틀을 염두에 두고 움직여야 한다. 즉 언제 어떻게 누구에게 관대함을 베풀 것인지 잘 살펴서 우리 자신을 잃지 않고 친구를 만들 수 있어야 한다.

친구를 위해 내가 할 수 있는 일

관대함은 아무런 대가도 기대하지 않고 다른 사람에게 베푸는 것이다. 기프트 카드나 저녁 식사 데이트, 이케아에서 파는 스웨덴식 미트볼 등 물질적인 것을 줄 수도 있고, 친구 어머니 장례식에 참석하거나 친구 아이를 잠시 봐주거나 이사를 도와주는 등 시간과 관심을 쏟을 수도 있다.

여러 연구에 따르면 관대함이 우정을 살찌운다는 멜로디의 생각은 틀리지 않았다. 실제로 관대함은 우정에 도움이 된다. 투자 회사 모틀리풀이 미국인 1천여 명을 대상으로 실시한 설문 조사 결과 관대한 사람일수록 관계가 긴밀하고, 친구도 더 많고, 어려울 때 더 많은 도움을 받는 것으로 나타났다. 다른 연구에서는 관대한 아이가 또래들에게 더 호감을 사고 인정받는 것으로 드러났다. 5학년 때 절

어른이 되었어도 외로움에 익숙해지진 않아

친한 친구가 없더라도 6학년이 돼서 보다 친사회적으로 되거나 남을 돕고 배려하는 마음을 키우면 절친한 친구를 사귈 가능성이 더 높아진다는 사실도 연구 결과 밝혀졌다.

관대함은 우정을 유지하는 열쇠이기도 하다. 한 연구에서 고등학생 2,803명을 장기간 추적 조사한 결과 친사회적인 사람이 시간이 지나도 많은 수의 친구를 유지하면서 큰 행복감을 느낄 가능성이 가장 높은 것으로 나타났다. 컴퓨터가 고장 나 낭패를 볼 때 친구의 도움을 받은 참가자들은 그 친구와 다시 함께 일을 하고 싶다고 응답할 가능성이 더 높았다. 사람들은 자신을 소중히 여기는 사람과 친구가 돼 우정을 이어가고 싶어하며, 관대함은 이를 표현하는 한 가지 방법이다.

유감스럽게도 인기가 많으면 무신경하거나 이기적이거나 못되게 굴어도 된다는 오해가 있다. 나도 한때 그렇게 생각했다. 나는 뉴욕 스태튼 아일랜드에 있는 마이클 J. 페트라이즈 중학교에 다녔는데, 인기 있는 아이들은 딱히 친절하기로 유명한 아이들이 아니었다. 인기가 높은 여자애들은 대부분 나를 무시했고, 인기 있는 남학생들은 완전 불량배들이었다. 통통한 선머슴이던 내가 곁을 지나가면 역시 나처럼 통통한 체격의 불량배 남학생이 내 귀에 대고 "땅이 쿵쾅거린다."라고 놀려대던 기억이 아직도 생생하다. 지금도 많은 유명인사나 CEO, 정치 지도자가 관대함보다는 자아도취 성향으로 더 유명세를 치르고 있다.

못되게 굴면 가끔 위신이 서거나 다른 사람들이 우리를 매력적이고 재미있는 리더라고 여기게 되기도 하지만, 친구를 만들지는 못한다. 한 연구에서는 공격적 성향의 사람과 친사회적 성향의 사람들을 맞붙여놓고 이들의 우정이 어떤 궤적을 그리는지 비교했다. 그 결과 친사회적인 사람들이 더 질 높은 우정을 쌓은 것으로 나타났다. 못되게 굴면 친구가 생길 것이라고 가정할 때 우리는 위신을 세우는 것과 친구를 사귀는 것의 의미를 혼동한다. 영화 〈퀸카로 살아남는 법〉에서는 한 반 친구가 인기는 많지만 못되게 구는 퀸카 레지나를 혼쭐내겠다는 계획을 털어놓자, 전교생이 환호했다. 학생들은 레지나가 버스에 치였을 때도 크게 슬퍼하지 않았다.

관대함이 우정에 미치는 이점을 밝혀주는 이 모든 연구 결과들을 보면 관대함을 미덕으로 간주하는 것도 당연한 일이다. 관대함의 가치를 굳게 믿은 토마스 아퀴나스는 관대함이 인간을 신에게 더 가깝게 고양시킨다고 믿었다. 그에 따르면 우리가 다른 사람을 대하는 태도는 우리를 위한 하나님의 사랑을 반영한다. 관대함은 또한 테레사 수녀부터 마틴 루터 킹까지 위대한 영웅들의 특징이기도 하다. 기독교와 유대교, 이슬람교, 시크교 등 거의 모든 종교가 관대함을 찬미한다. 초기 유대교의 가르침에 따르면 "관용은 토라[유대교의 경전-옮긴이]에 담긴 다른 모든 계율을 합친 것만큼 중요하다."라고 한다.

관대함을 소중하게 여기는 것은 훌륭한 일이다. 그렇게 함으로써 우리는 더욱 성공적으로 친구를 사귀고 우정을 이어갈 수 있다. 우리 모두 다른 사람에게 더욱 관대해지는 방법을 더 깊이 생각해야 한다. 가까이 사는 직장 동료와 친구가 되고 싶다면? 출근할 때 차에 태워주겠다고 제안해보라. 새로 사귄 친구와 포틀럭 파티[각자 음

어른이 되었어도 외로움에 익숙해지진 않아

식을 준비해가는 파티–옮긴이]에 간다면? 친구가 늦으면 그를 위해 만두를 조금 남겨둬라. 자판기 오류로 과자가 한 봉지 더 나왔다면? 친구에게 건네줘라. 나와 가장 친한 친구 빌리는 처음 친구가 돼 함께 포르투갈로 여행을 갔을 때 무거운 더플백을 들고 공항을 빠져나가는 것을 내가 도와주자 내가 특별한 사람이라는 것을 알았다고 말했다.*

다음은 친구에게 관대하게 행동할 수 있는 몇 가지 사례들이다.

- 친구를 위해 빵 굽기
- 친구에게 카드 보내기
- 친구에게 기술 가르쳐주기
- 친구에게 도움이 될 만한 사람을 소개해 주겠다고 제안하기
- 친구가 목표를 달성할 수 있게 돕겠다고 제안하기(예: 운동량을 늘리려는 친구와 함께 걷기)
- 친구와 더 많은 시간 보내기
- 친구에게 옷이나 책 빌려주기
- 도움이 되는 정보를 친구와 공유하기
- 여행길에 친구 선물 사 오기

---

* 물론 드물기는 해도 친구가 우리의 관대함을 고마워하지 않을 때도 있다. 그 이유는 애정 표현 관련 장에서 자세히 알아보겠다.

독이 되는 관대함 인식하기

관대함은 훌륭한 덕목으로 우정에 꼭 필요하지만, 관대함을 자기희생과 혼동해서 진정으로 관대해지려면 자신의 모든 것을 남김없이 주어야 한다고 생각할 때 문제가 생긴다. 이러한 혼동은 있는 힘을 다 짜내 일하고, 휴식 따위는 거부하고, 욕구는 묻어두라는, 미국을 탄생시킨 프로테스탄트 노동 윤리의 흔적이다. 무엇이든 요구하는 것 자체가 방종이며, 순교자가 관대함의 롤모델이 됐다. 이런 자기희생이 우리에게 주는 타격에 대해 버지니아 울프는 1931년 1월 12일 전미 여성 봉사협회 연설에서 이렇게 말했다.

그녀는 대단히 동정심이 강한 사람이었습니다. 무척 매력적이기도 했죠. 사심이라고는 전혀 없이 힘든 집안일을 척척 해내며 매일 자신을 희생했습니다. 닭고기 요리를 하면 가장 맛없는 부위를 집어 들고, 찬바람이 들이닥치면 그 자리를 막아섰죠. 요컨대 그녀는 희생이 체질화돼서 자신의 생각이나 바람은 전혀 없이 언제나 타인의 생각과 바람을 지지했습니다. 저는 그녀를 죽이기 위해 최선을 다했습니다. 만약 체포돼 법정에 선다면 정당방위였다고 변론할 것입니다. 내가 그녀를 죽이지 않았다면, 그녀가 나를 죽였을 테니까요.

우리는 어릴 때부터 타인을 위해 자신을 희생하라고 배운다. 《기브앤테이크》의 저자 애덤 그랜트와 그의 아내 앨리슨 스위트 그랜트 Allison Sweet Grant는 《뉴욕타임스》에 기고한 〈'아낌없이 주는 나무'에 대한 반론〉에서 인기 동화책 《아낌없이 주는 나무》가 건강한 관대함보다는 순교자적 고통에 더 가치를 두고 있다고 비판했다. 이야기에 따르면 한 나무가 한 소년을 사랑해서 그에게 호의를 베풀었다. 소년은 나뭇잎을 따서 왕관을 만들고, 줄기를 타고 올라가 열매를 따 먹고, 나무 그늘에서 잠을 잤다. 나이가 들자 소년은 나무를 거의 찾지 않았지만, 찾더라도 나무와 놀고 싶어 하지 않았다. 그는 돈을 벌고 싶었다. 나무는 소년이 열매를 내다 팔 수 있게 가지를 흔들어 열매를 전부 떨어뜨렸다. 소년이 다시 돌아왔을 때 그가 원한 것은 집이었다. 나무는 집을 지으라고 가지를 내주었다. 이제 나이 들어 수심에 찬 소년은 타고 멀리 떠날 배를 원했다. 나무는 배를 만들라고 줄기를 내주었다. 더 이상 소년이 아니게 된 남자가 마지막으로 돌아왔을 때 나무가 말했다. "너에게 더 줄 수 있는 게 있다면 좋을 텐데. 나에겐 이제 아무것도 남지 않았어. 나는 이제 늙은 그루터기일 뿐이야." 남자는 앉아서 쉴 조용한 장소가 필요했을 뿐이었고, 나무는 그에게 자신의 그루터기에 앉으라고 권했다. 남자는 그렇게 했고, 나무는 행복했다.

아낌없이 주는 나무가 관대함의 모범이 되면 우리는 파멸 직전까지 베푸는 것이 올바른 방법이라고 배우게 된다. 경계를 설정하면 마음이 불편하고 도덕적으로 파산 지경에 내몰리기도 한다. 간신히 "아니요."라고 말하고 난 뒤에 죄책감과 수치심에 시달리면서, 베풀려는 의지가 한정된 것이 우리에게 결함이 있기 때문은 아닌지 고민한다. 경계 때문에 죄책감이 폭풍우처럼 휘몰아치면 그냥 "예."라고 말하는 것이 더 편하게 느껴진다. 어떤 것도 극도의 죄책감보다는 낮게 느껴진다.

이타심에서 자기애로

이런 극단적 형태의 관대함이 우리를 지치고 분노하게 만들면서 무게 추가 반대쪽으로 기울기 시작했다. 1980년대 들어 자존감 운동이 일어나면서 우리는 이타적인 태도에서 자기중심적인 태도로 돌아섰다. 1986년 캘리포니아주 하원 의원 존 바스콘셀로스John Vasconcellos는 자존감이 사회악을 막는 '사회적 백신'이었다는 믿음을 바탕으로 캘리포니아의 자존감과 개인적·사회적 책임감 증진을 위한 대책 위원회를 발족했다. 바스콘셀로스는 캘리포니아대학교 교수들을 고용해 낮은 자존감이 아동 학대와 청소년 임신, 약물 사용 등 여러 사회 문제와 관련이 있다는 보고서인 〈자존감 있는 상태를 향하여〉를 쓰게 했다. 보고서는 6만 명 이상이 읽을 만큼 큰 관심을 불러일으켰다. 바스콘셀로스는 오프라 쇼에 출연해 자존감을 설파하기도 했다. 나중에 이 데이터는 인과 관계가 아닌 상관관계에 불과하다는 비판을 받았지만, 1995년까지 30개 주에서 자존감 증진을 위한 법령이 170개 넘게 제정됐다.

〈자존감 있는 상태를 향하여〉는 자존감을 자신과 타인에 대한 책임으로 정의했지만, 어느 순간 '타인에 대한 책임' 부분이 사라져 버렸다. 자존감 운동이 시작된 뒤로 학교들은 등수가 낮은 학생들에게 부풀려진 성적과 트로피를 안기는 등 급격하게 변화했다. 타인에

어른이 되었어도 외로움에 익숙해지진 않아

대한 책임이 없는 자존감 고취가 자아도취를 조장하는 현상이 지난 수십 년간 심화된 것으로 메타 분석 결과 드러났다. 자존감을 연구하는 로이 바우마이스터는 "히틀러는 자존감이 매우 높고 주도성도 강했지만, 그런 자질이 결코 윤리적 행동을 보장하지 못했다."면서 "높은 자존감에 따른 비용은 다른 사람들의 부담으로 돌아간다."라고 비판했다.

자아도취의 증가로 인해 다른 사람보다 자신을 우선시하는 일이 일상화하자 우정도 서서히 영향을 받기 시작했다. 내가 '신세대 관대함'이라고 이름 붙인 이런 풍조에서 우리는 친구에게 한 치도 양보하지 않으려고 한다. 멜리사 파벨로Melissa A. Fabello는 트위터에 올려 널리 퍼진 글에서 친구에게 정서적 지지를 제공하는 것을 '감정 노동'이라고 부르며, 친구의 도움 요청을 거절할 수 있는 모범 답안을 제시했다. "지금은 너무 바쁜데 …… 나중에 언제 다시 연락할 수 있을까? 지금 도움을 청할 사람 있어?" 이 트윗이 문화적 반향을 일으키면서 《바이스》, 《허핑턴 포스트》, 《가디언》 등의 매체에 해설 기사가 실리기도 했다.

신세대 관대함은 관대함을 이타심이 아니라 이용당하는 것과 혼동한다. 이웃이 설탕 한 컵 빌려달라고 하면, 이렇게 좋은 설탕은 나눠줄 수 없으니 사서 쓰라고 있는 그대로 단호하게 말하라. 친구가 새벽 3시에 자살 충동을 느껴서 전화하면, 이런 시간에 전화하는 것은 적절치 않으며 오전 10시에서 10시 19분 사이에 연락 가능할 것이라고 말하라.

이러한 경향은 모두 인터넷이 만들어낸 결과이다. 페이 바운드 알베르티는 《우리가 외로움이라고 부르는 것에 대하여》에서 인터넷이 서로에 대한 책임감 없이 관심사 공유를 기반으로 한 관계를 만들어 냈다고 주장했다. 탄산수 관련 페이스북 그룹에 가입해 이산화탄소에 대한 유별난 사랑을 공유할 수는 있지만, 탄산수 제조기가 카운터 아래로 굴러떨어지는 바람에 발을 다쳐도 병원에 데려다주려는 사람은 아무도 없다. 알베르티는 "공동체의 주요 특징으로 현대 들어 공통의 성향이 부각되기는 했지만, 역사적으로는 타인에 대한 책임감도 포함됐다."라고 지적했다. 인터넷 문화는 우정을 분열시켜 우정의 기쁨은 누리면서 우정을 위한 노력에는 소홀하게 만들었다. 긍정적인 분위기에만 사로잡혀 모든 부탁을 부담으로 느끼고, 도움이 필요한 친구는 떠나야 할 친구라고 생각하면서, 유대감이 어느 때보다 취약해졌다.

그렇다면 이제 우리는 어디로 가야 할까? 우리는 아낌없이 주는 나무의 극단적인 관대함을 답습하던 모습에서, 이에 맞서 수동적으로 반격하는 모습으로 변화했다. 그 과정에서 관대함이 우리에게 어떤 의미인지, 어떻게 하면 우리 삶에서 관대함을 의도적으로 불러일으킬 수 있을지 더 깊은 질문을 스스로에게 던지지 못했다. 우리는 관대함과의 관계를 치유해야 한다. 하지만 그러기 위해서는 관대함과의 건강하지 못한 관계의 근원을 더 깊이 파고들어야 한다.

어른이 되었어도 외로움에 익숙해지진 않아

관대함인가 아첨인가

멜로디를 괴롭히는 어린 시절 기억들이 있다. 멜로디의 아빠가 수학을 가르쳐주려다 멜로디가 이해를 못 하자 그녀를 멍청한 실패자라고 불렀다. 멜로디의 엄마가 그녀를 도우려고 끼어들니 아빠는 엄마에게도 고함을 질렀다. 엄마가 소리 좀 그만 지르라고 말하자 아빠가 "당신이 뭔데 나한테 그런 식으로 말하냐?"라고 대꾸하면서 싸움이 벌어졌다. 이런 어린 시절 경험을 통해 멜로디는 자신이 부족한 존재이며, 스스로를 옹호하다가는 더 큰 비난을 받을 수밖에 없고, 관계에서 문제가 생기면 자신의 잘못이라고 배웠다.

멜로디는 피렌체의 룸메이트들에게도 바로 이런 기운을 전달했다. 그들이 못되게 군다면 자신이 그런 취급을 받을 만한 일을 한 것이 틀림없었다. 주위 시선을 의식하지 않고 비키니 수영복을 입을 수 있을 만큼 몸매를 가꾸지도 않고, 룸메이트들이 화분에 물 주듯 자신의 노트북 컴퓨터에 물을 뿌려도 느긋하게 넘어가지 못한 자신의 잘못이었다. 룸메이트들이 못되게 군다면 해결책은 아버지와 연습했던 것처럼 자신의 결점을 보완하고, 한층 더 노력해서 그들의 사랑을 얻고, 크루아상과 파니니에 영혼까지 바치는 것이었다.

트라우마 전문가 베셀 반데어 콜크Bessel van der Kolk에 따르면 "가족에게 무의미한 존재로 취급받으면 …… 또 다른 종류의 심리적 패턴이 만들어진다. '내가 뭘 잘못했지?', '어떻게 달리 행동할 수 있었을까?' 같은 질문을 중심으로 정체성이 형성되는 것이다. 그리고 그것이 삶의 최대 관심사가 된다."라고 한다. 상처는 우리가 스스로를 적당히 왜곡하기만 하면 사람들을 통제하고 변화시킬 수 있다고 믿게 만드는데, 이는 잘못된 전능감의 문제다. 우리가 트라우마에 대응해 투쟁, 도피 또는 경직 반응을 보인다는 이야기를 들어봤겠지만, 마지막 반응은 아첨이다. 사람들이 자신을 해치지 않도록 자신을 좋아하게 만들려고 애쓰는 것이다. 우리는 이를 비위 맞추기라고도 부른다.

아첨은 생존 전략이다. 멜로디처럼 아첨하는 사람은 안전이나 가치를 보장받는 방법이 순응이라고 배웠다. 이들에게 다른 선택지가 있을까? 어린 시절에는 주어진 상황에서 벗어나지 못한다. 멜로디는 가족을 버릴 수 없었다. 저항할 수는 있었지만 그렇게 하면 아버지의 분노에 기름을 부었을 것이다. 반면 아첨은 아버지의 노여움을 누그러뜨렸다.

하지만 아첨의 문제점은 사랑해서 베푸는 것인지 사랑을 얻고 싶어서 베푸는 것인지 명확하게 구분하기 힘들다는 것이다. 아첨할 때 종종 우리는 상대를 좋아하지도 않으면서 상대가 우리를 좋아해 주기를 바라는 마음에 베푼다. 안정애착을 가진 사람은 사람들을 좋아하고 아끼기 때문에 베푼다. 불안애착을 가진 사람도 마찬가지지만, 사람들이 자신을 좋아해 주기를 바라는 마음에서 베푸는 경우도 많은 것으로 연구 결과 밝혀졌다. 불안애착은 상대방에 대한 순수한 이타심이나 사랑 때문이 아니라 숨은 동기가 있기 때문에 베푸는 '이기적 베풂'과 관련이 있다. 네덜란드와 이스라엘, 미국의 표본을 대상으로 한 자원봉사에 관한 연구에 따르면 불안애착을 가진 사람들은 순수한 이타심 때문이 아니라 자존감을 높이기 위해 자원

어른이 되었어도 외로움에 익숙해지진 않아

봉사에 참여한 것으로 나타났다. 멜로디는 "아무도 나를 좋아해 주지 않고 사람들과 어울리지 못할까 봐 두려웠어요. 내 가치를 증명하려면 내 존재를 보완해야 한다고 느꼈어요. 가장 똑똑하고 가장 웃기고 가장 재미있는 사람이 돼서 사람들을 웃게 만들거나 뭔가를 줘서 사람들이 떠나지 않게 만들고 싶었어요."라고 털어놓았다. 이처럼 불안애착에서 비롯된 베풂은 나쁜 정신 건강과 관련이 있으며, 관대함이 불안감에서 추진력을 얻을 때 우리에게 상처를 입힐 수도 있음을 보여준다.

관대함은 훌륭한 우정의 특징이지만, 멜로디의 이야기는 관대함이 독이 되는 우정의 특징이기도 하다는 것을 보여준다. 한 사람의 존재감이 사라질 만큼 베풀고 또 베풀 때, 또 다른 사람은 받기만 하면서 상대를 지배한다. 멜로디의 말을 빌리자면 "베푸는 행동은 사랑보다 두려움에서 비롯됐어요. 두려움 때문에 베풀 때면 대개 누군가가 나를 좋아해 주기를 바란다든지 뭔가 대가를 기대하게 되죠. 사람들에게 충분한 존재가 되려면 베풀어야 한다고 생각해요. 그래서 베푸는 과정에서 나 자신을 소중히 여기지 않아 내가 망가지더라도 베풀게 돼요."라고 한다. 사랑을 얻기 위해 베풀 때 우리는 자기애가 부족한 상태이기 때문에 쓰러질 때까지 베풀게 된다.

문제는 사랑을 표현하기 위해 베푸는 것이 아니라 사랑을 얻기 위해 베풀면 멜로디처럼 엉뚱한 사람에게 베풀 수 있다는 것이다. 그렇더라도 너무 자책하지 말기를. 자신을 함부로 대하는 사람의 사랑을 얻고 싶은 충동이 느닷없이 생겨나는 것은 아니다. 그런 충동은 멜로디가 그랬던 것처럼 자라온 환경에서 살아남는 데 도움이 됐을 것이다.

하지만 이제는 살아남는 데 급급해서는 곤란하다. 삶을 제대로 누려야 한다. 삶을 누린다는 것은 사랑을 얻을 기회를 준다는 이유로 해로운 사람을 우리 삶에 들이지 않는다는 뜻이다. 아무 조건 없이 우리를 사랑하는 사람들에 대한 의심을 거두고, 사랑을 주지 않는 사람들에게 동기를 부여받지 않는다는 뜻이다. 누군가를 사랑하고 그 사랑을 보여주고 싶어서 관대하게 행동하는 것이지, 누군가가 나를 사랑하지 않는데 그걸 바꾸고 싶어서 관대하게 행동하는 것이 아니라는 뜻이다. 누군가가 내게 사랑을 주지 않을 때, 더 노력하기보다는 미련을 버리고 떠나야 삶을 제대로 누릴 수 있다. 상대가 나를 사랑하지 않는 것이 내 잘못이 아니고 내게 문제가 있다는 의미도 아니기 때문이다. 우리는 서로 관대함을 주고받는 관계를 누릴 자격이 있지만, 멜로디가 이런 사실을 깨닫기 위해서는 상처받은 사람이라는 정체성을 버리고 내가 내 삶을 바꿀 수 있다는 사실을 깨달아야 했다.

건강한 관대함으로 우정 쌓기

우리는 우리를 함부로 대하는 사람에게 관대하게 행동하는 것을 피하고, 우리가 관대한 이유가 사랑을 보여주기 위해서인지 아니면 사랑받지 못한다는 느낌에 대처하기 위해서인지 분별할 줄 알아야 한다. 관대함의 함정을 알게 됐으니, 관대함을 올바르게 실천하는 방법을 데릭과 박의 이야기를 통해 살펴보자.

데릭은 대학원 진학을 위해 처음 뉴욕으로 이주했을 때 혼자 지하철을 타거나 카페에서 혼자 블랙커피를 마시거나 워싱턴 스퀘어 공원에서 은박 모자를 쓴 사내를 유심히 바라보며 혼자 보내는 시간이 많았다. 그는 사람이 그리웠고, 결국 한 사람을 만났다. 여자친구 디나였다. 이어 더 많은 사람이 다가왔다. 디나가 뉴욕 업타운에 있는 성냥갑 같은 자신의 아파트로 데릭과 자신의 절친한 친구 체, 그리고 체의 남자친구인 박을 초대했다. 처음에는 박이 그다지 강한 인상을 주지 않아서 데릭은 '조용하고 느긋한 태도에 살짝 허세가 있는 사람' 정도로 생각했다. 데릭과 디나가 계속 만남을 이어가면서 박과 데릭은 '어쩌다 마주치면 신날 것 같다'는 수준의 호감을 서로에게 느끼기 시작했다.

대학원은 외롭고 고립된 공간으로, 사람들이 고향 집으로 돌아가는 여름에는 더더욱 그런 느낌이 강했다. 디나는 롱아일랜드의 아버지 집에 머물렀다. 데릭의 다른 뉴욕 친구들은 뉴욕 외곽에 있는 그의 비좁은 아파트까지 오는 일이 한 번도 없었지만, 박은 예외여서 브롱크스에서 먼 길을 와주었다. 그는 데릭을 만나기 위해 현금이 없는 자신에게 돈을 구걸하는 버스커들이 득시글거리는 기차에서 한 시간 반을 견뎠다.

뉴욕 토박이인 박은 데릭의 뉴욕 생활을 돕는 멘토가 됐다. 교통수단에 관심이 많았던 박은 스케이트보드를 타고 함께 공원과 술집, 피자 가게를 찾아다니며 어떤 거리는 왜 장사가 잘되고 어떤 거리는 그렇지 않은지, 차들이 많으면 있어 보이고 차가 없으면 시시해 보이는지 설명해주었다. 박은 "데릭은 내 친구야. 이 동네에 새로 이사 왔어."라고 스케이트보드장에 있는 사람들에게 데릭을 소개해주었다. '박을 만나지 않았다면 지금처럼 뉴욕에 동화돼 뉴욕이 내 집이라고 느끼지 못했을 것'이라고 데릭은 말했다.

20대 젊은 시절을 뉴욕에서 보낸 사람이라면 데릭과 디나가 결국 헤어졌다고 해서 놀라지 않겠지만, 그 무렵 박도 자취를 감춰버려 데릭을 놀라게 했다. 데릭은 박에게 문자를 보내봤지만 몇 달째 답이 없었고, 박의 소셜 미디어도 눈에 띄게 새 글이 줄었다. 결국 박이 새 글을 올리면서 왜 아무도 그에게서 소식을 듣지 못했는지 알게 됐다. 박은 감옥에 갇혀 있었다.

데릭은 뭔가 해야 한다고 느꼈다. 그래서 새로 사귄 여자친구 타샤, 목사인 타샤의 아버지와 함께 '선한 사람이 절박한 심정으로 한 행동인 만큼' 다시 한번 기회를 얻게 되기를 기도했다. 박도 자신을 위해 기도했다. 박의 재판을 맡은 판사가 이 기도를 들었는지 모든 혐의에 대해 무죄 판결을 내렸다. 데릭은 '마치 우리의 기도가 우주의 기운을 바꾼 것 같은' 심오하고 영적인 느낌을 받았다고 말했다.

뉴욕에서 젊은 20대를 보낸 사람이라면 아무도 놀라지 않을 일이 또 뭐가 있을까? 데릭은 타샤와 함께 살기 위해 할렘에 있는 방 한 개짜리 아파트를 빌렸지만, 이사를 하기도 전에 타샤가 그를 차버렸다. 새로 이사한 아파트에는 데릭의 슬픔과 그 슬픔에서 벗어나려고 주문한 배달 음식 냄새가 풍겼다. 그리고 역시 이별과 계속된 실직 상태, 그리고 얼마 전 할머니가 암에 걸렸다는 소식에 대한 걱정에서 벗어나기 위해 비디오 게임을 하려고 온 박의 슬픔도 배어

어른이 되었어도 외로움에 익숙해지진 않아

있었다.

어느 날 밤, 박은 할머니의 아파트로 돌아갔지만 집안으로 들어갈 수 없었다. 할머니가 지속적인 보살핌을 받기 위해 요양원으로 옮기면서 박의 삼촌이 자물쇠를 바꿔버린 것이다. 박이 가장 먼저 찾은 사람은 데릭이었다. "내가 너를 돕고 있다고, 친구. 너를 위해 기도하고 있었는데 도움을 줄 수 있게 되니까 비현실적이라는 느낌마저 들어." 데릭은 박에게 "나와 함께 있어도 돼. 때로는 우주의 섭리가 우리를 통해 작동하는 것처럼 상황이 특정한 방향으로 정리되기도 하거든."이라고 말했다.

하지만 데릭이 정말 솔직했다면, 박을 돕기로 한 그의 결정은 비현실적이 아니라 현실적인 문제였다. 이별 뒤에 텅 빈 아파트에서 우울하고 외로웠던 데릭은 반려견 쉰을 키우기로 했다. 그리고 정신없이 바쁜 업무 일정 때문에 쉰을 제대로 보살필 시간이 없다는 것을 알게 됐다. 데릭은 도움이 필요했다.

그리고 그는 누구에게 도움을 청해야 할지 알고 있었다.

"쉰을 보살피는 데 '정말' 도움이 필요했어요."라고 데릭은 말했다. 그리고 데릭은 박이 함께해줄 것임을 알고 있었다. "박은 여행 비용을 대거나 음식을 사주지는 않겠지만 나와 함께 있어 줄 사람이니까요. 그는 손이든 발이든 마음이든 자신이 가진 건 뭐든 내줄 거예요."라고 말이다.

똑똑한 이기주의자가 되자

아낌없이 주는 나무의 관대함에 빠져들면, 데릭의 관대함이 이기심에 의해 더럽혀졌다고 생각할 수 있다. 그의 행동이 정말로 관대했는지 의문이 드는 것이다. 찬사는 데릭보다는 30킬로미터가 넘는 길을 걸어서 출퇴근하는 한 남성을 위해 모금 운동을 펼친 대학생 에반 리디Evan Leedy 같은 사람의 몫일 수도 있다. 배고픈 사람들을 위해 뒷마당을 텃밭으로 바꿔 식량이 될 만한 것들을 재배하기 시작한 로빈 에먼스Robin Emmons 같은 사람에게 찬사를 돌릴 수도 있다. 저소득층 아이들을 가르치는 이동식 컴퓨터 교실을 만든 에스텔라 파이프롬Estella Pyfrom을 위해 찬사를 아껴둘 수도 있다. '동료 시민들에게 많은 것을 베푸는 배려심 깊은 사람들, 자원해서 시간과 노력, 자신의 삶의 큰 부분을 다른 사람을 돕는 데 바치면서 아무런 대가도 바라지 않는 이름 없는 영웅들'로 묘사되는 캐나다 봉사상 수상자들에게 찬사를 돌릴 수도 있다. 이 수상자들에게는 '무한한 관대함을 표현하기 위해 뻗은 손'을 그려 넣은 배지가 수여된다. 아무런 대가도 바라지 않는 무한한 관대함. 우리는 이것이 진정한 관대함이라고 배웠다.

하지만 연구자들이 캐나다 봉사상 수상자들을 비슷한 인구 통계학적 특성을 가진 일반인 대조군과 함께 인터뷰한 결과 흥미로운 사실을 발견했다. 수상자들은 단순히 더 많이 베푸는 것이 아니었다. 연구진의 표현에 따르면 이들은 '타인의 이해를 증진함으로써 자신의 이해를 증진하기 위해' 다른 사람과 자신 '모두에게' 이익이 되는

어른이 되었어도 외로움에 익숙해지진 않아

방식으로 베풀려는 성향이 더 강했다. 예를 들어 수상자들은 자선 기금 마련을 위한 권투 경기를 개최하면서 동시에 직접 출전해 입상하려는 의욕을 보일 수 있다.

아낌없이 주는 나무의 관대함, 순교자적 관대함이 우리에게 잘못된 교훈을 심어준 듯하다. 캐나다에서 가장 관대한 사람들이 이를 증명할 수 있다. 선한 삶을 살기 위해서는 이타심이 아니라 '우리 자신의 이해가 타인의 이해와 일치하는' 현명한 이기심을 목표로 삼아야 한다고 이 연구의 연구자들은 결론지었다. 다시 말해 친구가 우리 집 소파에서 쉴 수 있게 허락해야 하지만, 친구에게 우리 개를 보살펴 달라고 도움을 요청할 수도 있어야 한다.

하지만 우리는 왜 그냥 이타적으로 행동할 수 없는 것일까? 왜 우리를 위한 무언가가 행동에 담겨야 하는 걸까? 인간은 사회적 동물이니까 베푸는 것을 좋아하지 않나? 맞는 말이다. 우리는 베풀기를 좋아한다. 사실 사람들에게 돈을 주고 자신을 위해서나 다른 사람을 위해 쓰라고 했을 때, 다른 사람을 위해 돈을 쓴 사람이 더 행복감을 느꼈다. 미국과 캐나다, 남아프리카공화국, 바누아투 등 전 세계 모든 곳에서 결과는 동일했다. 다른 사람을 위해 돈을 쓰는 행동이 특정한 장소에서는 다른 모양으로 나타났을 뿐이다. 우간다에서는 20달러에 상당하는 돈을 마지막으로 다른 사람을 위해 쓴 것이 언제였는지 물었을 때, 맨발로 다니는 동생을 위해 신발을 사주거나 위궤양으로 고생하는 친구에게 약을 사주는 데 썼다고 대답했다. 캐나다에서는 어머니 생일 선물로 할인 매장에 가서 장미를 샀다고 답했다. 하지만 거의 모든 나라에서 사람들은 베푸는 행동을 통해 기쁨을 느꼈다. 갤럽의 세계 여론 조사는 사람들에게 삶에 얼마나 만족하는지, 그리고 지난 한 달 동안 돈을 기부한 적이 있는지 물었다. 다른 사람에게 돈을 쓰는 행동은 세계 모든 지역에서 행복에 기여하는 것으로 나타났다.

베풂은 기분이 좋을 뿐 아니라 우리에게 유익하다. 친구가 우리에게 무언가를 원하고 그게 우리에게 많은 것을 요구하지 않을 때 도움을 주는 행동은 우리와 친구 모두에게 이익이 된다. 하지만 우리가 자신을 희생하면서 베풀 때 베풂의 영향이 왜곡된다. 3만 2,053명에 관한 정보를 취합한 메타 분석 결과 연인 관계에서 자기희생을 하는 사람이 그렇지 않은 사람에 비해 행복도가 약간 떨어지는 것으로 나타났다. 하지만 특히 큰 대가를 치르는 방식으로 자기희생을 한 사람은 행복도가 떨어지는 것은 물론 연애 관계도 더 나빠졌다.

계속 베풀기만 하고 그 대가로 아무것도 받지 못할 때 우리는 '무턱대고 베푸는 사람'이 된다. 무턱대고 베푸는 사람은 "나는 언제나 다른 사람의 필요를 나 자신의 필요보다 우선시한다.", "내 필요가 다른 사람의 필요에 방해가 되면 내 필요를 충족하는 것은 불가능하다.", "지치고 힘들어도 나는 다른 사람들을 돕겠다." 같은 말을 신봉한다. 이렇게 이타적인 사람들, 아낌없이 주는 나무들이 스트레스를 더 많이 받고 우울감도 더 많이 느끼는 것으로 연구 결과 밝혀졌다. 그리고 이들의 행동은 이들이 맺은 관계에 이익이 되기보다는 손해를 끼치는 것으로 나타났다. 메타 분석 결과 동기를 가지고 베푸는 사람은 행복도가 높고 이들과 관계를 맺은 상대방도 마찬가

어른이 되었어도 외로움에 익숙해지진 않아

지인 것으로 나타났다. 무턱대고 베푸는 사람과 이들의 상대는 그렇지 않았다. 이타심은 모두가 우울해하고 힘들어하면서도 울며 겨자 먹기로 이를 받아들이는 번아웃 도시로 가는 편도 티켓을 우리에게 던져줄 뿐이다.

그러나 자기희생이 유혹적으로 다가올 수도 있다. 타인에게 몰두할 때 우리는 골칫거리나 우울증, 자존감 부족 등 벗어나고 싶은 자신의 일부분을 벗어던질 수 있다. 사람들에게 너무 몰두한 나머지 인간으로 살아가는 중압감을 잠시 잊어버릴 수도 있다. 이런 순간적인 소멸, 이 작은 죽음은 물론 우리의 문제를 해결해주지 않으며, 일시적으로 문제를 덮어버릴 뿐이다. 자기희생을 하는 사람이 자신의 문제를 해결할 수 있는 유일한 길은 희생을 통해 벗어나려고 애쓰는 것이 무엇인지 이해하는 것이다.

런던대학교 골드스미스 대학 교수인 마도카 쿠마시로Madoka Kumashiro는 관대함의 균형을 맞추는 과정을 '평정equilibrium'이라고 부른다. 그녀의 연구에 따르면 관계에 너무 몰두하는 날에는 자연스럽게 자신에게 집중하고 싶어진다. 반면 자신에게 너무 몰두하면 자연스럽게 관계에 집중하고 싶어진다. 우리는 균형의 동물이며, 이는 좋은 일이다. 평정을 경험한 참가자들, 즉 "나는 관계의 필요와 개인적 필요를 '모두' 삶의 주요 우선순위로 삼는다."는 말에 긍정적으로 응답하며 상생 가능성을 발견한 사람들은 6개월 뒤에 우울함이나 불안감을 덜 느끼고 삶에 대한 만족도가 더 높았다. 또 어떤 결과가 나왔을까? 이들이 자기 자신에게 집중한다고 해서 관계가 나빠지지도 않았다. 사실 데릭의 사례처럼 사람들은 평정을 더 오래 유지할

수록 관계가 더 건강해진 것으로 연구 결과 확인됐다.

쿠마시로의 연구는 현명한 이기심이 관대함을 더럽힌다고 생각할 수 있지만 사실은 관대함을 지탱해준다는 사실을 시사한다. 데릭은 꼬박 일 년 동안 박을 자신의 집 소파에서 지내게 했는데, 박도 베풀었기 때문에 데릭은 원망하는 마음 없이 베풀려는 마음이 오히려 더 커졌다. 데릭이 박에게 도움을 요청한 것이 데릭뿐 아니라 박에게도 최선의 선택이 된 것은, 그런 상황이 데릭에게 도움이 됐기 때문에 박도 더 오래 머물 수 있었기 때문이다. 데릭은 천성적으로 베풀기를 좋아하는 사람이지만, 더 관대해지기를 원하는 사람들에게 관대해지려면 친구에게 무언가를 요청하기도 하라고 조언한다. 이것이 바로 건강한 관대함과 무턱대고 베푸는 행동을 구분 짓는 차이 중 하나다. 한 연구에 따르면 무턱대고 베푸는 사람은 도움을 요청하는 데 익숙하지 않고 자신의 필요를 주장하는 데 어려움을 겪기 때문에 우울함을 더 많이 느끼는 것으로 나타났다. 우리도 무언가를 요청할 때 다시 힘을 얻고 원망이라는 잡초를 뽑아내 더 많이 베풀 수 있게 된다.

아낌없이 주는 나무의 관대함에 빠져들면 도움을 요청하는 행동을 이기적이거나 위압적이라고 생각할 수 있다. 하지만 쿠마시로의 연구에 따르면 우리가 필요한 부분을 요청하는 행동은 우리 자신뿐 아니라 관계에도 도움이 된다. 일방적으로 베풀지 않고 도움을 요청해서 받기도 할 때 우리는 지쳐 쓰러지지 않고 스스로를 지켜 장기적으로는 더 많이 베풀 수 있다. 친구가 우리에게 무언가가 필요할 때 원망하는 마음을 덜 갖고 더 많이 함께해줄 수 있다. 정말 관대

　　　　어른이 되었어도 외로움에 익숙해지진 않아

한 사람은 자신이 필요한 것을 요청할 수 있는 자유를 스스로 부여하는데, 이를 통해 다시 힘을 얻어 장기적으로 더 관대해질 수 있기 때문이다.

박과 데릭은 함께한 일 년 동안 즐겨하는 일상을 만들었다. 박은 주차장 야간 근무를 마치고 집으로 돌아오는 길에 아침 식사 거리를 사 왔다. "아침에 눈을 뜨면 가장 친한 친구가 거기 있어요."라고 데릭이 말했다. 두 사람은 데릭이 출근하기 전까지 함께 여유를 만끽했다. 데릭이 퇴근길에 두 사람을 위한 저녁 식사 거리를 사 오거나 집 근처 술집에 가 5달러짜리 치킨 윙을 안주 삼아 헤니쿨라타 칵테일을 마시기도 했다. 박은 여유가 될 때면 데릭에게 몇백 달러씩 생활비를 건넸다. 또 설거지와 욕실 청소를 하고 쉰의 배변 처리도 맡았다. "금전적으로는 내가 더 베풀었을 수도 있지만, 박은 내가 정말 필요로 하는 것을 줬어요. 우리는 인생에서 가장 힘들 때 서로에게 힘이 돼주었죠."라고 데릭은 말했다.

경계 설정으로 유대감 강화하기

평정의 개념에 대해 읽으면서 나는 마가렛이라는 여성과 나눈 짧은 우정을 떠올렸다. 우리는 공원이나 정원 같은 데서 가끔 어울렸는데, 한번은 같이 산책하는 동안 마가렛이 곧 이사한다고 말했다. 나는 차가 있었고 그녀는 없었기 때문에 내가 이삿짐을 나르는 것을 돕겠다고 제안했다. 그녀가 내 제안을 받아들여서 우리는 차를 몰고 함께 이사 용품을 사러 갔다. 그 다음 주에 실제 이사를 할 때 마가렛이 도와달라고 다시 연락했는데, 당시 내가 사귀던 건장한 체구의 남자친구도 데려와서 같이 도와줄 수 있겠냐고 물었다. 남자친구는 내켜 하지 않았다. 마가렛과 모르는 사이였으니 그녀를 위해 토요일을 희생할 이유가 없었다. 하지만 나는 마가렛을 돕는 것이 옳은 일이니 도와달라고 그를 설득했다.

우리가 마가렛의 아파트에 도착했을 때 그녀는 내 차를 이용해 새 아파트까지 짐을 옮기겠다는 계획을 알려주었다. 나는 그녀에게 1시 30분에는 약속 때문에 떠나야 하니까 그전까지만 끝나면 상관없다고 말했다. 마가렛이 마침내 내 차에 짐을 다 싣자 1시 30분이 됐다. 나는 짜증이 났지만, 허둥대는 마가렛을 두고 떠나고 싶지는 않았다. 마가렛의 짐을 싣고 그녀의 새 아파트에 도착했을 때는 오후 2시였다. 마가렛은 우리에게 차에서 짐을 내리는 것뿐 아니라 엘리베이터로 새 아파트까지 짐을 옮기는 것까지 도와달라고 졸랐다. 마가렛의 다른 친구들도 돕고 있었지만, 그들은 아직 이전 아파트에서 짐을 싸고 있었기 때문에 마가렛 곁에는 우리 둘뿐이었다. 마가렛을 가구들과 함께 남겨두고 오면 너무 죄책감이 들 것 같아 우리는 남아서 도왔다. 차에 실었던 짐을 다 풀어 그녀의 거울과 옷과 토트백이 새 아파트에 나뒹굴 때는 약속 시간 십 분 전이었다. 원래는 그전에 남자친구를 집에 데려다줄 생각이었지만 대신 그에게 택시비를 주겠다고 말했다.

너무 많이 베푼 것에 대한 씁쓸한 마음이 채 가시기도 전에 마가렛이 다음날 다시 연락을 해 다시 내 차를 가지고 와서 남은 짐을 옮기는 것을 도와줄 수 있는지 물었다. 이번에는 너무 바빠서 도울 수 없다고 그녀에게 말했다.

마가렛과 내 관계는 어떻게 됐을까? 나는 그녀를 만나고픈 의욕을 완전히 잃어버렸다. 그녀가 연락하면 나는 "좋네.", "대단해.", "고마워."라고 짧게 대답하거나 바쁘다고 말했다. 그녀가 계속 연락하는 것을 보니 눈치를 못 챈 것 같아서 나는 잠수를 타기보다는 솔직히 말해야 한다고 생각했다. 나는 그녀에게 경계를 침범당했다고 느꼈고 이 우정이 나와는 맞지 않는 것 같다고 말했다. 그녀는 어떤 말도 하지 않았다.

이 모든 일을 겪는 내내 나는 깊은 죄책감과 함께 내가 이기적이라고 느꼈다. 두 번째 날에 마가렛을 돕지 않아서 속상한 게 아니라는 것을 나는 깨달았다. 돕고 '싶지 않다고' 생각한 것이 속상했다. 인간이 관대한 행동을 하는 것을 기뻐해야 마땅하다면, 이런 내 모습을 어떻게 해석해야 할까? 하지만 이제는 그 이유를 안다. 쿠마시로의 연구에 따르면 나는 평정이 깨진 상태였고, 그럴 때는 뒤로 물러나는 것이 정상이다. 내가 이타적이지 않았다고 해서 이기적이었던 것은 아니다. 그저 나도 사람이었을 뿐이다.

내가 깨달은 또 다른 사실은 마가렛과의 경험을 토대로 내가 관대한 행동을 좋아하거나 싫어한다고 말하는 것은 온당치 않다는 것이다. 관대함을 베푸는 대상에 따라 내가 관대한 행동을 좋아하는 정도가 달라졌다고 말하는 것이 더 정확했다. 마가렛을 도울 마음이 생기지 않았던 것은 그녀가 싫어서가 아니라 그녀를 잘 몰랐기 때문이다. 정말 가까운 친구가 이사 다음 날 곤경에 처한다면 나는 인터뷰 시간을 바꿔서라도 가서 도와줄 것이다. 이 모든 일 때문에 나는 정말 친한 사람들에게는 관대함의 규칙이 바뀌는 것인지 궁금해졌다.

핵심 포인트

▶ 자신이 관대하게 행동하는 동기를 이해해라. 누군가를 사랑하고 그 사랑을 보여주기 위해 베풀어라. 누군가가 자신을 사랑하지 않는데 그것을 바꾸고 싶어서 베풀지는 마라.

▶ 관대함으로 서로 윈-윈할 수 있는 상황을 찾아내라. 친구가 많은 것을 요구한다면, 자신도 그 상황에서 이익을 얻을 수 있는 방법을 찾아내라. 관대함이 지속될 수 있도록 자신의 필요도 주장하라. 이렇게 하면 지쳐 쓰러지지 않고 장기적으로 더 베풀 수 있다.

어른이 되었어도 외로움에 익숙해지진 않아

8장

애정을 표현하여
깊은 우정을 주고받는 법

레이첼과 개비는 이십 년 넘게 친구로 지내왔지만, 여전히 서로 곁에 있으면 즐겁다. 두 사람의 공통된 취미는 댄스와 도자기 공예, 보드게임 그리고 서로에 대해 터놓고 말하기다. 이들의 우정에는 선의의 거짓말 따위는 없다. 개비가 "이 드레스 잘 어울려?"라고 물으면, 레이첼은 "가운데가 좀 처지네. 다른 걸 입지 그래?"라고 대답한다. 함께 야영 캠프에 갔을 때 사람들은 두 사람에게 닮은 점이 전혀 없는데도 둘의 이름을 혼동했다. 어느 날 캠프에서 개비가 자기소개를 하는데 긴장한 탓에 말이 빨라졌다. 아무도 개비의 말을 알아듣지 못하자 레이첼이 통역을 해주면서 말했다. "제가 개비어를 할 줄 알거든요."

두 사람이 서로 다른 도시에서 살 때 개비가 레이첼의 생일날 그녀의 집을 깜짝 방문한 적이 있었다. 레이첼은 너무 반가운 나머지 그 자리에 주저앉고 말았다. 두 사람은 가장 친한 친구이자 마음을 털어놓을 수 있는 상대이고 가끔 서로 급한 일이 있을 때 연락할 수 있는 사이다. 개비와 레이첼은 두 사람이 더는 친해질 수 없을 만큼 친한 사이였다. 이들이 유대감을 더욱 돈독히 할 수 있는 유일한 방법은 사랑하는 사람들 앞에서 공식적인 의식을 열어 서로에게 프러포즈하는 것뿐이었고, 두 사람은 실제로 그렇게 했다.

모든 일은 어느 날 개비가 레이첼에게 "좋은 생각이 있어! 우리 서로의 손을 짚어보는 건 어떨까?"라고 말하면서 시작됐다. 두 사람은 동네 커피숍에서 공짜로 받은 낡은 소파 위에 누워 드라마를 보던 참이었다. 레이첼이 눈썹을 찌푸리며 "왜 그래야 하는데?"라고 되물었다.

"재미있을 것 같아서." 개비가 대답했다.

레이첼의 생일이 다가오고 있었고, 개비의 연필이 자신의 검지손가락을 간지럽히고 있어서 그녀는 개비의 의도를 짐작했다. "내 반지 사이즈를 알아내려는 거지? 생일 선물로 반지를 살 생각이라면 프러포즈하는 게 좋을 거야."라고 레이첼이 농담을 건넸다.

그 다음주 레이첼의 생일을 맞아 레이첼과 개비의 친한 친구 열 명이 두 사람의 아파트 거실에 모였다. 사람들이 와인을 마시며 칩과 소스를 비우고 있을 때 개비가 모두 주목해 달라고 말했다. 그러고는 한쪽 무릎을 꿇고 레이첼에게 프러포즈했다. 두 사람의 이니셜이 새겨진 반지 한가운데에는 둘의 탄생석인 자수정과 감람석이 박

어른이 되었어도 외로움에 익숙해지진 않아

혀 있었다.

　개비는 다른 친구에게 주례를 부탁했다. "레이첼 제인 스타인. 당신은 영원토록 개비의 가장 친한 친구가 돼 죽음이 두 사람을 갈라놓을 때까지 함께하겠습니까?" "그럴게요! 그럴게요!" 레이첼이 대답했다. 개비는 커피 테이블 아래로 손을 뻗어 중고품 가게에서 산 액자 안에 들어 있던 증서를 꺼냈다. '우정의 증서'라고 적힌 종이에 개비와 레이첼이 서명을 했다. 친구들이 두 사람의 사진을 찍고 레이첼이 새 반지를 흔들어 보이자, 개비가 "이제 확정됐습니다."라고 선언했다. 레이첼은 이날 일을 떠올리며 "정말 개비다운 행동이었어요. 얼마나 특별한 일이었는지 지금도 웃음이 나요. 그녀는 정말 말도 안 되죠. 그녀를 사랑해요."라고 말했다.

　개비의 생일날 두 사람은 슬러시를 마시러 편의점에 갔다. 주문을 한 후 두 사람은 차로 돌아와 히터를 세게 틀어놓고 슬러시를 마셨다. 개비가 와일드 체리 슬러시를 반쯤 먹었을 때 레이첼이 주머니에서 상자를 꺼냈다. 개비가 열어보니 목걸이가 들어 있었다. 레이첼이 "이 목걸이로 우리의 서약을 되새기고 싶어."라고 말하며 서로에게 다짐할 약속이 적힌 종이 열 장을 꺼냈다. 부업으로 미용 일을 하는 레이첼이 개비에게 서명할 종이를 한 장 내밀었다. "나는 절대 머리를 혼자 자르지 않겠습니다." 이어 레이첼은 "나는 언제나 개비의 머리를 잘라주겠습니다."라고 적힌 종이에 서명했다.

　일 년 후, 개비가 스코틀랜드에서 유학 중일 때였다. 레이첼이 루마니아에 있는 가족을 방문하기 위해 유럽을 여행 중일 때 두 사람은 런던에서 만나기로 했다. 두 사람은 레이첼의 여동생 릴리와 호스

텔에서 만난 로이라는 남자와 함께 술집에 갔다. 종업원이 주문받고 나자, 이번에는 레이첼이 한쪽 무릎을 꿇고 개비에게 "영원히 내 친구가 되어줄래?"라고 프러포즈했다. 로이는 이들의 애정 표현을 감당할 수 없어 담배를 피우러 밖으로 나갔다. 돌아온 종업원이 레이첼에게 "정말 그런 일이 있었어요? 프러포즈했어요?"라고 묻자, 릴리가 "아뇨, 아뇨. 가짜로 그런 거예요."라고 대답했다. 종업원이 떠난 후 개비가 나무라듯 말했다. "왜 그랬어, 릴리? 공짜 샴페인을 받을 수도 있었는데! 생일이냐고 묻거나 진짜 프러포즈를 한 거냐고 물으면 항상 그렇다고 대답해야지! 그럼 샴페인을 받을 수 있으니까! 삶의 교훈이야."

프러포즈는 장난이었지만 장난이 아니기도 했다. 레이첼과 개비는 실제로 영원히 서로의 친구가 되겠다는 다짐을 지키고 있다. 개비가 레이첼의 생일에 처음 프러포즈했을 때 레이첼은 실제로 우정에 헌신하겠다는 내용을 글로 쓰자고 주장했다. 개비는 당시를 돌아보며 자신과 레이첼이 서로를 사랑하고 이 서약을 지키기 위해 최선을 다하고 있음을 깨닫는다. 이제 우정의 증서와 반지도 주고받았으니, 유대감을 강화하기 위해 이들이 더 할 수 있는 일은 그리 많지 않다.

레이첼과 개비의 우정을 지켜보는 사람들은 두 사람이 어떻게 그렇게 친해졌는지 궁금해한다. 마치 친밀감의 암호를 해독한 것 같았다. 반면 우리 중 너무나 많은 사람이 친한 지인 단계를 벗어나지 못하면서 친구도 없고 진정한 친밀감도 느끼지 못한다. 함께 영화를 보러 갈 사람은 있어도, 병원에 입원했을 때 전화를 걸어줄 사람은 한 명도 없다. 페이스북에서 생일 축하 메시지를 백 개 받아도, 정작

어른이 되었어도 외로움에 익숙해지진 않아

생일 파티에는 아무도 나타나지 않는다. 우리가 갈망하는 것은 단지 사람이 아니라, '의미 있는 연결'이다. 하지만 어떻게 찾을 수 있을까? 레이첼과 개비의 사례에서 알 수 있듯 애정 표현이 우리를 그곳으로 이끌 수 있다.

왜 우리는 친구에게 애정을 표현하지 않을까?

애정 표현은 따뜻한 인사나 축하, 격려, 칭찬, 감사처럼 다른 사람이 존중받고 사랑받는다고 느끼게 하는 표현이다. 레이첼과 개비는 보통 배우자나 연인들끼리만 나누는 수준의 애정 표현을 주고받는다. 레이첼의 엄마는 프러포즈 소식을 듣고 "약간 이상하긴 하지만 그래도 괜찮아."라고 말했다. 두 사람은 반지와 우정 의식을 공유한 것은 물론 서로 포옹도 한다. 레이첼과 개비에게는 당연한 일이지만, 대부분의 우정에서는 그렇지 않다. 하지만 왜 그럴까?

친구에게 깊은 사랑을 느끼지 못해서가 아니라, 그런 사랑을 표현하는 것이 항상 편하게 느껴지지 않기 때문이다. 한번은 직장에서 친구를 사귀는 법에 대해 강연하면서 청중에게 아직 말하지 못한 친구에 대한 긍정적인 감정을 글로 적어보라고 요청했다. 반응은 폭발적이었다. "친구로 지내온 시간 내내 내게 얼마나 많은 영감을 주었는지 말해주고 싶어요.", "친구 덕분에 제가 더 나은 사람이 됐다고 말하고 싶어요.", "친구가 얼마나 아름다운 영혼을 가졌는지 알았으면 좋겠어요.", "전화기를 통해서도 네 웃음이 들려. 그럼 내 하루가 행복해지지." 나는 청중을 보며 달콤쌉싸름한 기분이 들었다. 이들의 사랑은 달콤했지만, 아직 말하지 못한 사랑이 씁쓸하게 느껴졌다.

왜 우리는 친구를 향한 사랑에 대해 말을 아끼는 것일까? 연인이나 배우자에게 사랑을 표현할 때와 같은 승인을 받지 못하기 때문이다. 미국의 경우 축하 카드나 연애편지, 신체 접촉 등 애정을 표현하는 많은 방법이 꼭 그래야 할 이유가 없는데도 연인에게만 쓰는 것으로 국한돼 있다. 연인을 위해서는 기념일이나 밸런타인데이, 혼인서약으로 사랑을 전한다. 반면 친구를 위한 것이라고는 세계 우정의날이 있지만 아무도 들어본 적이 없을 것이다(7월 30일이다). 그나마 2010년부터 갤런타인데이가 생겼는데, 드라마 〈팍스 앤 레크리에이션〉에서 주인공 레슬리 노프가 여성 친구들에 대한 사랑을 표현하기 위해 만든 날이 대중화된 것이다. 이후 성별에 구애받지 않는 팔렌타인데이가 등장했다.

우정에는 친구에게 애정을 표현하는 데 방해가 되는 특성이 내재해 있다. 원래 우정은 격식을 덜 차리고 더 거칠고 연애보다 더 변화무쌍해서 특정한 규칙을 따르지 않기 때문에, 친구도 우리만큼 관심이 있는지 알 방법이 없다. 관대함 관련 장에서 언급했듯 우리가 친구라고 생각하는 사람의 절반가량은 우리를 친구로 생각하지 않는다. 누군가와 결혼하면 상대가 관계에 헌신하리라는 것을 안다. 결혼식과 혼인 서약, 반지가 그 증거다. 가족 간에는 '피는 물보다 진하다'는 말이 있듯 서로를 위해 노력하는 것이 당연하게 여겨진다. 하지만 친구 사이에는 상대도 같은 감정을 느낄지 확신할 수 없기

어른이 되었어도 외로움에 익숙해지진 않아

때문에 애정을 표현하는 것이 더 위험하다.

게다가 기술의 발전으로 친구를 파악하는 것이 더욱 혼란스러워졌다. '친구'라는 단어의 의미가 너무 퇴색해서 친구에게 사랑을 표현하고 싶어도 누가 친구인지 분별하기 힘들게 됐다. 페이스북 친구도 포함될까? 내 글을 리트윗한 사람은? 5년 동안 대화를 나누지 못했지만, 윤년이 돌아올 때마다 한 번씩 서로의 글에 '좋아요'를 눌러주는 친구는?

기술의 발전과 소셜 미디어는 느슨한 관계 문화를 만들어냈다. 친구라고 부르는 사람은 많아졌지만, 친밀감을 느끼는 사람은 어느 때보다 줄어들었다. 그 몇 안 되는 사람이 누구인지 찾아내 이들에게 관심을 기울이고 함께 어울리는 대신, 우리는 알고리즘에게 그 일을 맡겨 꼭 진정한 친구가 아니더라도 소셜 미디어 피드에 좋은 소식을 올리는 사람이면 누구든 응원한다. 소셜 미디어가 없다면 우리는 스스로 이렇게 자문해야 할지도 모른다. 의도적으로 내 인생에 간직하고 싶은 사람은 누구인가? 대신 우리는 즐겨 찾는 플랫폼에서 활발하게 활동하는 사람이라면 누구든 애정을 나눠준다. 누가 우리의 친구인지조차 확신할 수 없는 상황에서 친구에게 애정을 표현하기는 쉽지 않다.

친구에게 사랑을 표현하는 것이 연인에게 표현하는 것에 비해 일반적이지 않은 또 다른 이유는 어떤 종류의 사랑이든 성적인 사랑과 혼동을 일으키기 때문이다. 친구에게 사랑을 표현하는 것을 극도로 꺼리는 까닭은 그렇게 했다가는 친구에게 성적으로 끌린다는 비난을 받을 위험이 있기 때문이다. 하지만 이러한 혼동은 다양한 형태의 사랑에 대한 우리의 집단적 혼란을 드러낸다. 안젤라 첸Angela Chen은 저서 《에이스Ace》에서 우리는 플라토닉한 사랑(누군가에 대한 감사와 호감)과 로맨틱한 사랑(누군가에 대한 강렬한 열정과 이상화), 성적인 사랑(누군가와 섹스하고 싶은 욕망)을 각각 따로 느낀다고 주장했다.

우리는 누군가와 섹스(성적인 사랑)를 원치 않으면서도 그 사람에게 열정(로맨틱한 사랑)을 느낄 수 있다. 우정의 범주 안에서 로맨스를 느낄 수 있다는 뜻이다. 이를 지칭하는 '로맨틱한 우정'이라는 용어도 있다. 역사를 통틀어 로맨스는 어쩌면 결혼의 일부였던 것 이상으로 우정의 일부였을 수 있다. 다음과 같은 사랑의 첫 번째 정의는 친구를 넌지시 암시한다. '마음에 들어 하며 애정을 가지고 바라보다. 우리는 우리에게 호의를 베푼 사람을 사랑한다'.

18세기 이전 유럽과 미국에서 사람들은(대부분 백인이기는 했지만) 반드시 배우자를 사랑하지는 않았다. 이들의 결혼 상대는 현실적인 이유로 가족에 의해 선택됐다. 가족들은 동맹을 맺고 싶거나 자원을 제공해줄 수 있는 가족의 구성원을 선택했다. 이에 대해 역사학자 스테파니 쿤츠는 "대부분의 역사에서 사랑처럼 허약하고 비합리적인 감정에 근거해 배우자를 선택한다는 것은 상상도 할 수 없는 일이었다."라고 설명했다.

쿤츠는 저서 《진화하는 결혼》에서 사랑을 위한 결혼이 일반화된 빅토리아 시대에도 사람들은 여전히 애정을 위해 우정에 의지했다고 설명한다. 당시 일반적인 생각은 남성과 여성이 완전히 반대이므로 서로를 완성하기 위해 하나로 합쳐야 한다는 것이었다. 남성은 합

어른이 되었어도 외로움에 익숙해지진 않아

리적이고 분석적이지만, 여성은 도덕적이고 순수하다고 여겨졌다. 하지만 두 성이 너무 달라 서로 교감하는 데 어려움을 겪었고, 남성과 여성 모두 동성의 친구와 마음이 더 잘 통했다. 쿤츠에 따르면 "많은 사람이 말 그대로 '정반대'의 이질적인 성으로 여겨지는 상대보다 자신과 같은 성에 훨씬 더 친밀감을 느꼈다."라고 한다.

우정에서 느끼는 로맨틱한 사랑은 급작스러운 현상이 아니다. 역사를 충분히 거슬러 올라가면 이는 전통에 가까웠다. 지금도 보통 배우자들 간에만 적절하다고 여겨지는 강렬한 열정과 이상화를 친한 친구끼리 느낀다 해도 이상할 게 없다. 내가 인터뷰하고 책을 통해 접한 거의 모든 친한 친구들이 어느 정도는 내가 정의하는 로맨틱한 사랑을 공유하는 듯했다. 이들은 서로에게 설렘을 느끼면서 배타적인 관계를 주장하거나, 서로를 이상화하거나, 모든 시간을 함께 보내고 싶어 한다.

우정에서 로맨틱한 사랑을 비정상적인 것으로 치부할 때 우리는 친구에게 깊은 사랑을 느끼는 사람들에게 수치심과 혼란을 안겨준다. 그렇게 되면 사람들은 이 사랑을 표현하는 대신 묻어버린다. 1970년대 페미니스트 저널 《나는 여자가 아닌가?Ain't I a Woman?》에 투고한 글에서 한 여성은 친구들과 친밀하고 애정 어린 사랑을 나눠왔지만, 이런 감정에 대해 정신과 상담을 받을 필요가 있다는 글을 읽은 뒤로 마음을 접었다고 말했다. 그녀는 "끔찍이도 불결하고 역겹게 느껴졌다. 낯설기만 한 내 새 자아가 품을지도 모를 어떤 통제 불가능한 감정과 동기도 의심의 눈초리로 바라보게 됐다."라고 말했다. 성적인 사랑과 로맨틱한 사랑을 혼동하는 사회 분위기 때문에 개비 역시 레이첼에 대한 자신의 감정이 혼란스럽게 느껴진다고 털어놓았다. "한번은 스스로 이렇게 물어봤어요. '내가 레이첼에게 성적으로 끌리는 건가?' 그러고 나서 '아냐, 그렇지 않아'라고 생각했죠. 어떻게 이럴 수 있을까요? 생각을 정리하기가 힘들어요. 우리는 서로 껴안기도 하지만, 레이첼에게 육체적으로 끌리지는 않아요. 그냥 그녀를 무척 사랑할 뿐이죠." 로맨틱한 끌림은 성적인 끌림 없이도 일어날 수 있다. 그리고 이 중 어느 하나를 느낀다고 해서 다른 쪽까지 느끼는 것은 아니다.

어떻게 된 일까? 왜 우리는 이제 이런 깊은 사랑을 친구들과 공유하기를 이토록 불편해하는 것일까? 우정에서 느끼는 애정에 대한 우리의 불편함은 오늘날 동성애 혐오homophobia라고 표현되는 현상의 대두와 맞물려 생겨났다. 1900년대 이전까지만 해도 지금처럼 개인의 성적 행동이 그 사람의 정체성의 일면을 이루지 않았다. 《이성애: 놀랍도록 짧은 역사Straight: The Surprisingly Short History of Heterosexuality》를 쓴 한네 블랭크Hanne Blank에 따르면 1868년 이전에는 이성애나 동성애의 개념 자체가 없었다. 성적 지향은 정체성이 아니었기 때문에, 동성인 사람과 섹스하면 가혹한 낙인이 찍혔지만, 동성을 사랑하거나 그런 것처럼 '보인다는' 이유만으로 비난받지는 않았다. 친구끼리 아무 거리낌 없이 나무에 이름을 새기고 껴안고 함께 잠을 자도 어떠한 낙인도 찍히지 않은 것은, 이 모든 행동이 성적이지 않았기 때문이다. 19세기의 한 여성이 친구에게 "네 얼굴을 한 번 더 볼 수 있다는 기대감에 가슴이 뜨겁게 달아오른다."라고 쓴 것처럼, 친구끼리 열정적인 사랑의 편지를 주고받기도 했다. 프로이

어른이 되었어도 외로움에 익숙해지진 않아

트나 리하르트 폰 크라프트에빙Richard von Krafft-Ebing 같은 저명한 심리학자가 동성 간의 사랑을 성적 장애*로 규정하면서 성 정체성의 개념이 생겨났고, 지금 우리가 알고 있는 동성애 혐오가 등장하면서 우정에서 애정을 느끼는 일이 줄어들기 시작했다.

동성애 혐오, 더 구체적으로 호모히스테리homohysteria의 증가는 특히 이성애자 남성 간의 우정에 큰 타격을 입혔다. 호모히스테리는 이성애자 남성이 동성애자로 보일까 봐 두려워하는 마음으로, 이 두려움이 남성들 간의 정서적 친밀감을 저해한다고 연구자들은 주장한다. 동성애 혐오가 강한 남성일수록 이성애자 남성 친구에게 취약성을 덜 드러내며, 이 때문에 친밀하고 만족스러운 우정을 나눌 가능성이 작은 것으로 연구 결과 드러났다. 19세기 이전까지만 해도 사회에 호모히스테리가 만연하지 않았기 때문에, 남성 간의 성행위는 금지됐지만 남성들은 당시 여성들처럼 서로 사랑의 편지를 주고받고 포옹하고 서로 취약성을 드러냈다. 이제 일부 남성들은 친구끼리 포옹을 하거나 감사를 표할 때 '나 호모 아니야no homo'라는 말로 자신의 애정에 눈곱만큼도 동성애적인 욕망이 없음을 명확히 밝혀야 한다는 압박감을 느낀다.

우리가 배우자만큼 친구를 사랑하지 않아서가 아니다. 사실 한

---

* 19세기 후반, 산업화로 인해 사람들은 도시로 몰려들었다. 작은 마을에서 떠돌던 입소문이 줄고 익명성이 증가하면서 마을에서 살 때는 금지됐다고 느꼈던 온갖 종류의 성행위를 하기 시작했는데, 동성애도 그중 하나였다. 사람들은 도시에서 급증하는 동성 간의 섹스를 억제하는 것을 정당화할 방법을 찾고 있었기 때문에 크라프트에빙과 프로이트의 사이비 과학을 받아들였다. 더욱 자세한 내용은 블랭크의 《이성애: 놀랍도록 짧은 역사》 참고.

연구에서 여성은 연인보다 절친한 동성 친구에게 더 친밀감을 느끼고, 남성과 여성 모두 연인보다 절친한 친구와 더 공통점이 많다고 응답했다. 하지만 친구 사이에서는 그런 사랑을 숨겨야 한다는 압박감을 더 많이 느낀다. 사랑을 표현하려면 동성애 혐오를 거부하고 애정 어린 행동이라고 전부 성적 끌림이 담긴 것은 아니라는 사실을 인정함으로써 호모히스테리를 초월해야 한다. 호모히스테리를 초월한다는 것은 친구를 얼마나 깊이 사랑하는지 표현하도록 스스로 허락한다는 뜻이기도 하다.

유대감과 친밀감을 키우는 애정 표현의 힘

애정을 표현하지 않으면 우정 자체를 잃을 수도 있다. 애정 표현은 유대감과 친밀감을 키우는 강력한 힘으로 밝혀졌다. 로버트 헤이스 Robert Hays 유타대학교 교수는 〈우정의 발달과 유지〉라는 제목의 연구에서 우정이 싹트는 단계에서 나타나는 행동을 추적했다. 그는 친구가 될 가능성이 있는 쌍들을 12주 동안 관찰한 다음, 몇 달 뒤 추적 조사를 통해 어떤 쌍이 친구가 될지 예측할 수 있었는지 확인했다. 친구가 된 쌍과 그렇지 못한 쌍의 차이점은 무엇이었을까? 친구가 된 쌍은 서로에게 애정 표현을 많이 한 것으로 드러났다.

헤이스는 친구와 더 가까워지게 하는 많은 일들이 우정이 시작됐을 때나 서로에 대해 어느 정도 알게 된 뒤 등 우정의 특정 단계에서 특히 효과적이라는 사실을 발견했다. 하지만 애정 표현은 모든 단계

어른이 되었어도 외로움에 익숙해지진 않아

에서 친밀감을 만들어냈다. 이미 친구 사이인 경우 TV를 같이 보는 등의 교류가 관계를 더 가깝게 만들어주었지만, 우정이 시작되는 단계에서는 이런 행동의 효과가 덜했다. 그러나 애정 표현은 이미 얼마나 가까운 사이인지와 상관없이 친밀감을 높여주었다. 애정 표현은 우정이 막 걸음마를 뗄 때뿐 아니라, 우정이 다 자란 성인이 돼 직업도 있고 생명 보험도 가입하고 흰머리가 희끗희끗하고 퇴직 연금도 적당히 들어놓았을 때도 힘이 된다. 상대방에게 감사를 표하고, 소중한 존재라고 말해주고, 좋은 점이 많다고 말해주면 아무리 친한 사이라도 우정이 더 쌓인다. 애정 표현을 많이 할수록 새 친구를 더 많이 사귈 수 있을 뿐 아니라 이미 맺은 우정이 두터워질 가능성도 커진다.

애정 표현은 우정에만 도움이 되는 것이 아니다. 우리 자신에게도 도움이 된다. 인간은 사회적 동물이기 때문에 우리 몸은 관계를 맺도록 자극하기 위한 규칙을 하나 간직하고 있다. 다른 사람과 관계를 맺기 위해 하는 모든 행동이 우리를 건강하게 만들어주기도 한다는 것이다. 연구 결과 애정이 넘치는 사람은 우울함을 덜 느끼고, 자존감이 더 높고, 콜레스테롤과 코르티솔, 혈압이 낮은 것으로 나타났다. 이 연구들은 애정 표현이 다른 사람에게 도움이 된다고 생각하지만, 우리 내면의 긍정적 에너지를 불러일으키는 효과도 있음을 보여준다. 상대를 함부로 판단하면 부정적 에너지가 우리를 갉아먹지만, 사랑하면 따뜻한 감정이 우리를 풍요롭게 해준다. 다른 사람을 어떻게 바라보느냐에 따라 우리 내면의 경험이 결정된다. 이 연구 결과를 알고 나서 나는 친구들을 상대로 '둠스크롤링doom scrolling[소셜 미디어나 뉴스 사이트에서 암울한 소식이나 뉴스만 끊임없이 찾는 행동-옮긴이]'과 반대되는 '러브 스크롤링love scrolling'을 시작했다. 내 뉴스 피드에 올라온 글들을 살펴보며 친구들에게 참 잘하고 있다고, 친구가 기쁘고 자랑스럽다고 말해주면 마음이 따뜻해지는 것을 느낀다. 소셜 미디어를 통한 애정 표현은 친구를 사귀고 지키는 좋은 전략이다. 한 연구에 따르면 친구의 게시판에 글을 올리고, 나쁜 소식이 들리면 친구를 응원해주고, 페이스북을 통해 친구에게 축하를 전하는 행동이 모두 더 만족스럽고 친밀한 우정과 관련이 있는 것으로 나타났다.

애정 표현이 우정을 더 두텁게 만드는 이유는 정확히 무엇일까? 호감의 상호성과 추론적 매력 이론에서 몇 가지 단서를 찾을 수 있다. 이 이론의 핵심은 사람은 자신을 좋아하는 사람을 좋아한다는 것이다. 1958년에 발표된 한 획기적 연구에서는 낯선 사람들을 한 그룹에 모아 수업 개선 방안을 토론하게 했다. 참가자들은 실험 장소에 도착하기 전에 성격 검사를 받은 다음, 그룹 토론을 시작할 때 성격 검사 결과 그룹 구성원 세 명이 자신을 가장 좋아할 것으로 예측된다는 가짜 정보를 제공받았다. 토론이 끝날 무렵 연구자들은 그룹 구성원들에게 나중에 팀을 나눌 수 있으며 누구와 짝이 되고 싶은지 의사를 밝혀야 한다고 말했다. 대체로 사람들은 자신을 좋아한다고 믿게 된 사람들과 짝을 짓는 쪽을 선택했다. 낯선 사람끼리 대화를 나눈 뒤 서로 얼마나 호감을 느꼈는지 응답하게 한 연구나, 이미 자신의 삶에 들어온 사람을 얼마나 좋아하는지 평가하게 한 연구에서도 이와 동일한 결과가 나타났다. 사람은 자신을 좋아한

어른이 되었어도 외로움에 익숙해지진 않아

다고 생각하는 사람을 좋아한다.

　이 연구는 친구 사귀기에 대한 오해에 이의를 제기한다. 우리는 친구를 사귈 때 제임스 본드처럼 점잖거나, 빌 게이츠처럼 똑똑하거나, 크리스 록처럼 유머 감각이 넘쳐야 한다고 생각한다. 친구를 사귈 때 거부할 수 없는 개성으로 사람들을 놀라게 하는 것이 중요하다고 생각하지만 그렇지 않다. 한 연구에서 사람들은 재미있거나 설득력이 있는 것을 친구의 자질 중 가장 중요하지 않다고 꼽았지만, 상대의 자존감을 북돋워 주는 것을 친구의 가장 중요한 자질로 꼽았다. 친구를 잘 사귀는 사람들에게는 한 가지 공통점이 있는데, 그것은 이들이 어떤 사람인가보다 이들이 사람들을 대하는 방식과 관련이 있다. 이들은 사람들을 자신이 중요하다고 느끼게 만든다. 세계에서 가장 사랑받는 명사인 오프라 윈프리는 게스트가 뭔가 뜻깊은 말을 할 때마다 어김없이 "깨달음을 주는 순간이네요."나 "트윗할 만한 말이에요!"라고 외치며 이를 실천한다. 게다가 누군가에게 새 차를 사주는 것만큼 '당신이 중요하다'는 메시지를 주는 행동이 있을까[오프라는 2004년 토크쇼 방청객 276명 전원에게 승용차를 한 대씩 깜짝 선물했다-옮긴이]! 오프라의 말처럼 우리는 모두 누군가가 우리 말을 들어주기를 바라고, 우리가 중요한 사람이고 우리가 하는 말에는 의미가 있다는 것을 알고 싶어 한다.

어색하다고 가만히 있지 말자

애정 표현이 우정에 미치는 강력한 영향에도 불구하고 이를 피하는 이유 중 하나는 애정 표현이 이상하게 보일 것으로 생각하기 때문이다. 나는 대학생들이 심리 치료사가 되기 위한 기본적인 수단을 배우는 '도움 기술' 강의를 하면서 이 사실을 깨달았다. 학생들은 대체로 강의를 좋아했지만, 예외 없이 모두를 불편하게 만드는 한 주가 있었다. 그 주에 우리는 관계에서 생각하거나 느끼는 바를 직접적으로 표현하는 '즉시성immediacy'이라는 치료 기술을 연습했다.

"오늘은 서로에게 마음에 드는 점을 표현해 보겠습니다." 내가 수강생들에게 그날의 활동을 소개하면 부릅뜬 눈으로 바라보거나, 자리에서 엉덩이를 들썩이거나, 지우개를 열심히 만지작거리는 학생들 사이로 언제나 정적이 흘렀다. 이런저런 두려움을 표하는 학생들도 있었다. "누군가를 질겁하게 만들면 어떡하나요?", "구차하게 집착하는 것처럼 보이면 어쩌죠?" 나는 학생들의 말을 들어준 다음, 용감한 영혼 하나가 활동에 참여하겠다고 나설 때까지 침묵이 끝나기를 기다렸다.

"당신이 하는 말 하나하나가 참 지혜로워요. 조용히 있다가도 입을 열면 진실의 폭탄을 쏟아내는 것 같아요.", "당신에게는 정말 침착하고 자신감 넘치는 부분이 있는데 참 감탄스럽네요.". 결국 학생들은 모두 감사의 퍼레이드에 참여했다. 이 강의를 여러 해 하는 동안 처음에는 두려워해도 불안에 떨며 한 주를 끝낸 사람은 한 명도 없었다.

어른이 되었어도 외로움에 익숙해지진 않아

이 활동이 끝나고 나면 강의 분위기가 완전히 바뀌었다. 확연하게 눈에 띄는 변화였다. 학생들은 더 적극적으로 참여하고, 더 자주 웃고, 복도에서 마주치면 서로 인사를 나누었다. 마지막 수업에서 강의 과정을 돌아볼 때면 학생들은 '즉시성 주간'을 통해 그 어느 때보다 가까워졌다고 말하곤 했다. 한 학생은 '상대가 내게 어떤 의미인지 의도적으로 말하는 것이 관계를 강화하는 방법'이라고 말하기도 했다.

왜 우정에서 종종 애정 표현을 하지 않는지 살펴봤다. 우리는 애정 표현을 하지 않으면 얼마나 많은 것을 잃는지도 과소평가한다. 내 강의는 앞서 취약성과 주도성과 관련해 논의한 편견처럼 애정 표현을 바라보는 시선에도 편견이 있음을 분명히 보여준다. 애정 표현을 하면 상대가 질겁할 것으로 생각하지만, 실제로는 우리에게 더 친밀감을 느끼게 된다.

한 연구에서 사람들은 감사의 편지를 쓴 뒤 편지를 받는 사람이 얼마나 기뻐할지 아니면 어색해할지 예측했다. 이어 편지를 받은 사람이 실제로 얼마나 기뻤는지 아니면 어색했는지 응답했다. 그 결과 참가자들은 편지를 받은 사람이 느낄 어색함을 과대평가하고 편지를 받았을 때 느낄 기쁨은 과소평가한 것을 밝혀졌다. 이후 같은 논문에서 수행한 연구에서는 애정 표현이 상대방에게 미치는 힘을 무시하는 사람일수록 애정 표현을 할 가능성이 작은 것으로 나타났다. 이러한 편견은 진짜 문제다. 이 연구의 저자들은 "감사 표현에 대해 상대방이 얼마나 긍정적으로 반응할지 제대로 알지 못하면 실제로 원하는 것보다 감사 표현을 덜 자주 하게 돼 긍정적 상호작용을 가로막는 걸림돌이 될 수 있다."라고 말했다.

애정 표현이 주는 안정감

개비는 중학교 1학년이던 어느 가을 저녁, 메릴랜드의 교외 거리를 헤맸다. 조금 전 동생들이 비명을 지르며 싸울 때 끼어들어 말리려고 해봤지만, 옆으로 밀려나 버렸다. 동생들이 물건을 집어 던지기 시작했을 때 개비는 레이첼의 집으로 피신하기 위해 집을 나왔다. 유대교 안식일 휴일이라 전화를 걸 수도 차를 얻어 탈 수도 없었다. 이 때문에 몇 킬로미터를 걸어야 했다.

개비는 레이첼의 집 문을 두드린 후 집으로 돌아가라는 말을 들을까 봐 초조해하며 기다렸다. 마음 한구석으로는 도망치고 싶었지만, 다른 한구석으로는 당장 위로를 받지 못하면 폭발할 것만 같았다. 레이첼의 엄마가 문을 열어주었다.

"레이첼 …… 집에 …… 있나요?" 울지 않으려고 애쓸 때 그러듯 개비는 단어 하나를 내뱉을 때마다 숨을 삼키며 물었다.

"어머, 얘야. 무슨 일이니?" 레이첼의 엄마가 물었다. "우리한테는 언제든 전화해도 돼. 그럼 데리러 갈게. 안식일이어도 상관없어. 앞으로는 꼭 전화해." 계단을 내려온 레이첼은 온 얼굴이 눈물범벅이 된 채 고개를 숙인 개비를 보고는 그녀를 껴안았다.

두 사람은 레이첼의 방으로 갔다. 침대에 그대로 쓰러져버린 개비는 레이첼의 부축을 받고 다시 일어나 앞서 있었던 일을 말해주었

어른이 되었어도 외로움에 익숙해지진 않아

다. 그날 밤 이후 레이첼 가족은 개비를 집으로 들이기 시작했고, 개비는 입양된 딸이라도 된 듯 레이첼 가족과 많은 밤을 보냈다. 레이첼도 개비에게 의지했다. 레이첼은 가장 따르는 이모가 암에 걸리자, 개비에게 두려움을 털어놓았다.

레이첼과 개비의 우정을 이처럼 돈독하게 만들어준 결정적 요소는 안전이다. 두 사람은 어느 한쪽이 어려움에 부닥치면 다른 쪽이 함께해줄 것이라는 사실을 알고 있다. 분명히 안전은 개비가 레이첼의 집에 나타났을 때 두 사람이 서로에게 제공한 것 같은 취약성과 지지를 통해 형성된다. 하지만 안전은 '나는 너의 있는 그대로를 사랑하고 소중히 여기니까 내게는 네 모습을 보여줘도 안전해'라고 신호를 보내는 애정 표현을 통해서도 형성된다. 애정 표현은 이를 받는 사람의 가치를 높여줘서, 자신이 충분히 괜찮고 사랑받을 만하다고 느끼게 해준다. 개비는 집에서는 한 번도 이런 애정을 받아본 적이 없었다. 개비는 조카를 봐주러 갔을 때 조카가 자신처럼 가치 없는 사람이라는 느낌을 받지 않게 하려고 애썼던 일을 기억한다. 개비는 "우리는 너를 아홉 달 동안 기다렸어. 그리고 네가 태어난 날 너를 알게 돼서 그리고 내가 좋아하는 것과 좋아하지 않는 것들을 알게 돼서 너무 기뻤지. 너는 지금 이대로도 충분해."라고 말해주곤 했다.

하지만 개비도 이런 애정을 어딘가에서 받았는데, 바로 레이첼이었다. 두 사람이 동시에 친구가 되자고 서로에게 제안한 것이 이들이 서로 주고받은 많은 애정 표현 중에서도 단연 최고였다. 두 사람은 또 서로가 얼마나 중요한 존재인지에 대해 길게 적은 카드를 주고받는다. 다른 사람들 앞에서 서로를 칭찬하기도 한다. "그녀는 에너지로 똘똘 뭉친 사랑스러운 존재이고 있는 그대로를 보여줘. 굉장히 멋지고 다정한 사람이지." 레이첼이 개비에 대해 다른 친구에게 한 말이다. 두 사람이 나누는 우정의 언어에는 칭찬이 내재해 있기 때문에, 둘 중 누구도 칭찬받으려고 애쓸 필요가 없었다. 레이첼이 개비에게 이 책을 위해 인터뷰를 할 것이라고 말하자 개비가 이렇게 말했다고 한다. "저자에게 네가 얼마나 멋진 친구인지, 그리고 늘 모든 사람에게 얼마나 도움이 되는 사람인지 확실히 말해줘야 해."

원하는 방향으로 친구의 행동을 바꾸는 법

애정 표현은 친구에게 만족할 때뿐 아니라 친구에게 화가 났을 때도 우정을 강화할 수 있다. 우리가 뭔가 우려를 제기할 때 애정을 표현하면 상대방은 자신이 쓸모없는 존재가 아니라 사랑받고 인정받는 존엄한 존재라고 느껴 부담을 느끼게 된다. 그러면 우리의 우려를 보다 잘 받아들일 수 있다. 대학 시절 개비의 남자친구 폴이 개비와 개비의 룸메이트들이 사는 집으로 이사를 들어오게 됐다. 하지만 개비의 다른 룸메이트 티나가 자신의 침대가 빨래로 뒤덮여 있다는 이유로 폴이 들어올 방에서 잠을 자고 있었다. 티나와 맞닥뜨린 개비는 티나의 이마에 키스하고 어깨를 어루만지며 말했다. "난 널 참 좋아하지만 네가 벌여놓은 일을 언제까지나 외면할 수는 없어. 처리해야지. 침대에 옷이 한 무더기 쌓여있는 걸 보니 거기서 자지 않는 이유를 알겠네. 나 지금 강의 들으러 가야 하는데, 집에 돌

어른이 되었어도 외로움에 익숙해지진 않아

아오면 빨래하는 거 도와줄게. 음식도 사 올 테니 같이 하자. 하지만 반드시 처리해야 해." 티나는 이 기억을 떠올리며 이렇게 말했다. "개비는 정신 차리라는 말을 더없이 사랑스러운 방식으로 해주곤 했어요. 다른 사람이 내게 뭘 하라고 말하면 '엿이나 먹으라지' 이런 반발심이 들지만, 개비의 말이라면 그녀가 말하는 방식 때문에 정말 귀담아듣게 돼요."

애정 표현은 상대방에게 놀라운 무언가를 이끌어낸다. 진정성 관련 장에서 살펴본 것처럼 우리 자신을 보호하려는 노력은 종종 관계를 보호하는 문제와 상충한다. 마음을 닫고 수동적으로 되거나 다른 사람 위에 올라서려는 등의 행동으로 자신을 보호하려고 할 때 우리는 종종 관계에 해를 끼친다. 그리고 갈등을 완화하거나 신뢰를 보내는 등의 행동으로 관계를 보호하려고 할 때 우리의 자아는 더욱 무방비 상태가 된다. 더 나은 우정을 쌓기 위해서는 우리 스스로 자기 보호 모드가 아닌 관계 친화 모드로 전환하는 것은 물론, 친구들도 관계 친화 모드를 활성화해서 자아가 위험에 노출되더라도 우정에 관심을 두도록 유도해야 한다. 애정 표현은 바로 이런 변화에 도움이 된다.

샌드라 머리Sandra Murray 버팔로대학교 심리학 교수가 개발한 '위험 조절 이론'에 따르면 상대가 긍정적 존중과 배려를 제공할 것이라는 확신이 들면 의존성과 연결성을 추구하는 위험을 감수할 수 있다. 다시 말해 관계에 시간과 노력을 쏟기 위해서는 그렇게 했을 때 거절당하지 않을 것이라는 보장이 필요하다. 마찬가지로 만약 사람들이 우리에게 시간과 노력을 쏟아주기를 원한다면 이들이 안전하다고 느낄 수 있게 해줘야 한다. 애정 표현이 이런 안정감을 부여한다. 우리가 누군가를 사랑하고 소중히 여기며 인정한다는 사실을 전달함으로써, 상대방이 우리와 친밀해지는 데 따른 위험을 감수해도 안전하다고 느낄 수 있게 해준다.

관계에서 오는 안정감

지금까지 우정에서 더욱 안정감을 느끼는 방법을 살펴봤다. 하지만 위험 조절 이론은 친구를 사귀고 지키기 위해서는 우리가 안정감을 느끼는 것만으로는 충분치 않음을 시사한다. 다른 사람도 안정감을 느끼는 만들어야 한다. 우리가 애착의 안식처이자 안전지대가 돼야 하는데, 애정 표현을 통해 이를 실현할 수 있다. 다른 사람이 안정감을 느끼게 만드는 것은 친구의 이익을 위한 이타적 행동일 뿐아니라, 우리에게도 최선의 이익이 된다. 앞서 살펴본 대로 안정감을 느끼는 사람이 더 좋은 친구가 돼 더 취약성을 잘 드러내고 더 진정성 있는 모습으로 더 주도성을 발휘한다. 친구에게 사랑받고 인정받는다는 사실을 알게 해주면, 친구는 경계심을 풀고 안전한 관계 친화 모드에 녹아든다. 편안하게 우리에게 다가오고, 안부 연락을 하고, 우리를 긍정하고, 우리에게 취약성을 드러낸다. 우리에게 관심을 기울인다. 우리가 친구의 최선을 이끌어내고 친구도 우리의 최선을 이끌어내는 우정의 상승 곡선이 만들어진다.

위험 조절 이론은 약속을 쉽게 어기는 우리 문화가 얼마나 해로운지 보여준다. 우리가 누군가와 한 약속을 마지막 순간에 깨버리면 상대방을 소중히 여기지 않는다는 신호를 보내 그 사람을 더 불안하게 만드는데, 이는 사람들이 우리에게 편안하게 관심을 보이는 것과는 '정반대' 상황이다. 상대를 관계 친화 모드로 이끄는 대신 자기 보호 모드로 몰아넣으면 상대는 더 이상 우리에게 다가오지 않는다. 물론 약속을 어긴다고 해서 항상 상대를 좋아하지 않는다는 뜻을 전하려는 의도가 있는 것은 아니지만, 의도가 무엇이든 그 영향은 똑같다. 나도 이런 잘못을 저지른 적이 있다. 친구의 친구에게 생일 초대를 받았는데, 저녁 늦은 시간인 데다 날도 추웠다. 참석하겠다고 답장을 보냈지만, 시간이 가까워질수록 밖으로 나가고 싶지 않았다. 이 친구는 그 후로 다시는 나를 초대하지 않았고, 함께 아는 친구에게 내가 약속을 펑크내서 상처받았고 내가 자신을 좋아하지 않는 것 같다고 말했다고 한다.

그럼 대신 어떻게 행동해야 할까? 어떻게 하면 애정 표현을 통해 사람들이 우리에게 관심을 보일 만큼 안정감을 느끼게 할 수 있을까? 친구가 될 가능성이 있는 사람을 해피 아워에 만난다면, 대화하는 틈틈이 휴대 전화 문자를 확인하는 대신 따뜻하게 인사를 건넨 다음 계속 대화에 몰두할 수 있다. 새로 사귄 친구가 피자나 같이 먹자고 초대해주기를 바란다면, 그 친구가 안부 문자를 보냈을 때 "다 좋아."라고 답하는 대신 "연락해 줘서 정말 기뻐! 너에게 얘기해주고 싶은 게 엄청 많아."라고 답할 수 있다. 친구가 자신의 삶에 대해 계속 얘기하고 싶어 하면, 친구가 상을 받았다고 말할 때 "멋지네."라고 말하는 대신 "네가 정말 자랑스러워! 내가 아는 사람 중에 너만큼 이 상을 받을 자격이 있는 사람은 없어."라고 말할 수 있다. 관계를 갈망할 때 우리는 자신의 필요에 집중하는 경향이 있지만, 우리가 있어야 할 자리에 있는지 고민은 접어두고 대신 다른 사람들이 있어야 할 자리에 있다고 느끼게 해주면 우리도 결국 제자리를 찾게 된다.

개비와 레이첼의 우정은 위험 조절 이론의 원칙에 부합한다. 개비는 "이 우정 덕에 더 열린 마음으로 다른 사람과 관계를 맺을 수 있게 됐어요. 제 자존감을 깨닫는 데도 도움이 됐죠. 저는 제가 사랑받을 만한 가치가 있다는 걸 알아요. 덕분에 더 용감해졌어요. 이 우정이 없었다면 나 자신이 아주 괜찮은지 의문이 들어서 사람들과 관계를 맺으려고 애쓰면서도 훨씬 더 몸을 사렸을 거예요. 하지만 이제는 자신감이 생겼어요."라고 말했다. 레이첼이 안정감을 느끼게 해주었기 때문에 개비는 이제 레이첼뿐 아니라 다른 모든 우정에도 편안하게 시간과 노력을 쏟을 수 있게 됐다.

레이첼과 개비가 서로 애정을 표현하는 중요한 방법 하나는 서로 상대의 좋은 소식에 열정을 보여주는 것이다. 개비가 혼자 아기를 가지는 것을 고려하고 있다고 레이첼에게 말했을 때 레이첼은 무척 기뻐했다. "그런 일을 감당하기로 했다면 미래에 태어날 아기를 엄청나게 사랑하는 이모가 벌써 한 명 있다는 걸 알아야 해. 가족이 있는 거지. 그리고 너와 함께 라마즈 호흡법 배우러 갈 사람도 있어. 너 때문에 정말 기뻐. 그리고 내가 함께할게!"

연구 결과들은 개비가 들려준 소식에 레이첼이 크게 기뻐해 줬을 때 두 사람의 우정이 한층 더 단단해졌음을 보여준다. 〈네가 내 고

어른이 되었어도 외로움에 익숙해지진 않아

통에 공감해줘서 기뻐. 하지만 네가 내 기쁨에 공감해준다면 더 좋겠어〉라는 제목의 연구에 따르면 우리는 다른 사람이 우리의 기쁨을 함께 기뻐해 줄 때 친밀한 관계에서 더 큰 만족감을 느끼는 것으로 나타났다. 실제로 이런 반응은 다른 사람이 우리의 고통에 어떻게 반응하는가보다 관계의 질을 더 크게 좌우한다. 또 다른 연구에서는 한 사람씩 실험실에 들어가, 지난 몇 년간 자신에게 일어난 최고의 사건을 '낯선 사람(사실은 몰래 연구자를 돕는 사람이다)'에게 공유하게 했다. 한 조건에서는 낯선 사람이 "우아! 정말 잘됐네요."라며 열정적으로 반응했고, 다른 조건에서는 낯선 사람이 그 사건에 대해 "그 일을 그렇게 긍정적으로 생각하는 이유가 뭔가요?" 같은 중립적인 질문을 몇 개 던졌다. 실험이 끝난 뒤 참가자들은 열의를 보인 상대에게 더 친밀감과 호감을 느꼈다고 응답했다. 마지막으로 위험 조절 이론의 증거로 한 연구에서 인터뷰 진행자가 참가자가 표현한 말에 긍정적으로 반응하면, 인터뷰 참가 대가를 '실수로 과다 지급했을 때' 참가자가 그 돈을 반환할 가능성이 더 높은 것으로 나타났다. 사람들에게 애정을 표현하면 사람들은 곧바로 애정과 관심을 돌려준다.

애정을 표현하는 방법

위험 조절 이론은 친구를 사귈 때 상대에게 애정 표현을 더 많이 하거나 상대의 애정 표현을 더 잘 받아들이는 법을 배워 상대가 안정감을 느끼게 하는 것이 중요하다는 사실을 보여준다. 이 이론은 또한 우리가 우정의 성공과 관련이 있음을 보여준다. 우정이 깊어지지 못할 때 종종 우리는 친구 탓을 하고, "내 타입이 아니야."라고 되뇌기도 한다. 맞는 말일 수도 있다. 때로는 그저 서로 잘 맞지 않을 수도 있지만, 위험 조절 이론에 따르면 더 나은 우정을 원한다면 다시 자신을 현미경 위에 올려 "내가 사람들에게 안정감을 주나? 그들을 사랑하고 소중히 여긴다는 사실을 보여주나? 사람들이 중요하다는 뜻을 전달하나?"라고 평가해보는 것이 도움이 된다.

다음은 친구에게 애정을 표현하는 방법들이다.

- 친구가 우리에게 얼마나 소중한 존재인지 말해주기
- 친구가 연락하면 얼마나 기쁜지 말해주기
- 친구의 좋은 소식에 기뻐해주기
- 친구를 칭찬해주기
- 친구의 노력에 박수를 보내기
- 친구에게 따뜻한 인사 건네기
- 친구가 우리에게 의미 있는 사실을 공유하면 그렇다고 말해주기

하지만 애정 표현이 언제나 사람들에게 편안하고 안전한 느낌을 주는 것은 아니다. 우리 중 상당수가 애정 표현을 했다가 아무런 호응을 얻지 못한 경험이 있을 것이다. 친구에게 고맙다고 말했는데, 친구가 어색해하며 화제를 바꿨을 수도 있다. 애정 표현이 우정에 그토록 강력한 효과를 발휘한다면 왜 이런 일이 생기는 것일까? 알

어른이 되었어도 외로움에 익숙해지진 않아

고 보니 그 답은 우리 중 상당수가 애정 표현이 '정확히' 무엇인지 모르기 때문으로 밝혀졌다. 코리의 이야기에서 확인하겠지만 애정 표현은 생각보다 어려울 수 있다.

있는 그대로 애정을 수용하기

하지만 친구에게 사랑을 표현하는 것으로 우리의 책임이 끝나는 것은 아니다. 좋은 친구가 되려면 친구의 따뜻한 마음을 거절하지 않고 사랑을 받아들이는 방법을 늘려가야 한다. 앞서 언급했듯이 친구에게 거절당했다고 느끼게 하지 않기 위해 우리가 하는 모든 행동은 친구가 우정에 더 시간과 노력을 쏟을 수 있게 해주므로 우리에게도 도움이 된다. 따라서 애정을 주고받는 것은 "협상이나 타협에 가까우며, 좋은 관계에서는 친구가 더욱 편안하게 느낄 수 있는 상황을 만들기 위해 내 행동을 바꿔나간다. 하지만 동시에 친구도 내 행동을 더 잘 받아들이기 위해 노력한다."라고 플로이드는 지적했다.

회피애착을 가진 사람은 특히 애정 표현을 타협하는 데 어려움을 겪는다. 이들은 애정을 덜 주고 애정을 잘 받아들이지 못하는 경향이 있다. 회피애착 성향을 극복하는 단계인 변호사 데이나가 털어놓은 말이다. "나는 내가 얼마나 똑똑한지 보여줘서 사람들이 나를 좋아하게 만들려고, 사람들이 '와 저 사람 정말 똑똑하네. 저런 사람을 곁에 두고 싶어'라고 말하게 하려고 평생을 노력했어요. 하지만 교묘하게 사람들 곁이 아니라 사람들 위에 있는 존재로 자리매김하고 있었죠. 이렇게 특별한 존재가 되고 똑똑해 보이려는 끊임없는 욕구 때문에 다른 사람을 칭찬하기가 힘들었어요. 상대가 특별하면 나 자신이 덜 특별해질 수 있으니까요. 이상하게도 사람들과 관계를 맺기 위해 한 일들이 오히려 나와 사람들을 단절시켰어요. 다른 사람들에게 사랑받으려면 그들을 뛰어넘기보다 그들을 인정해야 하니까요."

애정을 받아들이는 문제에서 회피애착을 가진 사람은 타인을 신뢰하지 않기 때문에 다른 사람이 애정을 표현하면 숨은 동기 때문이라고 생각한다. 한 연구에서는 참가자들에게 친구들에게 받은 도움에 관해 쓰게 했다. 그리고 이틀 후 실험실에서 이들에게 친구가 의무감 때문에 도움을 줬다고 생각하는지 물었다. 하지만 이 질문에 답하기 전에 회피 조건을 부여한 참가자 절반에게는 신뢰할 수 없고 가까이 있으면 불편한 사람에 대해 쓰게 했다. 회피 성향이 점화된 참가자들은 친구가 의무감으로 자신을 도왔다고 생각할 가능성이 더 높았다. 데이나는 이렇게 덧붙였다. "전에는 사람들이 친절하게 대해주면 내게 뭔가 원하는 게 있기 때문이라는 느낌을 받았어요. 그러면 사람들의 친절한 행동이 아무런 의미가 없어졌죠. 사실 불편했어요. 사람들의 친절이 기쁘기보다는 압박감을 줬으니까요."

자존감이 낮은 사람은 사랑이 다가와도 알아채지 못하기 때문에 사랑을 받아들이는 데 어려움을 겪는다. '수용은 보는 사람의 눈에 달렸다'라는 인상적인 연구에서 참가자들은 몇 가지 주제에 관해 토론하는 자신의 모습을 촬영했다. 그런 다음 그 영상을 본 것으로 추

어른이 되었어도 외로움에 익숙해지진 않아

정되는 낯선 사람의 '반응 영상'을 시청한 뒤 같은 주제에 관해 토론했다. 긴장감을 높이기 위해 참가자들에게 나중에 그 낯선 사람과 대면할 수도 있다고 말해주었다. '낯선 사람(실제로는 배우다)'은 웃으며 "이 문제에 대해 당신과 생각이 같아요."라고 참가자들의 의견에 동의하고, "이 연구의 후반부에서 만나보고 싶습니다."라고 노골적으로 관심을 드러내는 등 의도적으로 영상 속 참가자들을 긍정적으로 평가했다. 모든 참가자가 '똑같은' 낯선 사람의 영상을 시청했지만, 자존감이 낮은 참가자는 이런 애정의 신호를 잘 포착하지 못했고 낯선 사람이 자신을 좋아하는지도 확신하지 못했다.* 우리는 타인이 우리에게 보여주는 사랑을 통해 자신을 사랑하게 되지만, 이 연구에서 알 수 있듯 자신을 사랑하지 않으면 타인이 우리를 사랑하더라도 이를 인식하지 못한다.

자존감이 낮으면 다른 사람의 사랑을 위협으로 느낄 수도 있다. 자존감이 낮은 사람이 칭찬받으면 누군가가 자신을 바라보는 시각과 스스로 자신을 바라보는 시각 사이의 격차가 정체성 위기를 유발한다. 한 연구에 따르면 자존감이 낮은 사람은 "칭찬을 받으면 내가 누구인지 정확히 모르겠다는 생각이 든다.", "칭찬을 받으면 확실히 상대가 나를 모른다는 생각이 들 때가 있다." 같은 말에 고개를 끄덕

---

* 자존감이 낮은 참가자들은 낯선 사람과 직접 만나지는 않을 것이라는 말을 들었을 때 수용의 신호를 포착할 수 있었다. 이는 자존감이 낮다고 해서 수용의 신호를 감지하지 못하는 것이 아님을 시사한다. 대신 이들은 결국 거절당하더라도 실망하지 않으려고 수용의 신호를 경시할 가능성이 높다. 자존감이 높은 사람은 거절을 크게 두려워하지 않기 때문에, 이런 방어 기제를 작동할 필요가 없다.

인다. 누군가를 칭찬할 때 우리는 상대가 대단하다는 뜻을 전달하지만, 상대방이 자신이 대단하다고 느끼지 못하면 칭찬은 언뜻 드는 생각과 달리 오해받고 무시당한다고 느끼게 하거나, 칭찬받을 만 하려면 더 잘해야 한다는 압박감을 줄 수도 있다. 같은 연구는 자존감이 낮은 사람이 칭찬을 평가 절하할 가능성이 더 높다는 사실을 보여주었다. 이들에게는 칭찬을 거부하는 것이 자신의 모습에 대한 자아감 전체를 거부하는 것보다 더 쉽게 느껴진다. 애정 표현이 사랑받는 것과 이해받는 것 중 하나를 택하도록 강요한다면 우리는 이해받는 쪽을 선택한다.

이 연구의 저자들은 "자존감이 낮은 사람들이 늘 그렇듯 상대방의 긍정적 존중을 신뢰하지 않으면 자기 보호 목표를 채택하게 되고, 이 때문에 만족스러운 관계를 맺을 기회를 저해할 위험이 있는 행동을 하게 된다."라고 지적했다. 개인 트레이너로 일하는 마일스는 사랑을 잘 받아들이지 못하면 어떻게 관계가 훼손될 수 있는지 증언할 수 있다. 그는 "나는 항상 관계에서 내가 더 많이 노력하는 사람이라고 생각하지만, 실제로는 사람들이 나를 사랑하는데도 받아들이지 못해요. 사랑을 신뢰할 수 없으니까요."라고 내게 말했다. 마일스는 성질이 급한 아버지 때문에 늘 다투는 부모 밑에서 자랐다. 한 번은 그가 나쁜 성적을 받자, 아버지가 "왜 너는 그렇게 실패만 하니? 제대로 할 수 있는 게 왜 아무것도 없어?"라고 비난을 퍼부었다. 마일스가 울음을 터뜨리자 더 심한 욕이 쏟아졌다. 아버지가 곁에 있으면 그는 눈 깜짝할 사이에 화를 터뜨리는 아버지를 자극할까봐 늘 눈치를 살폈다. 마일스는 행복한 순간에도 "사랑은 빼앗길 수 있는 위험한 것이기 때문에 사랑을 느낀다는 게 겁이 났다."라고 당시를 회상했다.

다른 사람의 칭찬이나 찬사를 더 잘 받아들이려면 상대가 한 말에 대한 해석에 골몰하기보다는 잠시 멈춰서 상대의 의도가 우리를 긍정하는 것으로 생각하는 것이 좋다. 한 연구에서는 사람들에게 관계 상대에게 받은 칭찬에 대해 말해달라고 요청했다. 그러자 참가자의 3분의 1은 상대가 왜 자신을 칭찬했는지, 그 칭찬이 자신과의 관계에 어떤 의미가 있는지 되짚어봤고, 3분의 1은 어떤 칭찬을 받았는지 설명했고, 3분의 1은 칭찬을 보다 더 자세히 설명했다. 자존감이 낮은 사람은 상대의 긍정적 동기를 되짚어볼 때 더 행복과 안정감을 느끼고 관계가 소중하다고 느꼈다. 이런 결과는 칭찬이 우리의 불안감을 더 자극할까 봐 걱정하기보다는 칭찬에 담긴 감탄의 뜻을 생각하면 사랑을 부정하거나 반박하거나 경시하지 않게 된다는 것을 보여준다. 그뿐만 아니라 더 안정감 있는 사람이 될 수 있다. 심리 치료도 마음을 열고 사랑을 받아들일 수 있게 해주는 좋은 선택이다. 마일스는 심리 치료 덕분에 사랑이 항상 두렵기만 한 것은 아니며, 자존감을 강화해서 다른 사람이 사랑한다고 말할 때 실제로 진심일 수도 있다고 믿을 수 있게 됐다고 덧붙였다.

좋은 점도 나쁜 점도 모두 사랑하기

레이첼과 개비가 1학년 도예 수업을 받을 때 개비는 끔찍한 집 모양 조형물을 만들었다. 판자로 된 벽에 구멍 난 지붕 위로 구릿빛으로 얼룩덜룩한 곰팡이가 그려져 있었다. 망가진 집은 개비 자신과 그가 자란 곳을 나타내기 위한 것이었다. 하지만 대학 졸업반이 되면서 개비의 가족 관계는 더 건강해졌고, 레이첼 덕분에 개비의 내면도 더 건강해졌다. 집에 담긴 의미를 뛰어넘어 성장한 개비는 손님용 방에 자리를 차지하고 있는 집 조형물을 매일 쳐다보는 것이 고역이었다. 그래서 레이첼에게 집을 부수는 것을 도와줄 수 있는지 물었다.

두 사람은 도예 교실로 망치를 들고 가 집을 산산조각 내버렸다. 구멍 난 지붕도, 판자벽도, 구릿빛 곰팡이도 망치 세례를 받고 박살이 났다. 집을 부수는 순간을 기념하기 위해 사진도 찍었다. "그때가 우리 우정에서 개비가 가장 자랑스럽게 느껴진 순간이었다."라고 레이첼은 말했다.

집에 돌아온 개비가 이모에게 파편들을 자랑스럽게 내보이자, 이모는 개비에게 절대 그러지 말았어야 했다고, 작품을 망가뜨리지 말았어야 했다고 말했다. 자신이 더 이상 상처받은 사람이 아니라는 뜻이라고 설명해도 이모는 개비가 부끄러워할 때까지 계속 나무랐다. 레이첼의 반응과 완전히 다른 이모의 반응은 애정의 힘과 그 진정한 의미를 개비에게 보여주었다. 개비는 "그 순간 저를 무척 자랑스러워한 레이첼이 제게 '너의 모든 면을 보지만 여전히 너를 사랑해. 좋은 점도 나쁜 점도 다 사랑해'라고 말해주는 것 같았어요. 사랑은 사람들이 자아를 온전히 표현하고, 원하는 방식대로 삶을 살아갈 수 있는 온전한 자유를 누리고, 어쨌든 삶을 사랑할 수 있는

어른이 되었어도 외로움에 익숙해지진 않아

공간을 만들어내고 그 공간을 지켜내는 것으로 생각해요. 레이첼이 제가 상처를 덜 받도록 도우려고 한 행동은 있는 그대로 저를 사랑해준 것이었어요."라고 말했다.

핵심 포인트

▶ 새 친구를 사귀려면 애정 표현을 통해 우리에게 시간과 노력을 쏟아도 안전하다고 느끼게 만들어라. 친구가 될 만한 사람을 만나면 따뜻하게 인사를 건네라. 새 친구가 피자나 같이 먹자고 초대해주기를 바란다면, 연락이 왔을 때 소식을 듣게 돼 기쁘다고 말해줘라. 그리고 약속을 어기지 마라.

▶ 친구에게 로맨틱한 사랑의 감정을 느끼는 것은 정상이다. 이런 사랑을 친구가 받아들일 수 있는 방식으로 표현하라.

▶ 친구가 우리의 애정 표현에 불편함을 느끼면, 친구가 받아들일 수 있게 애정 표현의 방식을 조절하며 맞춰가라.

  ■ 그렇게 하려면 친구에게 "너에 대한 내 고마움을 네가 느끼게 할 방법이 뭘까? 어떻게 받는 것이 가장 좋아?"라고 물어보라.

▶ 다음과 같은 태도로 친구의 애정 표현을 열린 마음으로 받아들여라.

  ■ 친구의 의도가 순수하다고 가정하기

  ■ 친구가 우리에게 애정을 표현하면 반응을 주저하기보다 친구가 나타내는 긍정적이고 따뜻한 감정을 생각하기

이 책을 통해 친구를 사귀고 지키는 방법에 대해 새로운 지혜를 얻었기를 바란다. 이 책이 여러분의 생각에 이의를 제기하고 방향을 제시해주었기를 바란다. 조금은 두려움을 덜고, 조금 더 사랑하면서, 조금 더 의도적으로 행동해서 이 세상을 덜 외롭고 더 친절하게 만들 책임을 떠안아주기를 바란다. 사랑을 주는 것도 사랑을 받는 것만큼이나 큰 선물임을 깨닫기를 바란다. 더 기꺼이 취약성을 드러내면서, 살면서 만나는 사람들이 얼마나 큰 힘이 되는지 말해주기를 바란다. 궁극적으로는 있는 그대로 나를 사랑해주고 필요할 때 곁을 지켜줄 친구를 찾아 우정을 이어가기를 바라고, 여러분도 그런 친구가 되어주기를 바란다. 하지만 이 모든 것을 실현하는 데 도움이 될 만한 조언이 하나 더 있다.

빌리 베이커Billy Baker는 《보스턴 글로브》에서 일하는 저널리스트이자 한 가정의 아버지로, 친구를 사귀기 위한 자신의 여정을 담은 회고록《우리는 만나야 한다We need to hang out》를 썼다. 이 책의 아이디어는《보스턴 글로브》역사상 가장 큰 인기를 끈 한 기사에서 비롯됐다. 남성들이 친구를 사귀는 데 겪는 어려움을 자세히 다루면서 특히 베이커 자신이 겪은 어려움을 자세히 소개한 기사였다. 친구가 없는 베이커의 상황에 많은 사람이 공감하면서 기사가 인터넷에 널리 퍼졌다. 베이커를 인터뷰하면서 나는 친구를 사귀기 위한 여정에서 무엇을 배웠는지 물었다. 그는 "교과서적인 의미에서 저는 늘 대체로 좋은 사람이었어요. 아침마다 눈을 뜨면 좋은 남편이자 좋은 아버지가 되겠다고, 헬스장에 가고 브로콜리도 먹고 좋은 직원이 되겠노라고 다짐했죠. 제가 한 일은 그 목록에 '좋은 친구가 되자'는 다짐을 추가한 겁니다."라고 대답했다.

목록에서 친구를 지워버리는 것은 쉬운 일이다. 배우자, 자녀, 건강, 끝없이 이어지는 일까지 우리에게는 처리해야 할 일이 너무 많다. 우정은 우리에게 있을 것 같지도 않은 에너지가 필요하다. 친구가 생일에 무엇을 원할지 생각하거나, 어떤 문제를 거론하거나, 새벽 1시에 당황한 친구의 전화를 받거나, 공항으로 마중을 나가거나, 먼저 다가가거나, 잠시 멈춰서 친구가 얼마나 소중한 존재인지 생각해보고 이를 표현하기 위해 노력해야 한다. 게다가 그럴 만한 가치가 있는지 항상 분명한 것도 아니다.

하지만 확실히 그럴 가치가 있다.

수많은 연구 결과를 쏟아붓듯 소개한 것은 그 가치를 입증하기 위해서였다. 다시 한번 밝히지만, 책 첫머리에서 나는 사회적 관계가 행복을 좌우하는 가장 강력한 요인 중 하나라고 말했다. 우울증에 영향을 미치는 106가지 요인 가운데 믿고 의지할 친구를 갖는 것이 가장 강한 영향을 미친다. 외로움은 잘못된 식습관이나 운동 부족보다 더 치명적으로, 하루에 담배를 열다섯 개비씩 피우는 것만큼이나 건강을 갉아먹는다. 우정은 말 그대로 우리의 생명을 구해준다. 그런데도 이런 사실이 직관적으로 다가오지 않는 것은, 관계가 미치는 영향은 손으로 만질 수 없기 때문이다. 우정은 아스파라거스를 먹거나 팔에 땀방울이 흘러내리는 것처럼 우리 몸에 자각할 수 있는 영향을 미치지는 않는다. 우정은 눈에 보이지 않는 치유자이기 때문에, 챙겨야 할 목록에 우정을 추가해야 할 필요성을 간과하기 쉽다.

더는 그러기 힘들 때까지 말이다. 이 책을 쓴 코로나19 팬데믹 동안 규칙적이던 내 주말 계획은 무한정 집에 머무는 계획으로 바뀌어버렸다. 외로움의 치명적인 독이 서서히 퍼져 기쁨을 짓누르고, 불만을 불러일으키고, 내가 아닌 듯한 기분이 들게 했다. 하지만 다시 친구들과 가끔 산책을 즐길 수 있게 되자 나는 활력이 흘러넘쳤다. 따뜻함, 기쁨, 결의와 나 자신의 영혼, 이 모든 것이 다시 내 안으로 쏟아져 들어왔다. 단순한 상호작용의 영향은 엄청났다. 우정이 마치 심폐 소생술처럼 느껴졌다. 업무와 집안일에 묻혀 있던 우정이 이런 다른 일들을 할 수 있는 활력의 토대가 됐다. 한때는 모호하기만 했

어른이 되었어도 외로움에 익숙해지진 않아

던 우정의 영향력이 더할 나위 없이 분명해졌다. 한때는 단순한 재미였던 것이 약동하는 내 맥박이 됐다.

내가 읽은 모든 연구가 내 안에 자리 잡았다. 틀림없이 우정에는 치유의 힘이 있다고, 내 인생 최악의 시기에 친구에게 취약성을 드러낸 뒤로 내 가슴이 말해주었다. 분명 우정은 살아있음을 느끼게 해준다고 친구와 하이킹을 한 뒤 내 기분이 말해주었다. 확실히 우정은 없어서는 안 되는 것이라고, 내 안의 깊고 진실한 어딘가에서 말해주었다.

따라서 친구를 사귀고 지키기 위해 이 책에서 배운 모든 것들을 실천하기 시작한 여러분에게 마지막으로 한 가지 부탁하고 싶은 것이 있다. 우정을 당연하게 생각하지 말기를. 연락하는 것을 깜빡 잊었다고 소극적인 태도로 우정에서 발을 빼지 말기를. 친구에게 우리가 필요할 때 외면하지 말기를. 재앙이 삶을 뒤흔들고 난 뒤에야 우정의 소중함을 깨닫지 말기를. 이뤄야 할 목록에 우정을 단단히 새겨 넣기를. 우리 모두의 내면에는 다른 사람과 어깨를 나란히 해야 할 필요가 있는 깊고 진실한 가치가 있으므로, 좋은 친구가 되는 것을 여러분의 일부분으로 만들기를 바란다.

감사의 말

내 삶을 영원히 바꿔놓은 건강 관리 모임이 아니었다면 결코 이 책을 쓰지 못했을 것이다. 로리 웅, 헤더 맥퀸과 피오나 맥퀸, 미켈란 스커보, 브리 캔티. 여러분을 알게 돼 더 나은 사람이 될 수 있었어요. 여러분들의 생각의 '건강함'을 뒷받침하는 연구 논문들을 찾아보자는 내 엄격한 모임 규칙에 동의해줘서 고마워요. 결국 끝까지 해냈네요!

내게 홍차와 콤부차를 가져다주며 내 책을 백 권 사주겠다고 말해주고(정신적인 지원이 책 백 권만큼 가치 있으니 그러지 않아도 된답니다), 책을 쓰는 동안 정신 나간 과학자처럼 흐트러진 머리에 줄곧 파자마 차림인 나를 받아준 대런 애그보에게 감사드린다. 필요할 때마다 달콤하고 포근한 휴식을 선사해준 반려견 턱시도에게도 고마움을 느낀다.

《어른이 되었어도 외로움에 익숙해지진 않아》를 내 모습을 그대로 담았다고 자랑스럽게 말할 수 있는 책으로 펴낼 수 있게 도전 의식을 북돋워 준 에이전트 토드 슈스터와 전 에이전트 저스틴 브로카트에게 감사드린다. 두 사람의 현명한 조언이 이 책을 더 낫게 만들어주었다. 《어른이 되었어도 외로움에 익숙해지진 않아》를 다른 나라 언어로 소개할 수 있게 해준 에린 파일스에게 감사드린다. 퍼트넘 출판사에서 나를 지원해준 팀원들과 편집자 미셸 하우리, 편집 보조 애슐리 디디오에게 감사드린다. 《어른이 되었어도 외로움에 익숙해지진 않아》가 결실을 볼 수 있게 무대 뒤에서 마법을 부려준 앤드리아 모나글, 재니스 바랄, 에린 번, 낸시 레스닉, 애슐리 휼렛, 엘로라 웨일, 에밀리 플리넥, 사만다 브라이언트를 비롯한 퍼트넘의 모든 분에게 감사의 말씀을 드린다. 여러분의 의견 덕분에 《어른이 되었어도 외로움에 익숙해지진 않아》가 원래 기획 의도를 되찾을 수 있었어요. 에비타스 출판 에이전시를 소개해주고 내 꿈을 실현할 수 있게 도와준 엘렌 헨드릭슨에게 감사드린다. 티아라 재미슨은 《어른이 되었어도 외로움에 익숙해지진 않아》의 팩트 체크를 진행하면서 책의 완성도를 최고로 끌어올리겠다는 집념으로 나를 감탄하게 했다.

  내 글쓰기 비평 모임인 라이나 코헨, 브랜든 텐슬리, 제니 슈미트, 에밀리 탐킨에게 감사드린다. 어느 한 사람 빼놓을 것 없이 모두 정말 빛나는 존재들인 여러분을 글쓰기와 우정의 파트너로 만날 수 있게 된 것이 내게는 엄청난 행운이었어요. 올스타급 저자 지원 모임을 공동으로 이끌어준 애덤 스마일리 포스올스키에게도 감사드린다. '흑인 여성을 위한 심리 치료' 사이트를 내게 소개해줘 상아탑의 한계를 깰 수 있게 해준 조이 하든 브래드포드에게 감사드린다.

살면서 만나는 모든 사람의 성공을 바란다는 것이 어떤 의미인지 가르쳐준 어머니 지나 프랑코에게 감사드린다. 무한한 지적 호기심을 갖도록 우리를 길러준 아버지 스테파노 프랑코에게도 감사드린다. 함께 자라준 남동생 스티븐 프랑코에게도 고마움을 표한다. 우리 모두 약간의 상식을 갖추고 있음을 일깨워준 여동생 타니아 바스케스와, 최고의 인간인 조카 앤젤리카 바스케스와 나타샤 바스케스를 키우는 일을 도울 기회를 준 빌리 바스케스에게도 감사하다. 두 사람 다 '정말' 사랑해요.

나를 포함해 주변의 모든 사람의 마음을 어루만져 주는 카나 폭스에게 감사드린다. 두 번째 논평자인 내 인생과 맞닥뜨렸을 때 내 마음을 다잡아 준 레이첼리 카츠에게 감사드린다. 지니 시거는 내가 가장 힘들 때 고맙게도 셰릴 스트레이드의 영상을 보내주며 훌륭한 우정의 모범이 되어주었다. 두 친구가 서로 마음이 통한다는 것이 무엇인지 보여준 라비나 프리드먼에게 감사드린다. 크리지아 구피티오는 가장 사려 깊고 헌신적인 친구가 되어주었다. 하바니 아후자는 관대하고 다정한 마음을 보여주었다. 내 평생 최고의 여행 친구가 된 바네사 윌리엄스에게 감사드린다. 지구상에서 가장 친절한 사람인 미켈란 스커보에게 다시 한번 감사드린다. 우정을 평생 유지하려면 어떻게 해야 하는지 보여준 레아 풀러에게 감사드린다. 나를 이해해준 로리 응에게 다시 한번 감사드린다. 실제로 그리고 비유적 의미로 빗속에서 나

어른이 되었어도 외로움에 익숙해지진 않아

를 데리러 와준 마이클 압둘라에게 감사드린다. 모든 사람의 가장 든든한 치어리더가 되어준 케시아 애쉬에게도 감사드린다. 내 이웃들에게도 감사드린다. 우리는 팬데믹을 이겨낼 수 있게 서로를 도왔고, 우리가 서로를 지지하는 방식은 내게 정말 큰 기쁨을 안겨주었다.

이 책에 사연을 제공해준 '모든 분께' 감사드린다. 많은 사람을 익명으로 처리했지만, 이 책에 실린 자신의 모습을 알아보고 미소를 지었으면 좋겠다.

《어른이 되었어도 외로움에 익숙해지진 않아》에 시간을 할애해 준 모든 학자에게 감사드린다. 여러분의 연구가 나를 놀라게 했을 뿐 아니라 모두에게 도움이 될 것 같아 무척 기쁩니다. 박사 과정 지도 교수로 내가 연구 열정을 불태울 수 있게 이끌어주신 카렌 오브라이언에게 감사드린다. 취약한 씨앗에 불과했던 과학에 대한 제 열정을 보살피고 키워주셔서 그 씨앗이 자라났습니다. 늘 가족처럼 대해주고 흑인 여성의 멋진 롤모델이 되어준 멘토 미아 스미스바이넘에게도 감사의 말씀을 드린다. 흑인 여성의 롤모델에 대해 말하자면 《어른이 되었어도 외로움에 익숙해지진 않아》를 써야 한다고 말해준 멘토 베벌리 테이텀에게 감사드린다. 함께 점심을 먹으며 내가 필요했던 승인을 주지 않았더라면 이 책을 쓸 수 있었을지 모르겠다. 메릴랜드대학교에서 밟은 박사 과정과 메릴랜드대학교 상담 센터에서 이수한 인턴십을 통해 우리 마음 깊은 곳에는 오직 사랑뿐임을 깨닫게 도와준 분들께 감사드린다.

참고 문헌

1장 삶을 의미 있게 만드는 우정의 힘

30 에우다이모니아 즉 번영: Dirk Baltzly and Nick Eliopoulos, "The Classical Ideals of Friendship," in *Friendship: History*, ed. Barbara Caine (New York: Equinox, 2009).

30 17세기: Mia, "History of Friendship: From Ancient Times to the XXI Century," *Youth Time Magazine*, May 2, 2016, https://youth-time.eu/history-friendship-from-ancient-times-to-the-xxi-century.

31 연애보다 우월한 것: Juliet Lapidos, "What's Plato Got to Do with It?," *Slate*, September 2010, https://slate.com/human-interest/2010/09/the-origins-of-the-platonic-friendship.html.

31 강력한 우울증 예방책: Karmel W. Choi et al., "An Exposure-Wide and Mendelian Randomization Approach to Identifying Modifiable Factors for the Prevention of Depression," *American Journal of Psychiatry* 177, no. 10 (October 2020): 944–54, https://doi.org/10.1176/appi.ajp.2020.19111158.

31 외로움이 사망률에 미치는 영향: Julianne Holt-Lunstad, Timothy B. Smith, and J. Bradley Layton, "Social Relationships and Mortality Risk: A Meta-Analytic Review," *PLoS Medicine* 7, no. 7 (2010): e1000316, https://doi.org/10.1371/journal.pmed.1000316; Julianne Holt-Lunstad, "The Potential Public Health Relevance of Social Isolation and Loneliness: Prevalence, Epidemiology, and Risk Factors," *Public Policy & Aging Report* 27, no. 4 (2017): 127–30, https://doi.org/10.1093/ppar/prx030.

31 사회적 관계의 수준: Ed Diener and Martin E. P. Seligman, "Very Happy People," *Psychological Science* 13, no. 1 (2002): 81–84, https://doi.org/10.1111/1467-9280.00415.

31 테러 용의자를 더 위협적이라고 평가: Daniel M. T. Fessler and Colin Holbrook, "Friends Shrink Foes: The Presence of Comrades Decreases the Envisioned Physical Formidability of an Opponent," *Psychological Science* 24, no. 5 (2013): 797–802, https://doi.org/10.1177/0956797612461508.

31 언덕을 훨씬 덜 가파르다고 생각: Simone Schnall, Kent D. Harber, Jeanine K. Stefanucci, and Dennis R. Proffitt, "Social Support and the Perception of Geographical Slant," *Journal of Experimental Social Psychology* 44, no. 5 (2008): 1246–55, https://doi.org/10.1016/j.jesp.2008.04.011.

32 사망 위험을 낮추는 효과에 운동: Željko Pedišić et al., "Is Running Associated with a Lower Risk of All-Cause, Cardiovascular and Cancer Mortality, and Is the More the Better? A Systematic Review and Meta-Analysis," *British Journal of Sports Medicine* 54, no. 15 (2019): 898–905, https://doi.org/10.1136/bjsports-2018-100493.

32 식단 조절은 최고 24퍼센트: Xianglan Zhang et al., "Cruciferous Vegetable Consumption Is Associated with a Reduced Risk of Total and Cardiovascular Disease Mortality," *American Journal of Clinical Nutrition* 94, no. 1 (2011): 240–46, https://doi.org/10.3945/ajcn.110.009340.

32 폭넓은 사회적 관계망: Julianne Holt-Lunstad, Theodore F. Robles, and David A. Sbarra, "Advancing Social Connection as a Public Health Priority in the United States," *American Psychologist* 72, no. 6 (2017): 517–30, https://doi.org/10.1037/amp0000103.

32 가족이나 배우자: Nathan W. Hudson, Richard E. Lucas, and M. Brent Donnellan, "Are We Happier with Others? An Investigation of the Links between Spending Time with Others and Subjective Well-Being," *Journal of Personality and Social Psychology* 119, no. 3 (2020): 672–94, https://doi.org/10.1037/pspp0000290.

35 외집단에 이득이 되는 정책: Thomas F. Pettigrew, "Generalized Intergroup Contact Effects on Prejudice," *Personality and Social Psychology Bulletin* 23, no. 2 (1997): 173–85, https://doi.org/10.1177/0146167297232006.

35 외집단에 대한 적대감: Stephen C. Wright, Arthur Aron, Tracy McLaughlin-Volpe, and Stacy A. Ropp, "The Extended Contact Effect: Knowledge of Cross-Group Friendships and Prejudice," *Journal of Personality and Social Psychology*

73, no. 1 (1997): 73-90, https://doi.org/10.1037/0022-3514.73.1.73.

35 2013년 메타 분석: Cornelia Wrzus, Martha Hanel, Jenny Wagner, and Franz J. Neyer, "Social Network Changes and Life Events across the Life Span: A Meta-Analysis," *Psychological Bulletin* 139, no. 1 (2013): 53-80, https://doi.org/10.1037/a0028601.

35 타인에 대한 신뢰를 높이는 것: Mariska van der Horst and Hilde Coffe, "How Friendship Network Characteristics Influence Subjective Well- Being," *Social Indicators Research* 107, no. 3 (2012): 509-29, https://doi.org/10.1007/s11205-011-9861-2.

35 독일과 체코, 카메룬: Jan Hofer et al., "The Higher Your Implicit Affiliation-Intimacy Motive, the More Loneliness Can Turn You into a Social Cynic: A Cross-Cultural Study," *Journal of Personality* 85, no. 2 (2017): 179-91, https://doi.org/10.1111/jopy.12232.

36 사회적 냉소주의: Kwok Leung et al., "Social Axioms: The Search for Universal Dimensions of General Beliefs about How the World Functions," *Journal of Cross-Cultural Psychology* 33, no. 3 (2002): 286-302, https://doi.org/10.1177/0022022102033003005.

37 힘과 인내: Laura E. VanderDrift, Juan E. Wilson, and Christopher R. Agnew, "On the Benefits of Valuing Being Friends for Nonmarital Romantic Partners," *Journal of Social and Personal Relationships* 30, no. 1 (2013): 115-31, https://doi.org/10.1177/0265407512453009.

41 데이비드 데이비스 판사: Charles B. Strozier with Wayne Soini, *Your Friend Forever, A. Lincoln: The Enduring Friendship of Abraham Lincoln and Joshua Speed* (New York: Columbia University Press, 2018).

41 웹스터: Strozier with Soini, *Your Friend Forever, A. Lincoln.*

42 건강과 행복: William J. Chopik, "Associations among Relational Values, Support, Health, and Well-Being across the Adult Lifespan," *Personal Relationships* 24, no. 2 (2017): 408-22, https://doi.org/10.1111/pere.12187.

44 '비인간적': David Elkind, "'Good Me' or 'Bad Me'—The Sullivan Approach to Personality," *New York Times*, September 24, 1972, https://www.nytimes.com/1972/09/24/archives/-good-me-or-bad-me-the-sullivan-approach-to-personality-starting.html.

44 설리번에 따르면: Elkind, "'Good Me' or 'Bad Me'—The Sullivan Approach to Personality,"

46 우리는 수치심을 느끼는 대상: Ulrich Orth, Richard W. Robins, and Christopher J. Soto, "Tracking the Trajectory of Shame, Guilt, and Pride across the Life Span," *Journal of Personality and Social Psychology* 99, no. 6 (2010): 1061–71, https://doi.org/10.1037/a0021342.

48 친구에게 의지: Nandita Vijayakumar and Jennifer H. Pfeifer, "Self–Disclosure during Adolescence: Exploring the Means, Targets, and Types of Personal Exchanges," *Current Opinion in Psychology* 31 (2020): 135–40, https://doi.org/10.1016/j.copsyc.2019.08.005.

49 친구에 대한 친절도: Laura M. Padilla–Walker et al., "Adolescents' Prosocial Behavior toward Family, Friends, and Strangers: A Person–Centered Approach," *Journal of Research on Adolescence* 25, no. 1 (2015): 135–50, https://doi.org/10.1111/jora.12102.

49 뛰어난 공감 능력과 상관관계: Savannah Boele et al., "Linking Parent–Child and Peer Relationship Quality to Empathy in Adolescence: A Multilevel Meta–Analysis," *Journal of Youth and Adolescence* 48, no. 6 (2019): 1033–55, https://doi.org/10.1007/s10964–019–00993–5.

49 좋은 친구가 있는 아이: Neeltje P. van den Bedem et al., "Interrelation between Empathy and Friendship Development during (Pre)Adolescence and the Moderating Effect of Developmental Language Disorder: A Longitudinal Study," Social Development 28, no. 3 (2019): 599–619. https://doi.org/10.1111/sode.12353.

49 친구가 따돌림을 당하는 모습을 보면: Meghan L. Meyer et al., "Empathy for the Social Suffering of Friends and Strangers Recruits Distinct Patterns of Brain Activation," *Social Cognitive and Affective Neuroscience* 8, no. 4 (2013): 446–54, https://doi.org/10.1093/scan/nss019.

49 성장기에 친구: Catherine L. Bagwell, Andrew F. Newcomb, and William M. Bukowski, "Preadolescent Friendship and Peer Rejection as Predictors of Adult Adjustment," *Child Development* 69, no. 1 (1998): 140– 53, https://doi.org/10.2307/1132076.

53 보보 인형 실험: Albert Bandura, Dorothea Ross, and Sheila A. Ross,

"Transmission of Aggression through Imitation of Aggressive Models," *Journal of Abnormal and Social Psychology* 63, no. 3 (1961): 575–82, https://doi.org/10.1037/h0045925.

54 자기 확장 이론: Brent A. Mattingly and Gary W. Lewandowski Jr., "Broadening Horizons: Self-Expansion in Relational and Non-Relational Contexts," *Social and Personality Psychology Compass* 8, no. 1 (2014): 30–40, https://doi.org/10.1111/spc3.12080.

55 사람들에게 돈을 주면: Arthur Aron, Elaine N. Aron, Michael Tudor, and Greg Nelson, "Close Relationships as Including Other in the Self," *Journal of Personality and Social Psychology* 60, no. 2 (1991): 241–53, https://doi.org/10.1037/0022-3514.60.2.241.

55 특성을 기억해낼 때 더 실수를 많이 하는 경향: Debra J. Mashek, Arthur Aron, and Maria Boncimino, "Confusions of Self with Close Others," *Personality and Social Psychology Bulletin* 29, no. 3 (2003): 382–92, https://doi.org/10.1177/0146167202250220.

55 사진을 알아보는 데 시간이 더 오래 걸리는: Sarah Ketay et al., "Seeing You in Me: Preliminary Evidence for Perceptual Overlap between Self and Close Others," *Journal of Social and Personal Relationships* 36, no. 8 (2019): 2474–86, https://doi.org/10.1177/0265407518788702.

57 코에 뿌리는 스프레이: Paul Zak, Angela A. Stanton, and Sheila Ahmadi, "Oxytocin Increases Generosity Humans," PLoS ONE 2, no. 11 (2007): e1128, https://doi.org/10.1371/journal.pone.0001128; Michael Kosfeld et al., "Oxytocin Increases Trust in Humans," *Nature* 435, no. 7042 (2005): 673–76, https://doi.org/10.1038/nature03701.

58 이 호르몬은 바로 옥시토신: Sarina M. Rodrigues et al., "Oxytocin Receptor Genetic Variation Relates to Empathy and Stress Reactivity in Humans," *Proceedings of the National Academy of Sciences of the United States of America* 106, no. 50 (2009): 21437–41, https://doi.org/10.1073/pnas.0909579106.

58 타인에 대한 공감과 관심: Inna Schneiderman, Orna Zagoory-Sharon, James F. Leckman, and Ruth Feldman, "Oxytocin during the Initial Stages of Romantic Attachment: Relations to Couples' Interactive Reciprocity," *Psychoneuroendocrinology* 37, no. 8 (2012): 1277–85, https://doi.org/10.1016/

j.psyneuen.2011.12.021.

58 수컷 침팬지: C. Crockford et al., "Urinary Oxytocin and Social Bonding in Related and Unrelated Wild Chimpanzees," *Proceedings of the Royal Society B: Biological Sciences* 280, no. 1755 (2013): 20122765, https://doi.org/10.1098/rspb.2012.2765.

58 옥시토신 수준이 높은 엄마: Ruth Feldman et al., "Parental Oxytocin and Early Caregiving Jointly Shape Children's Oxytocin Response and Social Reciprocity," *Neuropsychopharmacology* 38, no. 7 (2013): 1154-62, https://doi.org/10.1038/npp.2013.22.

59 '젊음의 묘약': Susan E. Erdman, "Microbes and Healthful Longevity," *Aging* 8, no. 5 (2016): 839-40, https://doi.org/10.18632/aging.100969.

59 스트레스 반응을 진정시키고: J. Gutkowska and M. Jankowski, "Oxytocin Revisited: Its Role in Cardiovascular Regulation," *Journal of Neuroendocrinology* 24, no. 4 (2012): 599-608, https://doi.org/ 10.1111/j.1365-2826.2011.02235.x.

59 코르티솔 농도와 혈압을 낮추는 것: Kerstin Uvnas-Moberg, "Oxytocin May Mediate the Benefits of Positive Social Interaction and Emotions," *Psychoneuroendocrinology* 23, no. 8 (1998): 819-35, https://doi.org/10.1016/s0306-4530(98)00056-0.

2장 우정을 가로막는 장애물

65 새로 우정: Omri Gillath, Gery C. Karantzas, and Emre Selcuk, "A Net of Friends: Investigating Friendship by Integrating Attachment Theory and Social Network Analysis," *Personality and Social Psychology Bulletin* 43, no. 11 (2017): 1546-65, https://doi.org/10.1177/0146167217719731.

66 친구를 사귀고 지키는 데: Juwon Lee and Omri Gillath, "Perceived Closeness to Multiple Social Connections and Attachment Style: A Longitudinal Examination," *Social Psychological and Personality Science* 7, no. 7 (2016): 680-89, https://doi.org/10.1177/1948550616644963.

66 슈퍼 친구들은 정신 건강이 더 좋고: Trisha Raque-Bogdan et al., "Attachment and Mental and Physical Self-Compassion and Mattering as Mediators," *Journal*

of Counseling Psychology 58, no. 2 (2011): 272-78, https://doi.org/10.1037/a0023041.

66 새로운 생각에 보다 열려 있고: Matthew Jarvinen and Thomas B. Paulus, "Attachment and Cognitive Openness: Emotional Underpinnings of Intellectual Humility," *Journal of Positive Psychology* 12, no. 1 (2016): 74-86, https://doi.org/10.1080/17439760.2016.1167944.

66 편견을 덜 갖는다: Mario Mikulincer and Phillip R. Shaver, "Attachment Theory and Intergroup Bias: Evidence That Priming the Secure Base Schema Attenuates Negative Reactions to Out-Groups," *Journal of Personality and Social Psychology* 81, no. 1 (2001): 97-115, https://doi.org/10.1037/0022-3514.81.1.97.

66 일의 만족도가 더 높고: Cindy Hazan and Phillip R. Shaver, "Love and Work: Attachment-Theoretical Perspective," *Journal of Personality and Social Psychology* 59, no. 2 (1990): 270-80, https://doi.org/ 10.1037/0022-3514.59.2.270.

66 후회를 덜 하고: Alexander M. Schoemann, Omri Gillath, and Amanda K. Sesko, "Regrets, I've Had a Few: Effects of Dispositional and Manipulated Attachment on Regret," *Journal of Social and Personal Relationships* 29, no. 6 (2012): 795-819, https://doi.org/10.1177/0265407512443612.

66 일반적으로 스트레스가 많은 상황: Lisa M. Diamond, Angela M. Hicks, and Kimberly Otter-Henderson, "Physiological Evidence for Repressive Coping Among Avoidantly Attached Adults," *Journal of Social and Personal Relationships* 23, no. 2 (2006): 205-29, https://doi.org/10.1177/0265407506062470.

66 심장 마비나 두통, 배탈: Jennifer Puig, Michelle M. Englund, Jeffry A. Simpson, and W. Andrew Collins, "Predicting Adult Physical Illness from Infant Attachment: A Prospective Longitudinal Study," *Health Psychology* 32, no. 4 (2013): 409- 17, https://doi.org/10.1037/a0028889; Lisa M. Diamond, Angela M. Hicks, and Kimberly Otter-Henderson, "Physiological Evidence for Repressive Coping among Avoidantly Attached Adults," *Journal of Social and Personal Relationships* 23, no. 2 (2006): 205-29, https://doi.org/10.1177/0265407506062470.

67 우유 사건: Jude Cassidy, Steven J. Kirsh, Krista L. Scolton, and Ross D. Parke, "Attachment and Representations of Peer Relationships," *Developmental Psychology* 32, no. 5 (1996): 892-904, https://doi.org/10.1037/0012-1649.32.5.892; Kathleen M. Dwyer et al., "Attachment, Social Information Processing, and Friendship Quality of Early Adolescent Girls and Boys,"

Journal of Social and Personal Relationships 27, no. 1 (2010): 91–116. https://doi.org/10.1177/0265407509346420.

68 유전자도 일정 부분 역할을 하는 것: Omri Gillath, Phillip R. Shaver, Jong-Min Baek, and David S. Chun, "Genetic Correlates of Adult Attachment Style," *Personality and Social Psychology Bulletin* 34, no. 10 (2008): 1396–1405. https://doi.org/10.1177/0146167208321484.

68 사람들의 72퍼센트: Everett Waters et al., "Attachment Security in Infancy and Early Adulthood: A Twenty-Year Longitudinal Study," *Child Development* 71, no. 3 (2000): 684–89. https://doi.org/10.1111/1467-8624.00176.

69 26퍼센트에 불과: Julie Wargo Aikins, Carollee Howes, and Claire Hamilton, "Attachment Stability and the Emergence of Unresolved Representations during Adolescence," *Attachment & Development* 11, no. 5 (2009): 491–512. https://doi.org/10.1080/14616730903017019.

73 '낙관증'이라는 용어를 만들어냈다: Fred H. Goldner, "Pronoia," *Social Problems* 30, no. 1 (1982): 82–91. https://doi.org/10.2307/800186.

73 재무 게임: Ernst Fehr and Bettina Rockenbach, "Detrimental Effects of Sanctions on Human Altruism," *Nature* 422, no. 6928 (2003): 137–40. https://doi.org/10.1038/nature01474.

74 사람을 신뢰하면: Tom Clarke, "Students Prove Trust Begets Trust," *Nature* (2003). https:// www.nature.com/news/2003/030310/full/news030310-8.html.

74 스트레스 조절: Jeffry A. Simpson and W. Steven Rholes, "Adult Attachment, Stress, and Romantic Relationships," *Current Opinion in Psychology* 13 (2017): 19–24. https://doi.org/10.1016/j.copsyc.2016.04.006.

74 강력한 예측 인자: Pernille Darling Rasmussen et al., "Attachment as a Core Feature of Resilience: A Systematic Review and Meta-Analysis," *Psychological Reports* 122, no. 4 (2018): 1259–96. https://doi.org/10.1177/0033294118785577.

74 심장 박동 수의 변동성: Simpson and Rholes, "Adult Attachment, Stress, and Romantic Relationships."

75 갈등에 생산적으로 대처: Julie Petersen and Benjamin Le, "Psychological Distress, Attachment, and Conflict Resolution in Romantic Relationships," *Modern Psychological Studies* 23, no. 1 (2017): 1–26.

75 새로운 우정을 시작할 가능성이 더 높다: Omri Gillath, Gery C. Karantzas,

and Emre Selcuk, "A Net of Friends: Investigating Friendship by Integrating Attachment Theory and Social Network Analysis," *Personality and Social Psychology Bulletin* 43, no. 11 (2017): 1546–65, https://doi.org/10.1177/0146167217719731.

75 내밀한 부분을 드러내면서: Chandra M. Grabill and Kathryn A. Kerns, "Attachment Style and Intimacy in Friendship," *Personal Relationships* 7, no. 4 (2000): 363–78, https://doi.org/10.1111/j.1475–6811.2000.tb00022.x.

76 우정을 더 잘 유지: Gillath, Karantzas, and Selcuk, "A Net of Friends."

76 갈등을 덜 겪는: Petersen and Le, "Psychological Distress, Attachment, and Conflict Resolution in Romantic Relationships."

77 안정애착을 가진 사람은 더 다정하고 너그럽고 진정성이 있다.: Mario Mikulincer, Phillip R. Shaver, Omri Gillath, and Rachel A. Nitzberg, "Attachment, Caregiving, and Altruism: Boosting Attachment Security Increases Compassion and Helping," *Journal of Personality and Social Psychology* 89, no. 5 (2005): 817–39, https://doi.org/10.1037/0022–3514.89.5.817; Kathleen A. Lawler-Row, Jarred W. Younger, Rachel L. Piferi, and Warren H. Jones, "The Role of Adult Attachment Style in Forgiveness Following an Interpersonal Offense," *Journal of Counseling & Development* 84, no. 4 (2006): 493–502, https://doi.org/10.1002/j.1556–6678.2006.tb00434.x; Omri Gillath, Amanda K. Sesko, Phillip R. Shaver, and David S. Chun, Attachment, Authenticity, and Honesty: Dispositional and Experimentally Induced Security Can Reduce Self-and Other-Deception," *Journal of Personality and Social Psychology* 98, no. 5 (2010): 841–55, https://doi.org/10.1037/a0019206.

77 도움을 주고받거나: Nancy L. Collins and Brooke C. Feeney, "A Safe Haven: An Attachment Theory Perspective on Support Seeking and Caregiving in Intimate Relationships," *Journal of Personality and Social Psychology* 78, no. 6 (2000): 1053–73, https://doi.org/10.1037/0022–3514.78.6.1053; Roseanne De-Fronzo, Catherine Panzarella, and Andrew C. Butler, "Attachment, Support Seeking, and Adaptive Inferential Feedback: Implications for Psychological Health," Cognitive and Behavioral Practice 8, no. 1 (2001): 48–52, https://doi.org/10.1016/s1077–7229(01)80043–2; Mario Mikulincer and Orna Nachshon, "Attachment Styles and Patterns of Self-Disclosure," *Journal of Personality and Social Psychology* 61, no. 2 (1991: 321–31, https://doi.org/10.1037/0022–3514.61.2.321.

77   시간이 흐르면 상대의 안정감을 높여주는: Fang Zhang and Gisela Labouvie-Vief, "Stability and Fluctuation in Adult Attachment Style over a 6-Year Period," *Attachment & Human Development* 6, no. 4 (2004): 419-37, https://doi.org/10.1080/1461673042000303127.

78   다른 사람을 더 잘 수용: Grabill and Kerns, "Attachment Style and Intimacy in Friendship."

79   피부 전도도: 수전 케인Susan Cain, 《콰이어트—시끄러운 세상에서 조용히 세상을 움직이는 힘*Quiet: The Power of Introverts in a World That Can't Stop Talking*》 (알에이치코리아, 2021).

80   일이 행복에 더 큰 영향을 미친다: Hazan and Shaver, "Love and Work."

80   회피형 환자: Mary E. Connors, "The Renunciation of Love: Dismissive Attachment and Its Treatment," Psychoanalytic Psychology 14, no. 4 (1997): 475-93, https://doi.org/10.1037/h0079736.

81   회피애착을 가진 사람은 각각의 친구에 대한 의존도를 낮춘다: Gillath, Karantzas, and Selcuk, "A Net of Friends."

81   절교할 가능성이 높은: Gillath, Karantzas, and Selcuk, "A Net of Friends."

81   우회 경로를 이용해 서둘러 탈출: Tara J. Collins and Omri Gillath, "Attachment, Breakup Strategies, and Associated Outcomes: The Effects of Security Enhancement on the Selection of Breakup Strategies," *Journal of Research in Personality* 46, no. 2 (2012): 210-22, https://doi.org/10.1016/j.jrp.2012.01.008.

82   신경계가 흥분: Lisa M. Diamond, Angela M. Hicks, and Kimberly Otter-Henderson, "Physiological Evidence for Repressive Coping among Avoidantly Attached Adults," *Journal of Social and Personal Relationships* 23, no. 2 (2006): 205-29, https://doi.org/10.1177/0265407506062470; Mario Mikulincer and Phillip R. Shaver, "The Attachment Behavioral System in Adulthood: Activation, Psychodynamics, and Interpersonal Processes," *in Advances in Experimental Social Psychology* (Cambridge, MA: Elsevier, 2003), 53-152, https:// doi.org/10.1016/s0065-2601(03)01002-5.

83   수치심에 취약: Sarah A. H. Atkins, "The Relationship between Shame and Attachment Styles" (PhD diss., University of North Texas, 2016).

83   면역 기능 저하: Lachlan A. McWilliams and S. Jeffrey Bailey, "Associations between Adult Attachment Ratings and Health Conditions: Evidence from

the National Comorbidity Survey Replication," *Health Psychology* 29, no. 4 (2010): 446-53, https://doi.org/10.1037/ a0020061; Angelo Picardi et al., "Attachment Security and Immunity in Healthy Women," *Psychosomatic Medicine* 69, no. 1 (2007): 40-46, https://doi.org/10.1037/a0020061.

84   다른 아이들을 괴롭힐 가능성이 더 높다: Michael Troy and L. Alan Sroufe, Victimization among Preschoolers: Role of Attachment Relationship History," *Journal of the American Academy of Child & Adolescent Psychiatry* 26, no.2 (1987): 166-72, https://doi.org/10.1097/00004583-198703000-00007.

84   회피애착을 보인 내력: Robert Karen, *Becoming Attached: Unfolding the Mystery of the Infant-Mother Bond and Its Impact on Later Life* (New York: Grand Central Publishing, 1994).

85   따뜻하고 협력적이고 친밀한 우정을 덜 갖는: Wyndol Furman, "Working Models of Friendships," *Journal of Social and Personal Relationships* 18, no. 5 (2001): 583-602, https://doi.org/10.1177/0265407501185002; Gillath, Karantzas, and Selcuk, "A Net of Friends"; Emily L. Loeb, Jessica A. Stern, Meghan A. Costello and Joseph P Allen, "With(out) a Little Help from My Friends: Insecure Attachment in Adolescence, Support-Seeking, and Adult Negativity and Hostility," *Attachment & Human Development* 23, no. 5 (2020): 624-42, https:// doi.org/10.108 0/14616734.2020.1821722.

85   몰입도와 충성도가 떨어지고 궁극적으로 만족도도 떨어지는: Chong Man Chow and Cin Cin Tan, "Attachment and Commitment in Dyadic Friendships: Mediating Roles of Satisfaction, Quality of Alternatives, and Investment Size," Journal of Relationships Research 4, no. e4 (2013): 1-11, https://doi. org/10.1017/jrr.2013.4.

85   회피애착을 가진 사람은 새로운 우정을 시작하거나: Gillath, Karantzas, and Selcuk, "A Net of Friends."

85   즐거움과 친밀함을 덜 느끼는: Marie-Cecile O. Tidwell, Harry T. Reis, and Phillip R. Shaver, "Attachment, Attractiveness, and Social Interaction: A Diary Study," *Journal of Personality and Social Psychology* 71, no. 4 (1996): 729-45, https:// doi.org/10.1037/0022-3514.71.4.729.

87   낙관적인 생각을: Mario Mikulincer and Daphna Arad, "Attachment Working Models and Cognitive Openness in Close Relationships: A Test of Chronic and Temporary Accessibility Effects," *Journal of Personality and Social Psychology* 77, no. 4

(1999): 710-25, https://doi.org/10.1037/0022-3514.77.4.710.

87   안정애착을 가진 사람은 상대의 반응 여부에 따라: Mikulincer and Nachson, "Attachment Styles and Patterns of Self-Disclosure."

88   충족되지 못한 필요에 대한 원망을 키워간다: Tara Kidd and David Sheffield, "Attachment Style and Symptom Reporting: Examining the Mediating Effects of Anger and Social Support," *British Journal of Health Psychology* 10, no. 4 (2005): 531-41, https://doi.org/10.1111/j.2044-8287.2005.tb00485.x.

88   자신의 감정을 수동 공격적으로 표출: Marrie H. J. Bekker, Nathan Bachrach, and Marcel A. Croon, "The Relationships of Antisocial Behavior with Attachment Styles, Autonomy-Connectedness, and Alexithymia," *Journal of Clinical Psychology* 63, no. 6 (2007): 507-27, https://doi.org/10.1002/jclp.20363.

89   불안애착을 가진 사람은 문제가 생기면 그 문제에 푹 빠져: Katherine Pascuzzo, Chantal Cyr, and Ellen Moss, "Longitudinal Association between Adolescent Attachment, Adult Romantic Attachment, and Emotion Regulation Strategies," *Attachment & Human Development* 15, no. 1 (2012): 83-103, https://doi.org/10.1080/14616734.2013.745713.

90   거절당하는 상황을 만들어냈을 때: C. Nathan DeWall et al., Do Neural Responses to Rejection Depend on Attachment Style? An fMRI Study," *Social Cognitive and Affective Neuroscience* 7, no. 2 (2011): 184-92, https://doi.org/10.1093/scan/nsq107.

90   불안애착을 가진 사람이 위협적인 얼굴을 보면: Luke Norman et al., "Attachment-Security Priming Attenuates Amygdala Activation to Social and Linguistic Threat," *Social Cognitive and Affective Neuroscience* 10, no. 6 (2014): 832-39, https://doi.org/10.1093/scan/53/nsu127.

91   자존감이 낮고: Rohmann, Elke, Eva Neumann, Michael Jurgen Herner, and Hans-Werner Bierhoff, "Grandiose and Vulnerable Narcissism," *European Psychologist* 17, no. 4 (January 2012): 279-90, https://doi.org/10.1027/1016-9040/a000100.

91   무시당하는 쪽: Elke Rohmann, Eva Neumann, Michael Jurgen Herner, and Hans-Werner Bierhoff, Grandiose and Vulnerable Narcissism," *European Psychologist* 17, no. 4 (2012): 279-90, https://doi.org/10.1027/1016-9040/a000100; Anna Z. Czarna, Marcin Zajenkowski, Oliwia Maciantowicz, and

Kinga Szymaniak, "The Relationship of Narcissism with Tendency to React with Anger and Hostility: The Roles of Neuroticism and Emotion Regulation Ability," *Current Psychology* 40 (2019): 5499–514, https://doi.org/10.1007/s12144–019–00504–6.

91   지나친 특권 의식: Mario Mikulincer and Phillip R. Shaver, "An Attachment Perspective on Psychopathology," *World Psychiatry* 11, no. 1 (2012): 11–15, https://doi.org/10.1016/j.wpsyc.2012.01.003.

92   단어를 더 빨리 찾아내는: Mark W. Baldwin and Aaron C. Kay, "Adult Attachment and the Inhibition of Rejection," *Journal of Social and Clinical Psychology* 22, no. 3 (2003): 275–93, https://doi.org/10.1521/jscp.22.3.275.22890.

92   감정적으로 더 강렬하고 불안정한: Ashley N. Cooper, Casey J. Totenhagen, Brandon T. McDaniel, and Melissa A. Curran, "Volatility in Daily Relationship Quality: The Roles of Attachment and Gender," *Journal of Social and Personal Relationships* 35, no. 3 (2017): 348–71, https://doi.org/10.1177/0265407517690038; Mario Mikulincer and Michal Selinger, "The Interplay between Attachment and Affiliation Systems in Adolescents' Same–Sex Friendships: The Role of Attachment Style," *Journal of Social and Personal Relationships* 18, no. 1 (2001): 81–106, https://doi.org/10.1177/0265407501181004.

92   일탈 행위를 더 심각하게 인식: Kirsten M. Blount–Matthews, "Attachment and Forgiveness in Human Development: A Multi–Method Approach" (PhD diss., University of California, Berkeley, 2004), ProQuest (3167189); Marcia Webb et al., "Dispositional Forgiveness and Adult Attachment Styles," *Journal of Social Psychology* 146, no. 4 (2006): 509–12, https://doi.org/10.3200/socp.146.4.509–512.

3장   주도성을 발휘하여 낯선 사람을 친구로 만드는 법

104   'lonely'라는 단어: 페이 바운드 알버티Fay Bound Alberti, 《우리가 외로움이라고 부르는 것에 대하여*A Biography of Loneliness: The History of an Emotion*》 (미래의 창, 2022).

104   주거 이동성의 증가: Omri Gillath and Lucas A. Keefer, "Generalizing Disposability: Residential Mobility and the Willingness to Dissolve Social Ties," *Personal Relationships* 23, no. 2 (2016): 186–98, https://doi.org/10.1111/

105 당연히 상부상조는 불가능하다: Robert Karen, *Becoming Attached: Unfolding the Mystery of the Infant-Mother Bond and Its Impact on Later Life* (New York: Grand Central Publishing, 1994).

105 소셜 미디어를 많이 사용하는 헤비 유저들: Jean M. Twenge, Brian H. Spitzberg, and W. Keith Campbell, "Less In-Person Social Interaction with Peers among U.S. Adolescents in the 21st Century and Links to Loneliness," *Journal of Social and Personal Relationships* 36, no. 6. (2019): 1892–1913, https://doi.org/10.1177/0265407519836170.

106 미국인의 61퍼센트: "Loneliness and the Workplace: 2020 U.S. Report," Cigna, January 2020, https://www.cigna.com/static/www-cigna-com/docs/about-us/newsroom/studies-and-reports/combatting-loneliness/cigna-2020-loneliness-report.pdf.

106 친구가 4명 더 적었다: Cornelia Wrzus, Martha Hanel, Jenny Wagner, and Franz J. Neyer, Social Network Changes and Life Events across the Life Span: A Meta-Analysis," *Psychological Bulletin* 139, no. 1 (2013): 53–80, https://doi.org/10.1037/a0028601.

106 4배 더 많아진 것: Daniel A. Cox, "The State of American Friendship: Change, Challenges, and Loss," Survey Center on American Life, June 8, 2021, https://www.americansurveycenter.org/research/the-state-of-american-friendship-change-challenges-and-loss.

106 상황이 더 심각: Daniel A. Cox, "Men's Social Circles Are Shrinking," Survey Center on American Life, June 29, 2021, https://www.americansurveycenter.org/why-mens-social-circles-are-shrinking.

108 덜 외로워졌다: Nancy E. Newall et al., "Causal Beliefs, Social Participation, and Loneliness among Older Adults: A Longitudinal Study," *Journal of Social and Personal Relationships* 26, no. 2–3 (2009): 273–90, https://doi.org/10.1177/0265407509106718.

113 관계 형성에 필수적: Alex Williams, "Why Is It Hard to Make Friends over 30?," *New York Times*, July 13, 2012, www.nytimes.com/2012/07/15/fashion/the-challenge-of-making-friends-as-an-adult.html.

115 연애도 더 잘 풀린다: Christine M. Proulx, Heather M. Helms, Robert

M. Milardo, and C. Chris Payne, "Relational Support from Friends and Wives' Family Relationships: The Role of Husbands' Interference," *Journal of Social and Personal Relationships* 26, no. 2–3 (2009): 195–210, https://doi.org/10.1177/0265407509106709.

116 스트레스 호르몬: Elizabeth Keneski, Lisa A. Neff, and Timothy J. Loving, "The Importance of a Few Good Friends: Perceived Network Support Moderates the Association between Daily Marital Conflict and Diurnal Cortisol," *Social Psychological and Personality Science* 9, no. 8 (2017): 962–71, https://doi.org/10.1177/1948550617731499.

116 여전히 좋은 우정이 자존감 향상과 관련이 있는: Kirsten Voss, Dorothy Markiewicz, and Anna Beth Doyle, "Friendship, Marriage and Self-Esteem," *Journal of Social and Personal Relationships* 16, no. 1 (1999): 103–22, https://doi.org/10.1177/0265407599161006.

116 끈끈한 우정을 쌓아서: Heather R. Walen and Margie E. Lachman, "Social Support and Strain from Partner, Family, and Friends: Costs and Benefits for Men and Women in Adulthood," *Journal of Social and Personal Relationships* 17, no. 1 (2000): 5–30, https://doi.org/10.1177/0265407500171001.

117 불안정한 사람도 안정감을 느끼는 순간: Omri Gillath, Gery C. Karantzas, and Emre Selcuk, "A Net of Friends: Investigating Friendship by Integrating Attachment Theory and Social Network Analysis," *Personality and Social Psychology Bulletin* 43, no. 11 (2017): 1546–65, https://doi.org/10.1177/0146167217719731.

118 사람들이 자신을 좋아한다고: Sandra L. Murray, John G. Holmes, and Dale W. Griffin, "Self-Esteem and the Quest for Felt Security: How Perceived Regard Regulates Attachment Processes," *Journal of Personality and Social Psychology* 78, no. 3 (2000): 478–98, https://doi.org/10.1037/0022-3514.78.3.478.

118 거절 민감성이 높은 사람: Shuling Gao, Mark Assink, Andrea Cipriani, and Kangguang Lin, "Associations between Rejection Sensitivity and Mental Health Outcomes: A Meta-Analytic Review," *Clinical Psychology Review* 57 (2017): 59–74, https://doi.org/10.1016/j.cpr.2017.08.007; Geraldine Downey and Scott Feldman, "Implications of Rejection Sensitivity for Intimate Relationships," *Journal of Personality and Social Psychology* 70, no. 6 (1996): 1327–43, https://doi.org/10.1037/0022-3514.70.6.1327.

118 연인이 자신을 떠나고 싶어 한다고 응답했다: Downey and Feldman, "Implications of Rejection Sensitivity for Intimate Relationships."

118 상대와 거리를 두거나 냉담한 태도를 취하는: Kevin B. Meehan et al., "Rejection Sensitivity and Interpersonal Behavior in Daily Life," *Personality and Individual Differences* 126 (2018): 109-15, https://doi.org/10.1016/j.paid.2018.01.029.

118 연인이 더 불만을 느끼게 만든다: Downey and Feldman, "Implications of Rejection Sensitivity for Intimate Relationships." 75

119 사람들은 수용을 기대하면: Danu Anthony Stinson et al., "Deconstructing the 'Reign of Error': Interpersonal Warmth Explains the Self-Fulfilling Prophecy of Anticipated Acceptance," *Personality and Social Psychology Bulletin* 35, no. 9 (2009): 1165-78, https://doi.org/10.1177/0146167209338629.

119 자신에 대해 더 많이 공유: Rebecca C. Curtis and Kim Miller, "Believing Another Likes or Dislikes You: Behaviors Making the Beliefs Come True," *Journal of Personality and Social Psychology* 51, no. 2 (1986): 284-90, https://doi.org/10.1037/0022-3514.51.2.284.

120 '호감 격차': Erica J. Boothby, Gus Cooney, Gillian M. Sandstrom, and Margaret S. Clark, "The Liking Gap in Conversations: Do People Like Us More Than We Think?," *Psychological Science* 29, no. 11 (2018): 1742-56, https://doi.org/10.1177/0956797618783714.

125 학급의 사회적 분위기도 평가했다: Sanna Eronen and Jari-Erik Nurmi, "Social Reaction Styles, Interpersonal Behaviours and Person Perception: A MultiInformant Approach," *Journal of Social and Personal Relationships* 16, no. 3 (1999): 315-33, https://doi.org/10.1177/0265407599163003.

132 서로 우정을 맺을 가능성: Michael Sunnafrank and Artemio Ramirez Jr., "At First Sight: Persistent Relational Effects of Get-Acquainted Conversations," *Journal of Social and Personal Relationships* 21, no. 3 (2004): 361-79, https://doi.org/10.1177/0265407504042837.

133 90퍼센트의 생도가 옆자리에 앉은 사람을 지목: Mady W. Segal, Alphabet and Attraction: An Unobtrusive Measure of the Effect of Propinquity in a Field Setting," *Journal of Personality and Social Psychology* 30, no. 5 (1974) 654-57, https://doi.org/10.1037/h0037446.

134 비용이 관계가 진전될 가능성을 떨어뜨린다: Robert B. Hays, "The Day-to-Day

Functioning of Close versus Casual Friendships," *Journal of Social and Personal Relationships* 6, no. 1 (1989): 21-37, https://doi.org/10.1177/026540758900600102.

135 프로필에 더 호감을 표시했다: John M. Darley and Ellen Berscheid, "Increased Liking as a Result of the Anticipation of Personal Contact," *Human Relations* 20, no. 1 (1967): 29-40, https://doi.org/10.1177/001872676702000103.

135 낯선 사람을 가장 좋아한다고 응답했다: Richard L. Moreland and Scott R. Beach, "Exposure Effects in the Classroom: The Development of Affinity among Students," *Journal of Experimental Social Psychology* 28, no. 3 (1992): 255-76, https://doi.org/10.1016/0022-1031(92)90055-o.

136 가운데 방에 사는 사람: Leon Festinger, Stanley Schachter, and Kurt Back, Social Pressures in Informal Groups: A Study of Human Factors in Housing (New York: Harper and Brothers, 1950).

137 의견이나 통찰을 공유: David Hoffeld, "Three Scientifically Proven Steps for Talking with Strangers," Fast Company, June 14, 2016, http://www.fastcompany.com/3060762/three-scientifically-proven-steps-for-talking-with-strange.

137 낯선 사람에게 말을 걸어보라고: Nicholas Epley and Juliana Schroeder, "Mistakenly Seeking Solitude," *Journal of Experimental Psychology: General* 143, no. 5 (2014): 1980-99, https://doi.org/10.1037/a0037323.

4장 약점을 드러내면서 관계를 단단하게 다지는 법

145 다른 사람과 친밀감을 덜 느끼고: Sanjay Srivastava et al., "The Social Costs of Emotional Suppression: A Prospective Study of the Transition to College," *Journal of Personality and Social Psychology* 96, no. 4 (2009): 883-97, https://doi.org/10.1037/a0014755.

145 연사를 돕기: Steven M. Graham, Julie Y. Huang, Margaret S. Clark, and Vicki S. Helgeson, "The Positives of Negative Emotions: Willingness to Express Negative Emotions Promotes Relationships," *Personality and Social Psychology Bulletin* 34, no. 3 (2008): 394-406, https://doi.org/10.1177/0146167207311281.

149 억제의 과학: Mario Mikulincer, Tamar Dolev, and Phillip R. Shaver,

"Attachment—Related Strategies during Thought Suppression: Ironic Rebounds and Vulnerable Self— Representations," *Journal of Personality and Social Psychology* 87, no. 6 (2004): 940–56, https://doi.org/10.1037/0022–3514.87.6.940.

153 안정애착을 가진 사람은 취약성을 덜 드러냈다: Mario Mikulincer, Netta Horesh, Ilana Eilati, and Moshe Kotler, "The Association between Adult Attachment Style and Mental Health in Extreme Life—Endangering Conditions," *Personality and Individual Differences* 27, no. 5 (1999): 831–42, https://doi.org/10.1016/S0191–8869(99)00032–X.

155 비밀을 감추면 자꾸만 곱씹어 생각하게 되고: Michael L. Slepian, Jinseok S. Chun, and Malia F. Mason, "The Experience of Secrecy," *Journal of Personality and Social Psychology* 113, no. 1 (2017): 1–33, https://doi.org/10.1037/pspa0000085; Michael L. Slepian, James N. Kirby, and Elise K. Kalokerinos, "Shame, Guilt, and Secrets on the Mind," Emotion 20, no. 2 (2020): 323–28, https:// doi. org/10.1037/emo0000542.

155 자기 은폐: Kathleen Y. Kawamura and Randy O. Frost, "Self—Concealment as a Mediator in the Relationship between Perfectionism and Psychological Distress," *Cognitive Therapy and Research* 28, no. 2 (2004): 183–91, https://doi. org/10.1023/b:cotr.0000021539.48926.c1.

155 더욱 고립되고 피로하게 만드는: Michael L. Slepian, Nir Halevy, and Adam D. Galinsky, "The Solitude of Secrecy: Thinking about Secrets Evokes Goal Conflict and Feelings of Fatigue," *Personality and Social Psychology Bulletin* 45, no. 7 (2018): 1129–51, https://doi.org/10.1177/0146167218810770.

155 배우자의 죽음을 경험: James W. Pennebaker and Joan R. Susman, "Disclosure of Traumas and Psychosomatic Processes," *Social Science & Medicine* 26, no. 3 (1988): 327–32, https://doi.org/10.1016/0277–9536(88)90397–8.

156 마음을 터놓고 지내는 사람이 '아무도 없다': Miller McPherson, Lynn Smith—Lovin, and Matthew E. Brashears, "Social Isolation in America: Changes in Core Discussion Networks over Two Decades," *American Sociological Review* 71, no. 3 (2006): 353–75, https://doi.org/10.1177/000312240607100301.

156 이렇게 큰 사회 변화를 겪는 경우는 거의 없어요: "Social Isolation: Americans Have Fewer Close Confidantes," *All Things Considered*, June 24, 2006, https:// www.npr.org/templates/story/story.php?storyId=5509381.

158 '인간이 자연 상태일 때 그 아래 항상 존재하는 지속적인 흐름': 데이비드 화이트 David Whyte, 《위로―일상의 단어들에 숨원 의미 그리고 위안과 격려Consolations: The Solace, Nourishment and Underlying Meaning of Everyday Words》 (로만, 2021).

159 가수들은: Anna Bruk, Sabine G. Scholl, and Herbert Bless, "Beautiful Mess Effect: Self-Other Differences in Evaluation of Showing Vulnerability," *Journal of Personality and Social Psychology* 115, no. 2 (2018): 192-205, https://doi.org/10.1037/pspa0000120.

160 이런 불일치가 발생: Dena M. Gromet and Emily Pronin, "What Were You Worried About? Actors' Concerns About Revealing Fears and Insecurities Relative to Observers' Reactions," *Self and Identity* 8, no. 4 (2009): 342-64, https://doi.org/10.1080/15298860802299392.

160 94개의 서로 다른 분석을 종합한 결과: Nancy L. Collins and Lynn Carol Miller, "Self-Disclosure and Liking: A Meta-Analytic Review," *Psychological Bulletin* 116, no. 3 (1994): 457-75, https://doi.org/10.1037/0033-2909.116.3.457.

161 취약성을 드러낸 학생들: Arthur Aron et al., "The Experimental Generation of Interpersonal Closeness: A Procedure and Some Preliminary Findings," *Personality and Social Psychology Bulletin* 23, no. 4 (1997): 363-77, https://doi.org/10.1177/0146167297234003.

162 친구에게 우리를 도울 기회를 주면: Roy F. Baumeister, Kathleen D. Vohs, Jennifer L. Aaker, and Emily N. Garbinsky, "Some Key Differences between a Happy Life and a Meaningful Life," *Journal of Positive Psychology* 8, no. 6 (2013): 505- 16, https://doi.org/10.1080/17439760.2013.830764; Stephanie L. Brown, Randolph M. Nesse, Amiram D. Vinokur, and Dylan M. Smith, "Providing Social Support May Be More Beneficial Than Receiving It: Results from a Prospective Study of Mortality," *Psychological Science* 14, no. 4 (2003): 320-27, https://doi.org/10.1111/1467-9280.14461; Sylvia A. Morelli, Ihno A. Lee, Molly E. Arnn, and Jamil Zaki, "Emotional and Instrumental Support Provision Interact to Predict Well-Being," *Emotion* 15, no. 4 (2015): 484-93, https://doi.org/10.1037/emo0000084.

162 우리가 비밀을 공유하면: Michael L. Slepian and Katharine H. Greenaway, "The Benefits and Burdens of Keeping Others' Secrets," *Journal of Experimental Social Psychology* 78 (2018): 220-32, https://doi.org/10.1016/j.jesp.2018.02.005.

162 부정적인 감정을 기꺼이 표현: Graham, Huang, Clark, and Helgeson, "The Positives of Negative Emotions: Willingness to Express Negative Emotions Promotes Relationships."

162 친구들에게: Rachel Bloom, *I Want to Be Where the Normal People Are* (New York: Grand Central Publishing, 2020).

164 중간 정도의 친밀감: Paul C. Cozby, "Self-Disclosure, Reciprocity and Liking," *Sociometry* 35, no. 1 (1972): 151-60, https://doi.org/10.2307/2786555.

165 속마음을 털어놓을 때: Mario Mikulincer and Orna Nachshon, "Attachment Styles and Patterns of Self-Disclosure," *Journal of Personality and Social Psychology* 61, no. 2 (1991): 321-31, https://doi.org/10.1037/0022-3514.61.2.321.

167 자신의 취약성에 대해 훨씬 더 긍정적으로 바라보기: Anna Bruk, "Self-Other Differences in the Evaluation of Showing Vulnerability" (PhD diss., University of Mannheim, 2019).

170 한 메타 분석에 따르면: Charles F. Bond Jr. and Bella M. DePaulo, "Accuracy of Deception Judgments," Personality and Social Psychology Review 10, no. 3 (2006): 214-34, https://doi.org/10.1207/s15327957pspr1003_2.

176 오래된 메타 분석: Kathryn Dindia and Mike Allen, "Sex Differences in Self-Disclosure: A Meta-Analysis," Psychological Bulletin 112, no. 1 (1992): 106-24, https://doi.org/10.1037/0033-2909.112.1.106.

176 여성이 일주일 동안 친구에게 정서적 지지를 받거나: Daniel A. Cox, "The State of American Friendship: Change, Challenges, and Loss," American Perspectives Survey, June 8, 2021, https://www.americansurveycenter.org/research/the-state-of-american-friendship-change-challenges-and-loss.

177 여자들이 분노를 억누르는 경향이 강하지만: Melissa Dittmann, "Anger across the Gender Divide," Monitor on Psychology 34, no. 3 (2003): 52, https://www.apa.org/monitor/mar03/angeracross.

177 남성들은 소리를 지르거나: Victoria L. Brescoll and Eric Luis Uhlmann, "Can an Angry Woman Get Ahead?: Status Conferral, Gender, and Expression of Emotion in the Workplace," Psychological Science 19, no. 3 (2008): 268-75, https://doi.org/10.1111/j.1467-9280.2008.02079.x.

179 2013년 한 연구: A. Celeste Gaia, "The Role of Gender Stereotypes in the Social Acceptability of the Expression of Intimacy," Social Science Journal 50, no. 4

(2013): 591-602, https://doi.org/ 10.1016/j.soscij.2013.08.006.

180 다른 사람을 지배하는 성향의 사람: Kristin D. Neff and Susan Harter, "Relation-ship Styles of Self-Focused Autonomy, Other-Focused Connectedness, and Mutuality across Multiple Relationship Contexts," *Journal of Social and Personal Relationships* 20, no. 1 (2003): 81-99, https://doi.org/10.1177/02654075030201004.

182 무너지지 않는다는 것을 깨닫기 시작했다: Benjy Hansen-Bundy, "My Time Inside a Group Where Men Confront Their Feelings," *GQ*, October 29, 2019, https://www.gq.com/story/inside-a-group-where-men-confront-their-feelings.

183 대처 능력이 가장 떨어지는 사람들: Michael L. Slepian and Edythe Moulton-Tetlock, "Confiding Secrets and Well-Being," Social Psychological and Personality Science 10, no. 4 (2018): 472-84, https://doi.org/ 10.1177/1948550618765069.

184 자신의 감정을 숨기려고 할 때: James C. Coyne and David A. F. Smith, "Couples Coping with a Myocardial Infarction: Contextual Perspective on Patient Self-Efficacy," *Journal of Family Psychology* 8, no. 1 (1994): 43-54, https://doi.org/10.1037/0893-3200.8.1.43.

184 '회복 탄력성의 핵심 특징': Pernille Darling Rasmussen et al., "Attachment as a Core Feature of Resilience: A Systematic Review and Meta-Analysis," Psychological Reports 122, no. 4 (2018): 1259-96, https://doi.org/ 10.1177/0033294118785577.

184 지지를 요청하는 데 더 능숙: Omri Gillath et al., "Automatic Activation of Attachment-Related Goals," *Personality and Social Psychology Bulletin* 32, no. 10 (2006): 1375-88, https://doi.org/10.1177/0146167206290339.

186 살아남은 자들은 집단의 자원을 수확: Nick P. Winder and Isabelle C. Winder, "Complexity, Compassion and Self-Organisation: Human Evolution and the Vulnerable Ape Hypothesis," Internet Archaeology 40 (2015), https://doi.org/10.11141/ia.40.3.

198 '개인적인 경험을 자각': Susan Harter, "Authenticity," in Oxford Handbook of Positive Psychology, ed. C. R. Snyder and Shane J. Lopez (Oxford: Oxford University Press, 2002), 382–93.

198 자신이 가장 진정성이 있다고 느낀 반면: Ralph H. Turner and Victoria Billings, "The Social Contexts of Self-Feeling," in The Self-Society Dynamic: Cognition, Emotion, and Action, ed. Judith A. Howard and Peter L. Callero (Cambridge, England: Cambridge University Press, 1991), 103–22, https://doi.org/10.1017/CBO9780511527722.007.

198 다른 사람이 자신을 함부로 판단할 때: Alison P. Lenton, Martin Bruder, Letitia Slabu, and Constantine Sedikides, "How Does 'Being Real' Feel? The Experience of State Authenticity," Journal of Personality 81, no. 3 (2013): 276–89, https://doi.org/10.1111/j.1467-6494.2012.00805.x.

198 불안하거나 스트레스를 받거나 우울해서: Lenton, Bruder, Slabu, and Sedikides, "How Does 'Being Real' Feel? The Experience of State Authenticity."

199 자신이 유능하다는 느낌과 함께 소속감과 자존감이 높아질 때: Lenton, Bruder, Slabu, and Sedikides, "How Does 'Being Real' Feel? The Experience of State Authenticity."

201 자신의 진정한 본성을 발견: Shane W. Bench, Rebecca J. Schlegel, William E. Davis, and Matthew Vess, "Thinking about Change in the Self and Others: The Role of Self-Discovery Metaphors and the True Self," Social Cognition 33, no. 3 (2015): 169–85, https://doi.org/10.1521/soco.2015.33.3.2.

203 컴퓨터 작업에 달려 있다: Mario Mikulincer, Phillip R. Shaver, Omri Gillath, and Rachel A. Nitzberg, "Attachment, Caregiving, and Altruism: Boosting Attachment Security Increases Compassion and Helping," Journal of Personality and Social Psychology 89, no. 5 (2005): 817–39, https://doi.org/10.1037/0022-3514.89.5.817.

205 도덕적 해이: Michael Knoll, Robert G. Lord, Lars-Eric Petersen, and Oliver Weigelt, Examining the Moral Grey Zone: The Role of Moral Disengagement, Authenticity, and Situational Strength in Predicting Unethical Managerial Behavior," Journal of Applied Social Psychology 46, no. 1 (2015): 65–78, https://doi.

org/10.1111/jasp.12353.

206 현재에 더 집중했기 때문이다: Charles T. Taylor and Lynn E. Alden, To See Ourselves as Others See Us: An Experimental Integration of the Intra and Interpersonal Consequences of Self-Protection in Social Anxiety Disorder," *Journal of Abnormal Psychology* 120, no. 1 (2011): 129-41, https://doi.org/10.1037/a0022127.

206 우정에 대한 만족도를 높이고: Katlin Peets and Ernest V. E. Hodges, "Authenticity in Friendships and Well-Being in Adolescence," *Social Development* 27, no. 1 (2017): 140-53, https://doi.org/10.1111/sode.12254.

206 진정성 결여는 우울증, 자존감 저하와 관련이 있다: Amanda J. Wenzel and Rachel G. Lucas-Thompson, "Authenticity in College-Aged Males and Females, How Close Others Are Perceived, and Mental Health Outcomes," *Sex Roles* 67, no. 5-6 (2012): 334-50, https://doi.org/10.1007/s11199-012-0182-y.

206 진정성 결여의 영향: Francesca Gino, Maryam Kouchaki, and Adam D. Galinsky, "The Moral Virtue of Authenticity: How Inauthenticity Produces Feelings of Immorality and Impurity," *Psychological Science* 26, no. 7 (2015): 983-96, https://doi.org/10.1177/0956797615575277.

208 배려심 부족: Kathleen D. Vohs, Roy F. Baumeister, and Natalie J. Ciarocco, "Self-Regulation and Self-Presentation: Regulatory Resource Depletion Impairs Impression Management and Effortful Self-Presentation Depletes Regulatory Resources," *Journal of Personality and Social Psychology* 88, no. 4 (2005): 632-57, https://doi.org/10.1037/0022-3514.88.4.632.

211 더 큰 상호성과 관련이 있는: Reese Y. W. Tou, Zachary G. Baker, Benjamin W. Hadden, and Yi-Cheng Lin, "The Real Me: Authenticity, Interpersonal Goals, and Conflict Tactics," *Personality and Individual Differences* 86 (2015): 189-94, https://doi.org/10.1016/j.paid.2015.05.033.

211 가장 진정성이 있었다고 말한 순간: Lenton, Bruder, Slabu, and Sedikides, "How Does 'Being Real' Feel? The Experience of State Authenticity."

214 진정성 있는 사람이 더 마음 챙김을 위해 애썼기: Chad E. Lakey, Michael H. Kernis, Whitney L. Heppner, and Charles E. Lance, "Individual Differences in Authenticity and Mindfulness as Predictors of Verbal Defensiveness," *Journal of Research in Personality* 42, no. 1 (2008): 230-38, https://doi.org/10.1016/

j.jrp.2007.05.002.

223 낙관적 태도와 상관관계: Frederick W. Stander, Leon T. de Beer, and Marius W. Stander, "Authentic Leadership as a Source of Optimism, Trust in the Organisation and Work Engagement in the Public Health Care Sector," *SA Journal of Human Resource Management* 13, no. 1 (2015), https://doi.org/10.4102/sajhrm.v13i1.675.

224 흑인 어린이는 백인 어린이와 똑같은 행동을 해도 더 적대적으로 간주: Amy G. Halberstadt et al., "Preservice Teachers' Racialized Emotion Recognition, Anger Bias, and Hostility Attributions," *Contemporary Educational Psychology* 54 (July 2018): 125-38, https://doi.org/10.1016/j.cedpsych.2018.06.004.

224 덜 완전한 인간: Nour Kteily, Emile Bruneau, Adam Waytz, and Sarah Cotterill, "The Ascent of Man: Theoretical and Empirical Evidence for Blatant Dehumanization," *Journal of Personality and Social Psychology* 109, no. 5 (2015): 901-31, https://doi.org/10.1037/pspp0000048.

224 자기 주관이 확고하고: Melissa J. Williams and Larissa Z. Tiedens, "The Subtle Suspension of Backlash: Meta-Analysis of Penalties for Women's Implicit and Explicit Dominance Behavior," *Psychological Bulletin* 142, no. 2 (2016): 165-97, https://doi.org/10.1037/bul0000039.

225 절대 성난 흑인 여성으로는 보이고 싶지 않아요: Nicole R. Holliday and Lauren Squires, "Sociolinguistic Labor, Linguistic Climate, and Race(ism) on Campus: Black College Students' Experiences with Language at Predominantly White Institutions," *Journal of Sociolinguistics* 25, no. 3 (2020): 418-37, https://doi.org/10.1111/josl.12438.

226 르네는 좀 더 온건하죠: Courtney L. McCluney, Kathrina Robotham, erenity Lee, Richard Smith, and Myles Durkee, "The Costs of Code-Switching," *Harvard Business Review*, November 15, 2019, http://www.hbr.org/2019/11/the-costs-of-codeswitching.

226 도발적인 복장을 한 여성: Valerie Johnson and Regan A. R. Gurung, "Defusing the Objectification of Women by Other Women: The Role of Competence," *Sex Roles* 65, no. 3-4 (2011): 177-88, https://doi.org/10.1007/s11199-011-0006-5.

226 정장: Regan A. R. Gurung, Rosalyn Stoa, Nicholas Livingston, and Hannah Mather, "Can Success Deflect Racism? Clothing and Perceptions of African

American Men," *Journal of Social Psychology* 226, no. 1 (2020): 119–28, https://doi.or
g/10.1080/00224545.2020.1787938.

226 특유의 억양을 간직한: Carina Bauman, "Social Evaluation of Asian Accented
English," *University of Pennsylvania Working Papers in Linguistics* 19, no. 2 (2013),
https://repository.upenn.edu/pwpl/vol19/iss2/3.

233 비슷한 양상: Emile G. Bruneau and Rebecca Saxe, "The Power of Being
Heard: The Benefits of 'Perspective-Giving' in the Context of Intergroup
Conflict," *Journal of Experimental Social Psychology* 48, no. 4 (2012): 855– 66, https://
doi.org/10.1016/j.jesp.2012.02.017.

6장 분노를 표출하여 갈등을 해결하는 법

245 적대감과 우울증, 불안과 상관관계: Bukre Kahramanol and Ihsan Dag,
"Alexithymia, Anger and Anger Expression Styles as Predictors of
Psychological Symptoms," *Dusunen Adam: Journal of Psychiatry and Neurological
Sciences* 31, no. 1 (2018): 30–39, https://doi.org/10.5350/dajpn2018310103.

245 분노를 유발하고 친밀감을 저해: Mark H. Butler, Kierea C. Meloy-Miller, Ryan
B. Seedall, and J. Logan Dicus, "Anger Can Help: A Transactional Model and
Three Pathways of the Experience and Expression of Anger," *Family Process* 57,
no. 3 (2018): 817–35, https://doi.org/ 10.1111/famp.12311.

247 '충분히 처리되지 못한 감정': Butler, Meloy-Miller, Seedall, and Dicus, "Anger
Can Help."

247 역동적 안정감: Virginia Goldner, "Review Essay: Attachment and Eros:
Opposed or Synergistic?," *Psychoanalytic Dialogues* 14, no. 3 (2004): 381–96,
https://doi.org/10.1080/10481881409348793.

247 가해자를: Rachel M. McLaren and Keli Ryan Steuber, "Emotions, Communi-
cative Responses, and Relational Consequences of Boundary Turbulence,"
Journal of Social and Personal Relationships 30, no. 5 (2012): 606–26, https://doi.
org/10.1177/0265407512463997.

248 사회성이 더 뛰어나다고 보았고: Duane Buhrmsester, Wyndol Furman, Mitchell
T. Wittenberg, and Harry T. Reis, "Five Domains of Interpersonal Competence

in Peer Relationships," *Journal of Personality and Social Psychology* 55, no. 6 (1988): 991–1008, https://doi.org/10.1037/0022–3514.55.6.991.

248 문제를 거론: Stephen M. Drigotas, Gregory A. Whitney, and Caryl E. Rusbult, "On the Peculiarities of Loyalty: A Diary Study of Responses to Dissatisfaction in Everyday Life," *Personality and Social Psychology Bulletin* 21, no. 6 (1995): 596–609, https://doi.org/10.1177/0146167295216006.

248 문제를 축소: Nickola C. Overall, Garth J. O. Fletcher, Jeffry A. Simpson, and Chris G. Sibley, "Regulating Partners in Intimate Relationships: The Costs and Benefits of Different Communication Strategies," *Journal of Personality and Social Psychology* 96, no. 3 (2009): 620–39, https://doi.org/10.1037/a0012961.

248 '일상적인 분노의 일화들': Tori DeAngelis, "When Anger's a Plus," APA Monitor 34, no. 3 (2003): 44, https://www.apa.org/monitor/mar03/whenanger.

248 분노의 표현: DeAngelis, "When Anger's a Plus."

248 우려를 건설적으로 표현: Catherine A. Sanderson, Katie B. Rahm, and Sarah A. Beigbeder, "The Link between the Pursuit of Intimacy Goals and Satisfaction in Close Same–Sex Friendships: An Examination of the Underlying Processes," *Journal of Social and Personal Relationships* 22, no. 1 (2005): 75–98, https:// doi.org/ 10.1177/0265407505049322.

249 문제를 회피할 가능성이 더 높은: Daniel J. Canary, Laura Stafford, Kimberley S. Hause, and Lisa A. Wallace, "An Inductive Analysis of Relational Maintenance Strategies: Comparisons among Lovers, Relatives, Friends, and Others," *Communication Research Reports* 10, no. 1 (1993): 3–14, https://doi. org/10.1080/08824099309359913; Cheryl Harasymchuk and Beverley Fehr, "Responses to Dissatisfaction in Friendships and Romantic Relationships: An Interpersonal Script Analysis," *Journal of Social and Personal Relationships* 36, no. 6 (2018): 1651–70, https://doi.org/10.1177/0265407518769451.

254 공격이나 은둔: Laura K. Guerrero, Lisa Farinelli, and Bree McEwan, "Attachment and Relational Satisfaction: The Mediating Effect of Emotional Communication," *Communication Monographs* 76, no. 4 (2009): 487–514, https://doi. org/10.1080/03637750903300254; Christopher L. Heavey, Andrew Christensen, and Neil M. Malamuth, "The Longitudinal Impact of Demand and Withdrawal during Marital Conflict," *Journal of Consulting and Clinical Psychology* 63, no. 5 (1995):

797–801, https://doi.org/10.1037/0022–006x.63.5.797.

266 적극적 반응이 관계를 개선: 적극적 반응에 관한 연구는 Harry T. Reis and Margaret S. Clark, "Responsiveness," in *The Oxford Handbook of Close Relationships*, ed. Jeffry Simpson and Lorne Campbell (Oxford: Oxford University Press, 2015), 400–423, https://doi.org/10.1093/oxfordhb/9780195398694.013.0018 참고.

272 '분노 오르가슴': Thomas J. Scheff, "Catharsis and Other Heresies: A Theory of Emotion," *Journal of Social, Evolutionary, and Cultural* 1, no. 3 (2007): 98–113, http://dx.doi.org/10.1037/h0099826.

7장 자신을 잃지 않고 관대함을 베푸는 법

278 관대한 사람일수록 관계가 긴밀: "Study: It Pays to Be Generous," The Ascent, updated November 7, 2019, accessed March 24, 2021, https://www.fool.com/the-ascent/research/study-it-pays-be-generous.

278 관대한 아이가 또래들에게 더 호감을 사고: Kathryn R. Wentzel and Cynthia A. Erdley, "Strategies for Making Friends: Relations to Social Behavior and Peer Acceptance in Early Adolescence," Developmental Psychology 29, no. 5 (1993): 819–26, https://doi.org/10.1037/0012–1649.29.5.819.

278 5학년 때 절친한 친구가 없더라도: Julie C. Bowker et al., "Distinguishing Children Who Form New Best-Friendships from Those Who Do Not," *Journal of Social and Personal Relationships* 27, no. 6 (2010): 707–25, https://doi.org/10.1177/0265407510373259.

279 고등학생 2,803명: Joseph Ciarrochi, Baljinder K. Sahdra, Patricia H. Hawley, and Emma K. Devine, "The Upsides and Downsides of the Dark Side: A Longitudinal Study into the Role of Prosocial and Antisocial Strategies in Close Friendship Formation," *Frontiers in Psychology* 10 (2019): 114, https://doi.org/10.3389/fpsyg.2019.00114.

279 도움을 받은 참가자: Monica Y. Bartlett et al., "Gratitude: Prompting Behaviours That Build Relationships," *Cognition & Emotion* 26, no. 1 (2012): 2–13, https://doi.org/10.1080/02699931.2011.561297.

280 공격적인 성향의 사람과 친사회적 성향의 사람들: Ciarrochi, Sahdra, Hawley, and

Devine, "The Upsides and Downsides of the Dark Side."

280 관용은 토라에 담긴: Jon D. Levenson, Dudley C. Rose, Jocelyne Cesari, Chris Berlin, and Harpreet Singh, "Why Give? Religious Roots of Charity," Harvard Divinity School News Archive, November 26, 2018, https://hds.harvard.edu/news/2013/12/13/why-give-religious-roots-charity.

284 자존감 증진을 위한 법령 170개: 윌 스토Will Storr, 《셀피-자존감, 나르시시즘, 완벽주의 시대를 살아가는 법*Selfie: How We Became So Self-Obsessed and What It's Doing to Us*》 (글항아리, 2021).

285 자존감 고취: Jean M. Twenge et al., "Egos Inflating over Time: A Cross-Temporal Meta-Analysis of the Narcissistic Personality Inventory," *Journal of Personality* 76, no. 4 (2008): 875-902, https://doi.org/10.1111/j.1467-6494.2008.00507.x.

285 높은 자존감에 따른 비용: Roy F. Baumeister, Jennifer D. Campbell, Joachim I. Krueger, and Kathleen D. Vohs, "Does High Self-Esteem Cause Better Performance, Interpersonal Success, Happiness, or Healthier Lifestyles?," *Psychological Science in the Public Interest* 4, no. 1 (2003): 1-44, https://doi.org/10.1111/1529-1006.01431.

287 가족에게 무의미한 존재로 취급받으면: Benedict Carey, "A Trauma Expert Puts the Meghan and Harry Interview in Context," *New York Times*, March 9, 2021, https://www.nytimes.com/2021/03/09/health/meghan-harry-mental-health-trauma.html.

288 사람들이 자신을 좋아해 주기를 바라는 마음: Rodney L. Bassett and Jennifer Aube, "'Please Care about Me!' or 'I Am Pleased to Care about You!' Considering Adaptive and Maladaptive Versions of Unmitigated Communion," *Journal of Psychology and Theology* 41, no. 2 (2013): 107-19, https://doi.org/10.1177/009164711304100201.

288 자원봉사에 관한 연구: Omri Gillath et al., "Attachment, Caregiving, and Volunteering: Placing Volunteerism in an Attachment-Theoretical Framework," *Personal Relationships* 12, no. 4 (2005): 425-46, https://doi.org/10.1111/j.1475-6811.2005.00124.x.

289 불안애착에서 비롯된 베풂: Scott Barry Kaufman and Emanuel Jauk, "Healthy Selfishness and Pathological Altruism: Measuring Two Paradoxical Forms

of Selfishness," *Frontiers Psychology* 11 (2020): 1006, https://doi.org/10.3389/fpsyg.2020.01006.

294 대학생 에반 리디: Bill Laitner, "For Walking Man James Robertson, 3 Whirlwind Days," Detroit Free Press, February 3, 2015, https://www.freep.com/story/news/local/michigan/oakland/2015/02/03/robertson-meets-fundraiser/22785185.

294 에스텔라 파이프롬: Kyle Almond, "And the Top 10 CNN Heroes of 2013 Are...," CNN, October 10, 2013, https://www.cnn.com/2013/10/10/world/cnnheroes-top-10.

294 무한한 관대함: Governor General of Canada, "Governor General's Caring Canadian Award," updated March 26, 2018, accessed March 23, 2021, https://archive.gg.ca/honours/awards/cca/index_e.asp.

295 입상하려는 의욕: Lawrence J. Walker and Jeremy A. Frimer, "Moral Personality of Brave and Caring Exemplars," *Journal of Personality and Social Psychology* 93, no. 5 (2007): 845-60, https://doi.org/10.1037/0022-3514.93.5.845.

295 다른 사람을 위해 돈을 쓴 사람: Elizabeth W. Dunn, Ashley V. Whillans, Michael I. Norton, and Lara B. Aknin, "Prosocial Spending and Buying Time: Money as a Tool for Increasing Subjective Well-Being," *Advances in Experimental Social Psychology* 61 (2020): 67-126, https://doi.org/10.1016/bs.aesp.2019.09.001.

296 자기희생을 하는 사람: Francesca Righetti, John K. Sakaluk, Ruddy Faure, and Emily A. Impett, "The Link between Sacrifice and Relational and Personal Well-Being: A Meta-Analysis," *Psychological Bulletin* 146, no. 10 (2020): 900-921, https://doi.org/ 10.1037/bul0000297.

296 이렇게 이타적인 사람들: Sharon Danoff-Burg, Tracey A. Revenson, Kimberlee J. Trudeau, and Stephen A. Paget, "Unmitigated Communion, Social Constraints, and Psychological Distress among Women with Rheumatoid Arthritis," *Journal of Personality* 72, no. 1 (2004): 29- 46, https://doi.org/10.1111/j.0022-3506.2004.00255.x; Vicki S. Helgeson and Heidi L. Fritz, "A Theory of Unmitigated Communion," *Personality and Social Psychology Review* 2, no. 3 (1998): 173-83, https://doi.org/10.1207/s15327957pspr0203_2; Vicki S. Helgeson and Dianne K. Palladino, "Agentic and Communal Traits and Health: Adolescents with and without Diabetes," *Personality and Social Psychology Bulletin* 38, no. 4 (2011):

415-28, https://doi.org/10.1177/0146167211427149.

296 동기를 가지고 베푸는 사람: Bonnie M. Le et al., "Communal Motivation and Well-Being in Interpersonal Relationships: An Integrative Review and Meta-Analysis," *Psychological Bulletin* 144, no. 1 (2018): 1-25, https://doi.org/10.1037/bul0000133.

297 평정을 더 오래 유지할수록: Madoka Kumashiro, Caryl E. Rusbult, and Eli J. Finkel, "Navigating Personal and Relational Concerns: The Quest for Equilibrium," *Journal of Personality and Social Psychology* 95, no. 1 (2008): 94-110, https://doi.org/10.1037/0022-3514.95.1.94.

298 우리도 무언가를 요청할 때: Heidi L. Fritz and Vicki Helgeson, "Distinctions of Unmitigated Communion from Communion: Self-Neglect and Overinvolvement with Others," *Journal of Personality and Social Psychology* 75, no. 1 (1998): 121-40, https://doi.org/10.1037/0022-3514.75.1.121.

8장 애정을 표현하여 깊은 우정을 주고받는 법

308 우리가 친구라고 생각하는 사람의 절반: Abdullah Almaatouq, Laura Radaelli, Alex Pentland, and Erez Shmueli, "Are You Your Friends' Friend? Poor Perception of Friendship Ties Limits the Ability to Promote Behavioral Change," *PLoS ONE* 11, no. 3 (2016): e0151588, https://doi.org/10.1371/journal.pone.0151588.

310 사랑의 첫 번째 정의: 스테파니 쿤츠Stephanie Coontz, 《진화하는 결혼*Marriage, a History: How Love Conquered Marriage*》 (작가정신, 2009).

310 대부분의 역사에서: 쿤츠, 《진화하는 결혼》

311 동성의 친구: 쿤츠, 《진화하는 결혼》

312 19세기의 한 여성: 쿤츠, 《진화하는 결혼》

313 우정에서 애정을 느끼는 일이 줄어들기 시작: Brandon Ambrosino, "The Invention of 'Heterosexuality,'" BBC, March 15, 2017, https://www.bbc.com/future/article/20170315-the-invention-of-heterosexuality; Lillian Faderman, *Surpassing the Love of Men: Romantic Friendship and Love between Women from the Renaissance to the Present* (New York: Harper Paperbacks, 1998).

313 두려움이 남성들 간의 정서적 친밀감을 저해: Mark McCormack and Eric Anderson, "The Influence of Declining Homophobia on Men's Gender in the United States: An Argument for the Study of Homohysteria," Sex Roles 71, no. 3–4 (2014): 109–20, https://doi.org/10.1007/s11199-014-0358-8.

313 동성애 혐오가 강한 남성: Mark T. Morman, Paul Schrodt, and Michael J. Tornes, Self-Disclosure Mediates the Effects of Gender Orientation and Homophobia on the Relationship Quality of Male Same-Sex Friendships," *Journal of Social and Personal Relationships* 30, no. 5 (2012): 582–605, https://doi.org/10.1177/0265407512463991.

314 여성은 연인보다 절친한 동성 친구에게 더 친밀감을 느끼고: Anna Machin, "Treasure Your Friends," Aeon, June 4, 2021, https://aeon.co/essays/treasure-your-friends-the-top-of-your-love-hierarchy.

314 애정 표현을 많이 한 것: Robert B. Hays, "The Development and Maintenance of Friendship," *Journal of Social and Personal Relationships* 1, no. 1 (1984): 75–98, https://doi.org/10.1177/0265407584011005.

315 애정이 넘치는 사람은 우울함을 덜 느끼고: Kory Floyd, Colin Hesse, and Mark T. Haynes, "Human Affection Exchange: XV. Metabolic and Cardiovascular Correlates of Trait Expressed Affection," *Communication Quarterly* 55, no. 1 (2007): 79–94, https://doi.org/10.1080/01463370600998715; Kory Floyd et al., "Human Affection Exchange: VIII. Further Evidence of the Benefits of Expressed Affection," *Communication Quarterly* 53, no. 3 (2005): 285–303, https://doi.org/10.1080/01463370500101071; Kory Floyd, Alan C. Mikkelson, Colin Hesse, and Perry M. Pauley, "Affectionate Writing Reduces Total Cholesterol: Two Randomized, Controlled Trials," *Human Communication Research* 33, no. 2 (2007): 119–42, https://doi.org/10.1111/j.1468-2958.2007.00293.x; Kory Floyd et al., "Human Affection Exchange: XIII. Affectionate Communication Accelerates Neuroendocrine Stress Recovery," *Health Communication* 22, no. 2 (2007): 123–32, https://doi.org/10.1080/10410230701454015.

316 친구의 게시판에 글을 올리고: Bree McEwan, "Sharing, Caring, and Surveilling: An Actor-Partner Interdependence Model Examination of Facebook Relational Maintenance Strategies," *Cyberpsychology*, Behavior, and Social Networking 16, no. 12 (2013): 863–69, https://doi.org/10.1089/cyber.2012.0717.

어른이 되었어도 외로움에 익숙해지진 않아

316 자신을 좋아한다고 믿게 된 사람들과 짝을 짓는 쪽을 선택: Carl W. Backman and Paul F. Secord, "The Effect of Perceived Liking on Interpersonal Attraction," *Human Relations* 12, no. 4 (1959): 379-84, https://doi.org/10.1177/001872675901200407.

316 자신을 좋아한다고 생각하는 사람: Susan Sprecher et al., "You Validate Me, You Like Me, You're Fun, You Expand Me: 'I'm Yours!,'" *Current Research in Social Psychology* 21, no. 5 (2013): 22-34, http://www.uiowa.edu/~grpproc/crisp/crisp.html; Adam J. Hampton, Amanda N. Fisher Boyd, and Susan Sprecher, "You're Like Me and I Like You: Mediators of the Similarity-Liking Link Assessed before and after a Getting-Acquainted Social Interaction," *Journal of Social and Personal Relationships* 36, no. 7 (2018): 2221-44, https://doi.org/10.1177/0265407518790411.

317 재미있거나 설득력이 있는: Brant R. Burleson, Adrianne W. Kunkel, Wendy Samter, and Kathy J. Working, Men's and Women's Evaluations of Communication Skills in Personal Relationships: When Sex Differences Make a Difference and When They Don't," *Journal of Social and Personal Relationships* 13, no 2. (1996): 201-https://doi.org/10.1177/0265407596132003.

319 애정 표현이 상대방에게 미치는 힘을 무시: Amit Kumar and Nicholas Epley, "Undervaluing Gratitude: Expressers Misunderstand the Consequences of Showing Appreciation," *Psychological Science* 29, no. 9 (2018): 1423-35, https://doi.org/10.1177/0956797618772506.

KI신서 11245

어른이 되었어도
외로움에 익숙해지진 않아

1판 1쇄 인쇄 2023년 12월 20일
1판 1쇄 발행 2023년 12월 27일

지은이 마리사 프랑코
옮긴이 이종민
펴낸이 김영곤
펴낸곳 (주)북이십일 21세기북스

콘텐츠개발본부이사 정지은
정보개발팀장 이리현 **정보개발팀** 이수정 강문형 박종수
교정교열 이보라 **디자인표지** 어나더페이퍼 **본문** 푸른나무디자인
출판마케팅영업본부장 한충희
마케팅1팀 남정한 한경화 김신우 강효원
출판영업팀 최명열 김다운 김도연
제작팀 이영민 권경민
해외기획실 최연순

출판등록 2000년 5월 6일 제406-2003-061호
주소 (10881) 경기도 파주시 회동길 201(문발동)
대표전화 031-955-2100 **팩스** 031-955-2151 **이메일** book21@book21.co.kr

ⓒ 마리사 프랑코, 2023
ISBN 979-11-7117-200-9 03180

(주)북이십일 경계를 허무는 콘텐츠 리더

21세기북스 채널에서 도서 정보와 다양한 영상자료, 이벤트를 만나세요!
페이스북 facebook.com/jiinpill21 **포스트** post.naver.com/21c_editors
인스타그램 instagram.com/jiinpill21 **홈페이지** www.book21.com
유튜브 youtube.com/book21pub